杨海文◎著

• 本书出版得到“中山大学禾田哲学发展基金”资助，特此致谢！

• 本书写作得到尼山世界儒学中心孟子研究院、中山大学哲学系、中山大学中国优秀传统文化普及教育研究中心、中山大学文化研究所支持，特此致谢！

• 中山大学哲学系周春健教授题写书名，特此致谢！

巴蜀書社

图书在版编目(CIP)数据

四书选讲/杨海文著. —成都:巴蜀书社,2022.6
ISBN 978—7—5531—1721—8

Ⅰ.①四… Ⅱ.①杨… Ⅲ.①儒家 ②四书—研究
Ⅳ.①B222.15

中国版本图书馆 CIP 数据核字(2022)第 076840 号

SISHU XUANJIANG
四 书 选 讲
杨海文 著

责任编辑 易欣韡
封面设计 青于蓝
出　　版 巴蜀书社
　　　　 四川省成都市锦江区三色路 266 号新华之星 A 座 36 楼
　　　　 邮编 610023 总编室电话:(028)86361843
网　　址 www.bsbook.com
发　　行 巴蜀书社
　　　　 发行科电话:(028)86361852
经　　销 新华书店
照　　排 成都完美科技有限责任公司
印　　刷 四川省东和印务有限责任公司
　　　　 电话:(028)87586033
版　　次 2022 年 7 月第 1 版
印　　次 2022 年 7 月第 1 次印刷
成品尺寸 210mm×140mm
印　　张 14.5
字　　数 430 千
书　　号 ISBN 978—7—5531—1721—8
定　　价 50.00 元

本书若有印装质量问题,请与工厂调换

目录

代序

句号·惊叹号·省略号：《四书》解读收官仪式感言[*]

2016年上半年，我受聘成为孟子研究院特聘专家。五年来，专家团队在陈来、王志民先生的倡议与带领下，兢兢业业，群策群力，通过一句句、一章章的解读方式，先后完成《孟子》《中庸》《大学》《论语》的解读。我有幸全程参与《四书》解读，负责解读《孟子·滕文公篇》、《中庸》第17—20章、《大学》传七章与传八章、《论语·先进篇》与《颜渊篇》。这是我重温儒家经典的学术历练，同时是我弥足珍贵的人生经历。备感《四书》的博大与《孟子》的独特，备感经典与人生的血脉相连，是我参与《四书》解读最深的体会、最大的收获。

《四书》因其思想体系的逻辑井然而博大。南宋大哲学家朱熹（1130—1200）曾说："某要人先读《大学》，以定其规模；次读《论语》，以立其根本；次读《孟子》，以观其发越；

---

* 原载《中华读书报》2021年5月19日，第15版《国学》；题为《经典属于并会终结既往历史》。主体部分收入《〈四书〉经典走进大众　儒家精神传承不息》，《大众日报》2021年6月8日，第13版。

次读《中庸》，以求古人之微妙处。"[①]《大学》帮助人们框定"格物、致知、诚意、正心、修身、齐家、治国、平天下"的人生规模，《论语》帮助人们确立"克己复礼为仁"的做人之本，《孟子》帮助人们反观"我善养吾浩然之气"的奋发与超越，《中庸》帮助人们求证"天命之谓性，率性之谓道，修道之谓教"的深邃哲理。所以，按照一定的次序读《四书》，就会水到渠成、事半功倍。

《四书》因其核心理念的旗帜鲜明而博大。明代学者曹端（1376—1434）曾说："夫《四书》者，孔、曾、思、孟之书，所以发《六经》之精义，明千圣之心法也。语其要，分之则《论语》曰仁、《大学》曰敬、《中庸》曰诚、《孟子》曰仁义，合之则帝王精一执中之旨而已矣。"[②] 正因"仁""敬""诚""仁义"的纲举目张，《四书》得以守正创新地重建儒家道统论。

《孟子》因其继往圣、述来学的泰山岩岩之气象而独特。唐代大思想家韩愈（768—824）曾说："故求观圣人之道，必自孟子始。"[③] 南宋学者施德操（生卒年不详）曾说："尧舜之道，自孔子传之曾子，曾子传之子思，子思传之孟子。自孟子得其传，然后孔子之道益尊，而曾子、子思之道益著。

---

① 《朱子语类》卷 14《大学一·纲领》，［南宋］黎靖德编，王星贤点校：《朱子语类》第 1 册，中华书局 1986 年版，第 249 页。

② ［明］曹端：《四书详说序》，［明］曹端撰，［清］张伯行辑：《曹月川集》，《景印文渊阁四库全书》第 1243 册，台湾商务印书馆 1986 年版，第 13 页上栏。

③ 《韩愈全集》文集卷 4《送王秀才序》，［唐］韩愈著，钱仲联、马茂元校点：《韩愈全集》，上海古籍出版社 1997 年版，第 212 页。

其所以发明斯文、开悟后世者，至深矣!”① 韩国学者李瀷（1681—1763）曾说：“孔子没而《论语》成，曾子述而《大学》明，子思授而《中庸》传，孟子辩而七篇作。以世则后，以义则详。后则近，详则著。故曰：求圣人之旨，必自孟子始也。”②

在孟子看来，正因在道德形上学层面摯信“性善”，人类成为区别于禽兽的万物之灵，每个人都是大写的人；正因在实践伦理学层面倡导“五伦”，人们在群体中拥有各自恰如其分的位置，既能成就自我，又能成就他人；正因在王道政治学层面分辨义利，物质的获得感与精神的幸福感相得益彰，人真正成为社会性的存在。成为一个本性善良、呵护良知的人，过上一种充满温情、相互信任的生活，处在一个崇尚道义、以民为本的社会，这是孟子思想的本质诉求。贞下而起元，所以我们读《四书》，可自《孟子》始。

经典既是句号，又是惊叹号，更是省略号。经典属于并会终结既往的历史时代，这是句号；经典提出并会解答当下的社会问题，这是惊叹号；经典敞开并会指向未来的心灵境界，这是省略号。儒家经典同样如此，《四书》更是如此。明代心学大师王阳明（1472—1529）曾说：“故立志而圣则圣矣，立志而贤则贤矣。”③ 立志成为圣人，就可以成为圣人；

---

① ［南宋］施德操：《施先生孟子发题》，《四库全书存目丛书》经部第 154 册，齐鲁书社 1997 年版，第 137 页上栏。

② ［韩］李瀷：《孟子疾书序》，氏著：《星湖先生文集》第 5 册，韩国文集编纂委员会编：《韩国历代文集丛书》第 271 册，景仁文化社 1999 年版，第 200 页。

③ 《王阳明全集》卷 26《教条示龙场诸生·立志》，［明］王守仁撰，吴光、钱明、董平、姚延福编校：《王阳明全集》下册，上海古籍出版社 1992 年版，第 974 页；按，个别标点符号略有校改。

立志成为贤人，就可以成为贤人。唯其如此，《四书》才会与我们的人生永远地血脉相连。

值此《四书》解读收官仪式（2021 年 5 月 14 日上午举行），再次致谢孟子研究院、孟子故里邹城、源远流长的儒学传统以及古老而又伟大、旧邦必然新命的中华文明！

（2021 年 5 月 12 日下午写毕于广州中山大学康乐园锡昌堂 712 教师工作室）

第一讲

滕文公是孟子真正的知己

——《孟子·滕文公上》第1—3章解读

小引 让南怀瑾先生不再有遗憾

能够在孟子故里讲《孟子》，对我个人来说，是莫大的荣耀。我从20世纪90年代中期开始研究孟子，至今已二三十年了。这么多年来，孟子对于我的人生发展、思想发展产生了极大的影响。毫不夸张地说，是孟子思想培养了我、成就了我。孟子是邹城的，同样可以说是邹城培养了我、成就了我。

我这次讲《滕文公篇》。《滕文公篇》在《孟子》中属于第三篇，分为《滕文公章句上》和《滕文公章句下》，排在全书的第5卷、第6卷。为什么这么排呢？

依据是《孟子》有七篇，分别为《梁惠王》《公孙丑》《滕文公》《离娄》《万章》《告子》《尽心》。七篇是怎么来的？《史记·孟子荀卿列传》说：孟子“退而与万章之徒……作

《孟子》七篇”①。我猜测，七篇的定稿还与西汉末年的刘向（前 77—前 6）有关。刘向是汉朝的国家图书馆馆长，他负责将《孟子》整理成了我们现在见到的这个样子。

七篇为什么又分为上、下呢？这是到了东汉末年，陕西人赵岐（？—201）将七篇分为上、下。比如《梁惠王篇》分为上、下，就变成《梁惠王章句》第一、《梁惠王章句》第二；《滕文公篇》分为上、下，就变成《滕文公章句》第五、《滕文公章句》第六。然后，七篇变成了 14 卷。

赵岐，我们应该记住他。赵岐虽然是陕西人，但他将《孟子》七篇分为上、下，而且做了句读——相当于现在的标点，还分了章，并为每一章写了段落大意，叫作章指。他做这些，不是在陕西做的，而是在山东的北海做的。今天流传最广的《孟子》，第一个最好的本子就是赵岐作的《孟子章句》，然后是朱熹（1130—1200）作的《四书章句集注》中的《孟子集注》，这是最好的两个版本。

《滕文公章句》分为上、下，上篇有 5 章，下篇有 10 章。它们到底有多少字？其实不多。整个《孟子》，假设不包括标点符号，也就三万多字；将标点符号加在一块，也就四万多字。我们要讲的《滕文公篇》，其中《滕文公章句上》是 3200 字，《滕文公章句下》是 3400 字，加在一块是 6600 字。

讲《孟子》是古代社会的传统，它是跟读《孟子》相对而言的。我们静下心来，默不作声地读《孟子》，这是一种方式。还有一种方式，就是对着大家讲《孟子》。讲《孟子》这

---

① 参见［西汉］司马迁撰，［宋］裴骃集解，［唐］司马贞索隐，［唐］张守节正义：《史记》第 7 册，中华书局 1959 年版，第 2343 页。

种方式，自从新文化运动以来，越来越少了。今天，能够在孟子故里一篇一篇地讲《孟子》，我觉得这是一个盛举、一件盛事。

我们都知道南怀瑾（1918—2012），他活了 94 岁。南先生是他那一批学者当中讲《孟子》付出精力、心力最多的人。最近，东方出版社将他讲《孟子》的六本作品都出版了[①]。《孟子》有七篇，他为什么只出了六本呢？我简单讲一讲。南先生讲《梁惠王篇》，叫作《孟子旁通》；讲《公孙丑篇》，叫作《孟子与公孙丑》。接下来是《滕文公篇》，那一本叫作《孟子与滕文公、告子》。为什么将滕文公与告子合在一块呢？因为南先生讲《滕文公篇》的记录稿大部分已经遗失，只剩下一万多字[②]。换句话说，南先生完整地讲过《滕文公篇》，但流传下来的讲稿残缺不全。然后，南怀瑾先生将《离娄篇》《万章篇》《尽心篇》都讲完了。

南怀瑾讲《孟子》七篇，虽然《滕文公篇》也讲了，但讲稿没有完整地留下来，让人特别遗憾。这个遗憾，对于我来说，好像又是一个机遇。我讲《滕文公篇》，想将南先生的事业继承下来，将他没有留存下来的东西尽可能发挥出来，就是继承南先生的遗志，将《滕文公篇》好好讲一讲，让南先生不再有遗憾。

---

① 参见南怀瑾讲述：《孟子旁通》，东方出版社 2014 年版；《孟子与公孙丑》，东方出版社 2011 年版；《孟子与滕文公、告子》，东方出版社 2015 年版；《孟子与离娄》，东方出版社 2013 年版；《孟子与万章》，东方出版社 2013 年版；《孟子与尽心篇》，东方出版社 2014 年版。

② 参见刘雨虹：《出版说明》，南怀瑾讲述：《孟子与滕文公、告子》，第 1 页。

为什么叫作《滕文公篇》？因为5·1[①]的第一句话是“滕文公为世子”。先秦很多典籍的篇名是这样命名的——往往以每一篇最前面的两三个字作为这一篇的篇名。比如《论语》第一篇的第一句话是：“子曰：‘学而时习之……’”因为“子曰”太多，没有用“子曰”命名，用的是“学而时习之”的“学而”，所以《论语》第一篇叫《学而篇》。《孟子》七篇的命名方式也是这样的。《孟子》第一篇叫作《梁惠王》，因为“孟子见梁惠王”是1·1的第一句话；又因为全书已经叫《孟子》了，这个篇名不能再叫《孟子》，所以叫作《梁惠王》。《滕文公篇》也是这样命名的。

由此，我们可以引发一个想象。先秦那么多作品，比如体现老子思想的叫《老子》，体现庄子思想的叫《庄子》，体现孟子思想的叫《孟子》，体现荀子思想的叫《荀子》，为什么体现孔子思想的那本书不叫《孔子》，而叫《论语》呢？这是值得我们想一想的。

回到《滕文公篇》。滕文公是战国时期的一个诸侯，也是《孟子》书中一个很重要的人物。但是，先秦其他作品都没有记载滕文公这个人以及他的故事，只有《孟子》将滕文公的故事记载了下来。这个情况显得很特别。齐宣王、梁惠王在其他的作品里都有出现，可滕文公只在《孟子》中出现。这个情况我们也可以好好想一想。

我们由此稍微联想一下。孟子周游列国，去见过很多诸侯。可我们仔细读《孟子》，跟孟子打过交道的这些诸侯，有

① 此种序号注释，以杨伯峻译注《孟子译注》（中华书局2010年版）、《论语译注》（中华书局1980年版）为据，下同；个别标点符号略有校改，兹不一一注明。

多少人呢？虚虚实实加起来，就是十个人左右。其中，最有名的是我们知道的三个人：梁惠王、齐宣王，再就是滕文公。就是这三个人，孟子打过的交道最多。

《孟子》的章数，不同的版本不一样：有 260 章的，有 261 章的，还有所谓 259 章的（实际上也是 261 章）[①]。我们现在用杨伯峻（1909—1992）的《孟子译注》，是 260 章的版本。

《孟子》记载孟子跟齐宣王直接对话的有 13 章，跟梁惠王直接对话的有 5 章，跟滕文公直接对话的有 5 章。《孟子》有 260 章，孟子跟齐宣王、梁惠王、滕文公直接对话，分别有 13 章、5 章、5 章，其实不是很多。

孟子跟滕文公直接进行对话的有 5 章，但《孟子》记载滕文公其人其事的有 7 章。我们讲的《滕文公篇》，并不完全是谈滕文公的。它有 4 章跟滕文公相关，就是 5・1 至 5・4；跟滕文公密切相关的，是 5・1 至 5・3。《梁惠王下篇》还有 3 章跟滕文公密切相关，就是 2・13 至 2・15，孟子跟滕文公就怎么治国有过交流、有过对话。

总而言之，《孟子》有 7 章提到滕文公，可以编成一个故事。滕文公从做太子起，到他父亲死，再到他正式继位，然

---

① 参见杨海文：《我善养吾浩然之气——孟子的世界》，齐鲁书社 2017 年版，第 56—57 页。

后做诸侯，它们构成了滕文公与孟子交往的历史[①]。我们如果写一篇孟子与滕文公交往的文章，将《梁惠王篇》2·13至2·15以及《滕文公篇》的5·1至5·4加在一块，就可以写成一个滕文公小传。有心人可以去做这样的工作。

滕文公为什么值得我们今天特别地讲？因为我读《孟子》，有一个特别深的感受：无论孟子跟哪一个诸侯交流，怎么劝他行仁政，都没有诸侯真正按照孟子说的去做；只有一个例外，就是滕文公。也就是说，跟孟子虚虚实实交往的十个诸侯中，只有滕文公一个人是真心实意地按照孟子说的，去做了孟子理想当中所要求的那些事情。在这个意义上，在孟子王道理念的发展史上，在孟子王道理念实践的历史上，滕文公是一个特别的例外。

只有滕文公听了孟子的话，只有滕文公将孟子的话当成一回事，而且落实到自己的生活当中，落实到自己的治国理念当中。所以，滕文公是孟子的知己。我们常说：人生得一知己足矣。假设我们回到孟子的时代，听听孟子讲他的政治交往史，讲他与诸侯的交流史，孟子肯定会由衷地说：在这

① 4·6讲孟子到滕国参加丧礼，是谁的丧礼呢？明代季本的《孟子事迹图谱》认为孟子此次到滕国是去参加滕文公的丧礼，《孟子正义》卷8评价季本的这一观点说："事虽无据，可存以备参考。或谓即滕定公之丧，则谬矣。"（［清］焦循撰，沈文倬点校：《孟子正义》上册，中华书局1987年版，第274页）据《孟子外书·文说》记载："滕文公卒，葬有日矣。天大雨，雪及牛目。群臣请弛期，太子不许。惠子谏曰：'昔者王季葬涡山之尾，栾水啮其墓，见棺之前和。文王曰："先君欲见群臣百姓矣。"乃出为帐，三日后葬。今先公欲小留而抚社稷，故使雪甚，弛期而更为。曰：此文王之志也。'孟子曰：'礼也。'"（［宋］熙时子注：《孟子外书》，《续修四库全书》第932册，上海古籍出版社2002年版，第379页上栏）《孟子外书》这段文字，可以视作出自《艺文类聚》卷2《天部下·雪》（参见［唐］欧阳询撰，汪绍楹校：《艺文类聚（附索引）》上册，上海古籍出版社1999年版，第22页）。我们说孟子是滕文公后半生的见证人，一点也不为过。

么多人当中，只有滕文公是理解我的，而且真正能够照我说的去做。

滕文公是孟子的知己，孟子是滕文公的知己。我们今天讲《滕文公篇》，滕文公能不能成为我们的知己呢？孟子能不能成为我们的知己呢？假定将我们变换成不同的身份——比如你是一个学者，你是一个官员，你是一个企业家，你是一个父亲，你是一个儿子……变换成不同的身份后，滕文公怎么成为我们的知己，孟子怎么成为我们的知己呢？我觉得这是值得我们好好思量的。

上面是讲《滕文公篇》这个题目怎么解，或者叫作解题。解《滕文公篇》这个题目，叫作解题。下面我们开始讲5·1。

5·1 立志做一个好人

5·1 滕文公为世子，将之楚，过宋而见孟子。孟子道性善，言必称尧舜。

世子自楚反，复见孟子。孟子曰："世子疑吾言乎？夫道一而已矣。成覸谓齐景公曰：'彼，丈夫也；我，丈夫也。吾何畏彼哉？'颜渊曰：'舜，何人也？予，何人也？有为者亦若是。'公明仪曰：'文王，我师也。周公岂欺我哉？'今滕，绝长补短，将五十里也，犹可以为善国。《书》曰：'若药不瞑眩，厥疾不瘳。'"

5·1的第一句话是“滕文公为世子”。刚才讲了滕文公在《孟子》中出现过，2·13至2·15是讲滕文公已经做了诸侯之后跟孟子进行交流。现在是滕文公“为世子”的时候。世子就是太子，王位的法定接班人。

滕文公还在做太子的时候，有一次肩负国家使命，从北往南到楚国去——“将之楚”。从北往南到楚国要经过一个地方，就是宋国，所以“过宋而见孟子”。这个宋国，我们要特别了解一下。

第一点，人们以前说宋国的首都在商丘。假定宋国的首都在商丘，滕文公从滕国到楚国去，是不是一定要拐到商丘那边？这点我们要注意。有人考证：滕文公“过宋而见孟子”时，宋国的首都已经不在商丘了，而是在今天的江苏徐州[①]。因为宋国的首都已经从河南的商丘迁到江苏的徐州，所以孟子与滕文公才能在宋国见面。宋国的地理位置，这个一定要注意。

第二点，滕国、宋国都是两个小国家，我们讲《滕文公篇》时要特别注意这一点。滕文公作为一个小国的君主，能够按照孟子所讲的去做。宋国也是个小国家，这个国家的君王就没有按照孟子所讲的去做。所以宋国值得注意，下个礼拜讲的《滕文公下篇》6·5、6·6、6·8就涉及很多与宋国有关的情况。

滕国与宋国都是小国家。小国的政治学是战国时代最让知识分子感兴趣的一个问题。因为像孟子这样的知识分子，你要让齐国、楚国那样的大国按照你的观点去做，难度

---

① 参见杨伯峻译注：《孟子译注》，第103页。

可能比较大；相应地，让滕国、宋国这样的小国家接受你的理念，接受你的主张，那就不是特别难。

以上是一个铺垫。滕文公做太子的时候，带着政治使命或者外交任务到楚国去。他经过宋国，在那里见到孟子。孟子跟滕文公讲了些什么？就是下面这句名言："孟子道性善，言必称尧舜。"

先看"孟子道性善"。"性善"这个词，《孟子》一共出现三次，第一次就是在这里出现的[①]。我们讲"人之初，性本善"，孟子是性善论的提倡者。孟子讲性善这个理念，3·6已经有所涉及。这里讲性善，它的基本含义是：人的本性是善良的。我们理解性善，又可以分为两个层面：第一个层面是性本善，第二个层面是性向善。第一个是"本来"的"本"，第二个是"方向"的"向"：性本善，性向善。我们的本性，我们的人性，在本来的意义上是善良的。这是孟子为人性所做的本体设定，所以叫作性本善。性向善，是孟子相信我们的人性在我们人生的发展历程当中是有方向的。这个方向，就是善良。所以，性善论包括性本善与性向善两个方面。只有在本体上确定了我们的本性是善良的，我们才能够在我们的实际生活当中将善良当成我们的方向，并且在这个方向的指引下不断地经历我们的人生本身。这就是性善的含义。

再看"言必称尧舜"。尧、舜，大家都知道。尧、舜是孟子所理解的中国人类史上最早、最著名的两位君王。"尧舜"——我们大多视作一体，将它作为内圣外王之道的典范。

---

① 另两次均见11·6，但只有第一、三次的"性善"具备孟子性善论的思想意义。

也可以分开来看，因为孟子对于尧、对于舜的讨论，其实有不同的侧面：对于尧，主要是立足于他的“外王”的一面，就是立足于他的政治的一面；对于舜，主要是立足于他的“内圣”的一面，就是立足于他的生活的一面。所以合起来称“尧舜之道”。如果我们具体做研究，可以看到孟子对尧是从外王的层面讲得多，对舜是从内圣的层面讲得多①。孟子也是有侧重点的。

这是5·1的第一小段。滕文公要到楚国去，在宋国见到孟子。孟子跟他讲了性善，讲了尧、舜。然后，滕文公就到楚国去了。现在，“世子自楚反，复见孟子”。滕文公从楚国回来了，又回到宋国，又见到孟子。孟子下面讲了一段话，很有意思。

“孟子曰：‘世子疑吾言乎？’”太子，你怀疑我上次对你讲的吗？孟子为什么第二次见面就这样问滕文公？这是因为“孟子道性善，言必称尧舜”在战国那个时候是格调比较高、立义比较高的言论。这种言论当时并不为很多人认可，而且被认为对于富国强兵不可能产生实际作用。

滕文公本来是公子哥，喜欢骑骑马、射射箭、打打猎，并不喜欢多想、多思考。但是，滕文公在宋国这个地方见到孟子，孟子对他讲了一番话，让他的心里有了一些想法，开始想做一个好君主。所以他从楚国回来后，又来见了孟子。孟子对他说：你不要怀疑我对你讲的。为什么呢？“夫道一而已矣。”“道一”就是这个大道，它本来不复杂，它是

① 参见杨海文：《〈孟子〉末章与儒家道统论》，《国学学刊》2012年第2期，第66—69页。

很简单的。只要你真心实意、坚定地按照道的方式去做，你就能够将道的内涵、道的力量发挥出来。“夫道一而已矣”，道就是这么简单，道一点都不复杂。

孟子怎么诠释这个道？他举了三个人说的话。

一个是成覸对齐景公说的。齐景公这个人物在《孟子》中讲得很多，我们要注意。“成覸谓齐景公曰：‘彼，丈夫也；我，丈夫也。吾何畏彼哉？’”他是个丈夫，我也是个丈夫，我为什么要怕他呢？“丈夫”这个概念跟 6·2 的“大丈夫”是一脉相传的。

一个是颜渊说的。“颜渊曰：‘舜，何人也？予，何人也？有为者亦若是。’”颜渊说：舜是怎么样的人呢？我又是怎么样的人呢？凡是有所作为的，都应当像舜那样。

一个是公明仪说的。“公明仪曰：‘文王，我师也。周公岂欺我哉？’”公明仪这个人值得注意，因为他是曾子的弟子[①]。我们知道《四书》包括《论语》《大学》《中庸》《孟子》四部典籍。《论语》是孔子的，《大学》是曾子的，《中庸》是子思的，《孟子》是孟子的。《滕文公篇》多次提到曾子，以及曾子的学生公明仪。它意味着什么呢？意味着在孟子思想形成的某个阶段上，受到曾子的影响特别大，受到《大学》的影响特别大。孟子受曾子的影响特别大，主要体现在孝道这个方面。我们通常说《孝经》是曾子写的。《滕文公篇》讲孝特别多，这是孟子受曾子影响大的体现[②]。孟子经

① 参见《孟子正义》卷 10，［清］焦循撰，沈文倬点校：《孟子正义》上册，第 320—321 页。

②《孟子外书·孝经》引孟子曰：“《孝经》者，曾子传于孔子，诸弟子不得而闻也。”（［宋］熙时子注：《孟子外书》，前揭书，第 380 页上栏）

常将曾子的学生公明仪拿出来说事。公明仪这里说：文王是我的老师，周公怎么会欺骗我呢？

孟子引了成覸的话，引了颜渊的话，又引了公明仪的话。一句话，他要告诉滕文公：虽然你现在还是太子，但你一定要立下一个志向[①]。滕文公原来觉得滕国是个小国家，父亲滕定公治国也不怎么得力。自己平时又不好好学习，但见了孟子之后，他想励精图治，想将滕国这个小国建设为一个好的国家。所以，孟子首先对滕文公说：你要立志！你看看别人也是人，他为什么能做成这样？舜为什么能够成为圣人，你为什么不能够？文王就是我们的老师，文王的儿子周公也是不会欺骗我们的。孟子引成覸谓齐景公的话，引颜渊的话，引公明仪的话，都是为了让滕文公立下做一个好人、做一个好国君的志向。

在宋国，滕文公可能对孟子交代过滕国的一些困境。比如，它的力量比较小，要变成一个强国好像很难。孟子就说："今滕，绝长补短，将五十里也，犹可以为善国。"[②] 意思是你们滕国的确是个小国家。但是，如果你将这个小国家拼成正方形，也会有方圆五十里，大概是今天的滕州这样大。像滕国这样一个小国家、这样一个小地方，如果你精心打理，好好去做，你就可以将滕国建设为一个好国家。

5·1的最后，孟子引了《尚书》的一句话："《书》曰：'若药不瞑眩，厥疾不瘳。'"意思是说：假设我们生病了，我

① 孟子有"立志"的说法："故闻伯夷之风者，顽夫廉，懦夫有立志。"(10·1，14·15)

② 今天，滕州有以"善国"命名的街道，"善国"是滕州人民引以为豪的地方名片。

们是要吃药的。我们将这个药吃下去，假设不吃得全身都发抖，全身都翻江倒海，整个身体结构都改变一次，病是不可能好的。药与毒是密切相关的，是药三分毒。我们经常说：良药是苦口的；而且，也只有苦口的良药，才能药到病除。所以，孟子在这里已经为5·2、5·3埋下伏笔。

此时滕文公还在做太子。他看到自己的滕国很小，国力很弱。他希望继位之后，将滕国建设为一个好的国家。但是，他苦于没有方法。现在，孟子在宋国首先让滕文公立下了做一个好人、做一个好国君的志向。孟子又埋下伏笔，讲良药苦口。你如果只想轻飘飘地、毫不费力地就将滕国这样一个国家建设好，那是不可能的。你必须痛下决心，有破釜沉舟的决心，有这个胆略，你才能将滕国建设好。所以，孟子引了“若药不瞑眩，厥疾不瘳”。这句话将“药”提了出来，这是画龙点睛之笔，为以后的5·2和5·3埋下了伏笔。

5·1描绘了这样的场景：在宋国，也就是今天的江苏徐州，滕文公与孟子见面了。然后，孟子对他讲了性善，讲了尧、舜。滕文公从楚国回来后，又跟孟子有一次见面。孟子引了很多古人的话，比如成覵的话、颜渊的话、公明仪的话，要滕文公立下志愿，一定要将滕国建设成为一个好国家。即使滕国很小，也是能够将它治理好的。而且，孟子将良药苦口、是药三分毒这样的意思都讲了出来，就是激励滕文公必须有这样的胆略，下这样的决心，才能将事情做好。

这个时候，滕文公还是太子，还是王位的接班人。滕文公慢慢长大了。岁月慢慢地过去，滕文公的父亲滕定公过世了。滕定公一过世，我们也必须由5·1转到5·2。下面就讲5·2。

5·2 将三年之丧落到实处

5·2 滕定公薨，世子谓然友曰：“昔者孟子尝与我言于宋，于心终不忘。今也不幸至于大故，吾欲使子问于孟子，然后行事。”

然友之邹问于孟子。

孟子曰：“不亦善乎！亲丧，固所自尽也。曾子曰：‘生，事之以礼；死，葬之以礼，祭之以礼，可谓孝矣。’诸侯之礼，吾未之学也；虽然，吾尝闻之矣。三年之丧，齐疏之服，饘粥之食，自天子达于庶人，三代共之。”

然友反命，定为三年之丧。父兄百官皆不欲，曰：“吾宗国鲁先君莫之行，吾先君亦莫之行也。至于子之身而反之，不可。且《志》曰：‘丧祭从先祖。’曰：‘吾有所受之也。’”

谓然友曰：“吾他日未尝学问，好驰马试剑。今也父兄百官不我足也，恐其不能尽于大事，子为我问孟子！”

然友复之邹问孟子。

孟子曰：“然，不可以他求者也。孔子曰：‘君薨，听于冢宰，歠粥，面深墨，即位而哭。百官有司莫敢不哀，先之也。’上有好者，下必有甚焉者矣。君子之德，风也；小人之德，草也。草尚之风，必偃。是在世子。”

然友反命。

世子曰："然，是诚在我。"

五月居庐，未有命戒。百官族人可，谓曰知。及至葬，四方来观之。颜色之戚，哭泣之哀，吊者大悦。

5·2说："滕定公薨。"古人对于死亡的表达，有不同的词汇。诸侯死了，不能叫作死，而是叫作薨[①]。滕定公死了，滕文公继位。但是，父亲死了以后，紧接着的一件大事是丧事怎么办。滕文公想起以前在宋国跟孟子见面的场景。当年在宋国，孟子跟滕文公有过很多交流，让滕文公感觉到孟子有泰山岩岩之气象，又有很多治国安邦的好方法。滕文公看到自己的父亲已经过世，自己马上要接掌这个国家，而当前的一件大事就是怎么办好父亲的丧事。这个时候，他想到了孟子。

"世子谓然友曰"，滕文公对然友说。然友是滕文公的老师，因为任何一个太子都必须接受教育。《孟子》有4.5万字（计空格，含标点符号），那它到底涉及多少实名人物呢？与孟子同时代的人物，《孟子》有记载的，仅有七十多人：跟孟子交往过的诸侯虚虚实实只有十人，他的学生不到二十人，这些加起来算是三十人；有过交往的其他人是四十人左右，比如然友、毕战。《孟子》涉及有名有姓的人物也很少，从最早的尧舜时代到最近的战国，也就两百多人。有了

① 《礼记·曲礼下》指出："天子死曰崩，诸侯曰薨，大夫曰卒，士曰不禄，庶人曰死。"（［清］阮元校刻：《十三经注疏（附校勘记）》上册，中华书局1980年版，第1269页中栏）

这个概略、这些具体数字之后，我们读《孟子》，就可以读得有现场感。

“昔者孟子尝与我言于宋，于心终不忘。”世子对然友讲：过去我在宋国跟孟子见过面，孟子对我讲了很多东西，一直到现在，我的心里都没有忘记他。这表明当年孟子与滕文公在宋国的见面，给年少的滕文公留下了深刻的印象，就是“于心终不忘”。滕文公又讲：“今也不幸至于大故。”现在很不幸，我家里出大事了，我父亲过世了，但我不知道怎么办。所以，“吾欲使子问于孟子，然后行事”。我想派你到孟子那里问一问，再决定怎么办我父亲的丧事。然后，“然友之邹问于孟子”。然友从滕国来到邹国，向孟子请教。

“孟子曰：‘不亦善乎！亲丧，固所自尽也。’”孟子说：事情原来是这样。父母过世，我们是要为父母办丧事的。怎么办丧事？就是“固所自尽也”，一定要尽心尽力，每个人都要尽心尽力。然后，孟子引了曾子的一句话：“曾子曰：‘生，事之以礼；死，葬之以礼，祭之以礼，可谓孝矣。’”曾子说：父母在世，我们要有礼貌地侍候；父母不在了，给他们办葬礼，给他们办祭祀，我们要有礼貌地去做。做到了这些，你就可以说尽孝了。

这是“曾子曰”，曾子讲的这句话，《孟子》是这么引的。但是，我们读《论语》，它也有这句话，但并不是曾子说的，而是孔子讲的。《论语》2·5记载：“子曰：‘生，事之以礼；死，葬之以礼，祭之以礼。’”《论语》将这句话当成孔子说的，《孟子》将这句话当成曾子说的，这个现象我们该怎么理解？

我们读《孟子》，可以提一个天真的问题，甚至是提这样一个很幼稚的问题：孟子读过《论语》吗？这样的问题，我们怎么解答？一个好的方式，就是将《孟子》引孔子及孔门弟子的话一一地抄下来，再将它们跟《论语》相对照，看孟子所引的与《论语》所讲的是不是一模一样。如果不一样，它们的差异在哪里？如果我们能将这个工作做到家，那就相当于将《论语》《孟子》都看了一次。

我经常这样问：假定我认为孟子读过《论语》，我就应该找出很确切的东西来证明它。比如《论语》的话，孟子实实在在引了。可是，《论语》那里孔子讲的“生，事之以礼；死，葬之以礼，祭之以礼”，到《孟子》这里变成了曾子说的话。孔子说的话，曾子作为孔子的学生，他当然可以引用。如果狭义地看这些引用，一定要注意《论语》与《孟子》的差异。如果广义地看孔子说的那些话，他的学生及我们拿来就说、拿来就引，不加细分也是可以的。

孟子对然友说：生与死都是很大的事。父母健在，一定要以礼相待，要“事之以礼”；父母不在了，丧事与祭祀，治丧与祭奠，我们都要以礼事之。这使我们想起《论语》4・21的一句话，就是：“子曰：‘父母之年，不可不知也。一则以喜，一则以惧。’”每个人都在不断变老。看到儿女慢慢长大，我们也就老了。当我们老了的时候，父母更加老了，所以“父母之年，不可不知”。你们知道父母的年龄吗？这是一定是要知道的。如果我们知道父母的年龄，比如高寿90岁了，我们很高兴，但同时很担忧，所以“一则以喜，一则以惧”。《论语》这句话，跟《孟子》这里曾子讲的“生，事之以礼；死，葬之以礼，祭之以礼，可谓孝矣”，是一样的意思。孟子引曾子，就是为了告诉滕文公：你父亲死了，你一定要将丧事办好！

“诸侯之礼，吾未之学也；虽然，吾尝闻之矣。”孟子说：诸侯那些礼节，我没有学过；尽管这样，我曾听说过一些。我们通常说，孔子是“克己复礼为仁”（《论语》12·1），他将仁与礼两者都做好了；孔子之后，孟子发展了孔子的仁学，荀子发展了孔子的礼学。“克己复礼为仁”，仁与礼在孔子那里都做到了，孟子、荀子分别发挥了其中的一个方面。于是有人批评孟子不知礼，他们的一个依据就是孟子讲过“诸侯之礼，我没有学过”。你既然没有学过，你怎么可能对诸侯之礼很精通呢？其实这里显示了孟子比较谦虚，说话是留有底线的。这个底线为下面要讲的“三年之丧”，到底是历史上真实发生过的事情，还是孟子虚构的儒家文化传统，又埋下了伏笔。

孟子对滕文公说：你父亲死了，没事！你只要实行三年之丧，就可以了。三年之丧是什么意思呢？按照孟子的解释：“三年之丧，齐疏之服，飦粥之食，自天子达于庶人，三代共之。”三年之丧，治丧时间是三年。“齐疏之服”的“齐”不读qí，读zī。

古代的发音，经历过很多变化。以前有这样一个故事，讲美国要发射一个信号到外面的宇宙去。它只选择了一种语言，就是阿拉伯语，因为阿拉伯语几千年来都没有变，甚至它们的发音都没有变。像我们的汉语，如果你到1900年的北京去听一听当时的人怎么说话，你肯定听不明白；你再去孟子的时代，听听他们怎么说话，你更听不明白。汉语的语音变化大，这个情况特别明显。英语也一样。唯一保持语音不变的就是阿拉伯语，它念《古兰经》的整个声音、音调一直都没有变化。

三年之丧的“齐疏之服，飦粥之食”，就是披麻戴孝的意思。你要穿得破破烂烂，你要吃得简简单单，你不能锦衣玉食！你不能像当太子、当公子哥们的时候那样锦衣玉食，穿得好，吃得好。你必须披麻戴孝，穿粗布衣，吃简简单单的饭——喝稀饭。这就是三年之丧。孟子对三年之丧的解释，是从吃什么、穿什么来解释。他的另外一个解释是认为“自天子达于庶人，三代共之”，从天子到一般老百姓，夏、商、周三代都是这样做的，而且说得信誓旦旦，说得言之凿凿。

假设按照孟子讲的，三年之丧“自天子达于庶人，三代共之”是当时举国皆知、老幼皆知的常识，下面的事就不太可能发生了。所以，我们说孟子讲“诸侯之礼，吾未之学也”，不仅为孔、孟、荀怎么产生思想分歧埋下了伏笔，而且为孟子到底是谦虚地认为自己了解的知识有限、还是的的确确对于诸侯之礼了解得不多埋下了伏笔。

“然友反命，定为三年之丧。”然友从孟子这里得到答案——要实行三年之丧，回来就向滕文公汇报了。滕文公决定：父亲死了，我要实行三年之丧。但是，滕文公不仅仅是自己一个人，他还有一家人，还有满朝文武。“父兄百官皆不欲”，就是滕文公一家人及满朝文武都反对三年之丧。他们的理由是什么？“曰：‘吾宗国鲁先君莫之行，吾先君亦莫之行也。至于子之身而反之，不可。’”滕国是个小国家，附庸于鲁国。他们说：我们的宗主国鲁国从没有搞过三年之丧，我们的祖先也没有搞过三年之丧，到了你这里，变过来了，要搞三年之丧，这是不可以的。然后他们引了一句话，叫作：

“且《志》曰：‘丧祭从先祖。’”《志》是一部典籍，已不可考。他们说“丧祭从先祖”：无论是办丧事，还是做祭祀，我们都要遵循老祖宗留下的规矩。“曰：‘吾有所受之也。’”他们说：我们这样做，是有章可循、有案可稽的。

然友从孟子那里得到要行三年之丧的指导意见后，回到了滕国。可是滕文公一家人及满朝文武都认为：三年之丧这件事，我们没有听说过。这就形成了反方。这个反方让我们意识到了问题：三年之丧到底是真实的，还是孟子的理想设计呢？满朝文武都说三年之丧不是真实的，滕文公是不是也有所动摇呢？既然是孟子讲的，我又相信孟子，而且孟子说三代都实行三年之丧，从天子至于庶人都是这么做的，但为什么我们国家的满朝文武没有听说过呢？滕文公隐隐约约觉得这也是个问题。

滕文公只好再派然友到邹国去问孟子。然友临行之前，滕文公做了一个深刻的自我检讨。“谓然友曰：‘吾他日未尝学问，好驰马试剑。’”他对然友说：我平时是个公子哥们，不喜欢读书，只喜欢骑马、打猎、玩玩剑，显示一下自己的威风。我现在知道，这样做是不行的。“今也父兄百官不我足也，恐其不能尽于大事，子为我问孟子！”我要实行三年之丧，但是我们一家人、满朝文武都觉得这样不行。如果他们执意不让我做，我就不能尽三年之丧，将这件大事做下来。我很担忧，希望你再去帮我问问孟子是怎么回事。

于是，“然友复之邹问孟子”，然友又来到邹国问孟子。“孟子曰：‘然，不可以他求者也。’”孟子对然友讲：原来是这么回事！要做好这件事，你是不能靠别人的，你只能靠自己！

然后，孟子引了孔子的一句话。“孔子曰：‘君薨，听于冢宰。’”“君薨”，就是国君死了。“听于冢宰”的“冢宰”相当于宰相。“君薨，听于冢宰”，就是我做国君的父亲死了，我已经是即将继位的君主，但我现在还不能行使君王的职权，我必须将所有的职权都交给宰相去做。那我干什么呢？我要做的就是行三年之丧，就是“歠粥，面深墨，即位而哭”，每天喝点稀饭，脸上保持悲哀的神色，即位而哭。这个“即位”是讲：办丧事，办祭祀，孝子有自己行礼的位置。“即位而哭”，就是每次到了孝子的位置上，要哭出来。我每天喝稀饭，脸色很悲戚，一到孝子的位置上就痛哭流涕。我这样做了，“百官有司莫敢不哀，先之也”。你尽三年之丧，而且天天喝稀饭，脸色很悲戚，一到孝子之位就痛哭，满朝的文武百官也没有敢不悲伤的。为什么呢？因为你已经先这样做了。所谓“先之也”，就是你先于别人这样做了。

孟子接着讲的也是一句名言：“上有好者，下必有甚焉者矣。”上面的人喜欢什么，下面的人一定有更加喜欢的。比如领导喜欢打牌，下面的人都会学打牌，而且会比领导打得更好。这是就普遍情形而言。上位者到底应该喜欢什么呢？孟子做了具体的界定，说：“君子之德，风也；小人之德，草也。草尚之风，必偃。”[①] 君子的品德像风一样，小人的品德像草一样。这是比喻。风向哪边吹，草就向哪边倒。这是讲：一个人有良好的道德品质，他的影响是很大的。君子的品德

① 孔子说过：“君子之德风，小人之德草。草上之风，必偃。”（《论语》12·19）可见，孟子这里是不点名地引了孔子的话。

就像风，小人的品德就像草。君子一旦发生影响，必然影响到小人。所以，风往哪边吹，草就哪边倒。然后，孟子对然友说："是在世子。"意思是说：滕文公要行三年之丧，那他一定要痛下决心，所以"草尚之风，必偃"。

这个"偃"，我附带说一句。我们前面提到滕国、宋国这两个国家。滕文公，我们知道他，但很少有人知道他叫什么名字①。宋王的名字叫作偃，这在先秦两汉典籍中是有记载的②。

"然友反命。"然友回去后，将孟子的话告诉了滕文公。"世子曰：'然，是诚在我。'"滕文公说：对！要行三年之丧，要做好这件事，决定权的确在我。

从要不要行三年之丧的整个论争过程看，孟子其实存在着不能特别说服我们的地方。孟子认为三年之丧是古已有之、三代共之的，但这个观点遭到滕国的百官有司、满朝文武的怀疑。然友又去问孟子到底是怎么回事，但孟子并没有拿出充足的依据，证明三年之丧确实是古已有之、三代共之的。从逻辑的角度说，我们认为孟子这里没有充分发挥逻辑证明的作用。但是，滕文公为什么能将三年之丧坚持下来呢？

这里涉及一个问题：当我们理解中国传统文化、中国古

---

① 《世本·周世系》有"考公麋，元公弘"的记载（参见［汉］宋忠注，［清］黄锡禩校：《世本》，［汉］宋衷注，［清］秦嘉谟等辑：《世本八种》，中华书局 2008 年版，第 13 页；按，"宋衷"又作"宋忠"）。《孟子正义》卷 10 录赵岐注："《古纪世本》录诸侯之世，滕国有考公麋，与文公之父定公相直；其子元公宏，与文公相直。以后世避讳，改考公为定公；以元公行文德，故谓之文公也。"（［清］焦循撰，沈文倬点校：《孟子正义》上册，第 315—316 页；按，个别标点符号略有校改）换句话说，考公麋即是滕定公，元公弘（宏）即是滕文公。

② 参见《导言》，杨伯峻译注：《孟子译注》，第 2 页。

代哲学的时候，逻辑的方式与非逻辑的方式两者的区别在哪里？逻辑的方式在整个古典文本当中的意义、作用到底有多大？或者说，当我们要证明一件事的时候，比如要证明性本善，我们是不是完全要依靠逻辑的力量才能够证明？

在儒家思想、中国古典哲学看来，要证明性善论，是不可能用今天这类逻辑方法的。你不可能对张三、李四、王五等无数人一一地进行问卷调查——你是不是性善、你是不是相信性本善——之后，才做出判断的。孟子并不是做了问卷调查之后，才确认人性是善良的。不是！孟子是站在拷问自己的本心的角度，将自己的内心实际地打开之后，才确认性本善的。孟子也举了例子，我们看 3·6 就知道了。就是小孩即将掉进井里，每个人都有恻隐之心。如果你没有恻隐之心，你就不是人，你就是禽兽。通过这个简单而又有力的、生活当中的例子，孟子直逼我们的内心世界，让我们发现我们的内心真实地存在——那里有一颗真实的种子。我们现在的任务，就是将这颗种子培养起来，并且在现实当中将它落实下去，将它做下去。

孟子引孔子的话，又用“君子之德，风也；小人之德，草也”勉励然友。然友将这些话带给滕文公之后，滕文公坚定了下来，要行三年之丧。这段话最关键的就是：孟子将三年之丧说出来了，虽然有人反对，但滕文公坚持了下来。

5·2 的最后一段说：“五月居庐，未有命戒。”“居庐”就是行三年之丧要盖一间房子，让滕文公住在那里。就像我们下面讲 5·4：“昔者孔子没，三年之外，门人治任将归，入揖于子贡，相向而哭，皆失声，然后归。子贡反，筑室于场，独居三年，然后归。”孔子死了，弟子守三年之丧，然后子贡又多守了三年；“筑室于场”，就是在坟墓旁边盖一间小房子，子贡住在那里。五个月以来——滕文公在滕定公的灵柩旁盖了一间房子，住了下来。“未有命戒”，他将所有的国家事务都交给了宰相，整个国家没有发布过任何命令与戒令。滕文公一心一意地守三年之丧。“百官族人可，谓曰知。”滕国的文武百官、父老乡亲看到这一切，都觉得滕文公做得好、知书达礼，就是“谓曰知”。

提到这个“知”，我们想起仁、义、礼、智、信，“知”与“智”在古代是相通的。班固（32—92）写的《汉书》，有一篇叫《古今人表》。《古今人表》列了1954人，就是古往今来有这么多有名的人物[①]。班固又将这些人分为三六九等，前面三等是圣人、仁人、智人。我们讲过孟子跟三个诸侯打交道最多：一个是梁惠王，一个是齐宣王，一个是滕文公。滕文公在《古今人表》中排在哪一等呢？排在第三等，是圣人之下、仁人之下的智人[②]，评价极高。梁惠王（魏惠王）和齐宣王则排在第六等[③]，这评价就比滕文公差远了。我们还经常说“桀纣之道”，桀、纣就是夏桀、商纣王。夏桀（癸）排在第八等，商纣王（辛）排在第九等[④]。桀、纣都不好。为什么夏桀比商纣王还好一点呢？夏桀排在第八等，商纣王为什么排在最差的第九等呢？这些都值得我们想

---

① 参见杨海文：《〈孟子〉与〈古今人表〉的理想人格论——以圣、仁、智为中心》，《江汉论坛》2016年第1期，第48页。按，《古今人表》究竟包括多少人物，历来没有确切的统计。这里只是例举其中的一个统计结果。

② 参见［东汉］班固撰，［唐］颜师古注：《汉书》第3册，中华书局1962年版，第948页。

③ 参见［东汉］班固撰，［唐］颜师古注：《汉书》第3册，第942、944页。

④ 参见［东汉］班固撰，［唐］颜师古注：《汉书》第3册，第883、889页。

一想。

五个月后，滕定公下葬。这里要区分一个历史方面的知识：滕定公死了，五个月后才下葬，这是什么礼节？据《左传》的记载：天子死了，七个月后下葬；诸侯死了，五个月后下葬；大夫死了，三个月下葬；士死了，一个月后下葬①。这是当时的礼节规定。我们回到前面孟子讲的那句话："诸侯之礼，吾未之学也；虽然，吾尝闻之矣。"由此看来，孟子对诸侯之礼还是有所知、有所闻的。

"及至葬，四方来观之。"到了滕定公下葬的那一天，四面八方的人都来观看葬礼。这个时候，"颜色之戚，哭泣之哀"，滕文公一脸的悲伤，哭声特别悲哀，绝对的孝子模样！"吊者大悦"，所有前来吊唁滕定公的人都感到十分欣慰。

5·2讲的故事是：滕定公死了，滕文公为他办丧事，但他不知道怎么办，于是派自己的老师然友去请教孟子。孟子告诉然友，说历史上有三年之丧这回事。可是，滕国的文武百官、父老乡亲都认为没有这回事，都不愿意这样做。几经反复，孟子让滕文公坚定了决心，滕文公按照孟子讲的做了下来，最后的效果是"吊者大悦"。

我们不要小看了这个故事。从《论语》《孟子》等儒家经典的提倡开始，中国古代社会都实行三年之丧。即使你在外面当官，如果父母不在了，你也必须回家来守三年之丧，就是丁忧，叫作"丁忧三年"。不管你做什么官、做多大的官，你都必须回家尽孝。

---

① 《春秋左传·隐公元年》指出："天子七月而葬，同轨毕至；诸侯五月，同盟至；大夫三月，同位至；士逾月，外姻至。"（[清] 阮元校刻：《十三经注疏（附校勘记）》下册，第1717页上栏）

这个故事在孟子整个的政治思想与实践中尤其重要。孟子一生只跟十个诸侯虚虚实实地打过交道，几乎没有诸侯听孟子的，只有滕文公听孟子的，而且真正将孟子的理想落实到了实践当中。证据在哪里？证据就在 5 · 2：滕文公听了孟子的建议，将三年之丧做了下来。三年之丧以后，滕文公开始慢慢成长，变得有自己的理想，想将滕国建设成为一个好国家。到了 5 · 3，孟子与滕文公的交流就牵涉了整个国家治理的方方面面。这些治理涉及很多古代制度史方面的知识，它们后来在历史上也都有所承传、有所发展。

5 · 3　治国安邦的制度设计

5 · 3　滕文公问为国。

孟子曰："民事不可缓也。《诗》云：'昼尔于茅，宵尔索绹，亟其乘屋，其始播百谷。'民之为道也，有恒产者有恒心，无恒产者无恒心。苟无恒心，放辟邪侈，无不为已。及陷乎罪，然后从而刑之，是罔民也。焉有仁人在位，罔民而可为也？是故贤君必恭俭礼下，取于民有制。阳虎曰：'为富不仁矣，为仁不富矣。'

"夏后氏五十而贡，殷人七十而助，周人百亩而彻，其实皆什一也。彻者，彻也；助者，藉也。龙子曰：'治地莫善于助，莫不善于贡。'贡者，校数岁之中以为常。乐岁，粒米狼戾，多取之而不为虐，则寡取之；凶岁，粪其田而不足，则必取盈焉。

为民父母，使民盻盻然，将终岁勤动，不得以养其父母，又称贷而益之，使老稚转乎沟壑，恶在其为民父母也？夫世禄，滕固行之矣。《诗》云：‘雨我公田，遂及我私。’惟助为有公田。由此观之，虽周亦助也。

“设为庠、序、学、校以教之。庠者，养也；校者，教也；序者，射也。夏曰校，殷曰序，周曰庠，学则三代共之，皆所以明人伦也。人伦明于上，小民亲于下。有王者起，必来取法，是为王者师也。

“《诗》云：‘周虽旧邦，其命惟新。’文王之谓也。子力行之，亦以新子之国！”

使毕战问井地。

孟子曰：“子之君将行仁政，选择而使子，子必勉之！夫仁政，必自经界始。经界不正，井地不钧，谷禄不平，是故暴君污吏必慢其经界。经界既正，分田制禄可坐而定也。

“夫滕，壤地褊小，将为君子焉，将为野人焉。无君子，莫治野人；无野人，莫养君子。请野九一而助，国中什一使自赋。卿以下必有圭田，圭田五十亩，余夫二十五亩。死徙无出乡，乡田同井，出入相友，守望相助，疾病相扶持，则百姓亲睦。方里而井，井九百亩，其中为公田。八家皆私百亩，同养公田。公事毕，然后敢治私事，所以别野人也。此其大略也。若夫润泽之，则在君与子矣。”

5·1、5·2 主要讲滕文公的故事。滕文公是我们的知己，是孟子的知己，是中国文化的知己。5·3 体现了滕文公与孟子进一步的交流。这一交流是深度的交流，涉及中国历史上被称为仁政的几大举措，比如什一税、井田制。孟子这些治国安邦的制度设计，对于中国历史的影响比较大。理想走得好慢，历史走得好快，理想与现实之间的差距太大了。我等下会讲一讲这个问题。

“滕文公问为国”，滕文公向孟子请教治国的方略。“孟子曰：‘民事不可缓也。’”孟子说：老百姓的事情是不可以怠慢的，不能不放在心上，是必须立刻做的。所谓“民事”，孟子有句话：“诸侯之宝三：土地、人民、政事。”（14·28）政事与人民加在一块，就是民事。

民事为什么不可缓？“《诗》云：‘昼尔于茅，宵尔索绹，亟其乘屋，其始播百谷。’”这是讲盖房子、种地的事。我们白天将茅草割回来，晚上将茅草编成绳子。因为房子有点破烂了，我们得马上修好。房子修好后，春天来了，我们开始春耕、种百谷了。这是孟子引《诗经》来回答滕文公。

《诗经》对于先秦知识分子的影响特别大，对于孟子的影响也特别大，《孟子》引过很多《诗经》[①]。诗教的传统是中国古代的大传统。诗教一方面是为了陶冶我们的身心，让我们在诗歌中安顿我们的心灵；另一方面是一种政治。《论语》讲过“诵《诗》三百”与“授之以政”“使于四方”的关系：

---

① 《孟子》引《诗》凡 35 条，引《书》凡 19 条，论《诗》《书》凡 5 章，总计有 33 章引、论《诗》《书》，章数占全书 260 章的 12.7%。参见杨海文：《〈孟子〉引论〈诗〉〈书〉的文献地图——兼评陈澧〈东塾读书记〉考释的得失》，《现代哲学》2011 年第 4 期，第 100—109 页。

你学会了《诗》三百，我将政治任务交给你，你一定要能做好；我派你到别的国家执行外交任务，你诵读诗句，就得脱口而出、琅琅上口。假设你做不到，你学诗学得再多，又有什么用呢？以上就是孔子说的："诵《诗》三百，授之以政，不达；使于四方，不能专对；虽多，亦奚以为？"（《论语》13·5）所以，《诗经》的意义既是陶冶身心，还要落实到具体的政治事务当中。

孟子引《诗经》，是为了告诉滕文公：白天、晚上该做的事要做好，房子要赶快修好，因为马上要种地了。然后，孟子谈到老百姓："民之为道也，有恒产者有恒心，无恒产者无恒心。"老百姓的特点是：他有固定的产业，他就懂得人文的道理；他没有固定的产业，他就不太懂得人文的道理。"恒产"这个概念，是指固定产业、私有财产。老百姓必须有自己的私有财产，他才安心，才能遵守社会的秩序。哪些人没有恒产，却有恒心呢？孟子在另外一个地方讲过："无恒产而有恒心者，惟士为能。"（1·7）没有固定财产，但能坚持真理，正道直行，为真理而奋斗，敢于为真理而牺牲，只有知识分子能够做到这一点，而老百姓做不到。

"苟无恒心，放辟邪侈，无不为已。"没有恒产，老百姓就没有恒心。假设你没有恒心，你就会胡作非为，就会违法乱纪，就什么事情都干得出来。假设老百姓没有恒心，一直胡作非为、违法乱纪，有一种结果就是："及陷乎罪，然后从而刑之，是罔民也。"等到老百姓犯了罪，你再对他进行制裁，你这就是在陷害老百姓。孟子这里讲的民智不可欺，最关键的是要制民恒产，让老百姓有自己固定的资产，有自己的私有财产。假设没有私有财产，它的后果是比较严重的。

恒产又必须跟恒心连在一块，心比较重要。你不能等老百姓犯了罪，然后去惩罚他，这样你是在害老百姓。

“焉有仁人在位，罔民而可为也?”哪有仁者在朝廷做官，却做出陷害老百姓的事呢?这是不可能的。孟子认为：“是故贤君必恭俭礼下，取于民有制。”所有贤明的君主一定是办事认真、勤俭节约、礼贤下士的，就是“必恭俭礼下”。按照一定的标准对老百姓征收赋税，就是“取于民有制”。孟子这里讲的是“民事不可缓”，一定要制民恒产，一定不要陷老百姓于不义。

孟子接着引了一句话，是阳虎说的。“阳虎曰：‘为富不仁矣，为仁不富矣。’”阳虎是孔子时代的人。孔子时代的鲁国，鲁王没有什么权力，所有的权力都集中在季氏手上，而季氏家的大总管就是阳虎。阳虎，《论语》17·1称为阳货[①]。阳虎跟孔子长得特别像[②]。孔子同时代的人，有两个跟他长得很像：一个是阳虎，另外一个是孔子的学生——有子[③]。有子长得也跟孔子很像。

“为富不仁矣，为仁不富矣”的意思是：你要发财致富，就不能有道德；你要有道德，就不可能发财致富。阳虎讲的这句话，历来有学者认为，放在这里不是特别恰当。因为它到底要说明什么问题，不是很确切。我的理解是这句话

---

① 一般认为，虎是其名，货是其字。6·7也提到阳货。《论语》称其字，《孟子》先见其名、后见其字。

② 《论语》9·5说“子畏于匡”，原因何在?《史记·孔子世家》解释：“阳虎尝暴匡人，匡人于是遂止孔子。孔子状类阳虎，拘焉五日。”（［西汉］司马迁撰，［宋］裴骃集解，［唐］司马贞索隐，［唐］张守节正义：《史记》第6册，第1919页）

③ 《孟子》稍后会讲到这一点（5·4）。

放在这里无可无不可，也有它的意义[①]。因为孟子要揭示的问题是：富起来与道德提升起来到底是什么关系？

我们琅琅上口的一句话是“先让一部分人富起来”，但在孟子的思想中，排序是先让一部分人的道德提升起来，然后让所有人富起来。孔子讲庶、富、教，是首先让人口增多起来，其次让人们富起来，最后让人们得到好的教育（《论语》13·9）。孟子借阳虎这句话，就是要阐明富起来与道德提升起来到底是什么关系。他反对阳货说的“为富不仁矣，为仁不富矣”，希望富与仁之间达成和谐统一，富起来与道德提升起来是不矛盾的，是相辅相成的。孟子的理论前提是先让一部分人的道德提升起来，所以他讲“无恒产而有恒心者，惟士为能”。没有恒产但是有恒心，只有知识分子能够做到，这就是先让一部分人的道德提升起来。然后，通过这帮人带领其他人富起来，就是“民事不可缓也”，要让大家富起来。如果我们这样来理解“为富不仁矣，为仁不富矣”，可能更能明白孟子的良苦用心。

孟子讲“民事不可缓也”，归结点是“取于民有制”，按照一定的方法对老百姓征收赋税。为此，孟子回顾历史，对夏、商、周三代进行了回顾。他说：“夏后氏五十而贡，殷人七十而助，周人百亩而彻。”这里的“五十”“七十”“百亩”，是指50亩、70亩、100亩。夏朝每50亩征收赋税的方法，叫作贡法。商朝每70亩征收赋税的方法，叫作助法。周

① 《传习录上》指出：“大凡看人言语，若先有个意见，便有过当处。‘为富不仁’之言，孟子有取于阳虎，此便见圣贤大公之心。”（［明］王守仁撰，吴光、钱明、董平、姚延福编校：《王阳明全集》上册，第35页）阳明可谓深得孟子之心。

朝每100亩征收赋税的方法，叫作彻法。贡、助、彻是夏、商、周三代征收赋税的三种方法。孟子说这三种方法虽然名称不一样，但本质是一样的："其实皆什一也。"[①] 什一就是十分之一。你每收入100块钱，要将10块钱给我，这就叫作什一、什一税。夏、商、周三代都是抽取百分之十的税率，"其实皆什一也"。

孟子又解释说："彻者，彻也；助者，藉也。"周朝每100亩采取彻法。将所有情况都考虑到了，然后再做通盘考虑，这是"彻者，彻也"。彻法是先有全盘考虑，然后统一安排。预备、预留一些人力、物力、财力给大家都有份的公田，让大家一起将公田种好，这是"助者，藉也"的解释。

对于这三种方法，古代的贤者龙子做过评价。"龙子曰：'治地莫善于助，莫不善于贡。'"龙子认为：收这个土地税，收那个田地税，最好的方法是助法，最不好的方法是贡法。孟子最不赞成夏朝的方法，为什么呢？"贡者，校数岁之中以为常。"打个比方，五年下来，每年都有一个产量；我将五年来的产量加在一块，除以五，得出一个平均值，然后收田地税，收地租。按照五年内的平均数来收，这就是"贡者，校数岁之中以为常"，以后每年都按照这个平均数来收。

古时候种粮食是靠天吃饭的。上天保佑你，你的收成就好。上天不保佑你，你的收成就不好。所以，按照平均数收

---

① 古人猜谜语，谜面是"二九一十八，不是十八；三八二十四，不是二十四；四七二十八，不是二十八；五六方三，不是三十"，谜底是"其实皆什一也"。参见《浪迹丛谈》卷7"杂谜续闻"条，［清］梁章钜撰，陈铁民点校：《浪迹丛谈　续谈　三谈》，中华书局1981年版，第125—126页；按，个别标点符号略有校改。

地租，必然出现两种情况。第一种情况是："乐岁，粒米狼戾，多取之而不为虐，则寡取之。""乐岁"是指收成好的那一年。"粒米狼戾"，粮食多得都吃不完。可是你收地租，还是按照原来那个标准，收得很少。其实你多收一点，老百姓也不会怪罪你。你这个时候多收一点，并不算暴虐。第二种情况是："凶岁，粪其田而不足，则必取盈焉。"收成不好的那一年，老百姓连给第二年买肥料的钱都不够，但上面收租的还是按照以前那个平均数来收，一定要收足那个平均数不可。

夏朝的贡法就是有个平均数，每年都按照这个数来收。比如规定每年收一石谷，那你收成好，我收一石；你收成不好，我也收一石，这就是贡法。孟子认为这种方法不好。当时的农业生产，靠天吃饭，耕种技术不高，产量很低。即使是在今天，如果没有袁隆平（1930—2021），我们中国人吃饭都是大问题。因为有了袁隆平，十几亿人口的吃饭问题才真正得到了解决。在孟子的时代，粮食的产量很低，老百姓的生活很艰难。孟子认为所有的统治者都应当为民父母，做好父母官。你为民父母，就应当多为老百姓想一想。可是，统治者根本不是这么做的。

下面这段话描绘的就是统治者贪得无厌，老百姓生活过得很不好，民不聊生。孟子说："为民父母，使民盻盻然，将终岁勤动，不得以养其父母，又称贷而益之，使老稚转乎沟壑，恶在其为民父母也？"你们这些为民父母的，一年四季让老百姓忙个不停。"使民盻盻然"，就是让老百姓忙个不停。"将终岁勤动"，就是一年从头到尾干这干那的，干得累死累活、要死要命。即使这样做，你连你的父母都养不活。但是，你还得交这些田税，交那些土地税。你怎么才能交得起呢？“又称贷而益之”，就是到别人那里借高利贷，才能将差额补上。我一年的劳动所得连父母都养不起，可是还要交税。我家里的钱就这一点点，离你那个平均数还差了一大截，我只好借别人的高利贷，才能将窟窿补上。“使老稚转乎沟壑”，就是老老少少根本就吃不饱，饿得有气无力，甚至饿死了；饿死了，尸体就扔在荒郊野岭。老百姓成了这个样子，你们这些当官的配得上“为人父母”吗？这是孟子在讲当时老百姓饥寒交迫的贫困生活，他希望所有在位者都能“为民父母”①。

孟子又一转，说道：“夫世禄，滕固行之矣。”世禄就是吃国家粮、吃皇粮。不仅滕国的贵族，先秦时代所有的贵族，都有固定的田地，田地上生产的粮食是他们的。这些田地从第一代开始是你家的，以后世世代代都是你家的，这就叫“世禄”。孟子说滕国已经实行世禄的制度：只要是贵族，你就有自己的田，就有田地的收成作为自己生活的保障。

我们还要注意《诗经》讲的一句话。“《诗》云：‘雨我公田，遂及我私。’”《诗经》说：下雨了，先下到我们的公田，然后下到我们的私田。孟子通过《诗经》，要证明什么问题呢？他就是要证明老百姓怎么才能分到田地。所谓“世禄”，只是讲贵族有自己的田，能够靠田里的农作物收成来维持奢华的生活。但是，老百姓没有。所以，孟子想到《诗经》说的“雨我公田，遂及我私”，就是天下雨，先下到我们的公田，然后下到我们的私田。孟子由此找到了两方：一个是私

① 孟子多次提到“为民父母”（1·4，2次；2·7，1次；5·3，2次）。

的一方，一个是公的一方。

这里还没有点明井田制，孟子只是要证明：在夏、商、周三种收取赋税的方式中，夏朝的贡法最不好。商朝、周朝的又怎么样呢？孟子根据《诗经》得出结论："惟助为有公田。由此观之，虽周亦助也。"在商朝的助法之下，是有公田的。"惟助为有公田"，是说只有在助法之下，才有公田存在。"由此观之，虽周亦助也"，是说由《诗经》看来，即使是在周朝，也是用助法。我们刚才讲夏、商、周分别采用贡、助、彻，周朝采用彻法。孟子认为周朝虽然采用彻法，但它的本质仍是助法。这是孟子从《诗经》得出的结论。

如果只是按照平均数、每年按照平均数要求老百姓交粮交税，遇到收成好的年成，倒是没事；遇到收成不好的年成，老百姓是很为难的。所以孟子主张另外一种做法，就是既有私田、又有公田。这种方式好不好？如果"雨我公田，遂及我私"真的实行起来，它跟一般人的心理到底有什么关系？一般人的基本素质能不能做到《诗经》讲的——先做公田的活、后做私田的活呢？古往今来的思想家也思考过这个问题。比如《吕氏春秋》认为一般人都有自私、懒惰的心理：在自己家的地上做事，肯定很卖力；到大家都有份的公田上做事，就会偷懒①。但是，孟子还是将赋税制度提了出来，讲出了什一税。

历朝历代对人民都是收税的。田地是人民的命根子，更是政府的钱袋子。收税是历朝历代很正常的现象，只是有收

① 《吕氏春秋·审分》指出："今以众地者，公作则迟，有所匿其力也；分地则速，无所匿迟也。"（陈奇猷校释：《吕氏春秋校释》下册，学林出版社 1984 年版，第 1029 页；按，个别标点符号略有校改）

得多、收得少之分，比例不一样。孟子讲什一税，在他看来是一个恰当的比例。有人（白圭）认为什一税太多，可以收少一点，二十抽一（12·10）。什一税是十分抽一，100 块钱抽 10 块；二十抽一是 100 块钱抽 5 块。按道理，后面这种方式更加有利于老百姓。但是，孟子认为不行。孟子认为：一个文明国家与一个落后国家的最大差异，就在于文明国家有自己的政府管理系统。有政府管理系统，必然有相应的开销。这些开销从哪里来？肯定是从土地上来。政府要将社会管理得好，必要的开销是必须保证的。如果 100 块钱只抽 5 块，肯定太少了。100 块钱抽 10 块，这是比较合适的比例。

孟子又讲到学校制度，同样是从夏、商、周三代来谈学校制度是怎么回事。孟子认为：老百姓有了固定财产，政府按照一定的比例收税之后，我们还应当有学校教育。“设为庠、序、学、校以教之”，就是我们要建立学校，建立不同类型的学校，对老百姓实行教育。“庠者，养也”，“庠”的意思是培养。“校者，教也”，“校”的意思是教育。“序者，射也”的“射”字，按照杨伯峻的解释，意思是陈列[①]。我们进行学校教育，有课本教育——一边看课本、一边受教育；还有实物教育，就是摆一些实物来教育。“射”是陈列一些实物，一些实实在在的东西，对老百姓进行教育。

然后，孟子说：“夏曰校，殷曰序，周曰庠，学则三代共之。”这里区分了两种不同层次的教育：一种是小学教育，一种是大学教育。孟子认为：小学教育的名称，夏、商、周三代是不一样的，夏朝叫作校，殷朝叫作序，周朝叫作庠；但

① 参见杨伯峻译注：《孟子译注》，第 109—110 页。

是大学教育的名称一样，夏、商、周三代都称为学。

“设为庠、序、学、校以教之”的庠、序、学、校，都是学校教育。它们的目的是什么呢？“皆所以明人伦也。”学校教育的目的就是让老百姓“明人伦”。人是一切社会关系的总和，我们都生活在社会当中。人与人之间有基本的行为准则，学校教育就是让老百姓明白人与人之间必须遵守的行为准则。“人伦明于上，小民亲于下。”一旦统治者完善地制定了人与人之间必须遵守的行为准则，下面的老百姓就会和谐、团结地生活在一块。

孟子又说：“有王者起，必来取法，是为王者师也。”滕文公，你要按照一定的方法，向老百姓收取田地税；你要加强学校教育，让人与人之间的行为准则，老百姓都能遵守它。假设你做到了这些，同时有一个王者，就是有一个想成就王道事业的人成长起来了，他一定会到你这里来取经。这样，你就成了王者的老师。孟子告诉滕文公：你将这一切做好了，你就成了一个典范，成了一个样板，成了一个示范。很多人都会行王道，都想成就王道事业，都想将自己的国家建设好。他们肯定到你这里来取经，你传经送宝，你就成了那些想成就王道事业的人的老师，“是为王者师”。这里并不是说滕文公就是王者之师，只是说假设他做得好，就可以成为其他人的老师。

然后，孟子引《诗经》：“《诗》云：‘周虽旧邦，其命惟新。’”这句诗广为人知、脍炙人口。它的意思是：周朝虽然是一个古老的国家，但它充满着向上的、更新的力量，它在新的历史时代肩负着新的时代使命。“周虽旧邦，其命惟新”，我们通常简称为“旧邦新命”。我们中国是一个古老的国家，但它在新的时代要有新的历史担当、新的时代使命感，这就是旧邦新命。

“周虽旧邦，其命惟新”是赞美文王的诗，“文王之谓也”。孟子对滕文公说：“子力行之，亦以新子之国!”假设你能坚决有力地做好以上这些事，你也可以让你的国家气象一新，变得更加美好。“亦以新子之国”，就是让你的国家焕然一新、更加美好。旧邦新命、“新子之国”，是孟子对于滕文公寄予的殷切期望。这一期望也可以说是小邦大命、“新子之国”，因为滕国是个小国。

以上是孟子对滕文公讲的一席话。意思是说：你要建设好国家，就必须让老百姓有自己固定的财产，同时采取合理的税收制度，还要加强学校教育。只有这样，你才能旧邦新命、小邦大命，才能“新子之国”。这席话给滕文公留下的最深印象，很有可能是《诗经》的两句诗：一句是“周虽旧邦，其命惟新”，另一句是“雨我公田，遂及我私”。

因为土地问题是最关键的问题，所以孟子走了之后，滕文公想了很久：我怎么才能落实什一税呢？我要将十分之一的土地税收上来，物质基础在哪里呢？滕文公从《诗经》的两句诗里得到启发，觉得井田制是很重要的举措，是让滕国这个小国家富强起来的必由之路。于是，他派毕战去向孟子请教井田制的情况，就是“使毕战问井地”。

在《孟子》中，“井田”一词其实没有出现过。《孟子》叫作“井地”，而不叫“井田”，这个我们要多注意。“井田”

一词，最早出现在《春秋》三传之一的《穀梁传》中[①]。出于方便，我们还是笼统地叫作井田制。

滕文公认为实行井田制是让滕国富强起来最有效的方式，但他对井田制的情况不了解，所以派大臣毕战来问孟子。“孟子曰：‘子之君将行仁政，选择而使子，子必勉之！’”孟子对毕战说：你们国君想实行仁政，派你来问我，你一定要好好努力！这是孟子对毕战的鼓励。

然后，孟子说：“夫仁政，必自经界始。”这是中国思想史上很有名的一句话。意思是说：好的政治，良善的政治，必须从经界开始。“经界”就是为土地划界。5·1讲到滕国截长补短，拼成正方形，将近方圆50里。滕国是丘陵地带，不属于平原地带，田地不是方方正正的。孟子认为：这一家与那一家的分界线到底在哪里，必须搞清楚。必须将这些田地变得方方正正。“夫仁政，必自经界始”，就是仁政必须从田地划好界开始。

原因在于：“经界不正，井地不钧，谷禄不平，是故暴君污吏必慢其经界。”“经界不正”，意思是田地的分界搞得不准确。“钧”的意思是平均。“井地不钧”，意思是井地的大小就很难平均。井地是方方正正的，是田字形。“谷禄不平”，意思是粮食、俸禄就会不公平。经界是要解决土地问题，划好界才能解决土地问题。这件事有利于老百姓，但它对于那些既得利益者是极大的伤害。正经界、钧井地、平谷禄，那些暴君污吏是最不想干的。所以，一谈到经界，一谈到仁

---

① 《春秋穀梁传·宣公十五年》指出：“古者三百步为里，名曰井田。井田者，九百亩，公田居一。私田稼不善，则非吏；公田稼不善，则非民。”（［清］阮元校刻：《十三经注疏（附校勘记）》下册，第2415页上栏）

政，暴君污吏总是慢慢腾腾，不将它当回事，甚至蓄意破坏它。

孟子说：你要实行井田，为田地划界是首先该做的事。“经界既正，分田制禄可坐而定也。”将田地的分界做好了，后面两件事做起来，就轻而易举了。第一件事是将土地分给老百姓，第二件事是将俸禄分给文武百官、皇亲国戚。“经界既正”，这两件事就能毫不费力地定下来。

孟子又说：“夫滕，壤地褊小，将为君子焉，将为野人焉。”滕国的土地面积不大，也不是方方正正的，所以是“壤地褊小”。“将为君子焉，将为野人焉”，这句话历来不太好解。杨伯峻是这样解释的：“为”的意思是“有”；滕国虽然很偏僻、很小，但那里既有当官的，也有老百姓[①]。“将为君子焉”，就是有官吏；“将为野人焉”，就有老百姓。君子、野人是指官吏、老百姓。两者之间有什么关系呢？“无君子，莫治野人；无野人，莫养君子。”没有官吏，就没有人来治理老百姓；没有老百姓，就没有人来供养官吏。大家知道孟子谈过劳心、劳力两者的关系（5·4）。君子、野人这种关系，就是劳心、劳力的关系。滕国，国家很小，但是既有君子，也有野人，既有官吏，也有老百姓。

有官吏，有老百姓，就必须提供相应的物质基础，让“君子”能够安心工作，让“野人”能够生存下去。所以孟子建议：“请野九一而助，国中什一使自赋。”“野”是农村，“国中”是城市。孟子说：对于农村，我们采取九分抽一的助法；对于城市，我们采取十分抽一的贡法。如果从文本

---

① 参见杨伯峻译注：《孟子译注》，第110页。

解读的前后看什一税，5·3是不是完全没有矛盾呢？孟子认为滕国要治理好，农村、城市采取的税收制度可以有所区别。农村采取九分抽一的助法，城市手工业者采取十分抽一的贡法，为什么会有这样的区别呢？[①] 这是值得我们好好想一想的。

“卿以下必有圭田，圭田五十亩，余夫二十五亩。”官吏、老百姓，这是两大阶层。还有一个阶层，就是士，就是知识分子。到孟子的时代，知识分子正在成长的过程当中，但他们的社会地位不高。他们最有知识，是最有理想因而最能让这个世界得到改变的一群人。但是，他们没有土地。孟子开始为知识分子代言了！孟子说“卿以下必有圭田”，圭田是什么？古代社会有两件事最大：一件是打仗，一件是祭祀[②]。祭祀，一定要有田地。圭田就是为祭祀提供粮食、提供牛羊的田地，所以卿以下一定要有圭田。每个卿以下的官员（包括士）要有50亩圭田。假如家里还有其他劳动力，那再每人给25亩。“卿以下必有圭田，圭田五十亩，余夫二十五亩”，这是讲地位比较低的官员或者还没有进入体制内的官员，要给他们一块田，让他们生产粮食。这些粮食除了自己生活以外，还要用于祭祀天地与祖先。

对于一般人，孟子说：“死徙无出乡，乡田同井，出入相友，守望相助，疾病相扶持，则百姓亲睦。”“死徙无出乡”的意思是：不管是死后的埋葬，还是现在搬个家，我们都不

---

① 有关解释，参见杨海文：《我善养吾浩然之气——孟子的世界》，第166—167页。

② 《春秋左传·成公十三年》指出：“国之大事，在祀与戎。”（[清] 阮元校刻：《十三经注疏（附校勘记）》下册，第1911页中栏）

要离开本乡本土。孔子说："父母在，不远游，游必有方。"（《论语》4·19）父母健在的时候，子女不要到外面跑来跑去。你想到国外留学，可以；但是"游必有方"，你要告诉父母，你是到哪个国家留学。孟子讲"死徙无出乡"，是指不要离开本乡本土。

"乡田同井"，就是住在同一个井田，住在同一个小区（社区）。住在同一个井田的人，要做到以下三点："出入相友，守望相助，疾病相扶持。"住在同一个井田，每天出出进进，我们要互相帮助，这是"出入相友"。每家每户都有恒产，但世界上也有小偷。邻居不在家，你在家，你要帮着看看邻居的家，不让小偷光顾，这是"守望相助"。有了病，生了病，一定要相互扶持，这是"疾病相扶持"。一旦做到"出入相友，守望相助，疾病相扶持"，所有的老百姓就会亲密起来、和睦起来。这是"则百姓亲睦"。

下面是孟子对于井田制的描述："方里而井，井九百亩，其中为公田。""方里"是个什么概念呢？按照古人的说法，四方各 300 步是一方里，形成一个井①。每个井田的面积是 900 亩，中间那一块是公田。"方里而井"就是每个井田有 900 亩，中间的 100 亩是公田。其他 800 亩呢？孟子说："八家皆私百亩，同养公田。"每个井田有 900 亩土地，里面有八户人家。八户人家每户的私田是 100 亩，一共 800

① 《韩诗外传》卷 4 第 13 章指出："古者八家而井田。方里为一井。广三百步、长三百步为一里，其田九百亩。广一步、长百步为一亩。广百步、长百步为百亩。八家为邻，家得百亩。余夫各得二十五亩。家为公田十亩，余二十亩共为庐舍，各得二亩半。"（［西汉］韩婴撰，许维遹校释：《韩诗外传集释》，中华书局 1980 年版，第 143 页；按，个别标点符号略有校改）

亩，剩下的100亩是大家一起耕种的公田。“公事毕，然后敢治私事，所以别野人也。”这个井田的800亩分给了八户人家，还有100亩是大家都有份的公田，这块公田要靠大家的劳动才能种好。孟子认为“雨我公田，遂及我私”，就是先将公田的事做好，再去做自己那100亩私田的事。只有这样，我们才能跟野蛮人相区分。这是“公事毕，然后敢治私事，所以别野人也”的一种解释。另一种解释是：那些当官的也有土地，也有其他的事。他只有先将国家的事做完之后，才能去处理自己的私人事务。“所以别野人也”，这就是官员不同于一般老百姓的地方。

孟子将井田制介绍完了，接着说：“此其大略也。”这句话体现了孟子的谦虚，同时让人疑惑起来：井田制到底是真实的，还是孟子设想的呢？“此其大略也”的意思是：上面所讲的只是一个大略。孟子又对毕战说：“若夫润泽之，则在君与子矣。”我给你讲的只是一个大概，如果要将井田制具体化，将它落到实处，那就在于滕文公与毕战你们这些人怎么去做。

对于古代制度，孟子肯定有一定的了解。但是，春秋战国时期，礼崩乐坏，典籍被那些贪得无厌、别有用心的诸侯破坏得差不多了。所以，孟子对于当时的礼制又不是特别了解。井田制到底是真实的，还是虚构出来的？到底是历史上实有其事，还是孟子的理想设计？思想史上有着不同的说法。尽管说法不同，但人们一致认为孟子是一个有理想的人，他想让自己的理想从内圣、外王两个方面展开。内圣是让每个人的心灵真善美，外王是让整个社会真善美。为了实现人的内心的真善美、整个社会的真善美，就要有一套能够落实、能够做到的制度。比如，你要尽孝，就要行三年之丧；你要让人民富起来，就必须将土地分给老百姓。这就是孟子理想中的制度设计。

再看看“若夫润泽之”。每次读到这里，我就想起毛泽东（1893—1976）。毛泽东，字润之。毛泽东的名（有“泽”）、字（有“润”）是怎么来的？除了毛氏族牒有泽字辈之外，我估计它还跟孟子说的“润泽”有关①。土地问题始终是历史上所有的革命者、先行者必须解决的问题，将土地分给老百姓是历代仁人志士努力奋斗的目标。“公事毕，然后敢治私事”的公私问题，在毛泽东那里同样有很明显的体现。在这个意义上，孟子应当对毛泽东是有影响的。

1920年初，毛泽东在北京工作过一段时期后，准备回南方。他从别人那里借了十块银元，一路从北方经过山东，到

① 毛泽东，“字咏芝，后改为润之”；9岁左右，“先读《三字经》，接着读《幼学琼林》《论语》《孟子》《中庸》《大学》”。参见中共中央文献研究室编，逄先知主编，冯蕙、姚旭、赵福亭、吴正裕副主编：《毛泽东年谱（一八九三——九四九年）》上卷，人民出版社、中央文献出版社1993年版，第1、2页；按，个别标点符号略有校改。

曲阜去看过，并且看到了孟子的出生地[①]。那是毛泽东的年轻时期，中国共产党还没有成立。对于毛泽东与孟子、尤其是他与5·3的关系[②]，我没有确凿的文献来证明，但传统文化对于中国第一代马克思主义者产生过影响，这是毫无疑问的。

井田制对于所有仁人志士的影响是不言而喻的。井田制这个理想，古往今来其实很难实现。孟子的很多理想，比如

---

① 《西行漫记》写道："一九一九年初，我和要去法国的学生一同前往上海。我只有到天津的车票，不知道到后怎样才能再向前走。可是，像中国俗语所说的，'天无绝人之路'，很幸运，一位同学从北京孔德学校弄到了一些钱，他借了十元给我，使我能够买一张到浦口的车票。在前往南京途中，我在曲阜下车，去看了孔子的墓。我看到了孔子的弟子濯足的那条小溪，看到了圣人幼年所住的小镇。在历史性的孔庙附近那棵有名的树，相传是孔子栽种的，我也看到了。我还在孔子的一个有名弟子颜回住过的河边停留了一下，并且看到了孟子的出生地。在这次旅行中，我登了山东的神岳泰山，冯玉祥将军曾在这里隐居，并且写了些爱国的对联。"（［美］埃德加·斯诺著，董乐山译：《西行漫记（原名：红星照耀中国）》，生活·读书·新知三联书店1979年版，第128页；按，"像中国俗语所说的"原作"象中国俗语所说的"）但是，《毛泽东年谱》"1920年4月11日"条记载："离北京去上海。途中，在天津、济南、泰山、曲阜、南京等处参观游览，看了孔子的故居和墓地，登了泰山，还看了孟子的出生地。"（中共中央文献研究室编，逄先知主编，冯蕙、姚旭、赵福亭、吴正裕副主编：《毛泽东年谱（一八九三——一九四九年）》上卷，第57页）毛泽东此行到曲阜的时间，当以年谱为准。

② 有关孟子思想对于毛泽东一生的影响，可参见董志新：《毛泽东品〈孟子〉》，万卷出版公司2015年版。另，据说1958年8月9日，毛泽东在滋阳（今兖州）火车站接见滕县县委第一书记王吉德等人，将王吉德称作"滕小国的国王"，还说了滕文公请孟子讲学、孟子之滕馆于上宫等事（参见王东溟：《来山东考察办社　在北园作出论断》，山东省档案馆编，张奎明、李光泉主编：《毛泽东与山东》，中央文献出版社2003年版，第83—86页）。2016年11月1日上午，笔者在孟子研究院殷延禄、邹城著名孟子学研究专家刘培桂、滕州市墨子研究中心张庆军先生的带领下，曾到滕州市姜屯镇拜谒滕国故城文王古台。文王古台有滕文公坐像，左、右分别为然友、毕战的立像。长期在滕国故城管理处工作的何锡涛先生给我们作了精彩讲解，并惠赠他的研究著作《滕国风物》（天马出版有限公司2012年版）。孟子故里讲《滕文公》，又实地考察滕文公故里，此亦笔者三生之大幸。

八口之家养上“五母鸡，二母彘”（13·22）是多么简单，可是即使到了洪秀全（1814—1864）制定《天朝天亩制度》时，还是家家户户五只母鸡、两头小母猪[①]。时间走得好快，理想走得好慢，是我们读《孟子》最深的感受。

5·1至5·3是一个关于滕文公的完整的故事。滕文公做太子的时候，就跟孟子见面了。滕文公的父亲死了，滕文公问孟子怎么办，孟子告诉他行三年之丧。然后，滕文公慢慢成长了。他向孟子讨教治国的方略，孟子告诉他要实行什一税，实行井田制。滕文公就是在孟子的教育下，慢慢让滕国有了一定的发展，滕国的名气也越来越大了。滕国的名气越来越大，往下的5·4就有了体现。

① 《天朝田亩制度》写道：“凡天下每家五母鸡，二母彘，无失其时。”（广东省太平天国研究会、广州市社会科学研究所编：《洪秀全集》，广东人民出版社1985年版，第168页）

第二讲

孟子与思想界的两次论辩

——《孟子·滕文公上》第4—5章解读

5·1至5·3等于讲了一个完整的滕文公故事。滕文公从做太子起，到他父亲死，再到主持国家事务，都跟孟子有密切的交往。这些交往让滕文公慢慢成长起来、成熟起来，同时使得小小的滕国开始对于周边地区产生一定的影响。

这一影响源于滕文公实行王者之道、实行仁政，它有哪些体现呢？从5·2那里，我们看到滕文公实行三年之丧，"四方来观之"，所有前来吊唁滕定公的人都感到十分欣慰。这是它在国内外政界产生了影响。到了5·4的开篇，我们看到另外的场景：滕文公实行仁政，对于国内外的思想界产生了相应的号召力。有两个思想流派的人物来到滕国，一个是农家的许行，一个是儒家的陈相。

许行、陈相在《孟子》中出现，具有一定的意义。孟子一生当中，一方面不断跟诸侯提意见，要求实行仁政；另一方面继承古代先圣先贤的思想，对古往今来的异端邪说进行批判。5·4是孟子第一次跟当时思想界的不同思想进行辩论、斗争，5·5也有这样的意义。所以，下面要讲的5·4、

5·5，是孟子跟那个时候有代表性的思想流派进行辩论、斗争的两个重要篇章。

5·4 “并耕而食”“市贾不贰”错在哪里？

5·4 有为神农之言者许行，自楚之滕，踵门而告文公曰：“远方之人闻君行仁政，愿受一廛而为氓。”

文公与之处。

其徒数十人，皆衣褐，捆屦、织席以为食。

陈良之徒陈相与其弟辛，负耒耜而自宋之滕，曰：“闻君行圣人之政，是亦圣人也，愿为圣人氓。”

陈相见许行而大悦，尽弃其学而学焉。

陈相见孟子，道许行之言曰：“滕君，则诚贤君也；虽然，未闻道也。贤者与民并耕而食，饔飧而治。今也滕有仓廪府库，则是厉民而以自养也，恶得贤？”

孟子曰：“许子必种粟而后食乎？”

曰：“然。”

“许子必织布而后衣乎？”

曰：“否，许子衣褐。”

“许子冠乎？”

曰：“冠。”

曰：“奚冠？”

曰："冠素。"

曰："自织之与？"

曰："否，以粟易之。"

曰："许子奚为不自织？"

曰："害于耕。"

曰："许子以釜甑爨，以铁耕乎？"

曰："然。"

"自为之与？"

曰："否，以粟易之。"

"以粟易械器者，不为厉陶冶；陶冶亦以其械器易粟者，岂为厉农夫哉？且许子何不为陶冶，舍皆取诸其宫中而用之？何为纷纷然与百工交易？何许子之不惮烦？"

曰："百工之事，固不可耕且为也。"

"然则治天下独可耕且为与？有大人之事，有小人之事。且一人之身而百工之所为备，如必自为而后用之，是率天下而路也。故曰：或劳心，或劳力；劳心者治人，劳力者治于人；治于人者食人，治人者食于人，天下之通义也。

"当尧之时，天下犹未平，洪水横流，泛滥于天下。草木畅茂，禽兽繁殖，五谷不登，禽兽逼人，兽蹄鸟迹之道交于中国。尧独忧之，举舜而敷治焉。舜使益掌火，益烈山泽而焚之，禽兽逃匿。禹疏九河，瀹济、漯而注诸海，决汝、汉，排淮、泗而注之江，然后中国可得而食也。当是时也，禹八年于外，三过其门而不入，虽欲耕，得乎？

“后稷教民稼穑，树艺五谷，五谷熟而民人育。人之有道也，饱[1]食、暖衣、逸居而无教，则近于禽兽。圣人有忧之，使契为司徒，教以人伦：父子有亲，君臣有义，夫妇有别，长幼有叙，朋友有信。放勋曰：‘劳之来之，匡之直之，辅之翼之，使自得之，又从而振德之。’圣人之忧民如此，而暇耕乎？

“尧以不得舜为己忧，舜以不得禹、皋陶为己忧。夫以百亩之不易为己忧者，农夫也。分人以财谓之惠，教人以善谓之忠，为天下得人者谓之仁。是故以天下与人易，为天下得人难。孔子曰：‘大哉！尧之为君。惟天为大，惟尧则之。荡荡乎！民无能名焉。君哉！舜也。巍巍乎！有天下而不与焉。’尧、舜之治天下，岂无所用其心哉？亦不用于耕耳。

“吾闻用夏变夷者，未闻变于夷者也。陈良，楚产也，悦周公、仲尼之道，北学于中国。北方之学者，未能或之先也。彼所谓豪杰之士也。子之兄弟事之数十年，师死而遂倍之！昔者孔子没，三年之外，门人治任将归，入揖于子贡，相向而哭，皆失声，然后归。子贡反，筑室于场，独居三年，然后归。他日，子夏、子张、子游以有若似圣人，欲以所事孔子事之，强曾子。曾子曰：‘不可！江、汉以濯之，秋阳以暴之，皜皜乎不可尚已。’今也南蛮鴃舌之人，非先王之道，子倍子之师而学之，亦异于

① 引者按：“饱”，原文误作“鲍”。

曾子矣。吾闻出于幽谷、迁于乔木者，未闻下乔木而入于幽谷者。《鲁颂》曰：'戎、狄是膺，荆、舒是惩。'周公方且膺之，子是之学，亦为不善变矣。"

"从许子之道，则市贾不贰，国中无伪。虽使五尺之童适市，莫之或欺。布帛长短同，则贾相若；麻缕丝絮轻重同，则贾相若；五谷多寡同，则贾相若；屦大小同，则贾相若。"

曰："夫物之不齐，物之情也。或相倍蓰，或相什百，或相千万。子比而同之，是乱天下也。巨屦小屦同贾，人岂为之哉？从许子之道，相率而为伪者也，恶能治国家？"

5·4的开头说："有为神农之言者许行。"[①] 许行这个人，其他先秦典籍没有出现过，只在《孟子》中出现过。滕文公同样如此。班固（32—92）写《汉书·古今人表》，对滕文公、许行采取了不同的态度。他将滕文公列为三六九等的第三等[②]，对于许行根本没有提。虽然许行在《孟子》中出

① 《孟子集注》卷5《滕文公章句上》指出："神农，炎帝神农氏。始为耒耜，教民稼穑者也。为其言者，史迁所谓农家者流也。"（[南宋] 朱熹：《四书章句集注》，中华书局1983年版，第257页）许行其人其学，先秦典籍仅见于《孟子》。焦循认为许行之学出自尸佼："《北堂书钞·帝王部》引《尸子》云：'神农氏并耕而食，以劝农也。'尸佼，鲁人。其书属杂家，商鞅师之。其言'并耕而治'，与许行同。许行之学，盖出于尸佼。"（《孟子正义》卷11，[清] 焦循撰，沈文倬点校：《孟子正义》上册，第365页；按，个别标点符号略有校改）《先秦诸子系年》第113篇《许行考（附索卢参）》认为许行之学出自墨子。《吕氏春秋·当染》说："禽滑釐学于墨子，许犯学于禽滑釐，田系学于许犯。"（陈奇猷校释：《吕氏春秋校释》上册，第96页）钱穆指出："要之许犯即许行，为墨徒，则似可无疑耳。"（氏著：《先秦诸子系年》，商务印书馆2015年版，第409页）

② 参见 [东汉] 班固撰，[唐] 颜师古注：《汉书》第3册，第948页。

现过，但班固将古往今来的 1954 人列在一张大表之中，却对许行置之不理。其中的原因，值得我们好好想一想。许行是农家的代表性人物。农家是诸子百家、九流十家之一，农家有哪些思想呢？它在《孟子》中有比较完整的体现。

许行“自楚之滕”，从楚国来到滕国。“踵门而告文公曰”，许行亲自到了滕文公家里，他对滕文公说了一些什么呢？他说：“远方之人闻君行仁政。”我们这些远方来的人听说您正在行仁政。“愿受一廛而为氓”①，“廛”是房子的意思，希望您给我一间房子，我愿意成为您的百姓。“文公与之处”，文公给了他房子。许行是农家，“其徒数十人，皆衣褐”，他的学生很多，有几十人，都穿着粗麻做的衣服。他们靠什么谋生呢？“捆屦、织席以为食。”许行与他的门徒靠编草鞋、织席子谋生，以此维持生计。上面是对许行的介绍。

接着又来了一帮人：“陈良之徒陈相与其弟辛，负耒耜而自宋之滕。”陈良有两个学生，一个是陈相，一个是陈辛，他们是两兄弟。他们扛着、挑着家里的农具，从宋国来到滕国。“曰：‘闻君行圣人之政，是亦圣人也，愿为圣人氓。’”他们对滕文公说：我们听说您在实行圣人的政治，那您也就是圣人了，我们愿意成为圣人的百姓。

许行对滕文公说的，陈相对滕文公说的，都是对滕文公行仁政表示赞扬。这表明滕文公在孟子的教导下，已经将什一税、井田制具体落实到了他的施政纲领当中，并对周边地区比如楚国、宋国产生了一定的影响。这些影响引来农家的

---

① 廛，音 chán。赵岐注：“廛，居也。自称远方之人愿为氓。氓，野人之称。”（《孟子正义》卷 11 录，［清］焦循撰，沈文倬点校：《孟子正义》上册，第 365 页）

许行、儒家的陈相来到滕国。许行是从楚国来到滕国，陈相是从宋国来到滕国。

滕国与宋国是两个小国。从北往南看，上面是齐国、鲁国，再就到了滕国，再就到了宋国，再就到了楚国。滕国与宋国夹在齐国、楚国两个大国之间。对于《滕文公篇》来说，小国政治学是潜在的主题。滕国是个小国，宋国也是个小国。滕文公接受了孟子的教导，而宋王不听孟子的教导。陈相是从宋国来到滕国，宋国的首都不在河南商丘、而是在江苏徐州。我们可以试着提问：许行为什么不停留在宋国？他为什么要经过宋国来到滕国？这表明宋国当时的影响力很小，这就埋下了伏笔——孟子的言外之意是对宋国有所批评。这是一个鲜明的对照。

滕文公那里，现在来了两个思想流派的代表人物，一个是许行，一个是陈相。“陈相见许行而大悦，尽弃其学而学焉。”陈相见到许行十分高兴。许行那番理论，深深地打动了陈相。陈相决定抛弃老师陈良的那一套“周公、仲尼之道”，他要改换门庭，向许行学习。这就出现了波折。陈相为什么要抛弃以前的信仰——陈良的思想，改为相信许行的思想呢？孟子当时还在滕国，因为孟子是滕文公的精神导师。陈相来到滕国，肯定要去拜会孟子。

“陈相见孟子，道许行之言曰。”陈相拜会孟子，将许行的思想告诉了孟子。许行对滕文公有个评价——由此可以看出许行做人不太地道，或者说他比孟子对于滕文公有更高的要求。什么评价呢？“滕君，则诚贤君也；虽然，未闻道也。”许行认为：滕文公的确是个不错的国君，但他并没有懂得真正的大道。

真正的“道”是什么？许行的思想有两大纲领，下面是第一大纲领：“贤者与民并耕而食，饔飧而治。”[①] 意思是说：贤者应该像老百姓一样，自己种地自己吃；自己做饭自己吃。“并耕而食”是自己种地自己吃，“饔飧而治”是自己做饭自己吃。凡事亲自做，你才能达到“天下大治”。贤者是统治者，是管理社会的。许行却要求所有统治者：你要吃饭，就必须亲自去种地；你要吃饭，就必须亲自去做饭。这样可行吗？

陈相还是按照许行的思路，继续批评滕文公：“今也滕有仓廪府库，则是厉民而以自养也，恶得贤？”今天的滕国，粮仓里放着粮食，仓库里放着钱财，粮仓里的粮食多，仓库里的钱财多。这就是“厉民”，盘剥老百姓，拿他们的利益供自己享受。这样做，哪里称得上贤明呢？

以上是陈相见到孟子后，将许行的两大纲领之一披露了出来。这个纲领就是“贤者与民并耕而食，饔飧而治”，“并耕而食”是所有管理者必须自己种地自己吃，“饔飧而治”是所有管理者必须自己做饭自己吃。孟子怎么批驳许行呢？

“孟子曰：‘许子必种粟而后食乎？’”孟子问陈相：许行是不是亲自种粮食来吃呢？“曰：‘然。’”陈相说是的。这是问吃饭问题。孟子又问穿衣问题：“许子必织布而后衣乎？”许行是不是亲自织布、做衣服来穿呢？“曰：‘否，许子衣

---

① 饔飧，音 yōng sūn，意即做饭；“飧”或作“飱”。《孟子集注》卷 5《滕文公章句上》指出：“饔，音雍。飧，音孙……〇饔飧，熟食也。朝曰饔，夕曰飧。言当自炊爨以为食，而兼治民事也……许行此言，盖欲阴坏孟子分别君子、野人之法。”（［南宋］朱熹：《四书章句集注》，第 258 页；按，个别标点符号略有校改）

褐。'"陈相说不是，说许行穿粗麻制的衣服。这是说粗麻制的衣服不是许行自己织的，这里快要触及问题的本质了。

孟子又问："许子冠乎?"许行戴帽子吗?"曰：'冠。'"陈相说许行戴帽子。"曰：'奚冠?'"他戴什么颜色的帽子呢?"曰：'冠素。'"许行戴白色的帽子。许行吃的粮食是自己种的，但穿的衣服不是自己织的，戴的帽子是白色的帽子。"曰：'自织之与?'"孟子问陈相：许行戴的帽子是自己织的吗?"曰：'否，以粟易之。'"陈相说不是，说许行戴的帽子是他拿粮食到市场上换来的。

既然帽子是拿粮食到市场上换的，问题就来了。"曰：'许子奚为不自织?'"孟子问陈相：许行为什么不亲自织布、做帽子呢？这一下子，问题绕到了"贤者与民并耕而食，饔飧而治"。"曰：'害于耕。'"陈相回答：许行之所以自己不织布，而是到市场上用粮食换帽子，是因为他怕织布、做帽子"害于耕"，不利于一心一意种地、种粮食。

孟子是辩论高手，马上变换话题，继续问陈相。"曰：'许子以釜甑爨①，以铁耕乎?'"这句话翻译过来就是：许行用锅碗瓢盆来做饭吗？用铁器来犁田吗？锅碗瓢盆是生活品。铁器，比如犁耙是劳动工具。"曰：'然。'"陈相说是的，许行是用锅碗瓢盆来做饭，用铁器来犁田。"自为之与?"孟子问：这些锅碗瓢盆、铁器是许行自己做的吗?"曰：'否，以粟易之。'"陈相说不是，说它们是许行拿粮食到市场上换来的。

通过上面的辩论，我们知道许行思想的一大观点是：管

---

① 爨，音 cuàn，意即烧火做饭。

理者要自己种地自己吃，自己做饭自己吃，凡事必须亲力亲为，绝对不能四体不勤、五谷不分，绝对不能饭来张口、衣来伸手，不能过这种生活。原则上讲，管理阶层亲自做事，这是对的。但是，整个管理阶层是不是一定要亲自种粮食才能吃，亲自砍柴烧饭才能吃，这是值得人们思考的大问题。许行将它当作农家思想的最高纲领，而且在这个纲领之下，认为滕文公算不上真正的贤明之君。孟子就不断地设问：许行吃的粮食是不是自己种的？是的。衣服是不是自己织的？不是。帽子是不是自己织的？不是。帽子是怎么来的？是从市场上拿粮食换来的。为什么不亲自织布来做呢？理由在哪里呢？许行的观点是：假设我亲自织布、做帽子，就不利于一心一意种地。

许行是以人为本吗？他强调每个人，包括管理者、被管理者，都要自己种地自己吃，自己做饭自己吃。我觉得这个观点也不是特别没有道理。但是，如果让所有人都这样做，整个社会怎么运行呢？这是一个大问题。而且，随着社会文明程度越来越高，社会分工就越来越细，相互之间的合作、协作就越来越必要。在这种情况下，你强调“贤者与民并耕”是一定要落实的国家政策或者做人的品质，又怎么可能将社会治理好呢？

孟子为此陈述了他对于社会分工的理解。孟子对陈相说：“以粟易械器者，不为厉陶冶。”我拿粮食到市场上去换生活品，去换劳动工具，这并不是对陶冶工人的伤害。陶是做陶器的师傅，冶是打铁的师傅。“陶冶亦以其械器易粟者，岂为厉农夫哉？”陶工、铁匠拿他们的产品去跟农民换粮食吃，这难道又是盘剥农民吗？孟子这是在讲以物易物，农民要跟手工业者以物易物，手工业者也要跟农民以物易物，就是互相交换生活品，互相交换劳动工具。

然后，孟子逼问陈相："且许子何不为陶冶，舍皆取诸其宫中而用之?"许行自己为什么不是又做陶器、又打铁呢？这个"舍"字不太好理解。孟子要说的是：如果许行亲自做陶器、做铁器，将这些陶器、铁器全部做好了，并放在家里，什么时候需要用，什么时候就拿出来。这是"舍皆取诸其宫中而用之"的意思。"何为纷纷然与百工交易?"你为什么这一件东西、那一件东西都要到市场上去买呢?"何许子之不惮烦?"这一件东西、那一件东西都要到市场上换来换去，许行你不嫌麻烦吗?

以上是孟子对于许行的批判，强调社会是有分工的。以物易物是社会文明发展到一定程度后的体现，其实陈相也懂这个道理。"曰：'百工之事，固不可耕且为也。'"陈相说：三百六十行每一行要做好自己的事，就不可能同时都去种地。三百六十行是劳力者阶层，不可能同时既种地、又做自己的本行。陈相这里只是针对劳动力阶层而言，劳心者阶层又如何呢?

孟子说："然则治天下独可耕且为与?"难道天下那些管理者，独独就该——又亲自种地、又亲自治理国家吗?这是孟子对陈相的提问。接着，孟子鲜明地将自己的社会分工理论讲了出来："有大人之事，有小人之事。"大人是管理者，小人是被管理者。任何社会都有管理者、被管理者。"且一人之身而百工之所为备，如必自为而后用之，是率天下而路也。"对于我们每个人来说，三百六十行生产的生活品、劳动工具都是必不可少的。假设让每个人都亲手生产自己的生活品、自己的劳动工具，然后才能使用它——假设让每个人都这样做，那就等于让天下所有的人每天都急匆匆地走在路上。“率天下而路”，就是让天下所有人疲于奔命。

孟子这段话的画龙点睛之笔来了：“故曰：或劳心，或劳力。”劳心是脑力劳动者，劳力是体力劳动者。任何社会都有脑力劳动者、体力劳动者。“劳心者治人，劳力者治于人。”脑力劳动者是管理别人的，体力劳动者是被别人管理的。“治于人者食人，治人者食于人，天下之通义也。”管理者是“治人者”，被管理者是“治于人者”。管理者是由别人提供生活资料的，被管理者是为别人提供生活资料的，这是天下的常识，天下的基本准则。

这段话很重要，它是孟子的社会分工理论最典型的体现。这一理论最大的特点，就是将社会分工分为两个面向：一个面向是劳心者，一个面向是劳力者。劳心者是脑力劳动者，劳力者是体力劳动者。这样分的意义很大。因为人类历史一开始都是劳力者，没有劳心者。那个时候，可以说社会还没有真正形成。但是，随着社会文明程度越来越高，光有劳力者是不行的，劳心者阶层必须出现，管理者阶层必须出现。孟子提出劳心与劳力、脑力劳动者与体力劳动者的区分，就将社会分工建构在一个非常适合于社会文明发展的框架之下。而且，这种分工最重要的意义在于，它要为当时知识分子的成长提供理论依据。

当时有人认为：知识分子不劳而食、不劳而获，知识分子不劳动却有饭吃，社会要他们有什么用呢？孟子这里通过劳心、劳力两个面向的区分，为知识分子在社会分工领域取得独立而重要的地位埋下了伏笔。所以这一章特别关键，孟子为整个社会分工提供了最简洁、最好理解的范本。

孟子接下来证明了“贤者与民并耕而食，饔飧而治”是不对的，就是贤者不可能像老百姓那样自己种地自己吃、自己做饭自己吃。从“当尧之时”开始的一段话，我们要记住。这段话相当于一部中国思想小史。更准确地说，通过5·4、6·9两章，孟子为我们提供了一部小小的中国思想史，我们由此可以看到孟子所理解的人类思想发展史究竟是什么样子的。孟子这样做，既是为了将早期中国的思想发展史揭示出来，又是为了反驳许行“贤者与民并耕而食，饔飧而治”的观点。

“当尧之时，天下犹未平，洪水横流，泛滥于天下。草木畅茂，禽兽繁殖，五谷不登，禽兽逼人，兽蹄鸟迹之道交于中国。”尧那个时候，天下还没有太平起来。水总是往低处流，而且在往低处流的过程中，形成了一定的河床、河道。水太大了，所以它不按照河床、河道去流，这就是“洪水横流”。“泛滥于天下”，洪水太大了，到处都发大水；“草木畅茂”，草木遍地丛生；“禽兽繁殖”，鸟兽大量繁殖；“五谷不登”，粮食没有任何收成；“禽兽逼人”，鸟兽对于人类产生了极大的危害；“兽蹄鸟迹之道交于中国”，整个中原地区都留下了鸟兽神出鬼没的足迹。这几句话表明：尧那个时候，人类面临着极大的自然危害。人类一开始，或者说人类文明的早期，最大的危险来自自然界，尤其是洪水。这是中国儒家文化对于人类早期历史、人类文明开端史最基本的理解。

这个时候，“尧独忧之，举舜而敷治焉”。尧、舜、禹是上古时期的三大圣人。尧看到“洪水横流”的情形，独自深深地担忧起来。他将舜选了出来，让舜管理整个社会事务。

舜的职务相当于宰相。舜怎么解决“当尧之时”那一系列自然灾难、自然问题呢?

舜采取了几大做法，第一大做法是:“舜使益掌火，益烈山泽而焚之，禽兽逃匿。”舜让益掌管火，通俗地说就是消防部。益怎么将鸟兽赶走呢?益在山林、沼泽地带烧起大火，将山林、沼泽烧掉了。因为鸟兽藏身于山林、沼泽里面，山林烧光了，沼泽里的草烧光了，鸟兽也就逃之夭夭，逃到了远离人群的地方。这是将鸟兽赶跑了。

虽然将鸟兽赶跑了，但另外的大问题——洪水还在。舜采取的第二大做法，大家都很熟悉，就是大禹治水:“禹疏九河，瀹济、漯而注诸海，决汝、汉，排淮、泗而注之江，然后中国可得而食也。”大禹疏通了九条河。“九河”是指黄河流域的九条河，我们看朱熹(1130—1200)的《孟子集注》，这九条河的名字很怪[①]，我就不念了。漯读 tà，不读 luò[②]。“瀹济、漯”是将(山东的)济水、漯河疏通了，“注诸海”是济水、漯河的水流到了海里。“决汝、汉”是将汝水、汉水的泄洪口打开了，“排淮、泗”是将淮河、泗水那些淤积堵塞的地方打通了，“注之江”是让它们的水流进了长江。这里涉及九条河，还涉及济、漯、汝、汉、淮、泗六条河，一共有十五条河。这十五条河的问题解决了，“然后中国可得而食也”。意思是说:因为水已经退了，中原大地的老百姓回到了自己的土地上，又能够种粮食来吃了。

---

① 《孟子集注》卷5《滕文公章句上》指出:“九河:曰徒骇，曰太史，曰马颊，曰覆釜，曰胡苏，曰简，曰洁，曰钩盘，曰鬲津。”([南宋]朱熹:《四书章句集注》，第259页)

② 漯(tà)河是山东的古水名，漯(luò)河是河南的地名。

这段话有一些让地理学家感到困惑的地方。孟子讲“决汝、汉，排淮、泗而注之江”，但汝河、汉水、淮河、泗水这四条河，其实只有汉水流进长江，其他三条河都是不流进长江的[①]。孟子为什么认为这四条河都流进了长江呢？我们读《孟子》，有时候要细心看一看孟子当年那些地理知识跟我们今天的地理知识是不是完全一致。虽然沧海桑田，但如果孟子当年的描写跟今天的距离太大，我们要好好想一想到底是什么原因。

关于大禹治水，我们可以多讲一讲，因为它是孟子反复提到的一件事（另见6·9，8·26，12·11）。从五行的角度看，大禹治水是按照顺时针的次序来治的[②]。水在北方，北方主要指河北（冀州）。大禹治好了河北的水，马上转到东方。木在东方，东方主要指山东、江苏、安徽，就是古代的青州、兖州、徐州。从北方的水、东方的木再到南方的火，南方包括扬州、荆州。当时广东还没有进入中国的范围。火部治好了，就到中间的土部——豫州，主要指今天河南的大部分地区。豫州治好了，再往西方的金，主要指现在的四川、陕西（梁州、雍州）。我们一定要记住当时天下有九

---

① 《孟子集注》卷5《滕文公章句上》指出：“据《禹贡》及今水路，惟汉水入江耳。汝、泗则入淮，而淮自入海。此谓四水皆入于江，记者之误也。”（［南宋］朱熹：《四书章句集注》，第259页）

② 《容斋随笔》卷1“禹治水”条指出：“《禹贡》叙治水，以冀、兖、青、徐、扬、荆、豫、梁、雍为次。考地理言之，豫居九州中，与兖、徐接境，何为自徐之扬，顾以豫为后乎？盖禹顺五行而治之耳。冀为帝都，既在所先，而地居北方，实于五行为水；水生木，木东方也，故次之以兖、青、徐；木生火，火南方也，故次之以扬、荆；火生土，土中央也，故次之以豫；土生金，金西方也，故终于梁、雍。所谓彝伦攸叙者此也。与鲧之汩陈五行，相去远矣。此说予得之魏几道。”（［南宋］洪迈：《容斋随笔》上册，上海古籍出版社1978年版，第5页；按，个别标点符号略有校改）

州，大禹是按照水→木→火→土→金的顺时针方向来治水的。

孟子说大禹治水：“当是时也，禹八年于外，三过其门而不入。”这个意思好理解。这里要注意：大禹治水治了多少年呢？孟子说治了八年，《史记》说治了十三年[①]。为什么“三过其门而不入”？我先讲个花边。有人说大禹治水三过家门而不入，是因为他跟一个叫瑶姬的女人有婚外恋。他为什么有婚外恋？因为瑶姬对他有恩。大禹之所以能将水治好，就是因为瑶姬给他传授了一本无上宝典，这本宝典记载了治水的秘诀[②]。大禹是在安徽涂山结的婚，涂山女是他的妻子[③]。但是，瑶姬对大禹治水有功劳，所以他心在瑶姬，三过其门而不入。

孟子讲“当尧之时……三过家门而不入”这段话，既是在为我们描绘中国思想小史，又是为了批驳许行的那个观点——“贤者与民并耕而食，饔飧而治”。你看大禹治水八

---

① 《史记·夏本纪》指出：“禹伤先人父鲧功之不成受诛，乃劳身焦思，居外十三年，过家门不敢入。薄衣食，致孝于鬼神。卑宫室，致费于沟淢。陆行乘车，水行乘船，泥行乘橇，山行乘檋。左准绳，右规矩，载四时，以开九州，通九道，陂九泽，度九山。”（[西汉] 司马迁撰，[宋] 裴骃集解，[唐] 司马贞索隐、[唐] 张守节正义：《史记》第 1 册，第 51 页）另有“十年不窥其家”之说：“禹于是疏河决江，十年不窥其家，手不爪，胫不生毛，生偏枯之病，步不相过，人曰禹步。”（《尸子》卷下，[周] 尸佼撰，[清] 汪继培辑，黄曙辉点校：《尸子》，华东师范大学出版社 2009 年版，第 50 页）

② 2008 年 3 月，明星学者纪连海在上海电视台纪实频道《文化中国》节目第 5 集《三过家门而不入》中，称大禹因为婚外情，喜欢一个叫瑶姬的四川美女，所以三过家门而不入。这是无稽之谈。即便瑶姬曾经送给大禹一本治水的“红宝书”（丹玉之书），但这也不能成为婚外情的证据。实际上，当时文字还没有发明，根本无书可送。

③ 《尚书·益稷》记大禹之言：“娶于涂山。辛壬癸甲，启呱呱而泣。予弗子，惟荒度土功。”（[清] 阮元校刻：《十三经注疏（附校勘记）》上册，第 143 页中栏）又，《列女传·母仪传》“启母涂山”条，就是表彰夏启的母亲涂山氏（参见张涛：《列女传译注》，山东大学出版社 1990 年版，第 11 页）。

年，三过家门，都不进家里去看一看。“虽欲耕，得乎？”他这样忙，你还想让他自己种地自己吃，他有时间吗？他做得到吗？大禹治水，是为整个天下苍生而忙碌，是为了整个天下苍生的利益得到实现，他根本就没有时间自己种地自己吃。孟子通过大禹治水，对许行的农家思想进行了批驳。

孟子接下来说：“后稷教民稼穑，树艺五谷，五谷熟而民人育。”后稷[①]教会人们怎么种庄稼，怎么栽培农作物。粮食一旦成熟，老百姓的生活就有了保障。我们要记住“五谷熟而民人育”这句话，我们要感谢农村、感谢农民、感谢农业。没有“三农”，我们是根本无法生存的。

“人之有道也，饱食、暖衣、逸居而无教，则近于禽兽。”现在，“消防部长”益将野兽赶跑了，“水利部长”大禹将水治好了，“农业部长”后稷让所有农作物生长起来了。我们有了稳定的生活环境，我们有吃了，然后该怎么办？孟子认为：自然灾害被克服之后，人类自身的问题就该解决了。“人之有道也”——人之所以为人，“饱食”——你吃饱了，“暖衣”——你穿暖了，“逸居”——你住好了；你吃得好，穿得好，住得好，但如果“无教”——没有教养，那你就跟禽兽差不多。

在这种情况下，该怎么办？“圣人有忧之，使契为司徒，教以人伦。”“有”的意思是“又”。“契”这个字不读qì，不读qiè，而是读xiè。孟子说：圣人又开始担心起来了，于是让契当了“教育部长”，让他将人伦的道理、人与人

① 今天，山西运城地区的稷山县建有稷山文化广场，为纪念出生在这里的农业始祖后稷。

之间相处的基本准则教育给老百姓。教育了哪些基本准则呢？下面这句话就是流传于中国思想史的“五伦”观念最经典的版本：“父子有亲，君臣有义，夫妇有别，长幼有叙，朋友有信。”一般地说，这就是“五伦”的来历①。

五伦是五种基本的人际关系。父子之间、君臣之间、夫妇之间、长幼之间、朋友之间，我们用哪些基本行为准则来规范呢？孟子认为：“父子有亲”，父子之间要有亲情；“君臣有义”，君臣之间要讲道义；“夫妇有别”，夫妻之间要内外有别；“长幼有叙”，年龄大的与年龄小的之间要有尊卑之序；“朋友有信”，朋友之间要讲诚信。

五伦在现代社会同样有意义。“父子有亲”，这个完全可以不改。“君臣有义”是说上下级关系，可以改为“上下有义”，就是不用“君臣”，改为“上下”。“夫妇有别”是讲夫妻之间挚爱而又内外有别。我们虽然讲男女平等，但作为一个口号，它在具体的生活当中，落实到每一个家庭，还是应当遵循的。比如一个家庭，要么男主外、女主内，要么女主外、男主内，都行，但肯定是有区别的。“长幼有叙”，就更不用说了。我们见到老人，肯定要毕恭毕敬；见到小孩，肯定要慈爱有加。“朋友有信”，更为重要。现在的微信设置有朋友圈。朋友圈里点点赞，是我们对朋友表示问候。我们更期待——当疾病需要他人扶持的那个时候，朋友们能够真正

① 《礼记·中庸》指出：“天下之达道五，所以行之者三。曰君臣也，父子也，夫妇也，昆弟也，朋友之交也，五者天下之达道也。”（[清] 阮元校刻：《十三经注疏（附校勘记）》下册，第1629页中栏）这里也讲了“五伦”，但它在中国思想史上的影响明显逊色于孟子讲的“父子有亲，君臣有义，夫妇有别，长幼有叙，朋友有信”。

伸出手来。我们今天都在使用微信、朋友圈，我们一定要将“朋友有信”记在心上。

下面孟子引了一句话，是放勋说的。“放勋曰：‘劳之来之，匡之直之，辅之翼之，使自得之，又从而振德之。’”放勋是尧的名字。你让他们不平静的心情安静下来，就是“劳之来之”；你让他们身上的缺点改正过来，就是“匡之直之”；你让他们现在面临的困难得到帮助，就是“辅之翼之”。心情不好，有缺点，有困难，现在我都帮你解决了。我为什么要帮你解决？就是要你“使自得之”，使每个人都能各得其所。“自得”就是我们每个人都能各得其所[①]，都能回到自己的座位上，回到自己的位置上。各得其所之外，我还要让你“又从而振德之”。你既要能够各得其所，守好自己的位置，但还不能满足于此。你还要自我发展，更上一层楼，这就是“又从而振德之”。以上是放勋这句话的意思。

孟子说“后稷教民稼穑”，一直到说“使自得之，又从而振德之”，目的是要表达：“圣人之忧民如此，而暇耕乎？”圣人作为管理者，他对老百姓的生活这么担心、这么操劳，他怎么还有时间来亲自种地呢？所以，这里同样是对许行思想的批驳。

孟子说：“尧以不得舜为己忧，舜以不得禹、皋陶为己忧。”皋陶读作 gāo yáo，大家要记住。尧将得不到舜这样的优秀人才当成自己最担忧的事，舜将得不到大禹、皋陶这样的优秀人才当成自己最担忧的事。“夫以百亩之不易为己忧

---

① 为何将“自得”解释为各得其所？因为孔子说过：“吾自卫反鲁，然后乐正，《雅》《颂》各得其所。”（《论语》9·15）

者，农夫也。”只有农夫才会将自己的一百亩地种不好，当成最担忧的事。我有一百亩地，但我种不好，我将这件事当成我最担忧的——这就是农民最担忧的，这里讲到了忧。“分人以财谓之惠，教人以善谓之忠，为天下得人者谓之仁。”将钱财分给别人，叫作恩惠；将好的道理、善良的品质教给别人，叫作忠诚；为天下得到最优秀的人才，叫作仁。孟子这里特别强调“分人以财”不难，“教人以善”不难，只有“为天下得人”是最难的。

人才为什么如此重要？我们回到前面说的：“或劳心，或劳力。”社会分工一旦固定在劳心者、劳力者这个大框架之下，劳心者不仅是指诸侯及政府官员，而且必须包括一个正在成长当中的阶层，就是士阶层，即知识分子。孟子特别强调“为天下得人者谓之仁”，意思就是为了治理好天下，一定要找到优秀的人才。“是故以天下与人易，为天下得人难。”我将整个天下给你很简单，但为天下物色到真正优秀的人才，那是难上加难。这些优秀的人才从哪里来？孟子的思路是从优秀的知识分子那里来，当然也可以来自官二代或者其他渠道。

孟子引了孔子的一句话：“孔子曰：‘大哉！尧之为君。惟天为大，惟尧则之。荡荡乎！民无能名焉。’”这是对尧的赞美。尧是伟大的君王！只有天是最伟大的，只有尧能以天为道、循天之道。尧的功劳太大了，我们老百姓简直找不到任何词汇来描绘我们心里对于尧的感激。“君哉！舜也。巍巍乎！有天下而不与焉。”这是对舜的赞美。舜是伟大的君王！他将天下治理得让人心悦口服，但他从不家天下，从不私天下，从不拿天下的利益来给自己享受，从不拿天下的一针一线、一丝一毫给自己来享受。

孟子引的“孔子曰”来源于《论语》8·18、8·19[①]，但将它们合并为一章。这也比较有意思。读《孟子》，我们要将一些看起来很幼稚的问题放到心里。比如，孟子读过《论语》吗[②]？性善真的对吗？这类问题看起来很幼稚，其实是真正的哲学问题、真正的人生问题。将它带进心里之后，我们再慢慢检讨这类提问是否恰当、是否能够找到恰当的答案。经过不断反复，我们对于孟子是不是读过《论语》，我们的人性是不是本善的，是不是向善的，最后就会拥有自己的答案。

包括“孔子曰”在内的这段话，同样是为了说明“贤者与民并耕而食，饔飧而治”是不可能的。孟子说：“尧、舜之治天下，岂无所用其心哉？亦不用于耕耳。”尧、舜要治理好天下，难道不花费心思吗？既然他们要将心思用于治理天下，哪里还有心思自己种地自己吃、自己做饭自己吃呢？

以上，孟子通过尧、舜、禹三个人的事迹，指出他们忧国、忧民、忧天下，要做大事，要将自然灾害治理好，要将社会危害治理好，要将国家治理好，批驳了许行要求贤者自己种地自己吃、自己做饭自己吃这种极其狭隘的观点。之后，孟子将上面的批评提升到了一个新的理论高度——夷夏之辨。夷夏之辨就是先进文化、落后文化的差异到底在哪里，我们对于先进文化、落后文化应当采取什么样的基本立

---

① 《论语》8·18 指出：“子曰：‘巍巍乎！舜、禹之有天下也而不与焉。’”8·19 指出：“子曰：‘大哉！尧之为君也。巍巍乎！惟天为大，惟尧则之。荡荡乎！民无能名焉。巍巍乎！其有成功也。焕乎！其有文章。’”

② 参见杨海文：《我善养吾浩然之气——孟子的世界》，第 218—227 页。

场与态度。孟子说："吾闻用夏变夷者，未闻变于夷者也。"我只听说过用先进文化来改变落后文化，从来没有听说过用落后文化来改变先进文化。这是孟子的基本立场与态度。

《孟子》起名字很有意思，好人、好事就用"良"这个字。比如陈良（5·4）、王良（6·1）、良能（13·15）、良知（13·15）、良心（11·8）、良人（8·33），良就是好的。理解《孟子》中的人物是好是坏，你看看命名，反正叫作"良"的都是好人。《孟子》的命名是有一定讲究的。它是不是成系统呢？我们大家可以体会。

孟子对陈良有一个评价："陈良，楚产也，悦周公、仲尼之道，北学于中国。"[①] 陈良是陈相、陈辛的老师。他是楚国人，楚国在南方。陈良特别喜欢周公、孔子的思想，从南方来到北方学习。"北方之学者，未能或之先也。彼所谓豪杰之士也。"北方的读书人没有几个赶得上陈良，陈良就是我们所说的豪杰之士。"子之兄弟事之数十年，师死而遂倍之!"陈相、陈辛你们两兄弟跟随陈良学习了几十年，但老师一死，你们却背叛了他。这是讲陈相、陈辛欺师灭祖，是叛徒。

---

① 陈良其人其事，先秦典籍仅见于《孟子》。《韩非子·显学》说孔子死后，儒分为八，"有仲良氏之儒"（参见［清］王先慎撰，钟哲点校：《韩非子集解》，中华书局1998年版，第456页）。梁启超、郭沫若认为《孟子》中的陈良即是《韩非子》所说的仲良氏（参见梁启超：《中国古代学术流变研究》，氏著：《清代学术概论》，东方出版社1996年版，第149页；郭沫若：《儒家八派的批判》，氏著：《十批判书》，东方出版社1996年版，第150页）。郭沫若甚至认为屈原出自陈良之门："以年代言，屈原就应该出于他的门下。屈原的思想纯是儒家思想，他在南方必得有所承受。"（同上）光绪十三年（1887）刻本《重纂三迁志》认为孟庙应拟祀四人，陈良、滕更位列其间，另有为《孟子》的传播做出过巨大历史贡献的学者赵岐、孙奭（参见《重纂三迁志》卷5《从祀》，［清］孟广均原纂，［清］陈锦、孙葆田重纂：《重纂三迁志》，山东友谊书社1989年版，第284—295页）。一句话，陈良值得我们深深地怀想。

然后，孟子将陈相、陈辛跟孔门弟子做对比。这里也是讲三年之丧，特别突出了子贡是一个好人、一个不错的人。“昔者孔子没，三年之外，门人治任将归，入揖于子贡，相向而哭，皆失声，然后归。”孔子死了，学生为他守丧三年。三年结束了，“门人治任将归”，学生们收拾行李准备回家。他们来到子贡的房里，跟他告别。所有的学生“相向而哭”，面对面地流眼泪。眼泪流多了，“皆失声”，都哭了起来。眼泪流过了，哭过了，三年守丧结束了，孔子的学生都回自己的家了。“子贡反，筑室于场，独居三年，然后归。”子贡没有跟其他人一起走，而是回到孔子的墓地，在那里盖了一间房子，一个人又住了三年。三年后，他才回家。我们算一算，孔子死后，学生给他守丧三年；其他的学生都走了，子贡又守了三年。也就是说，子贡为孔子守丧守了六年。《论语》对于子贡稍微有些批评，但在孟子这里，子贡为孔子守丧六年，是难能可贵的①。

孟子又讲了孔门弟子的另一件事，有两个长得像孔子的人：一个是阳货，也就是阳虎；另一个是孔子的学生，叫作有若。“他日，子夏、子张、子游以有若似圣人，欲以所事孔子事之，强曾子。”子夏、子张、子游都是孔子的学生。为孔子守丧后，过了一段时间，子夏、子张、子游因为有若长得像孔子，想让有若成为新的教主，其他人都像以前崇拜孔子那样来崇拜有若。他们将这个建议告诉了曾子，强迫曾子接受，但曾子不干。

---

① 虽然孔子有众多弟子，但我们可将子贡与颜渊、子路并称为孔门三杰（参见陈少明：《孔门三杰的思想史形象——颜渊、子贡和子路》，氏著：《经典世界中的人、事、物》，上海三联书店 2008 年版，第 80—103 页）。

"曾子曰：'不可！江、汉以濯之，秋阳以暴之，皜皜乎不可尚已。'"曾子说：你们立有若为教主，我是不同意的！因为有若根本比不上孔子！孔子的伟大、纯洁，可以这样来比喻：就像长江、汉水不断洗过，就像炎热的阳光不断晒过，长江、汉水不断地洗，炎热的阳光不断地晒，孔子的洁白无暇是没有任何东西可以比的。有若的品格绝对不能跟孔子相提并论，所以我不同意立有若为新的教主。

孟子将孔门弟子这件事说出来，是为了与陈相、陈辛两兄弟背叛陈良做对照。"今也南蛮鴃舌之人，非先王之道，子倍子之师而学之，亦异于曾子矣。"因为许行是楚国人，孟子对陈相、陈辛说：许行这个南方蛮子说话阴阳怪气，专门批判我们的先圣之道，而你们却背叛自己的老师陈良，向这个人学习。你们将自己的所作所为跟曾子对照一下，差别有多大呢?！这个对比表明孔门弟子有良好的尊师传统，而陈良的弟子陈相、陈辛做得极其不对。

《孟子》有一些话，比如"南蛮鴃舌之人"，加上"齐东野人之语"（9·4），其实就是一副对子。如果我们读《孟子》，要读得有趣一点，可以将"南蛮鴃舌""齐东野人"当作一副对子来看。再讲一副对子。先秦典籍中有三个孟子：邹国的亚圣孟子，是个男的；《论语》中的吴孟子，是个女的[①]；《诗经》中的寺人孟子，是个太监[②]。这就成了一副对

① 《论语》7·31记陈司败之言："吾闻君子不党，君子亦党乎？君取于吴，为同姓，谓之吴孟子。君而知礼，孰不知礼？"

② 《诗经·小雅·节南山之什·巷伯》指出："寺人孟子，作为此诗。凡百君子，敬而听之。"（［清］阮元校刻：《十三经注疏（附校勘记）》上册，第456页下栏）

子的上联："邹孟子、吴孟子、寺人孟子，一男一女，一不男不女。"同样，有周宣王，有齐宣王，还有"司马昭之心，路人皆知"的司马昭（211—265）的父亲司马宣王（司马懿，179—251）。周宣王是君，齐宣王是臣，而司马宣王是不君不臣。这就成了一副对子的下联："周宣王、齐宣王、司马宣王，一君一臣，一不君不臣。"[①] 我估计古人读《孟子》，对对子是让人投入进去的一种好方式，这样能将《孟子》记得更真切。

对比之后，孟子说："吾闻出于幽谷、迁于乔木者，未闻下乔木而入于幽谷者。""出于幽谷，迁于乔木"，也是《诗经》中的话[②]。我只听说过鸟儿从幽暗的山谷飞出来，飞上高大的乔木，从来没有听说过鸟儿要从高大的乔木飞下来，掉进那幽暗的山谷。意思就是弃暗投明，就是人往高处走，水往低处流。孟子这里讲的是文化也要往高处走，先进文化一定会对落后文化产生影响，并且帮助落后文化慢慢朝着先进文化过渡，上升为先进文化。孟子又引了《诗经》的一句诗："《鲁颂》曰：'戎、狄是膺，荆、舒是惩。'"戎、狄、荆、舒是四个小国家，同时是野蛮的国家。对于戎、狄、荆、舒这样的野蛮国家，我们一定要打击它们、征服它们。"周公方且膺之"，是说周公对于这些野蛮国家，要通过打击它们、批判它们，将它们从落后文化提升为先进文化。"子是之学，亦为不善变矣。"可是陈相、陈辛你们还在向许行学

① 参见《浪迹丛谈》卷7"巧对补录"条，［清］梁章钜撰，陈铁民点校：《浪迹丛谈　续谈　三谈》，第111页。

② 《诗经·小雅·鹿鸣之什·伐木》作："出自幽谷，迁于乔木。"（［清］阮元校刻：《十三经注疏（附校勘记）》上册，第410页下栏）

习，这就叫作不识时务，不能与时俱进。

许行是农家。按照《孟子》的介绍，许行的思想有两大纲领：第一大纲领是“贤者与民并耕而食，饔飧而治”。孟子认为：所有的统治者一旦要治理好天下、治理好国家，就不可能自己种地自己吃、自己做饭自己吃；许行的做法属于落后文化的体现，我们要以先进文化来改变并提升落后文化，而且落后文化是能够变成先进文化的。这是孟子对许行第一个观点的批判。下面讲许行思想的第二大纲领“市贾不贰，国中无伪”。

陈相说：“从许子之道，则市贾不贰，国中无伪。”这个“贾”是“价格”的“价”。陈相说：假设我们按照许行的思想来做，无论质量好坏，同类产品的市场价格都是一样的，那么，整个市场就不会出现作假的现象。这句话看起来有点不太好理解。“国中无伪”，大家都不作假，这个是我们赞成的。但是，“市贾不贰”怎么理解?

陈相解释说：“虽使五尺之童适市，莫之或欺。”假设做到了“市贾不贰”，即使你让五尺高的小孩子到市场上买东西，也没有哪个人欺骗他。“市贾不贰”到底有哪些情形呢?我们看一看陈相的描述：“布帛长短同，则贾相若”，就是布匹的长短一样，它们的价格就一样；“麻缕丝絮轻重同，则贾相若”，就是麻线丝絮的轻重一样，它们的价格就一样；“五谷多寡同，则贾相若”，就是粮食的多少一样，它们的价格就一样；“屦大小同，则贾相若”，就是鞋子的大小一样，它们的价格就一样。

你看这些产品——布帛、麻缕丝絮、五谷、鞋子，陈相只强调它们的特点是长短一样、轻重一样、多寡一样、大小一样。这些都是一般的属性、比较粗的属性，是没有涉及质量这个概念的属性。鞋子的大小一样，它们的价格就一样——意思是说：很大的鞋子与很小的鞋子，它们都是鞋子，只要大小一样，它们的价格就一样。但是，鞋子有用好的质料做的，有用不好的质料做的，它们的价格怎么可能一样呢？还有，衣服有的用很好的布料，有的用很不好的布料，即使它们的长短一样，但价格怎么可能一样呢？

所以，孟子反驳说："夫物之不齐，物之情也。"万事万物是有差别的，这是自然规律。万事万物有差别，而且差别有大有小："或相倍蓰，或相什百，或相千万。"有的差一倍、五倍，有的差十倍、百倍，有的差千倍、万倍。"物之不齐"，就是一倍、五倍之差，十倍、百倍之差，千倍、万倍之差。"子比而同之，是乱天下也。"你将有差别的东西全部等量齐观，全部认为它们都是一个样，你这其实是在扰乱天下。

孟子举了一个例子："巨屦小屦同贾，人岂为之哉？"这里的"巨"和"小"，比较好的理解是指质量好、质量不好。质量好的鞋子，质量不好的鞋子，假设是同样一个价格，那些做鞋子的哪个还会去做质量好的呢？鞋子的质量好、质量不好，只要它们的大小一样，都是一个价，这是许行的观点。在孟子看来，鞋子既有大小之分，更有质量好坏之分。假如不论质量的好坏，只要它们的大小一样，就同一个价格，那么，落实到手工业生产者，落实到做鞋子的，还有谁会去做质量好的鞋子呢？他们都会做一些质量不好的鞋子交给市场。因为质量不好的鞋子，从理论上说，它使用的原料更简单；因为使用的原料更简单，它的质量肯定不会好。所有人都做质量差的鞋子卖给市场，这样一来，整个市场的秩序就会变坏。因此，孟子说："从许子之道，相率而为伪者也，恶能治国家？"[①] 假设按照许行的方法来做，那就等于带领天下人一起做假冒伪劣的产品，这样怎么能够治理好国家呢？

以上是许行思想的第二大纲领，认为产品无论质量好坏，只要它们的长短一样、轻重一样、多寡一样、大小一样，都是一个价。许行这个观点肯定是不成立的。孟子的理论基础是"夫物之不齐，物之情也"，万事万物是有差别的，这些差别是自然规律的体现。孟子说的这句话，习近平就引用过。

习近平 2015 年 3 月 28 日出席海南博鳌论坛，发表的演讲叫作《迈向命运共同体　开创亚洲新未来》。他说："中国古代思想家孟子说过：'夫物之不齐，物之情也。'"对于孟子这句话，习近平是从文明发展要求同存异的高度来谈的。他说："不同文明没有优劣之分，只有特色之别。要促进不同文明不同发展模式交流对话，在竞争比较中取长补短，在交流互鉴中共同发展，让文明交流互鉴成为增进各国人民友谊的桥梁、推动人类社会进步的动力、维护世界和平的纽带。"[②] 习近平治国理政，对于传统文化有很多借鉴，对于孟子思想有很多借鉴。通过"夫物之不齐，物之情也"这句简简单单

---

① 赵岐注："孟子曰：夫万物好丑异贾，精粗异功，其不齐同，乃物之情性也。蓰，五倍也。什，十倍也。至于千万相倍。譬若和氏之璧，虽与凡玉之璧尺寸厚薄适等，其贾岂可同哉？子欲以大小相比而同之，则使天下有争乱之道也。巨，粗屦也。小，细屦也。如使同贾而卖之，人岂肯作其细者哉？时许子教人伪者耳，安能治国家者也？"（《孟子正义》卷 11 录，[清] 焦循撰，沈文倬点校：《孟子正义》上册，第 299 页；按，个别标点符号略有校改）

② 习近平：《迈向命运共同体　开创亚洲新未来——在博鳌亚洲论坛 2015 年年会上的主旨演讲（2015 年 3 月 28 日，海南博鳌）》，《光明日报》2015 年 3 月 29 日，第 3 版《要闻》。

的话，习近平希望我们更多地看到特色之分，要在世界文明的交流对话当中，让每个民族的特色表现出来、发挥出来。

对于5·4这一章，明代著名思想家李贽（1527—1602）有一个评价。他说：许行的两个基本观点——“贤者与民并耕而食，饔飧而治”与“市贾不贰，国中无伪”，听起来高于孟子十倍，但做起来，要比孟子差十倍还不止[①]。有些十分动听的理论主张很能迷惑人，大家都觉得很好，但真正做起来是行不通的。许行思想的两大纲领很能打动一般老百姓，但一旦做起来，却是很难的。孟子用自己睿智的思想、辩论的技巧驳斥了这些观点。

许行这些思想好听，但实行不了。他错就错在这里。比较而言，孔孟之道的特点在于：它为我们人类的发展提供了一个未必是最好的方案，但这个方案却是切实可行的方案。切实可行在哪里？它充分认识到人类社会发展过程当中必然存在一些规律、必然存在一些困境，并希望通过切实可行的方式将这些困境解决掉，将这些规律真正落实在实践当中。孔孟之道是不偏不倚的，它是中行之道，做起来是不难的。孔孟之道只是中行，不做过高难行之事，不做那些过于高调、根本不可能实现的事。我们读《孟子》，一定要明白这个道理。不明白这个道理，我们对于这个世界的认识就不会深刻，做人

① 《四书评·孟子卷之三》指出：“许行之言，高于孟子十倍；见之实事，不如孟子亦十倍不止也。所以孔孟之道，只是个中行，不为过高难行之事也。学者于此须辨之。不然，便害天下事不小。〇合读四章，乃见‘好事多魔’，真至言也。行大事，则有父兄、百官为梗；行仁政，则有许行、陈相为梗。天下事往往如此。孟子原自有眼。‘若药不瞑眩，厥疾不瘳。’早先已说破了也。”（［明］李贽：《四书评》，上海人民出版社1975年版，第204页；按，个别标点符号略有校改）

做事就做不好，就会“作于其事，害于其政”（6·9）。

以上我们对于5·4做了一个解读，再次证明了5·1孟子引《尚书》的一句话：“若药不瞑眩，厥疾不瘳。”我们生病了，要吃药。假设药不能让全身来一次震撼，病就治不了。所以良药是苦口的，也只有良药才能药到病除。孟子通过与陈相的对话，认为我们要建设良好的社会，就得拿出很多努力，需要下定决心、不畏困难。

5·4是《孟子》这本书第一次讲孟子跟当时思想界的交锋。与孟子交锋的流派是农家，许行是农家的代表，许行的思想影响到陈良的弟子陈相与陈辛。陈相接受了许行的观点，并且跟孟子进行了一番对话。孟子在整个辩论当中将陈相驳倒了，但陈相是不是接受了孟子的观点，5·4并没有确切的交代。这是不是说孟子没有真正让陈相接受他的观点呢？5·5同样是孟子与其他思想流派进行辩论、斗争的案例，这个案例最后证明孟子战胜了其他思想。

5·5 爱“无”差等与爱“有”差等的较量

5·5　墨者夷之因徐辟而求见孟子。孟子曰：“吾固愿见。今吾尚病，病愈，我且往见。夷子不来！”

他日，又求见孟子。孟子曰：“吾今则可以见矣。不直，则道不见。我且直之。吾闻夷子墨者。墨之治丧也，以薄为其道也。夷子思以易天下，岂以为非是而不贵也？然而夷子葬其亲厚，则是以所贱事亲也。”

徐子以告夷子。

夷子曰：“儒者之道，古之人若保赤子。此言何谓也？之则以为爱无差等，施由亲始。”

徐子以告孟子。

孟子曰：“夫夷子信以为人之亲其兄之子为若亲其邻之赤子乎？彼有取尔也。赤子匍匐将入井，非赤子之罪也。且天之生物也，使之一本，而夷子二本故也。盖上世尝有不葬其亲者。其亲死，则举而委之于壑。他日过之，狐狸食之，蝇蚋姑嘬之。其颡有泚，睨而不视。夫泚也，非为人泚，中心达于面目。盖归反蘽梩而掩之。掩之诚是也，则孝子仁人之掩其亲，亦必有道矣。”

徐子以告夷子。夷子怃然为间曰：“命之矣。”

5·5的开头四个字是“墨者夷之”，所以这一章又叫“墨者夷之”章。《孟子》中的名字，叫陈良的（5·4），肯定是好名字；叫夷之的，孟子讲“吾闻用夏变夷者，未闻变于夷者也”（5·4）的夷夏之辨，夏是先进文化，夷是落后文化，所以一看这个名字，我们就知道它带有贬义的色彩。

夷之是墨子的信徒，“因徐辟而求见孟子”，他通过徐辟（徐辟是孟子的学生）想来见见孟子。“孟子曰：‘吾固愿见。今吾尚病，病愈，我且往见。夷子不来！’”孟子说：我还是愿意见见夷之的！可我今天生病了，等我病好后，我再去看夷之。夷之今天就不要来了。

“他日，又求见孟子。”过了一段时间，夷之又要求见孟子。“孟子曰：‘吾今则可以见矣。’”孟子说：我今天可以见见你，但是，“不直，则道不见。我且直之”。这句话很重要。孟子是泰山岩岩之气象，说话总能说到点子上，说到人们的心坎上。“不直，则道不见”是说：说话，如果不直截了当，道理就体现不出来。我必须说话直截了当，才能将道理说明白。今天我就直截了当，讲讲我的观点。

下面涉及的是墨家的观点。墨家是先秦很有影响的思想流派。简单地说，先秦最开始有三个流派比较大：一个是道家，一个是儒家，一个是墨家；道家有老子，儒家有孔子，墨家有墨子。墨子有一个观点是“薄葬”，就是双亲死后，我安葬他们，不要随葬很多金银财宝，简简单单就可以了[①]。

所以孟子说：“吾闻夷子墨者。墨之治丧也，以薄为其道也。”我听说夷之治墨家之学，而墨家办理父母的丧事，是以薄葬作为基本原则。墨子在丧事上的基本观点是薄葬。“夷子思以易天下，岂以为非是而不贵也？”夷之想用墨家的薄葬来改变天下的风俗，而且认为不这样做，就不足以称之为好。这里我们看到夷之是墨子的信徒，他相信薄葬是好的，想拿它来改变天下。他是这么想的，但事实上是怎么做的呢？

---

① 《墨子》原有《节葬》上、中、下三篇，现仅存下篇。《墨子·节葬下》指出：“故子墨子言曰：今天下之士君子，中请将欲为仁义，求为上士，上欲中圣王之道，下欲中国家百姓之利，故当若节丧之为政，而不可不察者此也。”（吴毓江撰，孙启治点校：《墨子校注》上册，中华书局1993年版，第268页）先秦时期，孔墨并称。据说墨子曾向孔子学习，后来背叛了孔门，主要原因之一就是墨子反对儒家的厚葬。《淮南子·要略》指出：“墨子学儒者之业，受孔子之术，以为其礼烦扰而不说，厚葬靡财而贫民，服伤生而害事，故背周道而用夏政。”（刘文典撰，冯逸、乔华点校：《淮南鸿烈集解》下册，中华书局1989年版，第709页）

“然而夷子葬其亲厚，则是以所贱事亲也。”可是，夷之的父母死后，他还是用很多金银财宝安葬他们，这表明他在用自己看不起的理论来对待父母。夷之是墨子的信徒，他相信墨家的观点——薄葬。父母死后，他采用的却是厚葬。他本来是反对厚葬的，但对待自己的父母，他还是用了他所反对的厚葬方式来埋葬父母。夷之这里是很矛盾的。他理论上讲的是一套，实际上做的又是一套，这种矛盾体现了什么问题呢？厚葬父母有没有道理？薄葬父母有没有道理？它由此引起了孟子的思考。

孟子没有直接见夷之，这番话是通过徐辟转告的[①]。“徐子以告夷子。”徐辟将孟子的话告诉了夷之。“夷子曰：‘儒者之道，古之人若保赤子。此言何谓也？之则以为爱无差等，施由亲始。’”我们先看看这个“儒者之道”。

孔子、孟子、荀子都是儒家。“儒”这个字，《论语》6·13 出现过：“女为君子儒，无为小人儒！”你要做君子，不要做小人！但是，这个“儒”并不是指孔、孟、荀作为儒家的儒。从《论语》《孟子》看，“儒”字第一次具有学派意义是从 5·5“儒者之道”这四个字开始的，它具有了专门指代“孔孟之道”的含义。

按照章太炎（1869—1936）的观点，儒有三种类型：一个叫达名，一个叫类名，一个叫私名[②]。达名意义上的儒，就是一切有文化的人都可称为儒。类名意义上的儒，就是“子入太庙，每事问”（《论语》3·15）。孔子进了太

① 通观 5·5，孟子根本没有见夷之，他们的对话都是通过徐辟转告的。
② 参见章太炎：《原儒》，汤志钧编：《章太炎政论选集》上册，中华书局 1977 年版，第 489、491、491 页。

庙，每件事都要问一问。他问什么呢？问的是礼、乐、射、御、书、数六艺。类名之儒，就是掌握了礼、乐、射、御、书、数这六种技艺的人可以称为儒。私名意义上的儒，就是将孔、孟、荀称为儒家。私名是你必须“祖述尧、舜，宪章文、武，宗师仲尼”[①]，才能叫作儒家。达名的外延特别广，内涵就没有那么丰富。类名次之。只有到了私名，它的外延越来越小，内涵才越来越丰富。儒家的“儒”在《论语》《孟子》这两本书中，真正具有了指代孔、孟这类儒家的意义，就是从 5 · 5 开始的。夷之不一定是在这个意义上说的，但在整个《孟子》中，我们可以说儒家的“儒”是这么来的[②]。

夷之相信薄葬的理论，但用厚葬来对待自己的父母，他怎么解释这种矛盾呢？夷之说：儒家有这样一回事，认为古代的圣贤爱护老百姓，就像爱护婴儿那样。这句话（指“古之人若保赤子”）是什么意思呢？夷之认为是“爱无差等”，爱是没有差等的，但爱要实行起来，它有个开始、有个起点，这个开始、这个起点就是自己的父母。

夷之这里说爱是没有差等的。人们一般的理解是：我爱我的父母，你爱你的父母，这是没有差等；我爱我的父母，就像你爱你的父母一样，这是没有差等。夷之却进一步

① 《汉书 · 艺文志 · 诸子略》指出：“儒家者流，盖出于司徒之官，助人君顺阴阳明教化者也。游文于‘六经’之中，留意于仁义之际，祖述尧、舜，宪章文、武，宗师仲尼，以重其言，于道最为高。”（[东汉] 班固撰，[唐] 颜师古注：《汉书》第 6 册，第 1728 页；按，个别标点符号略有校改）

② 更进一步的讨论，参见杨海文：《我善养吾浩然之气——孟子的世界》，第 251—253 页；《“儒”为学派义钩沉》，《中华读书报》2014 年 5 月 7 日，第 13 版《思想》。

落实为：我爱我的父母，我同样爱你的父母，这就是“爱无差等”。我爱我的父母，我也爱你的父母，这听起来没错。但他又说：只是真正要做的话，我们还是要从爱自己的父母开始。这是夷之的“爱无差等，施由亲始”。我们仔细揣摩一下，它的问题到底出在哪里？

“徐子以告孟子。”徐辟将夷之的话告诉孟子，孟子开始回答。这段回答有一些让人难以理解的地方，我们慢慢来讲。“孟子曰：‘夫夷子信以为人之亲其兄之子为若亲其邻之赤子乎？’”孟子说：夷之难道真的以为别人爱自己哥哥家的小孩跟爱邻居家的小孩是一个意思吗？一个是我哥哥家的小孩，一个是邻居家的小孩，你说我到底更爱哪个一些？“彼有取尔也。”这五个字（及下面一句）在《孟子》解释史上有些不同的理解①。我们回到刚才的问话：夷之真的以为别人爱自己哥哥家的小孩与爱邻居家的小孩一个样吗？这个“彼”，到底是指夷之还是指别人呢？“彼有取尔也”是说：他肯定是有所选择的。这个选择是什么呢？

下面这句话是：“赤子匍匐将入井，非赤子之罪也。”小孩子在地上爬来爬去，一不小心爬到了井边，然后即将掉下去了，但这不是小孩的罪过。这句话放在这里，不是特别好

① 对于“彼有取尔也。赤子匍匐将入井，非赤子之罪也”，赵岐注：“夫夷子以为人爱兄子，与爱邻人之子等邪。彼取赤子将入井，虽他人子亦惊救之，谓之爱同也。但以赤子无知，非其罪恶，故救之耳。夷子必以此况之，未尽达人情者也。”（《孟子正义》卷 11 录，［清］焦循撰，沈文倬点校：《孟子正义》上册，第 403—404 页）杨伯峻译作：“夷子不过抓住了这一点：婴儿在地上爬行，快要跌到井里去了，这自然不是婴儿自己的罪过。［这时候，不管是谁的孩子，无论谁看见了，都会去救的。夷子以为这就是爱无等次。其实，这是人的恻隐之心。］”（氏著：《孟子译注》，第 124 页；按，个别标点符号略有校改）

理解。这个小孩——不管是邻居家的小孩，还是我哥哥家的小孩——他在地上爬来爬去，一不小心爬到井边，而且即将一不小心掉到井里。这不是小孩的罪过，的确不是小孩的罪过。但是，这句话到底要说明什么问题呢？

孟子又接了一句："且天之生物也，使之一本，而夷子二本故也。"孟子认为：天生万物，"使之一本"，只有一个来源，那就是自己的父母。但是，夷之搞成了两个来源，就是你的父母、我的父母。我爱我的父母，我也像爱我的父母一样爱你的父母，这就是两个来源。"赤子匍匐将入井，非赤子之罪也"不好理解，但如果从"一本""二本"看，就慢慢变得好理解了。"一本"，天生万物只有一个来源，就是父母。我的父母生育了我，不是你的父母生育了我，这就是"一本"。"二本"就是我的父母生育了我，你的父母也生育了我，但这可能吗？那是不可能的。孟子这里其实是要说明：夷之说的"施由亲始"没有错，但"爱无差等"是不对的。儒家认为爱有差等，墨家认为爱无差等，只是"有""无"的一字之差。爱有差等怎么理解？

我们先看《孝经·士章》的"敬""爱"两个字，它们涉及三类人：一是父亲，一是母亲，一是国君。敬、爱这两种感情，怎么匹配给父亲、母亲、国君呢？《孝经》认为：我要将敬给国君，将爱给母亲，将敬与爱同时给父亲①。爱有没有差等？儒家认为爱是有差等的，差等就在这里。

到孟子这里，爱的差等怎么体现？他提到"赤子匍匐将

---

① 《孝经·士章》指出："资于事父以事母，而爱同；资于事父以事君，而敬同。故母取其爱，而君取其敬，兼之者父也。"（[清] 阮元校刻：《十三经注疏（附校勘记）》下册，第 2548 页中栏）

入井”，是讲小孩掉井里的故事。这个故事，3·6就已经讲了。小孩落到井里，我们每个人都有恻隐之心，都会去救他。这种情感是性善论的来源，是仁、义、礼、智的来源。如果没有这种情感，我们就是禽兽，我们就不是人。假设将这种情感跟我们爱父母的情感相比，怎么区分呢？孟子说过：“老吾老，以及人之老；幼吾幼，以及人之幼。”（1·7）爱我的父母，然后将它推广到爱别人的父母；爱我们家的小孩，然后将它推广到爱别人家的小孩。“以及”就是推己及人。

因为推己及人，我爱我的父母，我才能像爱我的父母那样去爱别人的父母，这是爱有差等。我爱我的父母，我也一视同仁地爱别人的父母，这是爱无差等[①]。两者是有区别的。墨家讲爱无差等，它没有“推己及人”这个概念，它是“比而同之”。就像5·4讲的“比而同之”，质量好的鞋子与质量不好的鞋子都是一个价。比而同之是爱无差等，推而及之是爱有差等。其实，夷之也知道爱是有差等的。为什么呢？因为他明明相信墨子的薄葬主张，但还是用厚葬的方式来掩埋自己的父母。他潜意识知道爱是有差等的，只是挂在嘴上的却是爱无差等。

我们为什么要埋葬自己的父母呢？孟子说：“盖上世尝有不葬其亲者。其亲死，则举而委之于壑。”上古的时候，有人不埋葬自己的父母。父母死了，就将尸体背起来，然后扔到山沟里。这是孟子假设的情形。但是，过了一段时间，我经过那一道山沟，发现了让我惊心的一幕。“他日过之，狐狸食

---

① 孙启治认为：“墨子思想最具代表性的观点是‘兼爱’，即一视同仁地爱一切人。”（《前言》，［清］孙诒让撰，孙启治点校：《墨子间诂》上册，中华书局2001年版，第1页）

之，蝇蚋姑嘬[①]之。”某一天，我经过扔父母尸体的那个山沟，看到狐狸正在吃我父母的尸体，看到蚊子、苍蝇正在叮着我父母的尸体吸。

看到这幅情形，“其颡有泚，睨而不视”，我的额上立刻冒出冷汗，连正眼看一下都不敢，不敢正视这一幕。“夫泚也，非为人泚，中心达于面目”，我这额头上的冷汗不是为别人冒出来的，是因为我心里已经忏悔，悔恨至极。我十分后悔，我忏悔之至，流露在脸上，就是“中心达于面目”。我忏悔了，我怎么办？“盖归反虆梩[②]而掩之”，我马上跑回家里，拿来畚箕，拿来锄头，将父母的尸体埋了。“掩之诚是也”，将父母的尸体埋起来，这样做是对的。“则孝子仁人之掩其亲，亦必有道矣。”孝子仁人埋葬父母的尸体，也一定是有道理的。

这段话是孟子设想人类为什么有葬父母的礼仪。他设想了这样的情形：人类一开始，礼仪还没有产生，所以，父母死了，就将尸体扔到山沟里。有一天，你经过那里，看到狐狸在啃尸体，蚊子、苍蝇在叮尸体。这个时候，人类的忏悔之情油然而生。人类采取了自己的方式，就是马上回家，拿来工具，将父母的尸体埋掉。孟子是说人类对待自己的父母，掩埋是文明的开始。之后，同样要好好埋葬自己的父母，不能实行薄葬，而要实行厚葬。孟子有很多地方谈到这一点，比如4·7说“君子不以天下俭其亲”。作为君子，你

---

① 嘬，音 chuài、zuō，杨伯峻读为 chuài（氏著：《孟子译注》，第125页）。

② 虆梩，音 léi lí，这是杨伯峻注的读音（氏著：《孟子译注》，第125页）。赵岐注：“虆梩，笼臿之属，可以取土者也。”（《孟子正义》卷11录，［清］焦循撰，沈文倬点校：《孟子正义》上册，第405页）

再没有钱，但在对待父母的丧事这方面，你不能节省，你一定要用最隆重的方式来厚葬自己的父母。这是孟子的观点。

孟子讲完后，“徐子以告夷子”，徐辟告诉了夷之。“夷子怃然为间曰：‘命之矣。’”夷之听了徐辟的转告，惆怅了很久，然后说道：“我受教了，我懂得了。”夷之说“命之矣”，表明夷之通过孟子的教育，接受了孟子的观点。夷之接受了孟子什么观点呢？他开始认为“爱无差等，施由亲始”，所以他接受的是“爱有差等，施由亲始”。

“施由亲始”是没错的，错就错在“爱无差等”。因为爱无差等，墨家主张兼爱。兼爱将我的父母比而同之别人的父母，这样是不行的。因为主张兼爱，墨子也主张薄葬。孟子这里等于同时对兼爱、薄葬的主张进行了批评。但是，从理论上说，孟子并没有彻底阐述儒家为什么实行厚葬这个观点。他只是批评了“爱无差等”，并没有将为什么要实行厚葬讲出来。这一点，孟子会在其他地方讲（比如2·16，4·7）。

这一章是孟子第二次跟其他思想流派进行辩论。这次辩论以墨家夷之接受孟子的观点为结局。每次读这一章，我都有一些困惑，有一些想法。

我们现在讲儒学要走进现代生活，走进今天人们的生活。到底怎么走进？我们经常说我们要读经，但经是怎么念的？我们听说过佛家念经，没有听说过儒家念经。我们每个人，不管是儒家还是佛家、道家，都有自己的父母。对于我们的父母，“生，事之以礼；死，葬之以礼，祭之以礼，可谓孝矣”（5·2）。有一天父母离开我们，我们如何以儒家的方式对父母进行心灵的告别？这是值得我们思考的问题。

我有过这样的经历：我们到庙里为自己的亲人做道

场，庙里的和尚念经，念的是《地藏菩萨本愿经》《金刚经》，这两本经是念得最多的①。我们去看看《地藏菩萨本愿经》《金刚经》，里面都是一个一个的故事。那些和尚将这些经念得滚瓜烂熟、琅琅上口，而且在一定的音乐伴奏下，他们念经的声音真的能够让你进入那种情境当中，觉得你真的是在全心全意地为自己的亲人做最后的告别，是为了让亲人真正能够到另外一个世界得到安息。

儒家文化在处理亲人的丧事上，怎么将我们的经典带进去？是不是可以让《论语》《孟子》涉及三年之丧的相关篇章，进入到祭祀的礼仪当中？这是我一直在想的问题。我不知道其他同道在生活儒学、乡村儒学涉及亲人的祭祀这一块，是否已经有意识地将《论语》《孟子》涉及三年之丧的篇章作为"经"来"念"？这次讲《滕文公篇》，我们看到三年之丧在滕文公那里得到了实现，也看到孟子讲了我们为什么要葬自己的父母，是因为"他日过之，狐狸食之，蝇蚋姑嘬之。其颡有泚，睨而不视。夫泚也，非为人泚，中心达于面目。盖归反蔂梩而掩之"，这个时候人们才开始掩埋父母。

所以，假设我们有一天真的能用实践的方式来做生活儒学，而且将生活儒学落实到为双亲进行祭祀的典礼上，至少《滕文公篇》的5·2、5·5可以像《地藏菩萨本愿经》《金刚经》一样，在那种祭祀的场面去念。这就不再是和尚念经了，儒家也可以念经。这个念经，如果放在特定的祭祀场面，它可能、也更能让儒学进入到生活里面，进入到我们的

---

① 2016年10月初，我的叔父去世。因家乡（湘中）早已实行火葬，村里的追悼仪式十分简略，主要是到庙里做道场。我作为孝子，完整地经历了和尚念经的场景，更加感觉到儒家经典进入民间祭祀的重要性、迫切性。

内心世界。如果真真正正这样做了，我觉得儒学跟我们的生命本身才是密切相关、息息相关的。我只是提出这样一个设想。今后有机会的话，我会为此做出一些努力。

《滕文公上篇》共有5章：前三章都跟滕文公有关，后两章跟思想界的两个流派——一个农家、一个墨家——有关。这其实体现了《孟子》的文本编排有一定的特点，就是先跟政治有一定的关系，后跟思想有一定的关系。它在《滕文公上篇》体现得比较明显，在《滕文公下篇》也有相应的体现。

这五章的内涵特别丰富，讲的都是故事。整个《滕文公篇》每章都是讲故事（《梁惠王篇》也是），这跟其他篇既有故事、又有独白是有所区别的。通过这些故事，我们希望记住滕文公，因为到《滕文公下篇》，滕文公就不出现了。我们也应当记住滕文公是孟子的知己。因为滕文公，孟子的思想主张得到一次有效的实践。假设没有滕文公，孟子在他的有生之年，他的理论主张、他的理想信念可能连一次实践的机会都没有。理想跟现实是有距离的。如果我们每个人都能成为孟子的知己，每个人都能让滕文公成为自己的知己，理想社会的实现可能就会来得更快一点。诗与远方，都会来得更快一点。

第三讲

知识分子如何与政治打交道？

——《孟子·滕文公下》第1—5章解读

我们已经对《滕文公上篇》进行解读，上篇一共5章。现在开始解读《滕文公下篇》，下篇一共10章。上、下两篇的字数差不多，上篇是3200字，下篇是3400字，这是电脑统计的。如果将标点符号删掉，实际字数并没有这么多。6·1至6·5是这一讲的内容，而6·6至6·10是第四讲的内容。

6·1　一尺与八尺的困局

6·1　陈代曰："不见诸侯，宜若小然。今一见之，大则以王，小则以霸。且《志》曰：'枉尺而直寻。'宜若可为也。"

孟子曰："昔齐景公田，招虞人以旌，不至，将杀之。志士不忘在沟壑，勇士不忘丧其元。孔子奚取焉？取非其招不往也。如不待其招而往，何哉？

且夫枉尺而直寻者，以利言也。如以利，则枉寻直尺而利，亦可为与？昔者赵简子使王良与嬖奚乘，终日而不获一禽。嬖奚反命曰：'天下之贱工也。'或以告王良。良曰：'请复之。'强而后可，一朝而获十禽。嬖奚反命曰：'天下之良工也。'简子曰：'我使掌与女乘。'谓王良。良不可，曰：'吾为之范我驰驱，终日不获一；为之诡遇，一朝而获十。《诗》云："不失其驰，舍矢如破。"我不贯与小人乘，请辞。'御者且羞与射者比；比而得禽兽，虽若丘陵，弗为也。如枉道而从彼，何也？且子过矣！枉己者，未有能直人者也。"

6·1 至 6·4 这四章主要讲知识分子如何与政治打交道，如何与诸侯打交道。知识分子问题是春秋战国时期的大问题，所谓"得士则兴，失士则亡"[①]：你得到知识分子，你有了知识资本，相应地，你的政治资本、社会资本就可以得到全面发展；你失去知识分子，没有得到知识分子的支持，就失去了知识资本，相应地，你的社会资本、政治资本就很难全面建立起来。像这样的问题，不仅为当时每个阶层的人所关注，而且在孟子及孟门弟子那里也是热门话题。很多孟门弟子经常感叹，说："孟老夫子，您这么有学问，为什

① 《王文公文集》卷 2《上龚舍人书》指出："方孟子之时，天下纷乱，诸侯皆欲自以为王，强攻弱，大并小，战伐侵入，无岁无之。此乃存亡得失之秋，所谓得士则兴，失士则亡之时也。故下得以自重，而上不可以不求焉。"（[北宋] 王安石著，唐武标校：《王文公文集》上册，上海人民出版社 1974 年版，第 30 页）

么不去见见诸侯呢?”6·1就是从这一时代背景开始的。

我们先看:“陈代曰:‘不见诸侯,宜若小然。’”陈代对孟子说:你不去见诸侯,看起来是一件很小的事。“今一见之,大则以王,小则以霸。”假设今天你去见见诸侯,从大的方面说,可以称王天下;从小的方面说,可以称霸诸侯。这里涉及两个词——“王”与“霸”,就是王道与霸道。

王道与霸道到底是什么关系?孟子行仁政、行王政,坚持王道理想,反对霸道政治,这是我们对孟子王霸之辨的基本认识。这个学生问“大则以王,小则以霸”,表明王霸之辨已经在孟门弟子那里建立起来了。陈代就是孟子的学生。

我们固然要坚持王霸之辨,但这里还涉及一些技巧问题、一些策略问题,或者说是一些退让的策略问题。所以陈代引了一句话:“且《志》曰:‘枉尺而直寻。’”《志》是一本古代典籍。这本典籍到底是什么样子,我们不知道。重要的是“枉尺而直寻”这句话。“尺”就是一尺,“寻”就是八尺。现在我们有了一尺与八尺之分。一尺与八尺在这句话中是什么意思呢?就是我做人做事遇到这样一种情况:如果弯曲一尺,我会伸长八尺。大家将这个意思稍微体会一下。我弯曲了一尺,但我可以伸长八尺,这是不是有利可图?这是不是对每个人都很实惠的事呢?

陈代说:假如你放低一下姿态,也就是弯曲一尺,那你可以伸长八尺,可以“大则以王,小则以霸”。难道这样去见一下诸侯,不可以吗?“宜若可为也”,就是这个意思。陈代提的问题是:孟老夫子,您还是要去见见诸侯!您不要太泰山岩岩之气象,您不要太看不起那些诸侯。假设您放低一下姿态,弯一下腰,您有可能在诸侯面前站得更直,这样的事是值得做的。

孟子怎么回答呢？他讲了两个故事。第一个故事是问：弯曲一尺，可以伸长八尺，这样的事你干不干？第二个故事是问：如果弯曲八尺，能够伸长一尺，这样的事你干不干？这两个故事是从不同角度来讲的。我们好好体会一下：在我们的实际人生中，弯曲一尺能够伸长八尺，这是有利可图；弯曲八尺而伸长一尺，是不是也有利可图呢？假设它有利可图，我们该不该做呢？这是孟子讲这两个故事要解决的问题。

第一个故事是："孟子曰：'昔齐景公田，招虞人以旌，不至，将杀之。'"齐景公是春秋时期很有名的诸侯，5·1就出现过齐景公："成覸谓齐景公曰：'彼，丈夫也；我，丈夫也。'"孟子这里是说：齐景公正在打猎，猎场有个管理员，齐景公想问他一件事。齐景公身为一国诸侯，按照规定，要召唤猎场管理员，让他到面前来，需要挥舞一个特定的东西。诸侯对不同级别的人打招呼，用来召唤的物品是不一样的[①]。诸侯召唤猎场管理员，只能用自己头上戴的皮冠，也就是帽子，取下来扬一扬，说："管理员，你过来!"（参见10·7）但是，齐景公这次用错了东西，就是"招虞人以旌"，拿了一面小旗子来召唤猎场管理员。

---

① 《孟子》《左传》《孔子家语》记载齐景公召唤不同人所用的物什并不一样。《孟子》10·7指出："曰：'敢问招虞人何以？'曰：'以皮冠，庶人以旃，士以旂，大夫以旌。'"《春秋左传·昭公二十年》指出："昔我先君之田也，旃以招大夫，弓以招士，皮冠以招虞人。"（[清]阮元校刻：《十三经注疏（附校勘记）》下册，第2093页中栏）《孔子家语·正论解》指出："昔先君之田也，旌以招大夫，弓以招士，皮冠以招虞人。"（杨朝明、宋立林主编：《孔子家语通解》，齐鲁书社2013年版，第470页）相关研究，参见杨海文：《激进权智与温和权慧：孟子经权观新论》，《中山大学学报》社会科学版2011年第4期，第127—128页。

这里首先说齐景公将召唤物搞错了，错在齐景公了。假设猎场管理员害怕权势，就不会管齐景公是不是将召唤物搞错了，照样会过来。猎场管理员会不会这么做呢？猎场管理员没有这么做，他说：我就是不来！这个时候，齐景公发脾气了，说我要将你杀掉。

下面一句话是："志士不忘在沟壑，勇士不忘丧其元。"齐景公这个故事，《孟子》讲过两次；另一次见 10·7，讲的也是这样（更加详细）。"志士不忘在沟壑"，就是有志之士不怕死在山沟里；"勇士不忘丧其元"，就是勇敢的人不怕脑袋掉下来。我有一股浩然之气，我不怕死在山沟里。这是谁的品格？就是那个地位卑微的猎场管理员的品格。

孔子对猎场管理员给予了充分的赞美。"孔子奚取焉？取非其招不往也。"孔子为什么赞赏猎场管理员呢？因为这个猎场管理员对于不符合礼节的招呼一概不搭理。你要招呼我，你符合礼节，我就上来。你不符合礼节打招呼，我就不听你的招呼。这就是一切都按照礼节来做事，这就是猎场管理员做人做事的基本精神。

虽然猎场管理员能这样做，可大部分人会怎么样呢？其他人会怎么样呢？孟子问道："如不待其招而往，何哉？"很多人一看到齐景公在打猎，肯定不管齐景公是否跟他打了招呼，都会跑到齐景公那里去。很多人都会这么做！孟子说：这样做，又算什么呢？肯定是不应该的。

然后，孟子通过这件事，对"枉尺而直寻"进行了分析。他说："且夫枉尺而直寻者，以利言也。"弯曲一尺，能够伸长八尺，这是从利益的角度来谈。"如以利，则枉寻直尺而利，亦可为与？"同样是从利益的角度来谈，假设我弯曲八尺却伸长一尺也是有利的，这样的事情就可以做吗？

我们再好好体会一下：弯曲一尺，能够伸长八尺，这对于那个狩猎场的管理员意味着什么？齐景公招呼他，本来是一件很小的事。假设放在今天的语境里，绝不会丢这个猎场管理员多大的面子。齐景公招呼我，我上去答应一声，不就行了吗？但是，猎场管理员就是不愿意弯这一尺，他不会为了能够伸长八尺而弯曲这一尺。这是猎场管理员的做法。

孟子下面讲的第二个故事，大致是说：我弯曲八尺，只是伸长一尺，这样的事我干吗？这个故事更加生动。

“昔者赵简子使王良与嬖奚乘。”赵简子是一个跟诸侯一样有权势的人，他派王良为自己最宠信的一个小人——奚——驾车。“终日而不获一禽”，一天都没有打到一只鸟。6·1这两个故事都跟打猎有关：第一个是齐景公田猎；第二个是赵简子派王良帮嬖奚驾车，也是去打猎。为什么一天都没有射下一只鸟呢？嬖奚看到一只鸟都没有射下来，就对赵简子说王良的坏话。“嬖奚反命曰：‘天下之贱工也。’”嬖奚回来就对赵简子说：你派的这个王良，那驾车的水平实在太差了，简直是天下最差的车手。

这个王良，我们上次说了：《孟子》里面凡是被称为“良”的，都是好的。有人将嬖奚说的“天下最差的司机或车手”这句话转告了王良。“或以告王良。良曰：‘请复之。’”有人将这句话告诉了王良，王良说：那我们再试一次吧。“强而后可。”嬖奚听说王良还要试一次，但他已经确立了一个观念——你王良驾车确实不行，我为什么还要给你机会呢？经过反反复复讲，嬖奚才勉勉强强答应，说：“那就再来一次吧！”这就是“强而后可”。

结果，“一朝而获十禽”，一个早上就打下十只鸟。你看：开始的时候，一天都没有射下一只鸟；现在，一个早上就射下十只鸟。上次没有一只，这次却有十只，形成了鲜明的反差。“嬖奚反命曰：‘天下之良工也。’”这个时候，嬖奚回来对赵简子讲：王良驾车的水平可高了，那是天下最好的车手。

“简子曰：‘我使掌与女乘。’”因为嬖奚是赵简子最宠爱的小人，赵简子对嬖奚说：那我就让王良当你的专职司机，专门给你赶马车，去打猎吧！“谓王良”，赵简子将这个命令告诉了王良；“良不可”，王良说不可以。

王良是怎么分析的呢？“曰：‘吾为之范我驰驱，终日不获一；为之诡遇，一朝而获十。’”王良说：我按照规矩给嬖奚驾车，一天都没有射下一只鸟；可是，我不按照规矩给嬖奚驾车，一个早上就能射下十只鸟。按照规矩，王良是作为司机驾着马车，马车按照一定的速度、一定的规矩往前行驶；嬖奚站在车上，拿着弓箭来射鸟。对于车手来说，他为射手驾车，是有一定规矩的。他必须遵循这样的规矩。王良是个老司机，他必须按照车手的规矩给射手驾车。这个射手因为王良按照规矩驾车，一只鸟都没有射下来，所以就怪王良，认为王良是天下最差的司机。可是，当王良违背规矩来驾车，嬖奚一个早上就能射下十只鸟。这样一个过程，这样鲜明的对比，意义到底在哪里？

驾车要讲规矩，射箭也要讲规矩。现在王良碰到的一个人，叫作嬖奚。嬖奚又在赵简子那里很受器重。王良觉得：我的车技本来很高，只是你嬖奚不知道而已。既然你想一个早上射下十只鸟，我只要改变一下，我就可以让你射下十只鸟。王良就这样干了一次，只是为了证明他有这个才能。

干了之后，赵简子想派王良做嬖奚的专职司机。王良不干，他说："《诗》云：'不失其驰，舍矢如破。'"这句诗的意思是：凡是车手，必须按照规矩来驾车；凡是射手，只要坐在按照规矩驾驶的车上，你的箭一射出，就能将鸟射下来。按照规矩来驾车，这是对于车手而言；对于射手来说，箭一射出，就能射中。《诗经》这句话对于车手与射手的紧密关系做了一个刻画，就是都按照规矩来做，肯定能够达到好的效果。

可在王良与嬖奚的合作当中，按照规矩，恰恰就是打不到鸟；不按照规矩，却可以射到很多鸟。王良"请复之"，再试了一次，证明了他是个好司机，是个老司机。赵简子要他当嬖奚的专职司机，他却坚决不干。王良说："我不贯与小人乘。"这个"贯"，相当于"习惯"的"惯"。王良说他不习惯给小人驾车，"请辞"，请求赵简子让他辞去这份差事。

王良驾车的水平很高，但他面对的是赵简子最相信的一个小人。当嬖奚说王良是天下最差的车手的时候，那是因为王良是按照规矩来做。当嬖奚说王良是天下最好的车手的时候，那是王良破例了，他违背了规矩。破例的这一次相当于"枉寻直尺"。假如王良真能一直弯曲八尺，嬖奚就会认为这个王良是天下最好的车手。但是，王良最后没有"枉寻直尺"，而是回到了正道这条路上。

对于这个故事，孟子说："御者且羞与射者比。"像王良这么好的车手，他是不屑于跟嬖奚这样差的射手一起做事的。"比而得禽兽，虽若丘陵，弗为也。"即使王良与嬖奚一起做事，射下来的禽兽堆得像一座小山一样，王良也是不会干的。"虽若丘陵"就是即便堆得像一座小山一样。也就是说，你让王良违背规矩来做事，即使获得的利益再大，王良也不会干。

孟子说："如枉道而从彼，何也？"如果你违背正义、违背礼节去附和那些人，那有什么意思呢？"且子过矣！枉己者，未有能直人者也。"这个"且子过矣"的"子"，是指陈代。孟子告诉陈代：你对我讲"枉尺而直寻"，这是大错特错。做人，如果自己不正直，自己不正派，你就不可能让别人正直，不可能让别人正派。

6·1的关键问题是：一尺与八尺之间的关系怎么处理？这个关系，孟子是站在王霸之辨的角度来谈的。要不要见诸侯？弯曲一尺可以伸长八尺，弯曲八尺也可以伸长一尺，跟王霸之辨是密切相关的，都是从利益这个角度来谈的。王霸之辨其实就是义利之辨，孟子这里点得很清楚。回到1·1，孟子见梁惠王，梁惠王说："老头子，你不远千里而来，亦将有以利吾国乎？"孟子朗声回答："何必曰利？亦有仁义而已矣。"如果天下"交征利"，天下人都只谈利益，这个国家是会灭亡的；"苟为后义而先利"，假设你先谈利、后谈义，就会"不夺不餍"。所以，这里谈的义利之辨，跟《孟子》的开篇是遥相呼应的。这一点我们要特别记住。

这里比较有意思的，我觉得还涉及我们做人做事的方式方法问题。刚才说弯曲一尺能够伸长八尺，孟子认为不好；而我们讲"退一步海阔天空"，通常认为这句话很有道理。我们要思考一下："退一步海阔天空"与"枉尺而直寻"两者之间到底有什么区别，到底有什么不同？

大千世界有这样三类人：第一类是有智慧的人。充满智慧的人不一定是最有能力的人，但他是最能退一步海阔天空的人、最有智慧的人。第二类是有担当的人。"铁肩担道义"

这类人，就是孟子提到的："虽千万人，吾往矣。"（3・2）"如欲平治天下，当今之世，舍我其谁也?"（4・13）第三类是苟且的人。这类人是乡愿，14・37会涉及这类人，就是"非之无举也，刺之无刺也；同乎流俗，合乎污世；居之似忠信，行之似廉洁。众皆悦之，自以为是，而不可与入尧舜之道。故曰德之贼也"。这三类人——有智慧的人、有担当的人、苟且的人，跟孟子这里讲的，到底怎么形成呼应的关系呢?

我个人的理解是：弯曲一尺能够伸长八尺，弯曲八尺能够伸长一尺，这两种方式不属于有智慧的人，也不属于有担当的人，而是属于那种苟且的人。因为弯曲一尺伸长八尺，往往是我很弱小，而我面对的是一个强有力的人，我稍微委屈一下自己，是为了得到更好的发展。这个道理，大家可以仔细揣摩一下。我很弱小，我旁边的这个人很强大。我也想强大，我想伸长八尺；但这个时候，我必须弯曲一尺。这就是先一尺、后八尺的关系。先八尺、后一尺的关系则是：我很强大，我本身的能力很强。可我面前这个人，关系很广，后台很硬。我虽然很强大，但我在这个关系很广的人这里，我委屈自己一下，我就能得到更好的发展。因为我本身很强大，我的起点已经很高，我不可能伸长八尺，我只能够伸长一尺。你为了取得旁边这个后台很硬的人的支持，你必须委屈、委屈、再委屈，这就是弯曲八尺，再伸长一尺[①]。

对于一尺与八尺的困局，我希望大家读6·1这个文本的时候，多加重视。先一尺后八尺，先八尺后一尺，这两者到底是什么关系？可以先联系自己的人生体验、个人的切身感受，去想一想如何解开这个困局。有智慧的人、有担当的人、苟且的人，跟八与一、一与八的关系，我们应该多去体会一下。

这里最重要的是：知识分子或者儒家知识分子，在战国那个动乱的时代，该怎么办？孟子的理念是：你不能为了伸长八尺而弯曲一尺，也不能为了伸长一尺而弯曲八尺，你必须正道直行！5·5讲的“不直，则道不见”，跟这里讲的“枉己者，未有能直人者也”，是同一个道理。只有正道直行，走正道，笔直地往前走，你才能体现自己的大丈夫人格。所以，孟子对于那个地位卑微、名不见经传的猎场管理员做了高度的评价，对于驾车水平很高的王良也做了高度的评价[②]。他希望通过这两个人物，让当时的儒家知识分子树立独立的人格，能够有一种正道而直行的精神。

---

① 《孟子》2·3指出：“惟仁者为能以大事小，是故汤事葛，文王事昆夷。惟智者为能以小事大，故太王事獯鬻，勾践事吴。以大事小者，乐天者也；以小事大者，畏天者也。乐天者保天下，畏天者保其国。《诗》云：‘畏天之威，于时保之。’”这里的“以大事小”“以小事大”，有可能让人联想起“枉寻而直尺”“枉尺而直寻”，但两者的区别是很明显的。

② 《汉书·古今人表》将齐景公、赵简子列入下上等，而将齐虞人列入中下等，将王良列入中中等（参见［东汉］班固撰，［唐］颜师古注：《汉书》第3册，第926、932、926、932页）。这是意味深长的，也切合孟子的本意。

6·2 "大丈夫"的精神风貌

6·2 景春曰："公孙衍、张仪岂不诚大丈夫哉？一怒而诸侯惧，安居而天下熄。"

孟子曰："是焉得为大丈夫乎？子未学礼乎？丈夫之冠也，父命之；女子之嫁也，母命之，往送之门，戒之曰：'往之女家，必敬必戒，无违夫子！'以顺为正者，妾妇之道也。居天下之广居，立天下之正位，行天下之大道。得志，与民由之；不得志，独行其道。富贵不能淫，贫贱不能移，威武不能屈，此之谓大丈夫。"

6·2这一章是要点明孟子理想中的知识分子应该具有什么样的人格。

"景春曰：'公孙衍、张仪岂不诚大丈夫哉？'"按照赵岐（？—201）的注解，景春是纵横家①。战国时期有许多纵横家，苏秦、张仪是当时的两大纵横家。苏秦将其他国家联合起来，挂六国相印，目的是要对付秦国。后来，秦国越来越壮大，苏秦的合纵派失利，连横派出来了，张仪出来了。《孟子》没有提到苏秦。有一些专家说：因为孟子那个时代，苏秦的合纵只搞了很短的时间，或者说苏秦已经死了，所以

---

① 赵岐注："景春，孟子时人，为从横之术者。"（《孟子正义》卷12录，[清]焦循撰，沈文倬点校：《孟子正义》上册，第415页）

《孟子》没有提到苏秦[①]。公孙衍的另外一个名字叫作犀首[②]，6·3“周霄问曰”章暗含一个与他相关的小故事，我们到时候再讲。

景春是一个不太有名的纵横家。他问孟子：公孙衍、张仪难道不是大丈夫吗？因为他们“一怒而诸侯惧，安居而天下熄”。公孙衍、张仪只要一发脾气，天下所有的诸侯都会吓得哆嗦、胆战心惊。一旦他们不发脾气，天下就会变得太平无事。公孙衍、张仪的气势很大，按照一般人的理解，这样的人应当是大丈夫。“孟子曰：‘是焉得为大丈夫乎?’”但是，在孟子看来，公孙衍、张仪这样的人怎么能够称得上大丈夫呢?

然后，孟子对景春说：“子未学礼乎?”你没有学过礼吗?下面这段话，我们可以按照五伦中的“夫妇有别”——将它

---

① 《孟子四考》卷 4《孟子出处时地考·适梁》“右附论周霄、宋砼、景春等问答”条指出：“景春称仪、衍而不及苏秦，时秦已为齐所杀矣。(《通鉴答问》据叶石林谓：‘苏秦揣摩之术，和交不久，故不取。’意以春不称秦大丈夫，由此。恐未然。)”（［清］周广业：《孟子四考》，《续修四库全书》第 158 册，上海古籍出版社 2002 年版，第 148 页上栏）据此，叶梦得（叶石林）认为苏秦的合纵只是搞了很短的时间，周广业认为苏秦已经被杀。这两种说法旨在解释景春未提苏秦的原因，但都未必尽然。但是，《孟子外书·性善辨》写道：“徐辟将之秦，孟子曰：‘秦，虎狼之国也。子何游焉?’徐辟对曰：‘山东之国，无可与者。苏子来招，故将必往。’孟子曰：‘夫苏子，天下之至无信人也，天下之大不义人也。子何交焉?’徐辟对曰：‘辟之祖自南州迁于郏鄏，今五世矣，于苏为睦。且辟，苏之自出也。’孟子曰：‘然则姑赠子以言：不约纵，不连横；不为威屈，不为利疚；以守子素，以全子生。斯可矣!’”（［宋］熙时子注：《孟子外书》，《续修四库全书》第 932 册，第 377 页下栏）熙时子注：“苏子，苏秦也。”（同上）《孟子外书》提到苏秦，还说徐辟是苏秦的外甥。它说孟子对苏秦的评价极低，这与《孟子》是一脉相承的。

② 赵岐注：“公孙衍，魏人也。号为犀首，常佩五国相印为从长。秦王之孙，故曰公孙。”（《孟子正义》卷 12 录，［清］焦循撰，沈文倬点校：《孟子正义》上册，第 415 页）

变为“男女有别”——来看。“丈夫之冠也，父命之”，就是男孩子行成年礼的那一天，父亲会教育他。“女子之嫁也，母命之”，就是女孩子出嫁的那一天，母亲反反复复对她说一些知心话。“往送之门”，母亲将女孩子送到大门口，因为迎亲的队伍就在门外面了。“戒之曰”，母亲语重心长地叮嘱这个女孩子。叮嘱什么呢？“往之女家，必敬必戒，无违夫子！”女儿，你马上要嫁到你婆婆家里了。你一定要谨慎小心，就是“必敬必戒”；一定要“无违夫子”，就是不要违抗你的丈夫。

这里先谈到“丈夫”，后谈到“女子”，关键落在“必敬必戒，无违夫子”这句话上。孟子将它归结为：“以顺为正者，妾妇之道也。”将顺从当成自己的原则，是为人之妻的道理，是为人之妻该做的，这是一种解释。还有另外一种解释，就是唯唯诺诺，这只有那些女人，只有那些小家子气的女人，才会这么做①。第一种解释应该是母亲说的真心话，第二种解释比较贬义，这两种解释可以并行不悖。

前面讲“以顺为正者”是妾妇之道。下面要讲的是丈夫之道，它的影响力特别大。

孟子说：“居天下之广居，立天下之正位，行天下之大道。”这句话的字面意思是：住在天下最宽广的房子里，站在天下最正确的位置上，走在天下最广阔的大路上。按照孟子的思想，这句话包含了仁、礼、义三个概念。天下最宽广的房子是什么呢？就是仁。《论语》有一篇叫作《里仁》，开篇

---

① 朱熹认为公孙衍、张仪的所作所为就是妾妇之道的体现。《孟子集注》卷6《滕文公章句下》指出：“盖言二子阿谀苟容，窃取权势，乃妾妇顺从之道耳，非丈夫之事也。”（［南宋］朱熹：《四书章句集注》，第265页）

是孔子说的“里仁为美”（《论语》4·1），我住在仁里面，是一件美好的事情。孟子也引过孔子这句话（3·7）。所以，天下最宽广的房子是仁，天下最正确的位置是礼，天下最广阔的大道是义。我要住在“仁”这座天下最宽广的房子里，我要站在“礼”这个天下最正确的位置上，我要走在“义”这条天下最广阔的大路上，这就是“居天下之广居，立天下之正位，行天下之大道”的含义。

孟子经常说：仁是一座房子，它的门是什么呢？就是礼。门前有一条路，它是什么呢？就是义①。后人将它概括为“礼门义路”。昨天我又去看了“两孟”（孟庙、孟府），进一步理解了“礼门义路”的深刻意义②。一个人必须生活在仁、礼、义之中，跟仁、礼、义为伍，住在它的房子里，站在它的位置上，走在它的大路上。

对于很多人来说，既有得志的时候，也有不得志的时候。孟子说：“得志，与民由之；不得志，独行其道。”③ 志向能

---

① 居仁由义、礼门义路是孟子的核心思想。他对以仁为居、以礼为门、以义为路有很多论述，如：“夫仁，天之尊爵也，人之安宅也。”（3·7）“仁，人之安宅也；义，人之正路也。旷安宅而弗居，舍正路而不由，哀哉！”（7·10）“夫义，路也；礼，门也。惟君子能由是路，出入是门也。”（10·7）“仁，人心也；义，人路也。舍其路而弗由，放其心而不知求，哀哉！”（11·11）“居恶在？仁是也；路恶在？义是也。居仁由义，大人之事备矣。”（13·33）这些论述有助于我们深入理解“居天下之广居，立天下之正位，行天下之大道”（6·2）的思想意义，更有助于我们真切把握“君子深造之以道，欲其自得之也。自得之，则居之安；居之安，则资之深；资之深，则取之左右逢其原。故君子欲其自得之也”（8·14）的哲学价值。

② 2016年11月4日下午，笔者又一次拜谒孟庙、孟府，“两孟”政德教育员对于孟子思想的博大、孟子精神的崇高进行了热情洋溢的现场解说。

③ 孟子还说过：“尊德乐义，则可以嚣嚣矣。故士穷不失义，达不离道。穷不失义，故士得已焉；达不离道，故民不失望焉。古之人，得志，泽加于民；不得志，修身见于世。穷则独善其身，达则兼善天下。”（13·9）这两句话值得我们放在一块来阅读并体味。

够实现的时候，就带领老百姓好好干；志向不能够实现的时候，就一个人坚持自己该坚持的东西。我们的一生，有得志的时候，有不得志的时候。假设你得志的时候就飞扬跋扈，人们是看不起你的；假设你不得志的时候就灰心丧气，人们会更看不起你。所以，孟子采取的策略是：得志的时候，跟大家好好干；不得志的时候，要坚持自己认为正确的理想。

下面这句话极其有名："富贵不能淫，贫贱不能移，威武不能屈，此之谓大丈夫。""丈夫"这个词在《孟子》中时常出现，并有很多搭配，比如"丈夫"（5·1，6·2，6·3）、"小丈夫"（4·12）、"大丈夫"（6·2），还有"贱丈夫"（4·10）。孟子这里真正确立了"大丈夫"的定义。"富贵不能淫"，不能淫什么呢？现在有一大堆金银财宝、一大群达官贵人在我面前，但我的心不为之所动，再多的金银财宝、再大的达官贵人也不能让我心旌摇荡，这就是"富贵不能淫"。我再贫困潦倒、地位卑微，我心里的志向也毫不改变，这就是"贫贱不能移"。别人再有权有势、再威逼利诱，但我始终保持我的气节，绝不动摇我的气节，这就是"威武不能屈"。面对富贵，我的心很坚强；面对贫贱，我的志很坚强；面对威武，我的节很坚强。这就是大丈夫，这就是大丈夫的精神风貌！

我这样解释孟子这句震烁千古的名言，其实我已经知道：面对这 15 个字或者 21 个字，任何用白话文做出的解读，都不足以传达它真正的内涵、真正的精神。因此，直奔原文来激励我们自己，是最好的。

古人说人生有三不朽，就是立德、立功、立言。"太上有立德，其次有立功，其次有立言，虽久不废，此之谓不朽”，这是《左传·襄公二十四年》说的[①]。后来，司马迁（约前 145—约前 87）也引用过这句话[②]。立德是很重要的、最重要的。立德，就是我们要建立自己的道德，让我们道德起来。立功，就是我们要在社会上建立一定的事业，要有自己的事业。立言，就是我们要将自己的思想体会、文化创造留传下来。这是立“三不朽”。

立德、立功、立言，跟孟子讲的大丈夫“富贵不能淫，贫贱不能移，威武不能屈”，既有联系，又有区别。两者的联系，我觉得就在它们都强调立德；但“三不朽”没有将大丈夫那种真正的浩然之气展示出来，这是两者的区别。后来很多思想家研究《孟子》，就有所发挥。这里我想到魏源（1794—1857）。古人讲“三不朽”，但魏源提出了“四不朽”，就是立德、立功、立言，还要立节[③]。要有节气，要有

---

① ［清］阮元校刻：《十三经注疏（附校勘记）》下册，第 1979 页中栏。按，“太上有立德”原作“大上有立德”。有意思的是，《孟子外书·文说》讲过与《左传》一模一样的话，其辞云：“万章从游于牛山之上，孟子喟然叹曰：‘此齐景公流涕之所也，而其骨已朽矣。’万章曰：‘古之人何以不朽？’孟子曰：‘太上有立德，其次有立功，其次有立言，此之谓三不朽。古之人皆有死，君子虽死而求其不死者，若小人则未死而已死矣。’”（［宋］熙时子注：《孟子外书》，《续修四库全书》第 932 册，第 378 页下栏）

② 《全汉文》卷 26 过录司马迁的《与挚伯陵书》写道：“迁闻君子所贵乎道者三：太上立德，其次立功，其次立言。伏惟伯陵材能绝人，高尚其志，以善厥身，冰清玉洁，不以细行荷累其名，固已贵矣。然未尽太上之所繇也，愿先生少致意焉。（《高士传》）”（［清］严可均辑：《全上古三代秦汉三国六朝文（附索引）》第 1 册，中华书局 1958 年版，第 273 页上栏）

③ 《默觚上·学篇九》指出：“立德，立功，立言，立节，谓之四不朽。自夫杂霸为功，意气为节，文词为言，而三者始不皆出于道德，而崇道德者又或不尽兼功节言，大道遂为天下裂。君子之言，有德之言也；君子之功，有体之用也；君子之节，仁者之勇也。故无功、节、言之德，于世为不曜之星；无德之功、节、言，于身心为无原之雨。君子皆弗取焉。”（［清］魏源：《魏源集》上册，中华书局 1976 年版，第 22 页；按，个别标点符号略有校改）

节操，就是要立节。魏源将立节也作为人生之不朽来追求，可见他深深地把握了孟子“大丈夫”的基本精神。魏源在“开眼看世界”之前，也对《孟子》有过很多研究。魏源强调“立节”，是跟“富贵不能淫，贫贱不能移，威武不能屈”密切相关的。

6·2这一章，从知识分子与政治的关系看，体现了两种不同的立场或者两条不同的路线：一方是公孙衍、张仪那种知识分子，另一方是以孟子为代表的知识分子。我们怎么区分他们呢？其实还是要落实到6·1讲的义利之辨。对于知识分子与政治的关系，孟子是从道义的角度来看的，公孙衍、张仪是从利益的关系来看的。钱穆（1895—1990）的《国史大纲》对于战国时期的知识分子做过分类。其中，孟子这一派知识分子被称为义仕派，公孙衍、张仪这一班知识分子被称为禄仕派，这是最有鲜明对比的两派[①]。能够支持孟子这一派“铁肩担道义”的，就是大丈夫的精神人格、精神风貌。

所以，我们今天回想起“富贵不能淫，贫贱不能移，威武不能屈”，回想起“大丈夫”的精神风貌，一定要体会到：它既是孟子对于做一个真正的男子汉所提出的要求，对于做一个真正的人所提出的要求，更是孟子对于做一个真正的知识分子所提出的要求。

① 参见钱穆：《国史大纲（修订本）》上册，商务印书馆1996年修订版，第108页。

6·3 农民要种地，知识分子要当官

6·3 周霄问曰："古之君子仕乎？"

孟子曰："仕。《传》曰：'孔子三月无君，则皇皇如也，出疆必载质。'公明仪曰：'古之人三月无君，则吊。'"

"三月无君则吊，不以急乎？"

曰："士之失位也，犹诸侯之失国家也。《礼》曰：'诸侯耕助，以供粢盛；夫人蚕缫，以为衣服。牺牲不成，粢盛不洁，衣服不备，不敢以祭。惟士无田，则亦不祭。'牲杀、器皿、衣服不备，不敢以祭，则不敢以宴，亦不足吊乎？"

"出疆必载质，何也？"

曰："士之仕也，犹农夫之耕也。农夫岂为出疆舍其耒耜哉？"

曰："晋国亦仕国也，未尝闻仕如此其急。仕如此其急也，君子之难仕，何也？"

曰："丈夫生而愿为之有室，女子生而愿为之有家。父母之心，人皆有之。不待父母之命、媒妁之言，钻穴隙相窥，逾墙相从，则父母、国人皆贱之。古之人未尝不欲仕也，又恶不由其道。不由其道而往者，与钻穴隙之类也。"

6·3还是谈知识分子与政治的关系。刚才讲到公孙衍与

周霄有密切的关系。讲完这一章，我们再看看《战国策》对这两个人的关系是怎么刻画的，它可以让我们切身体验到知识分子与政治之间那些微妙的感受。

“周霄问曰：‘古之君子仕乎?’”周霄问孟子：古代的君子出来做官吗?“孟子曰。‘仕。’”孟子说：出来做官。“《传》曰：‘孔子三月无君，则皇皇如也，出疆必载质。’”对于孔子来说，假设国君三个月没有委任他做一定的官职，他就惶惶不安。他肯定要离开这个国家，到另外一个国家去。离开这个国家到另外一个国家去，他必然带上见面礼物，以献给其他国家的国君。这就是“出疆必载质”，就是离开一个国家要带上见面礼物，送给另外一个国家的国君。“公明仪曰：‘古之人三月无君，则吊。’”公明仪说：古代的人三个月没有国君给他官做，我们就要去安慰他。因为他三个月没有当官了，没有官做了，我们有官做的人得去安慰一下他。孟子这里讲到孔子、公明仪，引用了他们说的两段话。

关于“孔子三月无君，则皇皇如也，出疆必载质”，我想特别讲讲孔子到底当过什么官，或者当官的时间到底有多长。按照10·4的讲法，孔子一生周游列国，希望参与政治，但他在一个朝廷里面当官，从来没有超过三年。也就是说，他在任何一届政府任职，都没有超过三年，就是“未尝有所终三年淹也”。我们不能说这一届政府不好，难道我们能说这一届人民不好吗?而且，最关键的是，让孔子当官、实现理想的那一个人是季桓子，叫作“见行可之仕”。孔子只在季桓子那里，真正在某种程度上实现了自己的理想，而季桓子是一个十恶不赦的人。所以，孔子在一个朝廷当官没有超过三年，让他最能实现理想的那个人却是一个不好的人，从这些可以看到：孔子要实现自己的政治理想，当时的环境是不好的，但他坚持了下来。

周霄又问孟子："三月无君则吊，不以急乎?"三个月没有君主委任他做官，我们就得去安慰他，这是不是太急了呢?"曰：'士之失位也，犹诸侯之失国家也。'"孟子说：知识分子失掉官位，就像诸侯失掉自己的国家一样。然后，他引了一段话。这段话怎么理解，我们要好好琢磨一下。

"《礼》曰：'诸侯耕助，以供粢盛；夫人蚕缫，以为衣服。'"《礼》这本书说：诸侯亲自下田种地，是为了提供祭祀用的祭品；诸侯的夫人亲自养蚕织布，是为了将它做成衣服。这句话的第一层含义是男耕女织，这在诸侯那里也有所体现。它的第二层含义，我们要将"诸侯耕助"跟 5·4"有为神农之言者许行"那一章说的"贤者与民并耕而食，饔飧而治"区分开来。那一章是许行要求国君像老百姓一样，自己种地自己吃，自己做饭自己吃。这里讲的"诸侯耕助""夫人蚕缫"，则是一种礼仪性的行为。按照国家礼仪的规定，春天来了，万物复苏，我们开始农忙了，开始种地了。诸侯必须礼仪性地犁犁田，"诸侯耕助"就是这个意思。它并不是要诸侯一年到头自己去种地，它只是一种礼仪性的行为。

《礼》这本书接着说："牺牲不成，粢盛不洁，衣服不备，不敢以祭。"我们常说某某某壮烈牺牲了，是指为正义事业舍弃生命，而这里的"牺牲"是指牛羊，它在古代是指牛羊。"牺牲不成"是说祭祀用的牛羊不肥壮；换句话说，祭祀用的牛羊一定要很肥壮。"粢盛不洁"是说祭祀用的谷物不干净，"衣服不备"是说祭祀用的衣服不完备。以上三者没有准备好，我们就不敢祭祀。

《礼》这本书又说："惟士无田，则亦不祭。"5·3讲孟子展望井田制，曾说："卿以下必有圭田，圭田五十亩，余夫二十五亩。"这是礼乐文明的需要。"惟士无田"是说当时的士没有什么地位，既没有经济地位，也没有政治地位。没有经济地位，就是没有田。没有田，就不能生产粮食。因为粮食跟祭品是密切相关的，所以知识分子没有田，就可以不祭祀。但是，祭祀恰恰又是一件很大的事。在孟子的理想设计当中，知识分子没有田，因而不能祭祀，这种情况是要改变的。他对毕战讲井田制，就说"卿以下必有圭田"，对于卿以下，包括士，我们要给圭田，而且是给五十亩；如果他家里还有其他劳动力，再给每个劳动力二十五亩。这样，"惟士无田"的情况就改变了。因为圭田，有了五十亩，或者有了更多的田，知识分子就可以参与祭祀了。

《礼》这段话的理解比较复杂。我们要记住一句名言："国之大事，在祀与戎。"① 国家有两件大事，一件是打仗，一件是祭祀。祭祀在当时的国家生活中是一件很重要的事。"惟士无田"，你就不能祭祀，这肯定不是一件好事。所以，孟子说："牲杀、器皿、衣服不备，不敢以祭，则不敢以宴，亦不足吊乎？"对于知识分子来说，假如他没有在一定的位置上做事，没有在一定的官位上工作，他可能就没有收入。没有收入，他就没有牛羊，没有祭器，没有祭服，他就不可能进行祭祀。祭祀后，还要分冷猪头肉，还要有宴会，他就没有能力举办这个宴会。从这种情况看，假设他三个月还没

① 《春秋左传·成公十三年》，［清］阮元校刻：《十三经注疏（附校勘记）》下册，第1911页中栏。

有得到国君的任命，就意味着这三个月“不敢以祭”，也“不敢以宴”，就是生活问题得不到解决。更重要的是，祭祀作为礼仪层面的文化需求，知识分子难以满足它。知识分子有三个月没有得到君主的任命，别人就应该去安慰他，就是这个意思。

以上这段话如果要做很认真的理解，需要配备很多《孟子》之外的其他知识，我这里只是简单地说一说。

然后，周霄又问：“出疆必载质，何也？”离开一个国家，一定要带上见面礼物，送给其他国家的国君，这又是为什么呢？“曰：‘士之仕也，犹农夫之耕也。’”孟子说：农民要种地，知识分子要当官，这是天经地义的。“农夫岂为出疆舍其耒耜哉？”农民离开自己的国家，哪能会不带上自己的犁耙呢？“士之仕也，犹农夫之耕也”是说：农民要种地，天经地义；知识分子要当官，天经地义。

“曰：‘晋国亦仕国也，未尝闻仕如此其急。’”周霄说：我们晋国[①]也是一个有官做的国家，可我从来没有听说过知识分子想当官，急成这个样子。接着，周霄问了一个更深的问题：“仕如此其急也，君子之难仕，何也？”既然当官的心情如此急迫，可君子却不轻易做官，这又是为什么呢？

对于儒家知识分子来说，“学而优则仕”（《论语》19·13）是一种基本的心态。这个“优”，我们是按照现代的解释来理解的，不是以前的原意。“优”的本来意思是有闲暇了，得空了，就是学习成绩好了，我有闲暇、有余力了，我再去当官。这是《论语》的原始解释。我们现在认为“学而

① 这里的晋国，即是魏国。

优则仕”，就是我们学习好，就得去当官。我是按照现代的解释，说“学而优则仕”是当时儒家知识分子一种普遍的心理。但是，儒家知识分子又不轻易去做官，这是为什么呢？

孟子开始解释这个问题。“曰：‘丈夫生而愿为之有室，女子生而愿为之有家。’”男孩子一生下来，父母就希望他将来成家立业；女孩子一生下来，父母就希望她以后找个好婆家。“父母之心，人皆有之。”像这样的心情，做父母的都有。我们经常说“父母之心，人皆有之”，就是出自这里。但是，“不待父母之命、媒妁之言”，如果没有征得父母同意，没有媒人做媒，男女之间做这样一些事情的话，就会遭到父母、其他人的嘲笑、看不起。

哪些事情呢？就是“钻穴隙相窥，逾墙相从”。这几个字一般不太好解释。少男少女要见面，我们设想一下他们见面的情形。当时，没有父母之命，没有媒妁之言，男女双方是不能见面的。可是情窦初开，他们想见面的心情十分急迫。他们会采取什么方式呢？我们设想一下。墙上挖个洞，比如隔壁是老王家，我就在墙上挖个洞，与他家的姑娘互相偷看。大门上开条缝，就是大门上稍微打开一条缝。这就是“钻穴隙相窥”。很多房子都有围墙，男男女女就爬过围墙去见面，这就是“逾墙相从”。

少男少女情窦初开，想见面，于是就在墙上挖个洞，你看我一眼，我看你一眼；门上刨开一条缝，也可以你看我一眼，我看你一眼。这还只是看，所以叫作“相窥”。怎么才能更实质一些呢？就是“逾墙相从”，爬过围墙之后，才能手拉手、搂搂抱抱。这是孟子设想的男女幽会的方式。这些方式，孟子认为是不好的。假设少男少女这样做，“则父母、国人皆贱之”，你的父母会骂你，你的左邻右舍也会看不起你。

孟子对于婚姻的态度，是比较有意思的话题。他有这样三句话，都像格言一样。第一句话是“男女居室，人之大伦”（9·2）。我们现在的家是一居室、两居室、三居室。“男女居室”，男女要结婚；“人之大伦”，这是做人最大的一件事。孟子对于婚姻要求的第一件事，就是男男女女是要结婚的。千万要注意，孟子那个时代是“男女居室，人之大伦”。第二句话是这里讲的“父母之命，媒妁之言”（6·3）。你们要结婚，当然可以。但是，生辰八字一定要报上来，让双方父母知道；还有很多程序，尤其要请媒婆来做媒。第三点是“不孝有三，无后为大”（7·26）。你们结婚之后，一定要生小孩；如果不生，是最大的不孝。

孟子怎么看待我们人类的婚姻？他就这三句话：“男女居室，人之大伦。”“父母之命，媒妁之言。”“不孝有三，无后为大。”他认为整个社会都照这三句话来做，人类才能繁衍下来，我们的人口才能增多。就像孔子讲的，所谓“庶矣哉”（《论语》13·9）。

但是，也有例外的情况。“父母之命，媒妁之言”，有的人就不可能遵循。比如，舜的父亲、继母，还有同父异母的弟弟，都想置舜于死地，所以不同意舜娶尧的两个女儿——娥皇、女英（9·2，9·3）[①]。可舜年龄大了，他得遵循“不

① 《孟子》并未提到娥皇、女英，但9·2有“二嫂使治朕栖”一语，赵岐注：“二嫂，娥皇、女英。”（《孟子正义》卷18录，［清］焦循撰，沈文倬点校：《孟子正义》下册，第621页）古代有适龄的妹妹随着姐姐一起嫁人的习俗，叫作媵制。《尸子》卷下有“妻之以媓，媵之以娥”之说（参见［周］尸佼撰，［清］汪继培辑，黄曙辉点校：《尸子》，第48页），是说女英跟着娥皇嫁给了舜。“妻之以媓，媵之以娥”，又作“妻之以皇，媵之以英”。

孝有三，无后为大”——你看这有多重要，还有“男女居室，人之大伦”。在这三句话中，哪一句最重要，哪一句最不重要？最不重要的就是“父母之命，媒妁之言”。说它不重要，当然是相对而言的。结婚是为了人类繁衍，而且是我们尽人伦责任最重要的表现，也是孝敬最重要的表现。所以，舜在没有征得父母的同意下，还是跟尧的两个女儿结婚了（9·3）。这件事引起了别人的非议。孟子说：舜虽然没有告诉他的父母，但符合“不孝有三，无后为大”的古训，“君子以为犹告也”（7·26）[①]。

少男少女私下相会，墙上挖个洞，门上开条缝，甚至爬围墙，这是孟子所反对的。在孟子看来，古人的的确确想做官。“古之人未尝不欲仕也，又恶不由其道。”古人确实想做官，但又特别讨厌、特别反对不经由正当的程序来做官。“学而优则仕”，每个人都想；如果“不由其道”，不是走正道，而是走歪门邪道，即使得到官职，那我也是不干的。6·1讲的“枉尺而直寻”“枉寻而直尺”两种方式，都是不能干的。

孟子那个时代，有公孙衍，有张仪，他们可不会这样。在孟子看来，公孙衍、张仪就是“不由其道而往者，与钻穴隙之类也”。他们没有按照正义的方式，去拿官职，去挂六国相印，却“一怒而诸侯惧，安居而天下熄”（6·2）。他们的行为属于“与钻穴隙之类也”，跟刚才讲的少男少女挖个洞、扒条缝、跳过墙的行为是一样的。这里同样是谈知识分子与

① 相关研究，参见杨海文：《激进权智与温和权慧：孟子经权观新论》，《中山大学学报》社会科学版2011年第4期，第118—119页。

政治的关系。

6·2的公孙衍跟6·3的周霄究竟是什么关系呢？我们看看《战国策》这段话，意思是说有三个朋友，一个叫周霄（宵），一个叫魏文子，一个叫田需，他们想制裁公孙衍（也就是犀首）。公孙衍老谋深算，他怎么瓦解这个“三人帮”？公孙衍对魏王说：魏文子很有才华，我们可以让他当首相；他当了首相，就可以帮助我们打败齐国。魏王果然听了公孙衍的建议，让魏文子当了宰相。一开始，魏文子加上田需、周霄，他们三个人想制裁公孙衍；现在，魏文子当了首相，离开了“三人帮”，剩下的这两个人——周霄、田需势单力薄，就难以对抗公孙衍了①。

我们看了这个故事，知道政治是很复杂的。孟子说：“古之人未尝不欲仕也，又恶不由其道。”其实公孙衍采取的那种方式，或者说是权宜之计，虽然“不由其道”，却是政治运作的一般手段。这些都有待于我们思考，而且里面的复杂性也不是我们仅仅拿《孟子》能够辨别得清楚的，还需要我们放眼整个历史，放眼整个现实，才能将知识分子与政治的关系以及孟子怎么讨论知识分子与政治的关系搞清楚。

---

① 这个故事出自《战国策·魏二》：“〔魏〕文子、田需、周宵相善，欲罪犀首。犀首患之，谓魏王曰：‘今所患者，齐也。婴子言行于齐王，王欲得齐，则胡不召文子而相之？彼必务以齐事王。’王曰：‘善。’因召文子而相之。犀首以倍田需、周宵。”（［西汉］刘向集录，范祥雍笺证，范邦瑾协校：《战国策笺证》下册，上海古籍出版社2006年版，第1333页）《孟子》中的“周霄”，《战国策》写作“周宵”。

6·4 知识分子的价值是独特的

6·4 彭更问曰:“后车数十乘,从者数百人,以传食于诸侯,不以泰乎?”

孟子曰:“非其道,则一箪食不可受于人;如其道,则舜受尧之天下,不以为泰。子以为泰乎?”

曰:“否。士无事而食,不可也。”

曰:“子不通功易事,以羡补不足,则农有余粟,女有余布;子如通之,则梓匠轮舆皆得食于子。于此有人焉,入则孝,出则悌,守先王之道,以待后之学者,而不得食于子。子何尊梓匠轮舆而轻为仁义者哉?”

曰:“梓匠轮舆,其志将以求食也。君子之为道也,其志亦将以求食与?”

曰:“子何以其志为哉?其有功于子,可食而食之矣。且子食志乎?食功乎?”

曰:“食志。”

曰:“有人于此,毁瓦画墁,其志将以求食也,则子食之乎?”

曰:“否。”

曰:“然则子非食志也,食功也。”

我们现在讲6·4。它还是谈知识分子与政治的关系,涉及如何看待知识分子不劳而获——不工作、白吃饭这种情况。

6·4的开头几个字是“彭更问曰”，彭更是孟子的学生。孟子有两个学生名为“更”，一个是彭更，还有一个是滕更(13·43)。彭更问道：“后车数十乘，从者数百人，以传食于诸侯，不以泰乎?”意思是说：孟老师，您看您后面跟随了几十辆车，随行了几百号人，从一个国家吃到另一个国家，是不是有点太过分了呢?

“孟子曰：‘非其道，则一箪食不可受于人。’”孟子说：假设不符合道义，就是一筐饭，我也不可能接受别人的。“如其道，则舜受尧之天下，不以为泰。”如果符合道义，舜从尧那里将整个天下都接受下来，也不过分。“子以为泰乎?”你认为我“后车数十乘，从者数百人”过分了吗?你认为我做的，不符合道义吗?

“曰：‘否。’”彭更说，我讲的不是这个意思。什么意思呢?“士无事而食，不可也。”这里涉及一个很关键的问题：“士无事而食”，知识分子没有做任何事，可是白白地吃饭，这样行吗?

孟子讲的下面这段话，我们要联系5·4“有为神农之言者许行”章来看，6·4与5·4是可以连起来看的。“曰：‘子不通功易事，以羡补不足，则农有余粟，女有余布。’”孟子说：假设你不互通有无，不将你有的东西跟别人有的东西互相交换，不将你多余的东西跟别人所缺少的东西互相交换，假设你做不到这一点，或者不这样做，农夫就会有吃不完的粮食，妇女就会有穿不完的布料。只有市场交换，农民多余的粮食才能提供给那些需要粮食的人，农民多余的布料才能提供给需要布料的那些人。“子如通之，则梓匠轮舆皆得食于子。”梓匠就是木匠，轮舆就是车工。假设你这样做了，做木匠的，做车工的，都可以从你这里得到饭吃。无论梓匠轮舆、车工木工，还是手工业行，都属于劳力者。

但是，孟子马上转向了劳心者。5·4讲到“或劳心，或劳力”。这里说：“于此有人焉，入则孝，出则悌，守先王之道，以待后之学者。”现在有这么一个人：他在家孝顺父母，到外面跟兄弟姐妹的关系很和谐；他坚守先贤圣王之道，而且拿它来培养学生。“而不得食于子”，是说这样一个人却不能从你那里得到饭吃。这是为什么呢？孟子问道：“子何尊梓匠轮舆而轻为仁义者哉？”你为什么尊敬劳力者，而不尊敬劳心者呢？这里的“为仁义者”与“劳心者”有一定的区别。劳心者既包括官员，也包括正走在“学而优则仕”“铁肩担道义”之路上的那些士。

你为什么看重劳力者、看轻劳心者？这是孟子的提问。彭更怎么回应这个提问呢？“曰：‘梓匠轮舆，其志将以求食也。君子之为道也，其志亦将以求食与？’”彭更说：木匠、车工做事，他们的动机就是为了找口饭吃；知识分子研究学问、推行王道，他们的动机难道也是为了找口饭吃吗？这里涉及“志”这个概念，我们要注意到。

“曰：‘子何以其志为哉？’”孟子说：你为什么要从动机这个角度来谈呢？因为彭更将“志”——也就是动机、目的——这个概念提了出来，孟子认为：“子何以其志为哉？”你为什么要从动机的角度来谈这个问题呢？“其有功于子，可食而食之矣。”假设这个人对你有功劳，你可以给他吃的，就应当给他吃的。常识就是这么认为的：假设这个人对我是有功劳的，我该给他吃的，就得给他吃的。孟子其实又转向了一个新的概念。彭更用“志”这个概念来谈问题。孟子说

“其有功于子”，则是从“功”这个概念来谈问题。“功”就是功劳、功绩、功效、结果。所以，这里变成了动机与结果、目的与功效的问题。

建立“功”这个概念后，孟子问彭更：“且子食志乎？食功乎？”你谈论“士无事而食”这个问题，到底是从动机、目的这个角度来谈，还是从结果、功效这个角度来谈呢？孟子将问题又推给了彭更。“曰：‘食志。’”彭更说，我是从动机这个角度来谈。“其志将以求食也”，就是看他的动机到底是找口饭吃，还是别的什么。彭更还是坚持从动机的角度看“士无事而食”这个问题。

孟子就举了一个比较极端的例子。“曰：‘有人于此，毁瓦画墁，其志将以求食也，则子食之乎？’”孟子说：现在有这么一个人，他的动机也是为了找口饭吃，可他做的是什么事情呢？他将屋顶上好好的瓦，给你全部打碎了。他在本来干干净净的墙壁上乱写乱画，将整个墙壁都弄脏了。你看你好好的一个家，屋顶上的瓦被打破了，干干净净的墙壁被搞得一团糟。这样一个人，他说他也是为了找口饭吃。你碰上这样一个人到你家里来捣乱，而且他还叫你给他饭吃，你会给他饭吃吗？大家扪心自问：我好好一个家，别人不仅不给我搞卫生，反而将我家里搞得一团糟，还名之曰清洁，你会给他付钟点费吗？

“曰：‘否。’”彭更说，那我肯定不会给他饭吃。“曰：‘然则子非食志也，食功也。’”孟子由此得出结论，对彭更说：你讨论问题，其实根本不是问动机、目的，你最后问的还是结果、功效。这就是“然则子非食志也，食功也”：你并不是从动机的角度来讨论问题，你还是从功效的角度来讨论问题[①]。

这一章最关键的命题是“士无事而食”。知识分子不劳动、白吃饭，这是春秋战国时期很多人对于知识分子的偏见。他们根本不清楚知识分子在整个社会发展、文明发展的历程中到底有哪些作用，他们只是用很简单的方式来看问题。彭更将“志”与“功”分开来看，认为知识分子的目的、动机也是找口饭吃，但他们没有做出任何实际有效的事情。这样的理解行不行？孟子从辩论的、“夫子好辩”（6·9）的角度，提出一个极端的例子，认为彭更只是从动机的角度来谈问题是不够的，还应该从功效的角度来谈问题。所以，这一章确认了知识分子并不是“无事而食”，而是“于此有人焉”，这里有一个人，他“守先王之道，以待后之学者”，他是“为仁义者”，他同样能够对社会产生作用。这就是孟子确立的理念。

知识分子到底有哪些作用呢？最后，我们看看孙中山（1866—1925）举的一个很有趣的例子。孙中山对孟子思想也很有研究[②]。他说：某个人的家里，水管出现问题，自己修不好，就请了师傅来修。师傅很快将它修好了，举手之劳就

① 对于孟子与彭更这场辩论，李贽做过精彩的点评：“彭更前面二辩，尽有辩才；独后食志处，没理，所以终入老孟圈套中去也。”（《四书评·孟子卷之三》，[明] 李贽：《四书评》，第 208 页）

② 《与日人某君的谈话（一九二四年二月）》第二部分指出：“我辈之三民主义首渊源于孟子……”“孟子实为我等民主主义之鼻祖。”“仅民族主义，我辈于孟子得一暗示，复鉴于近世之世界情势而提倡之也。”（广东省社会科学院历史研究所、中国社会科学院近代史研究所中华民国史研究室、中山大学历史系孙中山研究室合编：《孙中山全集》第 9 卷，中华书局 1986 年版，第 532 页）

修好了。问他要多少钱，师傅说我要 50.4 元。这个人不理解，说："师傅，您将我的水管修好了，我感谢你。我感到困惑的是：你要么收 50 元，要么收 51 元，你为什么收 50.4 元，4 毛钱是什么意思呢?"师傅说："这 50 元是我的脑力劳动的价值，这 4 毛钱是我的体力劳动的价值。假设你认为我给你修水管只是举手之劳的话，好，这 4 毛钱我不要了；但这 50 元，我还是要的。"①

孙中山讲的这个故事，表明所谓的"士无事而食"是不成立的。脑力劳动或者劳心者阶层的劳动，不太可能通过太物质化的方式体现出来。它往往是通过比较长远的、甚至比较深刻的社会认同方式体现出来。这 50.4 元，我们必须记住其中 50 元是脑力劳动的价值之所在，4 毛钱是体力劳动的价值之所在。50 除以 0.4，这是多少倍的关系？我们完全可以体会得到。

通过这次对话，孟子批评了知识分子不劳而获、无事而食的观念，确认了知识分子有自身独特的价值。这一独特价值就表现为："入则孝，出则悌，守先王之道，以待后之学者。"②

---

① 参见《建国方略之一·孙文学说——行易知难（心理建设）》，中山大学历史系孙中山研究室、广东省社会科学院历史研究所、中国社会科学院近代史研究所中华民国史研究室合编：《孙中山全集》第 6 卷，中华书局 1985 年版，第 196—197 页。

② 公孙丑也提过知识分子"不耕而食"的问题，孟子认为知识分子的社会作用在于："君子居是国也，其君用之，则安富尊荣；其子弟从之，则孝悌忠信。"（13·32）对于 6·4、13·32 这两章，我们应该合而读之。

6·5 小国变成大国的两个范例

6·5 万章问曰："宋，小国也。今将行王政，齐、楚恶而伐之，则如之何？"

孟子曰："汤居亳，与葛为邻，葛伯放而不祀。汤使人问之曰：'何为不祀？'曰：'无以供牺牲也。'汤使遗之牛羊。葛伯食之，又不以祀。汤又使人问之曰：'何为不祀？'曰：'无以供粢盛也。'汤使亳众往为之耕，老弱馈食。葛伯率其民，要其有酒食黍稻者夺之，不授者杀之。有童子以黍肉饷，杀而夺之。《书》曰：'葛伯仇饷。'此之谓也。为其杀是童子而征之，四海之内皆曰：'非富天下也，为匹夫匹妇复雠也。''汤始征，自葛载'，十一征而无敌于天下。东面而征，西夷怨；南面而征，北狄怨。曰：'奚为后我？'民之望之，若大旱之望雨也。归市者弗止，芸者不变，诛其君，吊其民，如时雨降，民大悦。《书》曰：'徯我后，后来其无罚！''有攸不惟臣，东征，绥厥士女，篚厥玄黄，绍我周王见休，惟臣附于大邑周。'其君子实玄黄于篚以迎其君子，其小人箪食壶浆以迎其小人。救民于水火之中，取其残而已矣。《太誓》曰：'我武惟扬，侵于之疆，则取于残，杀伐用张，于汤有光。'不行王政云尔；苟行王政，四海之内皆举首而望之，欲以为君。齐、楚虽大，何畏焉？"

前面四章都跟知识分子有关。6·5这一章又回到政治学的命题，这个命题同样很有意思。

6·5的开头是“万章问曰”，万章也是孟子的学生。从《孟子》全书看，万章在这里第一次出现。《孟子》七篇，有两篇以学生的名字命名：第二篇叫作《公孙丑篇》，第五篇叫作《万章篇》。万章第一次出现是在《滕文公下篇》，万章（6·5）与公孙丑（6·7）最先同时出现也是在《滕文公下篇》，这点我们要记住。因为记住这些学生第一次出现在哪里，有可能帮助我们认识《孟子》这本书是怎么编的，是由哪些学生来编的。我们可以这样假设：《公孙丑篇》可能跟公孙丑的关系比较密切，《万章篇》可能跟万章的关系比较密切；或者说，《孟子》的前半部分跟公孙丑比较有关，后半部分跟万章比较有关①。我们可以通过这些量化的计算，来辨析《孟子》的哪几篇是由哪些学生来编的。

万章提的问题是：“宋，小国也。今将行王政，齐、楚恶而伐之，则如之何?”宋国是个小国家，它也想行仁政，但齐国、楚国这两个大国很害怕，想打它，我们该怎么办？小国在《孟子》中频繁地出现。我们讲《滕文公篇》，知道滕国是个小国，宋国也是个小国，而且在地理版图上，滕国、宋国夹在齐国、楚国两个大国之间，这是它们面临的境况。

---

① 公孙丑，见诸《孟子》3·1—3·2、4·2、4·6、4·14、6·7、7·18、12·3、12·13、13·31—13·32、13·39、13·41、14·1、14·36，共15章；万章，见诸《孟子》6·5、9·1—9·3、9·5—9·9、10·3—10·4、10·6—10·8、14·37，共15章。笔者曾说：“……我一直认为公孙丑、万章在《孟子》的编辑性版权中是绝对控股的。”（杨海文：《我善养吾浩然之气——孟子的世界》，第50页）

孟子怎么看待一个小国的政治前景，怎么看待一个小国的政治发展、经济发展、社会发展呢？或者说孟子的小国政治学是怎么回事呢？下面，孟子用了很翔实的历史事实来讲这个问题。这个问题的基本构架，我们可以按照汤武革命来理解。按照汤武革命这个架构，就是我们看一个小国是怎么慢慢往大国崛起、发展的。这一章讲的就是这个基本道理。

“孟子曰：‘汤居亳，与葛为邻。’”孟子说：商汤住在亳那个地方，它旁边有个国家叫作葛。“葛伯放而不祀”，葛伯放荡不羁，经常不进行祭祀。“汤使人问之曰：‘何为不祀？’”汤派人问他：你为什么不祭祀呢？“曰：‘无以供牺牲也。’”葛伯说：我没有牛羊来做祭品。“汤使遗之牛羊。葛伯食之，又不以祀。”汤就派人送去牛与羊。葛伯那边的人将牛羊吃掉了，还是不祭祀。“汤又使人问之曰：‘何为不祀？’”汤又派人问他：你为什么不祭祀？“曰：‘无以供粢盛也。’”就是我没有用于祭祀的谷米。

汤这个时候还是一个小国，葛是它的邻国。汤养牛养羊，种粮种地。葛这个国家很懒惰，而且放荡不羁。它经常拿没有牛羊、没有谷米为理由，不进行祭祀。汤派人给它送来牛羊。至于谷米，汤没有采取送给它的方式，而是“使亳众往为之耕”，汤派了自己国家的人民到葛去种地；“老弱馈食”，青壮年劳力在那边种地，老弱病残就帮忙送饭。劳动了一天要有人送饭，“老弱馈食”就是老的、小的去给他们送饭。“葛伯率其民，要其有酒食黍稻者夺之，不授者杀之。”葛放荡不羁，很可恶。他竟然带领他的部下，专门抢那些送去给种地的人吃的饭菜酒肉，还说：“如果你不给我，我就将你杀掉！”

葛这种行为是很不恰当的，但最关键的一个情节来了："有童子以黍肉饷，杀而夺之。"① 刚才说"老弱馈食"，老的、小的送饭。这个时候，有个小孩给种地的人送饭来了，送肉来了。葛将这个小孩杀掉了，将那些饭菜酒肉夺了过去。我们要记住"童子"这个概念。因为在《孟子》中，"童子"（6·5）、"赤子"（5·5，8·12）、"孺子"（3·6，7·8），都是指年龄小的小孩，具有很重要的象征意义。

"《书》曰：'葛伯仇饷。'此之谓也。"《尚书》说葛伯痛恨、仇视那些送饭的人，说的就是这件事——"有童子以黍肉饷，杀而夺之"。这件事后，怎么办？"为其杀是童子而征之。"你连一个送饭的小孩子都要杀掉，商汤愤恨极了，所以，"为其杀是童子而征之"。因为葛将这个小孩杀掉了，所以商汤开始了对葛这个国家进行征伐的过程。"四海之内皆曰：'非富天下也，为匹夫匹妇复雠也。'"天下人都说：商汤之所以打葛，不是为了占有天下，而是为了帮我们这些小小的老百姓去复仇。讲到这里，我们要记住这个童子。

"汤始征，自葛载。"汤征服天下的过程，是从葛这样一个小国家开始的。"十一征而无敌于天下。"汤打了十一仗，天下无敌。让我们记住"天下无敌"，并假设商朝已经建立起来了。那么，我们应该思考一下：按照孟子的表达，商

① 这个小孩究竟是汤那边的人，还是葛这边的人呢？讲座当日，曲阜师范大学孔子文化研究院宋立林教授发微信给我，认为他是葛这边的人。趁这次整理修订，笔者检阅了相关文献，发现古人没有刻意关注过这个问题。就此而言，立林提的问题极有价值。寻思上下文，笔者觉得这个小孩是汤那边的人。葛伯将东西夺下后再杀人，可见其凶残至极。

朝是怎么得以建立起来的？它跟一个小孩有关！就是葛将那个送饭的小孩杀掉了，汤忍无可忍，从此开始了征讨天下的历程，打了十一次仗，无敌于天下。商朝建立起来，就是因为那个被杀的小孩！

我们再看3·6说性善论是怎么建立起来的。性善论也是根据一个很经典的事实，就是一个小孩在地上爬，爬到井边，马上要掉到井里了。这个时候，你路过井边，你毫不犹豫、义无反顾地将这个小孩救了起来。孟子由此认为你有恻隐之心，而且，恻隐之心就是仁之端，恻隐之心是人皆有之的。

3·6那个小孩，帮孟子建立了性善论，性善论对于中国传统文化的影响是极大的。这里，6·5这个小孩，是商朝之所以建立的契机。所以，这两个小孩，一个是从哲学的层面，帮孟子建立了性善论；另一个是从政治的角度，帮孟子解释了夏、商、周三代为什么是理想当中的王道政治。性善论、王道政治都跟小孩密切相关，这是很有意思、发人深思的。

孟子又继续描述汤征伐天下的过程。"东面而征，西夷怨；南面而征，北狄怨。曰：'奚为后我？'"商汤打到东边的时候，西边的人埋怨他；打到南边的时候，北边的人埋怨他。埋怨他什么呢？埋怨他没有先到我这里来消灭那些暴君。你为什么先打东边，不先打我西边呢？你为什么先打南边，不先打我北边呢？"奚为后我"就是为什么商汤的仁义之师这么晚才到我这里来，这么晚才来帮我们消灭那些残暴的君主。"民之望之，若大旱之望雨也。"老百姓盼望商汤的仁义之师来到自己这里，就像大旱了很久，盼望下一场雨一样。这就是老百姓对于商汤的欢迎。

而且，老百姓对于商汤的欢迎，还体现为这样的场景：商汤的仁义之师打到任何地方，任何地方都是井然有序。你看："归市者弗止，芸者不变。"现在很多地方，初一、十五都有赶集的。那些赶集的照样赶集，就是"归市者弗止"。你在那边打仗，我们赶集的照样赶集。"芸者不变"，就是我正在田里劳动，你们在打仗，我也没有放下我的锄头，我还是照样在劳动。这是"归市者弗止，芸者不变"一边的情况。另一边的情况是："诛其君"，商汤的仁义之师已经将当地残暴的国君杀掉了；"吊其民"，然后安慰当地的老百姓；"如时雨降"，对于当地饱受暴政的老百姓来说，汤武的仁义之师就像下了一场及时雨。所以，"民大悦"，老百姓都特别高兴。

上面这一段讲的是汤。汤开始是一个小国家，它跟另外一个小国家葛靠在一块。因为葛杀了他们的一个小孩，汤开始了十一次战争，最后建立了商朝。这就是商汤从小国到大国的发展历程。"汤放桀""武王伐纣"（2·8）是孟子经常讨论的话题。大家读这一段，要从汤武革命这个视角来理解。

前面讲的是汤，下面讲的是武——周武王。"《书》曰：'徯我后，后来其无罚!'"这里的"徯我后"，就是等待我们的真命天子。暴君统治下的那些老百姓，都希望有真命天子来到他们身边。"后来其无罚"，真命天子来了，我们就会少受苦难。周武王的时候，商朝还在。夏桀的时代有汤，商纣王的时代有文王、有武王。"徯我后，后来其无罚"是讲商朝的事，但在6·5这里，它可以被视作某种过渡，表明当时的老百姓对于武王的仁义之师特别期待。

下面是讲武王怎么打一个小国家的故事。“有攸不惟臣”①，攸是一个小国家，这个小国家做尽了坏事，不听话。“东征”，武王开始了东征。“绥厥士女”，武王在东征的过程中，安抚好了那里的男男女女。那里的男男女女怎么表现呢？就是“篚厥玄黄，绍我周王见休，惟臣附于大邑周”。篚是一种竹篮子。当地的人们用竹篮子装了一些彩色的绸带，或者是将彩色的绸带绑在竹篮子上面，纷纷要求跟周武王见面，将跟周武王见面当作自己一件非常高兴的事，而且心甘情愿地归附伟大的周朝。

后面一句话描写了攸这个小国的君子与小人怎么欢迎周武王的仁义之师。这里，君子代表官员，小人代表老百姓。“其君子实玄黄于篚以迎其君子。”攸国的官员将彩色的丝绸放进竹篮里，来迎接周朝的官员。“其小人箪食壶浆以迎其小人。”“箪食壶浆”，就是抬着一篮一篮的饭，提着一壶一壶的酒。攸国的老百姓抬着饭筐、提着酒壶，去迎接周朝的军队。这里讲的是攸国的官员怎么对待周朝的官员，攸国的老百姓怎么对待周朝的军队。“救民于水火之中，取其残而已矣。”

---

① 对于“有攸”的“攸”字以及“有攸不惟臣……”这段话，赵岐注：“从‘有攸’以下，道周武王伐纣时也，皆《尚书》逸篇之文。攸，所也。”（［清］焦循撰，沈文倬点校：《孟子正义》上册，第435页；按，个别标点符号略有校改）朱熹注：“按《周书·武成篇》载武王之言，孟子约其文如此。然其辞时与今《书》文不类，今姑依此文解之。有所不惟臣，谓助纣为恶，而不为周臣者。”（［南宋］朱熹：《四书章句集注》，第268—269页）旧注一般释“攸”为“所”，并将整段话当作周武王之事。但是，陈梦家认为：“古记国名前系一‘有’字，如有虞、有易、有吕之例。有攸亦国名，疑即后来之条戎。”（氏著：《尚书通论（外二种）》，河北教育出版社2002年版，第11页注释①）杨伯峻亦指出：“旧注把‘攸’字当‘所’字解，恐误。根据甲文和晚商金文都有攸国之名，故译文作攸国。”（杨伯峻译注：《孟子译注》，第137页）攸国与武王是否存在关联，待考。我们这里的解读，一方面以攸为国，另一方面沿袭武王之说，或可视作权宜之计。

武王为什么要这么做？他是为了将老百姓从水深火热的苦难中救出来，是为了杀掉那个残暴的君主。这是讲武王的故事。

孟子接着引了《太誓》[1] 的一句话，对汤武革命做了一个比较，也对汤、武的功劳做了一个比较。周朝，因为武王彻底建立起来了。武王东征，是在文王的基础上，将整个周朝建立起来了。周朝同样由一个小国变成了大国。"《太誓》曰：'我武惟扬，侵于之疆，则取于残，杀伐用张，于汤有光。'"[2] 这句话的意思是："我武惟扬"，我们的威武要发扬。刚才我们讲了攸这个小国家。"侵于之疆"，于国也是一个小国家。我们的威武要发扬，一直打到于国的国土上。"则取于残"，杀掉了于国的大暴君。"杀伐用张" 通常比较难以解释，我的解释是：正义的力量通过正义的战争得到彰显。"于汤有光"，武王伐纣比汤的功劳还要辉煌。这是《太誓》对汤、武进行的比较。

一个小国是怎么变成大国的？孟子这里讲了汤怎么从攻打葛这个小国家开始，慢慢建立了强大的商朝；讲了武怎么从攻打攸这个小国家开始，又攻打了于这个小国家，然后再

---

① 《太誓》是《尚书》中的一篇，今作《泰誓》。

② 对于这段话，赵岐注："我武王用武之'时惟鹰扬'也。侵于之疆，侵纣之疆界。则取于残贼者，以张杀伐之功也。民有箪食壶浆之欢，比于汤伐桀，为有光宠，美武王德优前代也。"（[清] 焦循撰，沈文倬点校：《孟子正义》上册，第 436 页）朱熹注："言武王威武奋扬，侵彼纣之疆界，取其残贼，而杀伐之功因以张大，比于汤之伐桀又有光焉，引此以证上文取其残之义。"（[南宋] 朱熹：《四书章句集注》，第 269 页）但是，陈梦家认为："此武是武功之武，非武王；二'于'字是国名。"（氏著：《尚书通论（外二种）》，第 64 页）杨伯峻从其说（参见杨伯峻译注：《孟子译注》，第 137 页）。以"于"（又作"邘""盂"）为国，常见于先秦两汉的传世文献，而且大多是指文王之事。盖因今本《泰誓》乃是记述武王之事，所以我们这里以旧注为根据，仍从武王的角度予以解读。武王是否继文王之后再次攻打于国，有待进一步考证。

慢慢建立了强大的周朝。这都是从小国到大国的发展历程。小国政治学跟大国政治学是密切相关的。孟子通过这一历史回顾，正是为了告诉万章：像宋国这样的小国家，也是可以慢慢变得强大的。

孟子说："不行王政云尔；苟行王政，四海之内皆举首而望之，欲以为君。"你不行王政，那就算了，那就罢了！假设你行王政，那么，普天之下、天下之人都会抬头仰望你们，希望你们的仁义之师到我们这个国家来，希望汤、武这样的人来做我们的国君。孟子最后的结论是："齐、楚虽大，何畏焉？"齐国、楚国虽然强大，但我们怕它们什么呢？

对于 6·5，大家一定要从小国怎么发展为大国的角度来理解。这一章也跟《孟子》的其他部分有关。比如 3·3 讲小国变成大国，孟子说："以力假仁者霸，霸必有大国；以德行仁者王，王不待大——汤以七十里，文王以百里。"你通过武力来打天下，肯定可以建立很大的国家。但是，你通过道德来打天下，这个国家一开始，不一定是很大的。汤开始的时候，国家只有七十里那么大；文王开始的时候，国家只有一百里那么大。孟子又讲："以力服人"，别人不会对你心服；"以德服人"，我的内心才特别高兴，才会真正地服你；所以，"中心悦而诚服也，如七十子之服孔子也"。

孟子这里讲的汤武故事，尤其跟 2·11 密切相关[①]。孟子对于小国政治学与大国政治学的思考，不是一次性出

① 2·11 记载商汤征伐葛伯："《书》曰：'汤一征，自葛始。'天下信之。东面而征，西夷怨；南面而征，北狄怨。曰：'奚为后我？'民望之，若大旱之望云霓也。归市者不止，耕者不变，诛其君而吊其民，若时雨降，民大悦。《书》曰：'徯我后，后来其苏。'"这与 6·5 大体相同，两章可以合而读之。

现，而是很多地方都出现过。这一点，我们一定要注意。小国怎么变成大国？孟子举的例子，就是他心中的典范、典型，即汤武革命，因为商汤、周朝都是从小国家开始慢慢建立起来的。它们之所以能够建立起来，依靠的是仁义的力量。小国变成大国，它的基本动力、基本依据是仁义，这是孟子的理念。但是，还有很多小国家，它们为什么没有变成大国呢？比如，孟子说到的葛、攸、于这样的小国家。它们为什么都名不见经传？就是因为它们的国君都是暴君。他们不实行仁政，所以它们后来都没有变成大国家。

孟子通过这样的比较，是为了回答万章的提问。万章认为：宋是一个小国家，夹在齐、楚两个大国之间，即使想行仁政，也不知道该怎么办。孟子试图通过汤、武由小国到大国的历史经验，以及历史上那些名不见经传的小国之所以没有变成大国的鲜明对比，以此告诉宋国：你只有行王政，才能成为大国；即使行霸道的国家再强大，你也不要怕它！

我们知道，虽然从《中国历史纪年表》中可以看到（春秋时期）宋国比较清晰的世代传承，但宋国最后还是没有成为大国（战国时期已经无足轻重）①。宋国在《滕文公篇》中是一个很典型的隐喻，或者叫作意向。5·1的开篇，滕文公“为世子”，到楚国去，却在宋国见到孟子，这是讲宋。从6·5开始，下面有好几章都跟宋国相关。宋国之所以没有成为强国（或者说它由强变弱），多多少少是因为它不像滕文公那样经常跟孟子讨论，虚心向孟子求教，并且虚心接受孟子的意见，按

① 参见方诗铭编：《中国历史纪年表》，上海辞书出版社1980年版，第2—21页。

照孟子讲的去做[1]。至少在《孟子》这本经典中，宋国不是美好意义的象征。读《滕文公篇》，我们要将滕与宋这两个国家，在自己的心里做一个对照。为什么滕文公受到孟子高度的肯定，而宋没有受到孟子高度的肯定？这是一个很关键的问题。

前面五章大致讲了这么一些内容。6·1至6·4主要是谈：要不要见诸侯？知识分子在当时的历史背景下怎么处理跟诸侯的关系，是坚持道义，还是唯利是图呢？6·5主要是谈：小国与大国到底是什么关系？一个小国怎么变成大国？它的基本动力是什么？仁义的力量、仁义道德真的能帮一个小国变成大国吗？这是值得我们好好思考的。

① 滕国同样没有变成大国。比较而言，滕国的历史地位甚至远远比不上宋国。滕国在滕文公手上为什么没有变成大国？原因很多，而且很复杂。比如，滕文公执政时间短，滕国原本的综合国力差，这都是原因。最关键的原因则是：历史虽然在"对"的精神方向上，让滕文公遇见了孟子；但并没有赐予"对"的时间节点，让滕国铸造自身的辉煌。东晋袁宏的《三国名臣颂》说："故有道无时，孟子所以咨嗟；有时无君，贾生所以垂泣。"（《晋书》卷92，［唐］房玄龄等：《晋书》第8册，中华书局1974年版，第2393页）人如此，国亦然。你可以说这是儒家道德理想主义过于乌托邦的体现，但道德与理想始终是引导时代、社会前行的路标与灯塔，是任何人、任何时候都不容轻易否弃的。我们始终要相信：那些最"无用"的思想，总能在关键时刻显示出自身的大用。

第四讲

风中亮出儒家的大旗

——《孟子·滕文公下》第6—10章解读

下面讲《滕文公下篇》的6·6至6·10，前面三章比较简短，后面两章长一点。它们都很有意思，而且涉及很多有趣的问题。有些问题甚至被写进了武侠小说，所以很有意思，能够帮助我们进一步领略孟子思想本身的魅力，以及《孟子》文字本身的活泼。

6·6 仅有一个楷模，能拿国君怎么样？

6·6 孟子谓戴不胜曰："子欲子之王之善与？我明告子。有楚大夫于此，欲其子之齐语也，则使齐人傅诸？使楚人傅诸？"

曰："使齐人傅之。"

曰："一齐人傅之，众楚人咻之，虽日挞而求其齐也，不可得矣；引而置之庄岳之间数年，虽日挞而求其楚，亦不可得矣。子谓薛居州，善士也，使之居于王所。在于王所者，长幼卑尊皆薛居州也，王谁与为不善？在王所者，长幼卑尊皆非薛居州也，王谁与为善？一薛居州，独如宋王何？”

“孟子谓戴不胜曰”，戴不胜是宋国人，有可能就是 6·8 的戴盈之[①]。这一章是孟子在宋国的时候对戴不胜讲的。

孟子对戴不胜说：“子欲子之王之善与？”你想你的国君做一个好国君吗？“我明告子。”我明确地告诉你：你的国君怎么才能做一个好国君？然后，孟子打了一个比方。“有楚大夫于此”，有一个楚国的大夫在这里。“欲其子之齐语也”，楚国的大夫想让他的儿子学一门“外语”——齐国话。怎么找老师呢？“则使齐人傅诸？使楚人傅诸？”是找齐国人当老师呢？还是找楚国人当老师呢？“曰：‘使齐人傅之。’”戴不胜说：你既然要学齐国话，你当然不能找楚国人，你要找齐国人。

讲到学语言，这里涉及环境问题。大家知道：我们从小学英语，学了一辈子，好像都不是特别好。为什么？因为我们没有环境。我们只是在课堂上学英语，在考试卷子上学英语，却没有落实到我们的实际生活当中。孟子下面讲的，就跟学习语言密切相关。

“曰：‘一齐人傅之，众楚人咻之。’”孟子说：一个齐国人正在教小孩学齐国话，但很多楚国人在旁边唠唠叨叨、喋

---

① 《四书温故录·孟子二》“戴不胜”条指出：“戴不胜疑即戴盈之，一名一字也。宋之公族执政者。春秋唯宋始终以公族为政，《左传》纪列最详。至战国，晋分齐篡，而宋犹线脉相延，不失旧物，本枝之道得也。”（[清] 赵佑：《四书温故录》，《续修四库全书》第 166 册，第 589 页下栏）

喋不休。这个环境就是：齐国人正在当老师，教小孩子学齐国话，但很多楚国人在旁边自己说自己的、讲自己的楚国话。在这种环境下，“虽日挞而求其齐也，不可得矣”。意思就是：即使你每天用鞭子来抽这个小孩，他也不可能将齐国话学好。齐国人教楚国的小孩学齐国话，假设没有环境的话，你每天抽打他，他也不可能将齐国话学好。

同样道理，或者说用另一种方式来表达，假设你想让这个楚国的小孩学好齐国话，你得给他换一个环境，换到一个讲齐国话的环境里，那他肯定能够讲好齐国话。“引而置之庄岳之间数年”①，就是你将这个楚国的小孩放到“庄岳之间”——齐国首都临淄的闹市区，让他呆上几年。“虽日挞而求其楚，亦不可得矣。”这个楚国的小孩，已经放到齐国最繁华的地带，而且呆了很多年。这个时候，即使你每天用鞭子打他，让他回忆他的楚国话，让他说楚国话，也是很难的。

“引而置之”的这个小孩，我们一般说他是楚大夫的儿子，其实也可以说他是土生土长的齐国小孩。如果他在齐国的闹市区生活很久了，即使你每天用鞭子抽他、打他，让他学讲楚国话，“亦不可得矣”，也是不可能学会的。这就是语言的学习。要将一门语言学好，光有好的老师不行，还要有学习语言的环境。老师是一，而环境是由很多人所构成的。老师与环境的关系相当于一与多的关系，我们要将一与多的这个关系记清楚。

语言是我们的存在方式。用海德格尔（1889—1976）的

---

① 《日知录》卷7“庄岳”条指出：“庄是街名，岳是里名。”（［清］顾炎武著，［清］黄汝成集释，栾保群、吕宗力校点：《日知录集释（全校本）》上册，上海古籍出版社2006年版，第429页）

话说，语言是我们的家园[①]。在我们的家园里，道德是我们的灵魂。孟子马上从学语言想到了道德本身。

戴不胜跟孟子谈过一个人，叫作薛居州。所以孟子说道："子谓薛居州，善士也。"你说薛居州是个好人，是吗？薛居州是宋国人，是宋国的道德楷模或者先进人物，总之是一个好人。"使之居于王所。"你认为薛居州为人很好，是一个道德楷模。现在我们想让宋王变成一个好国君，你认为可以让薛居州住到宋王的王宫里，这样就会让他对宋王产生影响。戴不胜，你这个观点有道理。但是，从你这个观点出发，我要引申正、反两个方面的猜测。

孟子的第一个猜测是："在于王所者，长幼卑尊皆薛居州也，王谁与为不善？"这个猜测的意思是说：假设国君住的王宫里面，无论老老少少，无论官大官小，他们都是像薛居州这样的道德楷模，那宋王又跟谁去做坏事呢？这就表明：环境好不好，主要还是靠人。

孟子的第二个猜测是："在王所者，长幼卑尊皆非薛居州也，王谁与为善？"假设王宫里面，无论年龄大小，无论官大官小，都不是薛居州这样的道德楷模，那宋王又跟谁去学好呢？这里，孟子将环境与人的道德、德行的培养密切联系了起来。

孟子的最后一句话意味深长："一薛居州，独如宋王何？"仅有一个道德楷模，能拿国君怎么样呢？这句话的潜在之意

① 《关于人道主义的书信》（1946年秋）指出："从语言的这种存在的历史的本质看来，语言就是存在的家，就是由存在来安置并由存在来装配妥当的家。"（［德］海德格尔著，孙周兴译：《海德格尔选集》上卷，上海三联书店1996年版，第377页）海德格尔有很多类似的说法，这里仅举一例。

或者言外之意，是我们希望将小国政治学时刻记在心里。因为《滕文公篇》有孟子到过的两个小国，一个小国是滕文公那个滕国，另一个小国就是宋国。滕文公在这一篇中频繁地出现，但宋王的名字是没有出现的。如果我们结合历史事实来看，宋王也不是一个好国君。所以，孟子最后一句话讲的是：你宋国只有一个像薛居州这样道德品质好的人，你是不可能让宋王改变不好的习惯，做一个好君主的。

以上是这一章基本的意思。

这一章的道理既简单，又让我们深思。学语言，我们说要有语言环境。就像学英语，为什么中国人学不好，就是因为没有语言环境。改革开放后，对外交流越来越多；随着微信时代的到来，我们学习外语的设备越来越多了，我们的语言能力也越来越好了。为什么？就是因为我们学外语的环境已经具备了。

学语言，如此；做人行善，培养自己的道德品行，同样如此。孟子这里将薛居州拉出来，是为了说明：一个国家如果只有一个道德楷模，整个社会风气是不可能得到改善的。假设这个国家有很多道德楷模，甚至全部都是道德楷模，整个社会风气必然是好的。孟子讲的这个道理，就是“君子之德，风也；小人之德，草也。草尚之风，必偃”（5·2）。君子之德像风一样，小人之德像草一样，风向那边吹，草就向哪边倒。榜样的力量是无穷的。但是，榜样的力量再大，也必须有广大的集体或者很多人，需要他们从内心里面对于榜样的力量感同身受，愿意将榜样当作榜样，愿意在榜样的感召之下，去实现自己对于道德、对于德行的追求。

孟子为什么关注环境？我们都知道孟母三迁的传说。孟母三迁，说到底是强调环境对于一个人的成长，很多时候起的作用是特别关键的[①]。

孟子小的时候居住的地方离墓地很近。小孩都是贪玩的，所以孟子对于一些丧事的程序感兴趣，喜欢去模仿那些吹吹打打的事。贪玩其实不可怕，但你在贪玩的过程中，如果不将贪玩的天性与后天的本性有机地结合在一块，就有可能在对的时间做错的事。所谓对的时间，就是少儿时代，这个时候最有利于培育自己的德行，而你在这个对的时间不培养好的德行，那就是在对的时间做了错的事。

孟母将家从坟墓那边搬到集市旁边。集市总是大声吆喝着叫卖东西。比如，以前中山大学南门对面的菜市场有一个大胖子，他一看到有人走过来，就说："你来，你来买我的肉啊!"你们体会一下："你来，你来买我的肉啊!"小孟子也会经常看到这种情况，也会像我们这样去学："你来，你来买我的肉啊!"这不利于培养自己的德行。

但是，学校的环境不一样。学校有琅琅的读书声，大家坐得端端正正，在那里学习《诗》《书》，学习礼乐，对于成长特别有利。所以选择环境是很重要的。孟母就感知到了环境对于小孩成长的关键作用，而且要让小孩在对的时间做对的事，不要在对的时间做不对的事。所以，在对的时间、对的地点做对的事，这是环境促成人的成长的一面。不好的环境则会让人变坏，这是环境对人的负面影响。

---

① 关于孟母三迁的故事，参见杨海文：《我善养吾浩然之气——孟子的世界》，第7—17页；杨海文：《穿越"孟母教子"的故事丛林》，《中华读书报》2016年8月31日，第15版《国学》；杨海文：《孟母教子：从故事到传统》，《光明日报》2017年6月17日，第11版《国学》。

6·7 正直有利于身心健康

6·7 公孙丑问曰："不见诸侯，何义？"

孟子曰："古者不为臣不见。段干木逾垣而辟之，泄柳闭门而不纳，是皆已甚。迫，斯可以见矣。阳货欲见孔子而恶无礼。大夫有赐于士，不得受于其家，则往拜其门。阳货瞰孔子之亡也，而馈孔子蒸豚；孔子亦瞰其亡也，而往拜之。当是时，阳货先，岂得不见？曾子曰：'胁肩谄笑，病于夏畦。'子路曰：'未同而言，观其色赧赧然，非由之所知也。'由是观之，则君子之所养，可知已矣。"

6·7又回到政治问题，回到知识分子与政治的关系问题。这一章有一些语言较难理解，我会慢慢解读。

我们多次讲过：春秋战国时期，知识分子问题是儒家这个学派相当关心、同时很困惑的大问题。"学而优则仕"，到底怎么"优则仕"？"学成文武艺，货与帝王家"，文武艺已经有了，问题是我怎么将它卖给帝王家？这里有个前提：你满腹才华，又想干一番事业，但你没有交往，没有人脉，你怎么办？在孟子那个时代，它具体落实为你见不见诸侯的问题。在孟子看来，我们不能随随便便去见诸侯。孟子的话引起了公孙丑的困惑。

"公孙丑问曰：'不见诸侯，何义？'"公孙丑问孟子：不去见诸侯，有什么道理在？你不主动去见诸侯，有什么道理在？“孟子曰：‘古者不为臣不见。’”孟子回答：古代的时候，我不是你的大臣，我就不会主动去见你；或者说，你来了，我也不会主动见你。

然后，孟子举了两个例子：“段干木逾垣而辟之，泄柳闭门而不纳。”这个“辟”是“逃避”的“避”，有的版本也将这个“纳”写作“内”。有一天，魏文侯去见段干木。段干木那个时候还没有归附到魏文侯门下，所以爬过围墙跑掉了。段干木不想见魏文侯！4·11泄柳也出现过。有一次，鲁缪公（亦即鲁穆公）来看泄柳，泄柳就将自己家的大门紧紧关上了，不让鲁缪公到自己家里来。“闭门而不纳”，就是将大门关上了，不让鲁缪公走进我的家门。

虽然“古者不为臣不见”，但像段干木、泄柳这样做，孟子认为“是皆已甚”，做得太过分了。在孟子看来，如果你强烈要求见我，那也是可以的。“迫，斯可以见矣。”要是你强烈要求的话，咱们还是可以见见的。

孟子下面举的这个例子比较经典，因为它与《论语》讲的大致相同。

“阳货欲见孔子而恶无礼。”前面讲到“阳虎曰：‘为富不仁矣，为仁不富矣’”（5·3），阳虎就是这个阳货。阳货长得有点像孔子，就像有子长得有点像孔子。阳货当时是季氏家的大总管，在鲁国的势力很大。阳货想跟孔子见见面，但又害怕去见他会有失礼节。

到底会失什么礼节呢？后面这句话说：“大夫有赐于士，不得受于其家，则往拜其门。”这里涉及两个等级：一个是大夫，一个是士。大夫如果想给士送一点东西，送到哪里呢？送到士的家里。有时候士在自己的家里，有时候士不在自己的家里。现在是大夫向士送东西，士不在家里。在这种情况下，怎么办？大夫就将东西留在士的家里。士回到家里，看到大夫送来了东西，士该怎么办？士一定要“往拜其门”，就是到大夫的家里登门致谢。

阳货所谓的“恶无礼”，其实只是他用了一点心思。他想见孔子，于是先用一个小小的诱饵，就是送一点东西给孔子，让孔子再亲自来见他。阳货利用上面这个礼节，想让孔子上钩。

“阳货瞰孔子之亡也”，阳货看到孔子不在家；“而馈孔子蒸豚”，就给孔子送来一只烤熟了的小乳猪。“大夫有赐于士”，阳货是大夫，孔子只是士。阳货已经将一只小乳猪送到了孔子家里，而孔子不在家。孔子回来了，看到阳货给他送的烤乳猪。本来孔子必须按照当时的礼节，登门拜访阳货。但是，孔子是很聪明的。“孔子亦瞰其亡也，而往拜之。”孔子也趁阳货不在家的时候，去登门致谢。阳货没有实现自己的目的，但孔子也没有失礼。

孟子感叹了起来：“古者不为臣不见”，我们不用上升到这样的高度，就说阳货做人做事的方式吧，也太不地道、太小人了。他说：“当是时，阳货先，岂得不见？”那个时候，如果阳货先去见见孔子，先主动去拜访孔子，他怎么可能跟孔子见不到面呢？孔子跟阳货在这次交流当中互相没有见上面，这是《孟子》的表述。所以，孟子感叹说：阳货，假如你放下身段，先去见见孔子，孔子怎么可能不跟你见面呢？

我们再看《论语》的表述。《论语》17·1讲到阳货跟孔子的一次见面：阳货想见孔子，孔子不见，阳货就送来一只烤乳猪。孔子也趁阳货不在家，去登门致谢。事情往往有一些戏剧性的场面。当孔子从阳货家走出来之后，刚好在路上碰到阳货。阳货就跟孔子有了一段对话。

阳货对孔子说："怀其宝而迷其邦，可谓仁乎?"阳货认为孔子有两个缺点，第一个缺点是：你满腹的才华、满腹的谋略，可你让你的国家失去了方向，你让你的国家没有振兴起来，难道说你是有仁德的吗？你还有第二个缺点："好从事而亟失时，可谓知乎?"你喜欢做事，你喜欢"学而优则仕"，但你屡屡错过时机，你根本就没有得到做事的机会，你这算聪明吗?

阳货批评孔子说："怀其宝而迷其邦"与"好从事而亟失时"，这两点是你的大缺点，而正事你却没有做到。你现在的年龄也不小了。如果再这样下去，你又能做成什么呢？阳货说："日月逝矣，岁不我与。"[①] 这也是我们对于时光的感叹，对于生命短暂的感叹，对于我们在有限的生命中不能干一件有价值的事的感叹。阳货这一感叹，击中了孔子的内心。孔子说：阳货，你说得好，那我还是当官吧!

《论语》《孟子》讲的这个故事，有什么区别呢？在《孟子》这里，阳货跟孔子是没有见到面的；但在《论语》那里，阳货跟孔子是见了面的。这一区别到底有什么意义，我们应当多加思考。

回到6·7。孟子接下来引的两句话，理解起来，有点费劲。

第一句话是："曾子曰：'胁肩谄笑，病于夏畦。'"这个

---

① 《论语》9·17指出："子在川上曰：'逝者如斯夫！不舍昼夜。'"

“畦”字，杨伯峻（1909—1992）拼读为 xī，意思是灌园、浇水[①]。肩是肩膀，笑是笑起来。我们说做人堂堂正正，肩膀都是十字打开的。但是，“胁肩”与十字打开的肩膀是截然相反的。你将你的肩膀向前收起来，这就是“胁肩”。本来是“巧笑倩兮”（《论语》3·8），笑起来，脸上有两个小酒窝，生机勃勃；而“谄笑”是邪笑，是那种邪恶的笑，不是发自内心的笑。

“胁肩谄笑”，通俗地说，就是点头哈腰，没有骨气。我们的肩膀，在十字打开的时候，是最舒坦的状态；而你经常强迫自己点头哈腰，将自己的肩膀弯起来。笑应当是很自然的，而你强迫自己装出一副笑脸。这样是很辛苦的。伪君子、小人其实都活得很累。累到什么程度呢？“病于夏畦”，就是夏天的太阳很大，还要到菜地里种菜；点头哈腰，做坏人，做伪君子，那个劳累的程度比烈日炎炎的夏天到菜地里种菜还要辛苦。

我们将曾子说的这句话好好体会一下。做一个正直的人，对自己的身体是有利的；做一个点头哈腰的人，对自己的身体是不利的。我们身上为什么要有正气？因为有正气，你才能存得住气，才能以开放、坦荡的心去面对平淡的人生，你才能真正依靠道德、依靠能力去培育自己的浩然之气。所以，这里体现了曾子做人是很正直的。

第二句话是：“子路曰：‘未同而言，观其色赧赧然，非由之所知也。’”“未同而言”，简单来说，就是我与你原本“道不同，不相为谋”（《论语》15·40），但我装作很愉快的

---

① 参见杨伯峻译注：《孟子译注》，第 140 页。

样子跟你交谈。这不是伪君子吗?《论语》15·8讲过:“不可与言而与之言”,谓之“失言”。从道义的角度看,我不能跟你说话。现在我违背道德,跟你说话了,这就叫作“失言”。《论语》讲的这句话与子路讲的“未同而言”,意思大致是一样的。

你、我本来“道不同”,可我正在违心地跟你说话。我虽然违心地跟你说话,但我心里还是有愧疚,我的内心是不安的。这种不安,形之于色,就是“观其色赧赧然”,我觉得很羞愧,脸色很羞愧。大家体会一下这种情境。比如,我们两个人的关系本来不咋地,但因为某种利益关系,我必须跟你说话;我在跟你说话的同时,心里又很内疚,然后这种内疚跑到我的脸上。你说这是一种什么情形?这是一种很尴尬的情形。

子路是一个很直的人。他说:“未同而言,观其色赧赧然”这类情形,“非由之所知也”。子路既不知道这是怎么回事,也不愿意做这样的事。子路说的这句话,历来比较难解。我通过《论语》的“不可与言而与之言,失言”“道不同,不相为谋”来解读“未同而言”,意思就是:你和我本来不是一条道上的人,但出于某种利益的需要,我现在必须跟你交谈,甚至通过交谈来达成某种交易。在达成交易的过程当中,我心里其实是很内疚的。这种内疚又形之于色,跑到我的脸上,所以我一脸的愧疚。这个弯弯曲曲的过程,不是子路那种直性格的人所能理解、所能做到的。子路说“非由之所知也”,就是这个意思。

孟子引完曾子、子路讲的,说道:“由是观之,则君子之所养,可知已矣。”由曾子所言、子路所言,我们可以知道君子要养成自己的品行，到底应该怎么做。“君子之所养”这句话也有一些难解的地方。联系整个《孟子》文本看，“所养”就是“我善养吾浩然之气”（3·2），君子之所养就是养我浩然之气；“所养”就是立志，要有志气，要立节。养浩然之气，又跟“富贵不能淫，贫贱不能移，威武不能屈”（6·2）的立德、立节密切相关。曾子反对点头哈腰，子路反对言不由衷，都是要坚持那种浩然之气，坚持那种大丈夫的气概，都是要自己立志①。

孟子回答公孙丑问的“不见诸侯，何义”，有一个不言而喻的前提：在跟诸侯的交往过程当中，人们为了迎合诸侯的某些脸色或者某些利益，被迫做了某些自己所不愿意做的事。孟子认为：我不主动去见诸侯，表面看是一个“不为臣不见”的问题，事实上是我的心里有我坚定的原则，有我坚定的理念，所以我不去见他。

大家要对“胁肩谄笑”“未同而言”这两句话多加理解。“胁肩谄笑”，点头哈腰，很累；“未同而言”，言不由衷，同样很累。从身体哲学的角度去理解这两句名言，我们就将体会到：做一个正直的人，有利于我们的身体健康，有利于我们的心灵健康。做一个正直的人，在大多数情况下，不会有人对你如影随形，给你鲜花、掌声，但你的身体、你的心灵是健康的。身体、心灵按照自然规律来展开自己的节律，其实是最好的。

---

① 《孟子正义》卷13指出：“孟子言‘所养’，即养浩然之气。养气在于持志，故‘可知’谓志。可知胁肩谄笑、未同而言，皆不正，故云邪。”（[清]焦循撰，沈文倬点校：《孟子正义》上册，第445页；按，个别标点符号略有校改）

6·8 邻居有那么多鸡可偷吗？

6·8 戴盈之曰："什一，去关市之征，今兹未能。请轻之，以待来年，然后已，何如？"

孟子曰："今有人日攘其邻之鸡者，或告之曰：'是非君子之道。'曰：'请损之，月攘一鸡，以待来年，然后已。'如知其非义，斯速已矣，何待来年？"

6·8的开头是"戴盈之曰"，我们刚才说了，戴盈之有可能就是6·6的戴不胜。孟子在宋国的时候，跟宋国的一些官员有过一些交流。戴盈之是一个级别比较高的官员，他对孟子说：自从您来了以后，我们也想行仁政。

宋国是一个小国家，万章曾说它"今将行王政"（6·5）。到了戴盈之这里，"今将行王政"具体落实为"什一，去关市之征"。戴盈之对孟子说：我们小宋国也想行仁政，就是纳税想十分抽一，想将关卡、集市的赋税全部免除，这两个目标都在我们的计划当中，可惜的是"今兹未能"。这个"兹"，有人认为是一年、两年的"年"①。"今兹未能"，就是今年还做不到。"请轻之"，请让我们慢慢来吧。"以待来年，然后已，何如？"等到了明年，我们就会彻底实行什一税，彻底地"去关市之征"。孟老夫子，我们这样做，您认为可以吗？

---

① 参见杨伯峻译注：《孟子译注》，第140页。

一般而言，改革总是慢慢进行的。戴盈之说明年再慢慢来，就是这个意思。一个国家的改革，不是说今天一出来计划，明天就能完成，它总是一步一步进行的。所以，每每读到这里，我对于戴盈之总是有点同情。为什么呢？因为他说明年就完全做到什一税，完全能“去关市之征”，这样不也挺好吗？但是，孟子是泰山岩岩之气象，这里就有点急了。他这个急，我们可以理解为他行王道之心很急！

孟子举了一个例子。“孟子曰：‘今有人日攘其邻之鸡者。’”他说：现在有这么一个小偷，每天偷隔壁老王家一只鸡。“或告之曰：‘是非君子之道。’”有人告诉小偷说：你这不是君子的所作所为。“曰：‘请损之，月攘一鸡，以待来年，然后已。’”那个小偷说：我这的的确确不是君子之道！我每天偷一只鸡太多了，我今后每个月偷一只吧。到了明年的话，我就再也不偷了。

这个故事设计得很好。接着，孟子的急性子就出来了。他说：“如知其非义，斯速已矣，何待来年？”小偷，既然你知道偷偷摸摸是不对的，是不符合道义的，你应当马上停止你的小偷小摸！为什么要等到明年，才改变你这个坏习惯呢？

讲完这个故事，我们想一想：改革的目标很好，但改革是不是今天定下方案，蓝图一出来，明天就能全部变成现实呢？那是不可能的。孟子这里可能有点急，但他这个急也是有道理的。他希望人们一旦立下志向，就应当马上落实到自己的行动当中，绝对不要懈怠。这就是孟子的用意。

《孟子》这本典籍，两千多年来，很多人都在阅读。人们在阅读的过程当中，也时常感到它的有些句子跟常识不太一样，或者叫作违背常识。比如，我们上次讲大禹治水，孟子说有几条河都流进了长江。有四条河——“决汝、汉，排淮、泗而注之江”（5·4）说的汝、汉、淮、泗，其实只有汉水是流进长江的，其他三条河都流不进长江。这是《孟子》在地理知识方面的缺陷。

我们再想一想，当时的老百姓家里并不富裕，孟子的仁政理想只是每家每户养五只母鸡、养两头母猪（13·22）。这个小偷，一年 365 天，每天偷一只，一年就是 365 只。大家想一想，就算隔壁老王家是养鸡大户，他有那么多鸡可偷吗？

我们看看《射雕英雄传》是怎么调侃的。《射雕英雄传》里面的黄蓉是黄药师的女儿，古灵精怪的。她念了一首诗：“乞丐何曾有二妻？邻家焉得许多鸡？当时尚有周天子，何事纷纷说魏齐？”[①]《射雕英雄传》设定的时代背景是宋代。宋代对于孟子特别怀疑，觉得孟子有的道理说得不好，主要是从政治角度怀疑孟子，叫作疑孟思潮[②]。金庸（1924—2018）将这段历史写成武侠小说，通过黄蓉说出这样一首诗，并说这首诗的作者是她的父亲黄药师。

8·33 有“乞丐何曾有二妻”这个故事，叫作“齐人有一妻一妾而处室者”。有个齐国人既有大老婆，又有小老婆。他每天一早跑到外面去，吃得满嘴油光就回来了。每天都是

---

① 金庸：《射雕英雄传》第 3 册，生活·读书·新知三联书店 1994 年版，第 1092 页。按，《古今谭概·文戏部第二十七》“骂孟诗”条引过这首诗（［明］冯梦龙编著，栾保群点校：《古今谭概》，中华书局 2007 年版，第 340 页），它有可能是金庸所谓黄药师之作真正的出处。详细考证，参见杨海文：《李觏与“骂孟诗”的思想史深意》，《社会科学论坛》2017 年第 10 期，第 72—78 页。

② 参见杨海文：《李泰伯疑孟公案的客观审视》，《社会科学战线》1999 年第 2 期，第 81—89 页；又见刘小枫、陈少明主编：《经典与解释》第 4 辑《荷尔德林的新神话》，华夏出版社 2004 年版，第 280—311 页。

这样，大腹便便地回家。他的大老婆很怀疑，说："你每天在外面吃得这么好回家，还说是朋友请你吃饭。可是礼尚往来，怎么没有一个朋友到我们家里吃上一餐呢？"大老婆第二天跟踪他，没有想到的事出现了：这个齐国人每天出去，都是看到别人吃完饭了，就将他们的残羹冷炙吃一通；如果吃不饱，再跑到郊外的坟墓，看到有祭祀的祭品，又将它吃一通。大老婆看了十分伤心，回来对小老婆说：我们有这样的丈夫，真是感到可耻！

在孟子那里，"齐人有一妻一妾"是说做一个男人，就是要做一个能够自食其力的男人。在批判孟子的人看来，你连自己都养不活，你怎么还养得起一个大老婆、一个小老婆呢？言外之意，孟子讲得不符合常识。

黄药师的诗说："乞丐何曾有二妻？邻家焉得许多鸡？"同样道理，隔壁家老王是小户人家，不可能每天留一只鸡让小偷来偷。他不会说"小偷，我现在留了一只鸡让你来偷"，他不可能有这么多鸡让人偷。更重要的是："当时尚有周天子，何事纷纷说魏齐？"当时周天子还存在，但孟子要求行仁政、行王政的对象是齐宣王、梁惠王、滕文公这些诸侯。有人认为：孟子当时没有将周天子放在眼里，没有向周天子看齐，政治观念不强。这是对孟子的批评。

对于这些批评，我们要有所思考。《孟子》的有些表达是为了用比喻来说明问题，但这些比喻跟我们的生活常识存在某些差异。我们要适当注意这些差异，并去理解这些差异，它们对于我们更加深刻地理解孟子是有意义的。

6·9 一部中国文化小史，一篇儒家思想宣言

6·9 公都子曰："外人皆称夫子好辩，敢问何也?"

孟子曰："予岂好辩哉？予不得已也。天下之生久矣，一治一乱。当尧之时，水逆行，泛滥于中国。蛇龙居之，民无所定。下者为巢，上者为营窟。《书》曰：'洚水警余。'洚水者，洪水也。使禹治之。禹掘地而注之海，驱蛇龙而放之菹。水由地中行，江、淮、河、汉是也。险阻既远，鸟兽之害人者消，然后人得平土而居之。

"尧、舜既没，圣人之道衰。暴君代作，坏宫室以为污池，民无所安息；弃田以为园囿，使民不得衣食。邪说暴行又作，园囿、污池、沛泽多而禽兽至。及纣之身，天下又大乱。周公相武王诛纣，伐奄三年讨其君，驱飞廉于海隅而戮之，灭国者五十，驱虎、豹、犀、象而远之，天下大悦。《书》曰：'丕显哉，文王谟！丕承哉，武王烈！佑启我后人，咸以正无缺。'

"世衰道微，邪说暴行有作，臣弑其君者有之，子弑其父者有之。孔子惧，作《春秋》。《春秋》，天子之事也。是故孔子曰：'知我者其惟《春秋》乎！罪我者其惟《春秋》乎！'

"圣王不作，诸侯放恣，处士横议，杨朱、墨翟

之言盈天下。天下之言不归杨，则归墨。杨氏为我，是无君也；墨氏兼爱，是无父也。无父无君，是禽兽也。公明仪曰：‘庖有肥肉，厩有肥马，民有饥色，野有饿莩，此率兽而食人也。’杨墨之道不息，孔子之道不著，是邪说诬民，充塞仁义也。仁义充塞，则率兽食人，人将相食。吾为此惧，闲先圣之道，距杨、墨，放淫辞，邪说者不得作。作于其心，害于其事；作于其事，害于其政。圣人复起，不易吾言矣。

“昔者禹抑洪水而天下平，周公兼夷狄、驱猛兽而百姓宁，孔子成《春秋》而乱臣贼子惧。《诗》云：‘戎、狄是膺，荆、舒是惩，则莫我敢承。’无父无君，是周公所膺也。我亦欲正人心，息邪说，距诐行，放淫辞，以承三圣者。岂好辩哉？予不得已也。能言距杨、墨者，圣人之徒也。”

6·6至6·8这三章都比较短，6·9就比较长了。6·9是充分体现孟子性格的一章。这一章在整个《孟子》中的地位特别关键，在《滕文公篇》中的地位更是关键。可以说，它是孟子眼里的一部中国文化小史，是孟子心中的一篇儒家思想宣言。

公都子也是孟子的学生。“公都子曰：‘外人皆称夫子好辩，敢问何也？’”孟子的性格好辩。公都子说：老师，外面的人都说您特别好辩，敢问其中的理由到底在哪里呢？“孟子曰：‘予岂好辩哉？予不得已也。’”孟子说：我哪里是喜欢好辩！我是不得已才去辩论的！后来，“予岂好辩哉？予不得已也”，像是人们挂在嘴边的口头禅。然后，孟子通过四个段落，谈了四件大事。这四件大事，在孟子眼里，是中国思想史上的四座丰碑。

第一段讲的是大禹治水。

孟子说：“天下之生久矣，一治一乱。”这也是一句众所周知的名言。天下有人类的历史已经很久了，但是，人类历史有一个很典型的特征，就是治乱循环。时而太平，时而不太平，就是“一治一乱”。

孟子谈上古，往往是从尧开始的。在孟子的观念当中，人类史最古老的起点就是尧。孟子说：“当尧之时，水逆行，泛滥于中国。”尧那个时候，“水逆行”。5·4 讲的是：“当尧之时，天下犹未平，洪水横流。”孟子说洪水，为什么说它“横流”呢？水本来是直着流，循着河道或者沟壑去流。如果水太大了，河道、沟壑已经满了，水就不可能直着流，就会横着流了。所以，“水逆行”相当于 5·4 讲的“洪水横流”。“泛滥于中国”，就是中原大地四处都是洪水灾害。

“蛇龙居之，民无所定。”到处都是蛇，到处都是龙。我们可以想象一下尧那个时代，动物很多，水很多，洪水的灾害、野兽的灾害都很多。“民无所定”，老百姓连住也没有一个安定的地方。人们住哪里？“下者为巢，上者为营窟。”洪水来了，铺天盖地而来。人们逃生，躲过洪水了，又怎么生活呢？“下者为巢”，就是离洪水比较近一点的人在树上搭一个棚子，暂时生活下来。被洪水逼上了高山的，“上者为营窟”，就在山里找个洞或者挖个洞来生存。

“《书》曰：‘洚水警余。’”洚，现代读作 jiàng；但在古代，洚水就是洪水，“洚”读作“洪水”的“洪”。“洚水警余”，就是洪水正在警告我们，上天正在以它自身的意志对于人类做出某些警告。然后，孟子解释了一句：“洚水者，洪水也。”洚水的意思就是洪水。

讲到这里，我想再对《孟子》的字数做些说明。经电脑统计，它有4.5万余字，而且是包括标点符号等内容；如果将标点符号等内容剔除，就是3万余字。《孟子》的字数，赵岐（？—201）统计过，后来焦循（1763—1820）的《孟子正义》又统计过，也就是汉代、清代都统计过。他们的统计有一个趋势是统计出来的《孟子》的字数越来越多[①]。大家可以想想，为什么会越来越多呢？

我的推测是有很多注解变成了正文。比如，洚水是什么意思？现在人们读到的《孟子》文本说：“洚水者，洪水也。”这真是孟子做的解释吗？我觉得它很像古人做的一个注解。历史上，《孟子》这个文本不断地被抄来抄去，在这个过程中人们就将其中的一些注解变成了正文。这类情况可能很多，《孟子》的字数也就越来越多了。这是我理解《孟子》的字数为什么从汉代到清代越来越多的一个猜想[②]。到底是不是这样，我们可以做学术研究，进一步去探讨。

“水逆行”给整个人类造成极大的灾害。怎么办？“使禹治之。”大禹治水就来了。“禹掘地而注之海，驱蛇龙而放之菹。”舜让大禹来治水。大禹就在地上挖，掘地成河，滔滔洪水有了往前流的方向；然后通过引导、疏导，慢慢让滔滔洪水流进了大海。这就是“掘地而注之海”。既有水的灾害，还

① 赵岐说是34685字，焦循说是35226字。参见《孟子正义》卷30，［清］焦循撰，沈文倬点校：《孟子正义》下册，第1044页。

② 参见杨海文：《我善养吾浩然之气——孟子的世界》，第59—60页。

有那些禽兽的灾害，5·4也都讲了。于是，大禹将蛇、龙赶到了沼泽地里。这就是“驱蛇龙而放之菹”。

孟子马上又回到了治水的话题：“水由地中行，江、淮、河、汉是也。”江、淮、河、汉到底是怎么来的？按照孟子的解释，就是大禹治水，掘地成河，在地下挖了很多沟壑，这些沟壑慢慢变成一条条河流。水由这些沟壑慢慢往前流，不断地流，经年累月，慢慢就形成了江、淮、河、汉，形成了长江、淮河、黄河、汉水。按照孟子的解释，长江、黄河之所以形成，就是因为大禹治水。他“掘地而注之海”，于是“水由地中行”，所以有了“江、淮、河、汉是也”。

尧的时代有两大灾害：一个是洪水的灾害，一个是野兽的灾害。通过尧、舜的治理，大禹治水，这些灾害都没有了。“险阻既远，鸟兽之害人者消，然后人得平土而居之。”“险阻既远”，就是洪水的灾害已经远离我们了，洪水的灾害已经解决了。“鸟兽之害人者消”，就是那些对我们有害的鸟兽逃之夭夭了。我们刚才说“下者为巢，上者为营窟”，“下者”是在树上搭棚子住的那些人，“上者”是住在山洞里的那些人。住在树棚里的那些人，住在山上的那些人，现在从树上、山上回到地上了。“然后人得平土而居之”，就是这个意思。地上没有洪水的灾害了，那些害人的鸟兽跑掉了，所以人们才能重新回到地面来生活。

如果我们再做一些深入的或者更加联想式的研究，大禹治水其实对于我们整个人类能够建房子来生活，能够从猿人时代真正进入到人类时代，都起到了极其巨大的作用。大禹治水的意义是多方面的。有兴趣的话，大家可以看看萨孟武

(1897—1984)《中国政治思想史》中的一些说法[①]。

第二段讲的是周公相武王。

"尧、舜既没，圣人之道衰。暴君代作。"尧、舜死了，圣人之道一蹶不振，暴君一个一个地出现。"暴君代作"体现在哪里呢?"坏宫室以为污池，民无所安息；弃田以为园囿，使民不得衣食。"孟子对于暴君的描述，用了一些文学的笔法。这里说的暴君，是从物质的角度讲的。将老百姓好好的房子拆掉了，自己挖了游泳池来享受，这就是"坏宫室以为污池"。老百姓的房子没有了，居无定所，这就是"民无所安息"。暴君又将老百姓的田地抢走了，在上面盖起了花园，使得老百姓连吃饭、穿衣这些基本的依赖、保障都失去了，这就是"弃田以为园囿，使民不得衣食"。暴君就是拆房子，抢田地。对于老百姓来说，一座房子，一块田地，就是他们的命根子。暴君之所以被称为暴君，就是将老百姓的房子拆掉了，将老百姓的田地抢走了。

孟子接着说："邪说暴行又作，园囿、污池、沛泽多而禽兽至。"邪说暴行一波又一波，可禽兽为什么又来了呢？这是因为花园多了，游泳池多了，沼泽多了。暴君将老百姓住的房子拆掉了，将老百姓的田地抢去了，他建起了自己的花园，建起了自己的水榭。在那里住的人肯定是不多的，久而久之，一批批野兽就进来了。正像我们现在到某些地区去看那些烂尾楼，它们变成了老鼠住的地方，变成了当地人喂猪、养狗的地方，变成了流浪者住的地方。孟子讲的意思也是这

---

① 萨孟武认为当时治水巨大的历史作用在于："因之有舟楫的发明，因之有桥梁的发明，因之有堤防的发明，因之又有建筑物的改良。而最重要的还是国家组织的改观。"(氏著：《中国政治思想史》，东方出版社 2008 年版，第 5 页)

样的。如果你将好好的田地变成房子，变成园囿，但又没有建完，使其变成了豆腐渣工程，或者是建完了之后，它的使用率比较低，那么，野兽就会慢慢地住进来。

“及纣之身，天下又大乱。”到了商纣王的时候，天下又大乱起来。商纣王应当是中国古代品质最不好的一个国君。我们经常说“尧舜之道”“桀纣之道”，尧舜之道是最好的，桀纣之道是最差的；但夏桀与商纣，他们两人还是有区别的。班固（32—92）写《汉书·古今人表》，将人分为三六九等，其中的七、八、九等都是不太好的。虽然都是不太好的，桀、纣的级别又不一样。夏桀排在第八等，商纣王排在第九等，而第九等是最差的[①]。

“汤放桀，武王伐纣。”（2·8）我们讲6·5的时候，希望大家按照汤武革命的视角去理解。人们对于桀、纣的评价，桀好一点，纣极差。6·5说：“杀伐用张，于汤有光。”为什么说周武王的功绩比汤还要辉煌呢？纣比桀更差，商纣王比夏桀更坏，所以武王建立的功业比汤建立的功业更大，因为武王面对的对象更复杂。这都是一一对应的，大家要多加揣摩。

到了商纣王的时候，天下又大乱起来。“周公相武王诛纣，伐奄三年讨其君，驱飞廉于海隅而戮之，灭国者五十，驱虎、豹、犀、象而远之，天下大悦。”这是描述周公帮助他的哥哥武王建立王道大业的过程。

按照这里的说法，周公帮助武王，首先杀掉了商纣王，然后跟奄这个国家打了三年仗，又将奄那个暴君杀掉了。

① 参见［东汉］班固撰，［唐］颜师古注：《汉书》第3册，第883、889页。

"驱飞廉于海隅而戮之"，就是将飞廉赶到了海边，最后赶尽杀绝，杀掉了他。"灭国者五十"，消灭了50个国家。这是讲政治方面的灭国。

"驱虎、豹、犀、象而远之"，就是将老虎、豹子、犀牛、大象赶到了远离人们的地方。"远之"是将它们赶到远离人群的地方，使它们不再来伤害我们。我们看到"虎、豹、犀、象"，老虎、豹子、犀牛、大象。很早的时候，我们这里就有大象。舜有个同父异母的弟弟，名字就叫作象（9·2，9·3，11·6）。"象"这个概念是很有意思的。如果对对子，前面说"水由地中行，江、淮、河、汉是也"，这里是"驱虎、豹、犀、象而远之"，所以"江、淮、河、汉"与"虎、豹、犀、象"也是一副对子。

"天下大悦"，天下人都很高兴。这是对周公解决了政治、自然问题所做的高度评价。

下面这句话是："《书》曰：'丕显哉，文王谟！丕承哉，武王烈！佑启我后人，咸以正无缺。'"《书》是《尚书》。"丕显哉"就是非常明显、非常伟大，"文王谟"是讲文王的谋略是多么的伟大、多么的高明。"武王烈"是指武王的根基，"丕承哉"就是后继有人。文王有谋略，而且十分伟大、十分高明。文王后继有人，就是有了武王。武王的根基特别伟大。这就是"丕显哉，文王谟！丕承哉，武王烈"。"佑启我后人"，就是保佑我们、启发我们。"咸以正无缺"，就是我们世世代代，前仆后继，遵循正道，完美无缺。文王、武王之道，能够帮助我们，能够启发我们，让我们世世代代坚持正确的方向，做十全十美的人，这就是"佑启我后人，咸以正无缺"。这个意思是很好的。

第三段讲的是孔子作《春秋》。

“世衰道微，邪说暴行有作，臣弑其君者有之，子弑其父者有之。”世风日下，人心不古。邪说暴行，此起彼伏。上面讲“邪说暴行”，是说暴君拆老百姓的房子，抢老百姓的田地。这里讲“邪说暴行”，是说“臣弑其君者有之，子弑其父者有之”，有大臣杀掉自己的君主，有儿子杀掉自己的父亲。对于“邪说暴行”，6·9的上、下两个段落用不同的言辞来表达。这种表达技巧，值得我们好好揣摩。邪说暴行的具体体现，可以分为两方面：一方面是拆我房，霸我田；另一方面是杀其君，杀其父。这两个方面都是邪说暴行的体现。

在这种情况下，孔子特别担心。孔子是知识分子，他怎么让这份担心落实为一项历史的事业，怎么让这份担心跟整个历史发展的大脉络联系起来呢？“孔子惧，作《春秋》。”这句话在整个中国思想史上的意义是不同凡响的。我们说《史记》是司马迁（约前145—约前87）写的，《汉书》是班固写的。但是，我们不能说《诗经》是哪个写的，不能说《尚书》是哪个写的，不能说《礼》《乐》是哪个写的，甚至不能说《周易》是哪个写的；在孟子之前，我们也不能说《春秋》是哪个写的。现在，《孟子》第一次明确地提出“孔子惧，作《春秋》”。将《春秋》的著作权直接挂到孔子的名下，是从孟子开始的。我们要记住这一点。

《春秋》是什么意思呢？“《春秋》，天子之事也。”古代，士人是不能写历史的。士人写历史、写正史，那是犯罪！清朝有很多文字狱，有人写《明史》，掉了脑袋。写《春秋》这类历史，那是天子之事，是官方行为。如果私人去写，是要掉脑袋的。本来是天子之事，但孔子为什么会去写呢？

按照儒家思想，“王”有两种类型：一种王是实实在在的王，比如梁惠王、齐宣王；还有一种王是素王，有其德而无其位。他有至高无上的道德，但他的道德没有落实到至高无上的位置上，这种王就叫作素王。孔子在后人的心中，既是至圣，也是素王。只有他能替天行道、代天行道，讲的就是这个意思。当然，孔子当时是不敢这么讲的，他只能含蓄地去说。“是故孔子曰：‘知我者其惟《春秋》乎！罪我者其惟《春秋》乎！’”意思是说：后世知道我的人，恐怕要靠这部《春秋》了；后世批评我的人，恐怕也要靠这部《春秋》了。

《春秋》以鲁国为中心，从鲁隐公元年到鲁哀公十四年，一共记载了242年的历史，中间经过12个诸侯。从公元前722年到公元前481年，总共242年。我为什么要特别提到公元前481年呢？因为孔子的生年、卒年分别是公元前551年、公元前479年。孔子逝世于公元前479年，前面几年就是公元前481年。比如，站在2016年的角度，我写一部历史，已经写到了2014年。也就是说，孔子在逝世的那一年，已经将《春秋》的历史写到了他逝世前的两年或者三年。按照这种理解，我们可以说《春秋》是孔子一生的写作事业，或者说是其著书事业当中最后一项伟大的工程。

《春秋》产生的历史影响特别大，它是“六经”的重要组成部分。《诗经》表达我们的志向，即“《诗》言志”。《尚书》反映历史的事实，即“《书》言事”。《礼》是“别异”的，用来区分上下尊卑；《乐》是“和同”的，让我们和谐地生活在一块。“《易》以道阴阳”，《周易》讲阴阳变化之际的道理。

"《春秋》以道名分"，《春秋》是说明名分的[①]。什么叫作名分？名分涉及很多不同的写法，这种写法叫作"书法"[②]。《春秋》的书法有很多褒贬损抑，讲起来很深，这里就不展开了。

第四段讲的是孟子距杨墨。

"圣王不作，诸侯放恣，处士横议。"天下之生久矣，总是一治一乱。太平之后，动乱又来了。动乱的标志就是"圣王不作"，贤明的君王不再出现。"诸侯放恣"，是说各路诸侯放荡不羁。"处士横议"，意思就是江湖上的那些读书人议论纷纷、喋喋不休。不在其位的那些知识分子叫作处士，通俗地说就是江湖上的读书人。"杨朱、墨翟之言盈天下。"杨朱、墨翟是两个思想家，他们的言论充满天下。"天下之言不归杨，则归墨。"天下那些议论，不是归向于杨朱，就是归向于墨子。

杨朱、墨子为什么有这么大的影响力呢？孟子对这两家的基本思想有一个概括。他说："杨氏为我，是无君也。"杨朱思想的典型特点是绝对利己主义，就是不要社会、不要国家，它的本质是"无君"。眼里没有社会，眼里没有国家，叫作"无君"。"墨氏兼爱，是无父也。"墨子认为人与人之间的关系应当是绝对一样的，爱应当是面向所有人的。5·5"墨

---

① 《庄子·天下》指出："《诗》以道志，《书》以道事，《礼》以道行，《乐》以道和，《易》以道阴阳，《春秋》以道名分。"（[清] 郭庆藩辑，王孝鱼整理：《庄子集释》第4册，中华书局1961年版，第1067页）

② 有人认为考察《春秋》会盟的笔法，务必先将历代学者五花八门的褒贬损抑之说放在一边，只需基于两个因素去考虑：一是历史事实，二是尊鲁、尊公的立场。参见吴柱：《春秋诸侯会盟的"春秋笔法"析论》，《中山大学学报》社会科学版2016年第6期，第68—77页。

者夷之”章讲到：墨家认为“爱无差等”，爱是没有差等的；只是“施由亲始”，实施起来要从自己的父母开始。我对我父母的爱跟我对其他人的爱是一样的，这就是“爱无差等”。你坚持这样的观点，就等于你不要家庭了，所以叫作“无父”。墨子“无父”，就是眼里没有父母、眼里没有家庭。

这两个观点，在孟子看来，都是不好的。“无父无君，是禽兽也。”如果你不要了家庭，不要了国家，这种所作所为就跟禽兽差不多。禽兽是不是不要父母，是不是不要组织呢？孟子可能没有意识到禽兽也有自己的家，也有自己的组织。孟子认为：不要家庭，不要国家，这样的行为就跟禽兽一样，形同于禽兽。

然后，孟子引了一句话，是比喻“无父无君”这种言论有什么危害。他引的是公明仪的话。公明仪是曾子的弟子，《孟子》引过他说的很多话，5·1、6·3就引过，这里又引了[①]。“公明仪曰：‘庖有肥肉，厩有肥马，民有饥色，野有饿莩，此率兽而食人也。’”[②] 厨房里放着很多肉，马棚里养着很多马。可是，老百姓面带饥色，荒郊野岭到处是饿死者的尸体。有肥肉，有肥马，这是讲统治者。讲老百姓，是有饥色、荒野有饿莩。两者形成了鲜明的对照。孟子认为：只要国家出现这种情况，那就是“率兽而食人”，相当于你们统治者带着一群野兽来吃我们老百姓。

孟子讲这个比喻，是为了过渡到他对于杨墨之言、杨墨之道的批判。孟子马上讲道：“杨墨之道不息，孔子之道不

---

① 《孟子》计有四次引用公明仪的话（5·1，6·3，6·9，8·24），其中《滕文公篇》引过三次。

② 1·4有这句话，但没有说是公明仪讲的。

著，是邪说诬民，充塞仁义也。”假设我们不让无父无君的杨墨之道销声匿迹，不让孔子之道发扬光大，我们就等于听任那些异端邪说来欺骗老百姓，让仁义的康庄大道走不通。“邪说诬民，充塞仁义也”，就是听任异端邪说欺骗老百姓，让仁义本身得不到实现。“仁义充塞，则率兽食人，人将相食。”仁义本身如果没有得到实现，或者说仁义之道没有清晰地表现出来，那就相当于你领着禽兽来吃老百姓，人与人之间也会互相残杀起来。

孟子对于杨墨之道的基本认识是：“天下之言不归杨，则归墨”；杨墨之言是“无父无君”，就是不要家庭、不要国家；人们相信杨墨之言，就意味着人们不要家庭、不要国家。孟子认为他就处在这样一个异端邪说的时代，而异端邪说以杨墨之道为代表，因此感到深深的困惑、深深的担忧。

孟子说：“吾为此惧，闲先圣之道，距杨、墨，放淫辞，邪说者不得作。”他说：我为此深深地担忧。“闲”是捍卫的意思。我要捍卫那些先王先圣的道理，我要批判杨、墨的言论。“放淫辞”就是对于那些荒诞不经的说法，我要将它们扫荡干净。“邪说者不得作”，就是使那些异端邪说不再兴风作浪。这是孟子想做的一件事，因为他认为思想的作用是很大的。你的内心有什么样的思想，会直接影响到你做人做事，会直接影响到你治国理政。

下面这句话揭示了人们内心中的思想与做人做事、治国理政的关系。孟子说：“作于其心，害于其事；作于其事，害于其政。”[1]“作于其心”，心里一旦有了邪念；“害于其事”，就会不利于做好事情。“作于其事”，做事一旦有了邪念；“害于其政”，就会不利于治国理政。孟子这里将一己之心、外在之事、全国之政三者联系起来了，只是从反面来说而已。

“圣人复起，不易吾言矣。”即使又有圣人站出来，他也会认为我这样讲是对的。这是第四段“孟子曰”的结尾。

以上四段“孟子曰”的内涵特别丰富，我们等下再讲。现在，我们对杨、墨这两个人物做一个简单的介绍。杨朱的具体情况、历史脉络不是很清楚。他的作品没有流传下来，他的思想只是在后来晋代出现的《列子·杨朱篇》中有比较完整的体现[2]。墨子的年代、籍贯、作品则比较清楚。墨子生活于春秋末期至战国初期，可以说孔子之后不久就有了墨子。墨子是哪儿人呢？经专家考证，墨子是滕州人[3]。他留下的作品叫作《墨子》。《滕文公篇》从5·4起显示，孟子注意到了思想界的复杂情况，并从思想上予以拨乱反正、正本清源。5·5讲“墨者夷之”，批的是墨子。6·9对墨子本身进行了批判。滕国是一个有意思的小国，既有孟子喜欢的滕文公，又有孟子要批判的墨子。其中的微妙或者有意思的地方，大家可以琢磨琢磨。

---

① 3·2指出：“生于其心，害于其政；发于其政，害于其事。圣人复起，必从吾言矣。”它与6·9的同异，值得注意。

② 参见杨伯峻：《列子集释》，中华书局1979年版，第216—238页。

③ 《史记》未设《墨子列传》，仅在《孟子荀卿列传》做过24个字的介绍：“盖墨翟，宋之大夫，善守御，为节用。或曰并孔子时，或曰在其后。”（[西汉]司马迁撰，[宋]裴骃集解，[唐]司马贞索隐，[唐]张守节正义：《史记》第7册，第2350页）张知寒力主墨子为滕州人（参见氏著：《再谈墨子里籍应在今之滕州》，《文史哲》1991年第2期，第92—97页），这里从其说。

平心而论，墨子是一位很伟大的思想家。墨子的思想主张包括十个方面：兼爱、非攻、尚同、尚贤、节用、节葬、非乐、非命、天志、明鬼[①]。墨子不仅是一位伟大的思想家，还是一位伟大的科学家。墨子是滕州的，鲁班也是滕州的。我这次来孟子故里，已在殷延禄先生带领下，到滕州去看了一下。滕州有墨子纪念馆，旁边就是鲁班纪念馆。墨子与鲁班来自同一个地方，还是学同一个专业的，就是同乡、同行。墨子比鲁班高明的地方在于：墨子不仅是大国工匠，而且是伟大的科学家。2016 年 8 月 16 日，我国（也是世界上）第一颗量子（科学实验）卫星上天，它的名字就叫“墨子号”[②]。墨子的伟大之处就体现在这里。

我说说思想史上对于杨、墨的另一种态度。孟子距杨墨之后，人们对于杨、墨的思想有很多批判[③]，但也有很多人

① 十事是《墨子》的篇名：《墨子》卷 2 为《尚贤》上、中、下三篇，卷 3 为《尚同》上、中、下三篇，卷 4 为《兼爱》上、中、下三篇，卷 5 为《非攻》上、中、下三篇，卷 6 为《节用》上、中两篇（阙下篇）及《节葬》下篇（阙上、中两篇），卷 7 为《天志》上、中、下三篇，卷 8 为《明鬼》下篇（阙上、中两篇）及《非乐》上篇（阙中、下两篇），卷 9 为《非命》上、中、下三篇。墨子还言简意赅地说过：“凡入国，必择务而从事焉。国家昏乱，则语之尚贤、尚同；国家贫，则语之节用、节葬；国家憙音湛湎，则语之非乐、非命；国家淫僻无礼，则语之尊天、事鬼；国家务夺侵凌，即语之兼爱、非攻。故曰：择务而从事焉。”（《墨子·鲁问》，吴毓江撰，孙启治点校：《墨子校注》下册，第 737 页；按，个别标点符号略有校改）十事又称十论，它们能代表墨翟的思想吗？比利时鲁汶大学汉学系戴卡琳教授就此做过颇有味道的质疑（参见［比利时］戴卡琳撰，袁青、李庭绵译：《墨家“十论”是否代表墨翟的思想？——早期子书中的“十论”标语》，《文史哲》2014 年第 5 期，第 5—18 页）。

② 世界首颗量子卫星以墨子命名，是因为墨子最早提出光线沿直线传播的观点，并进行过小孔成像实验，在早期物理光学方面卓有成就。

③ 儒学独尊之后，“距杨墨”成为人们辟佛老、排斥异端的思维方式与文化心态。相关研究，参见杨海文：《“距杨墨”与孟子的异端批判意识》，《北京师范大学学报》社会科学版 2014 年第 2 期，第 85—89 页。

同情他们。同情杨、墨，是由他们具体的生活细节引发的。我们常说："男儿有泪不轻弹，只因未到伤心时。"我们什么时候会流泪？一个思想家在哪一种情景下会流泪？十字路口，我正在十字路口，我不知道我的方向在哪里，我无法决定我走哪一条路，这个时候我会流泪。杨朱在十字路口的时候，就流泪了。一块洁白的丝绸掉进了染缸，变成了不同的颜色。它再也不可能变回白色了。在这种情况下，我失去了那块洁白的丝绸，就像我失去了一颗洁白的灵魂一样。我的灵魂已经被污染了，我再也不可能回到赤子之心的时代，这个时候我流泪了。这就是墨子。

杨朱在十字路口的时候，哭了；墨子在洁白的丝绸被污染后，哭了[①]。这两件事，古往今来很多诗人、哲学家深深地感叹过。另一种"杨墨之道"，是说杨朱、墨子都是有性情的人[②]。能够一边哭泣、一边追求，这样的人是真正有性情的人。杨朱、墨子就是这样有性情的人。正因他们是有性情的人，他们的思想才会在我们人类的思考当中占有一席之地。相传梁启超（1873—1929）说过这样一句话：人类发展的理想，应当是以杨朱的"为我"作为我们的出发点，以墨子的

① 最典型的说法出自《淮南子·说林训》："杨子见逵路而哭之，为其可以南可以北；墨子见练丝而泣之，为其可以黄可以黑。"（刘文典撰，冯逸、乔华点校：《淮南鸿烈集解》下册，中华书局 1989 年版，第 583 页）

② 参见杨海文：《另一种"杨墨之道"》，《中华读书报》2012 年 7 月 18 日，第 15 版《国学》。

“兼爱”作为我们最后的归宿[①]。对于杨朱与墨子，孟子在这里进行了批判；而我讲这些，是为了让大家对杨、墨有一个更加全面的理解。

前面“孟子曰”的四段讲了四件大事：第一件是大禹治水，第二件是周公帮武王灭纣，第三件是孔子写《春秋》，第四件是孟子距杨墨。这四件事相当于孟子眼中的一部中国文化小史，下面这一段则相当于孟子心里的一篇儒家思想宣言。

孟子说：“昔者禹抑洪水而天下平。”过去大禹治水成功，天下变得平平静静了。“周公兼夷狄、驱猛兽而百姓宁。”周公将那些少数民族、落后民族统一了起来，又赶走了那些野兽，天下变得安宁了。“孔子成《春秋》而乱臣贼子惧。”孔子写完《春秋》后，那些乱臣贼子都害怕了起来。这是孟子对前面三件事的总结与升华。

“孔子成《春秋》而乱臣贼子惧”的“惧”这个字，也有很多思想家说孔子成《春秋》，坏人不是害怕了，而是高兴起来了，就是“孔子成《春秋》而乱臣贼子喜”。这样的说法，清代著名文学家袁枚（1716—1798）的《小仓山房文集》

① 贺麟发表于1941年的《论假私济公》说：“近代哲学家之对待自私，大都采取梁任公称赞费希特哲学思想的话，所谓‘以杨朱之为我为出发，以墨子之兼爱为归宿’的策略。这不仅代表了一种新观点，而且也表现了他们另具有一番教导世人，打破人我界限，假私济公的苦口婆心。”（氏著：《文化与人生》，商务印书馆1988年版，第67页）尽管这句话不见于梁启超文集（参见杨海文：《贺麟与“梁任公称费希特语”问题》，《现代哲学》2013年第5期，第110—111页），但因为说得极有道理，所以广为流传。

首次提到[①]。后来，张之洞（1837—1909）的《劝学篇》也讲过类似的话，就是“孔子成《春秋》而乱臣贼子喜”，而不是“惧”[②]。我们要记住历史是复杂的。一部文化经典的作用到底有多大？它是不是无边无际的？为什么孟子说“惧”，袁枚、张之洞说“喜”，喜与惧之间的边界到底在哪里？

回到《孟子》。孟子接着引了《诗经》：“《诗》云：‘戎、狄是膺，荆、舒是惩，则莫我敢承。’”这句诗，5·4也引过。戎、狄、荆、舒是四个小国家，而且是四个落后的小国家。我们要批判它们，要打击它们。如果将它们批判了，将它们打倒了，“则莫我敢承”，那就没有人能够抵挡得住我们。

孟子又回到杨、墨，说道：“无父无君，是周公所膺也。”没有家庭，没有国家，这种状态是周公所要猛烈批判的。“我亦欲正人心，息邪说，距诐行，放淫辞，以承三圣者。”大家记住，孟庙的“承圣门”就是这么来的。我也要端正人心，消灭邪说，拒斥那些荒诞不经的行为，将那些荒诞不经的言辞扫荡出去。我这样做是“以承三圣”，就是为了继承大禹、周公、孔子的事业。“以承三圣”，表明孟子将“距杨墨”

① 《小仓山房文集》卷24《策秀才文五道》指出：“传所载桓公、隐公皆被弑，而经皆书‘公薨’。隐弑者之冤，灭逆臣之迹，岂非作《春秋》而乱臣贼子喜欤？若曰为国讳，小恶书，大恶不书，毋乃戒人为小恶，而劝人为大恶欤？”（[清] 袁枚著，周本淳标校：《小仓山房诗文集》下册，上海古籍出版社1988年版，第1665页）

② 《劝学篇·宗经》指出：“哀、平之际，造谶益纬，以媚巨奸，于是非常可怪之论益多。如文王受命、孔子称王之类，此非七十子之说，乃秦、汉经生之说也，而说《公羊春秋》者为尤甚。（新周，王鲁，以《春秋》当新王。）乾嘉诸儒嗜古好难，力为阐扬，其风日肆，演其余波，实有不宜于今之世道者，如禁方奇药，往往有大毒，可以杀人。假如近儒公羊之说，是孔子作《春秋》而乱臣贼子喜也。”（[清] 张之洞：《劝学篇》，《续修四库全书》第953册，第49页下栏）

当作自己延续大禹、周公、孔子事业的一种新的努力、新的方式。因此，他说："岂好辩哉?"我哪里是好辩呢?"予不得已也。"我是不得已这样做的。

6·9的最后说："能言距杨、墨者，圣人之徒也。"人们一般不解释这个"言"字。大庭广众之中，我敢于旗帜鲜明地批判杨墨之道，我敢于理直气壮地批判杨墨之道。能做到这样，就是圣人之徒。所以，"能言距杨、墨者"是圣人之徒，"言"很重要。我在大庭广众之中敢于亮明我的立场，敢于旗帜鲜明、义正辞严、理直气壮地批判杨墨之道，这就是圣人之徒。

看到"圣人之徒"，我们联想到5·4讲陈良是楚国人，他"悦周公、仲尼之道"。周孔之道就是6·9这一章讲的"孔子之道"。5·5"墨子夷之"章讲到"儒者之道"。周孔之道（5·4），"孔子之道"（6·9），"儒者之道"（5·5），"圣人之徒"（6·9），《滕文公篇》都有体现。因为孟子确立大禹、周公、孔子这几个典范后，是要"以承三圣"，继承前面三位圣人的事业，所以他决定距杨墨。因为孟子距杨墨，儒家这个学派便越来越凸显。因此，6·9是孟子展示儒家这个学派的观点、立场、纲领的重要篇章，是孟子亮出儒家大旗的思想文化宣言。

从"儒者之道，古之人若保赤子"（5·5），到这里说的"能言距杨、墨者，圣人之徒也"，我们看得出孟子是在孔子之后力图将儒家学派清晰地表现出来的伟大思想家。完全可以说：如果没有孟子，儒家要完整清晰地呈现为一个学派，可能要难得多。

6·10 伯夷与陈仲子的鲜明对比

6·10 匡章曰："陈仲子岂不诚廉士哉？居於陵，三日不食，耳无闻，目无见也。井上有李，螬食实者过半矣。匍匐往，将食之，三咽，然后耳有闻，目有见。"

孟子曰："于齐国之士，吾必以仲子为巨擘焉。虽然，仲子恶能廉？充仲子之操，则蚓而后可者也。夫蚓，上食槁壤，下饮黄泉。仲子所居之室，伯夷之所筑与？抑亦盗跖之所筑与？所食之粟，伯夷之所树与？抑亦盗跖之所树与？是未可知也。"

曰："是何伤哉？彼身织屦，妻辟纑，以易之也。"

曰："仲子，齐之世家也。兄戴，盖禄万钟。以兄之禄为不义之禄而不食也，以兄之室为不义之室而不居也，辟兄离母，处于於陵。他日归，则有馈其兄生鹅者，己频颇曰：'恶用是鶃鶃者为哉？'他日，其母杀是鹅也，与之食之。其兄自外至，曰：'是鶃鶃之肉也。'出而哇之。以母则不食，以妻则食之；以兄之室则弗居，以於陵则居之。是尚为能充其类也乎？若仲子者，蚓而后充其操者也。"

下面我们讲《滕文公下篇》的最后一章，它是一个很有趣的故事。

6·10的开头是“匡章曰”，匡章是一个很有名的人，在《孟子》中出现过两次（另见8·24）。匡章说：“陈仲子岂不诚廉士哉?”陈仲子是齐国人。在《孟子》中，齐国人经常是受批判的，甚至有点受孟子嘲笑。大家可以好好体会一下地域文化之间的差异。“廉”是什么意思呢？严格要求自己，就叫作“廉”，有廉洁、清廉之意。特别是“廉洁”，《孟子》里就有这个词（14·37）。孟庙立有一块官箴碑，提倡“仁”“廉”“公”“勤”四种美德。

匡章问孟子：陈仲子难道算不上一个廉洁、清廉的人吗？他举的例子是：“居於陵。”这里，“於”字不能简化为“于”，它的读音是 wū，不能读作“居 yú（于）陵”。“三日不食，耳无闻，目无见也。”陈仲子住在於陵这个地方，三天没有吃东西，耳朵对于任何东西都听不见，眼睛对于任何东西都看不见。我们能够将廉洁之事跟这个三天不吃东西的人联系起来吗？现在还很难。

《孟子》下面的描述很有意思。匡章继续说：“井上有李，螬食实者过半矣。”井上有一个李子，已经被虫子吃了一大半。“匍匐往，将食之，三咽，然后耳有闻，目有见。”陈仲子爬呀爬，终于爬到那里，“三咽”，三口将它吃下去了。这个李子要么很大，所以陈仲子三口才将它吃下去；要么很小，因为陈仲子饿了三天，他实在没有力气将它很快吃下去，所以“三咽”，咽了三口。吃了之后，他的眼睛能够看见一点东西了，耳朵能够听见一些声音了。

匡章认为陈仲子是廉洁之士，举的就是这样一个例子。他觉得通过这样的描述，廉洁之士的形象就栩栩如生了。

陈仲子此举到底是一种什么行为呢？“孟子曰：‘于齐国

之士，吾必以仲子为巨擘焉。'" 孟子说：对于齐国的知识分子，对于齐国那些有识之士，我肯定认为陈仲子是佼佼者。"巨擘"就是大拇指。我们微信点赞，就有用大拇指的图形"巨擘"一下的。"虽然，仲子恶能廉?"尽管这样，仲子哪里称得上廉洁呢?"充仲子之操，则蚓而后可者也。"孟子现在还没有将陈仲子廉不廉洁的实质性情况讲出来，他只是先抽象地说：假设要将陈仲子的所作所为推而广之，那你必须将自己变成蚯蚓之后才能做到。我们是人。假设我要像陈仲子那样，那我必须将我变成蚯蚓之后，我才能做到。

蚯蚓是什么呢?"夫蚓，上食槁壤，下饮黄泉。"蚯蚓这东西，它上面吃的是黄土，下面喝的是黄泉。意思是说：蚯蚓能够生存下来，它不靠太多的东西，它只需要很简单的东西，一点点泥巴、一点点水就可以了。这里是比喻蚯蚓能够生存下来，它依靠的物质资料极其简单。它也只凭这些简单的物质资料，过简单的生活；而不依靠那些太复杂的东西，过太高贵或者太奢华的生活。孟子这里是以蚯蚓来比喻那种貌似很廉洁的人。

然后，孟子问道："仲子所居之室，伯夷之所筑与? 抑亦盗跖之所筑与?"仲子住的房子，到底是伯夷给他建的，还是盗跖给他建的呢? 伯夷是好人，盗跖是不好的人。伯夷是很清廉的人；盗跖是大盗。仲子住的房子，到底是最清廉的伯夷给他建的，还是大强盗盗跖给他建的呢?"所食之粟，伯夷之所树与? 抑亦盗跖之所树与?"仲子吃的谷米，到底是伯夷给他种的，还是盗跖给他种的呢?

孟子这里为什么提到伯夷、盗跖呢? 很多专家解释这一章，比如朱熹（1130—1200）引用范氏的观点[①]，是从6·9直接过渡到6·10。他们认为陈仲子的所作所为，反映了杨朱的“为我”“无君”思想。正像5·5“墨者夷之”章反映的是墨家思想，他们认为6·10反映的是杨朱思想。这样，《滕文公上篇》的最后一章与《滕文公下篇》的最后一章构成了鲜明的呼应关系，都是讲“距杨墨”问题。我觉得这样的理解极有道理。但是，我们回到6·10，孟子问的是：陈仲子吃的粮食、住的房子，到底是伯夷给他种的、给他盖的，还是盗跖给他种的、给他盖的呢？“是未可知也。”孟子认为这都是我们不知道的。其实孟子的意思很明显，他是要将伯夷与陈仲子做一个鲜明的对比。

我们翻到10·1，孟子认为圣人有四种品格，这四种品格集中在四个人身上。10·1说：“伯夷，圣之清者也；伊尹，圣之任者也；柳下惠，圣之和者也；孔子，圣之时者也。”伯夷是圣之清者，清高；伊尹是圣之任者，负责任；柳下惠是圣之和者，很随和；孔子是圣之时者，与时俱进。伯夷是圣之清者，但清高这种品格有所不妥。大家翻到3·9，孟子有一个评价说：“伯夷隘，柳下惠不恭。”就是伯夷的气量太小，柳下惠不太恭敬。圣之清者伯夷有气量太小的一面，这是3·9说的。10·1则说：“故闻伯夷之风者，顽夫廉，懦夫有立志。”圣之清者伯夷的所作所为，能够让那些贪污犯或者贪心不足的人变得廉洁起来，能够让那些胆子小的

① 《孟子集注》卷6《滕文公章句下》引范氏曰：“天之所生，地之所养，惟人为大。人之所以为大者，以其有人伦也。仲子避兄离母，无亲戚、君臣、上下，是无人伦也。岂有无人伦而可以为廉哉？”（[南宋]朱熹：《四书章句集注》，第274页；按，个别标点符号略有校改）

人立下做好人、做好事的志向。我们应该将 10·1、3·9 联系起来看，进而将伯夷的“廉”“清”跟 6·10 陈仲子的“廉”联系起来看。我先讲这些，是为了下面的解读。

对于孟子上面讲的一段，匡章不以为然。“曰：‘是何伤哉?’”陈仲子住的房子、吃的粮食，究竟是哪个建的、哪个种的，那有什么关系呢?张三、李四、王五建的、种的，又有何妨?“彼身织屦，妻辟纑，以易之也。”陈仲子自己织草鞋，他的妻子纺麻织布。产品多了之后，他们到市场上进行交换，换取其他的物质生活资料。这是匡章的回答。

孟子听了匡章的回答，知道匡章对于陈仲子的故事只知其一、不知其二。匡章只知道陈仲子三天没有吃饭、然后吃李子的故事，但孟子还知道陈仲子吃鹅的故事。我们看看孟子怎么讲这个故事。

“曰：‘仲子，齐之世家也。’”孟子说：陈仲子他们家，是齐国的名门望族。“兄戴，盖禄万钟。”[①] 他的哥哥叫陈戴。这里的“盖”不读 gài，读 gě，是一块封地。陈仲子的哥哥陈戴是盖邑的领主，享受世卿世禄，每年的收入有几万石，就是“盖禄万钟”。陈仲子虽然过着很俭朴的生活，但他哥哥的收入是很高的。“以兄之禄为不义之禄而不食也，以兄之室为不义之室而不居也，辟兄离母，处于於陵。”孟子将

① 4·6 指出：“孟子为卿于齐，出吊于滕，王使盖大夫王驩为辅行。”王驩与陈戴是什么关系?陈戴是盖邑的领主，王驩是治理盖邑的官员。

陈仲子的家世“人肉搜索”，翻了个底朝天[1]。陈仲子家是名门望族，而且很有钱，他哥哥的收入尤其高。但是，陈仲子老是认为他哥哥的钱是不义之财，所以不要他的；老是认为他哥哥的房子是不义的房子，所以不住他的。他离开他的哥哥，离开他的母亲，来到於陵这个地方住了下来。这就是陈仲子为什么住在於陵的原因。

陈仲子住在於陵，生活很苦，三天没有吃饭，饿得“耳无闻，目无见”。“他日归”，有一天陈仲子回到他母亲那里；“则有馈其兄生鹅者”，刚好有人给他哥哥送了一只活蹦乱跳的鹅。陈仲子看见这只鹅，“已频顣曰”，皱着眉头说：“恶用是鶃鶃者为哉？”我们要这只喔喔叫的鹅干嘛呀？

“他日，其母杀是鹅也。”过了几天，他的母亲将这只鹅杀了。“与之食之”，让陈仲子吃了起来。“其兄自外至，曰：‘是鶃鶃之肉也。’”陈仲子正在高高兴兴地吃母亲给他做的鹅肉，哥哥从外面回来了，说：“弟弟，你现在吃的这东西，就是你前几天说的喔喔叫的那只鹅。”陈仲子一开始觉得那只鹅是不义之财，他是不会吃的。他母亲做了，他正在吃，恰好被他哥哥回家的时候看到了。陈仲子一听这话，马上“出而哇之”。孟子的描述很精彩、很生动。你看前面说“井上有李……三咽”，陈仲子吃李子是“三咽”；现在，陈仲子将鹅肉吐出来，是“出而哇之”。陈仲子一听他哥说那话，马上跑到门外，将吃到肚子里的鹅肉哇哇地吐了出来。

---

① 据说，陈仲子死后，孟子为他写过一篇诔文，评价极高。《孟子外书·文说》指出：“陈仲子卒，孟子诔之曰：‘吁嗟，仲子！廉洁以保贞兮，求名而得名兮。数齐国之高士，舍仲子其谁称兮？惟山高而水流，千古一於陵兮。吁嗟，仲子！名长存兮，可慰于九原兮。’”（［宋］熙时子注：《孟子外书》，《续修四库全书》第932册，第378页下栏）

孟子开始评论了。他对匡章说：陈仲子这个人，你认为他是廉洁之士；我倒是要跟你讨论一下，他是不是廉洁之士？“以母则不食，以妻则食之。”陈仲子吃饭，他母亲做的，不吃；他妻子做的，就吃。这是讲吃饭。住房：“以兄之室则弗居，以於陵则居之。”将他哥哥的房子当成不义之室，不住；但是，自己却住到於陵这个地方。

吃饭，母亲做的不吃，老婆做的吃；房子，他哥哥的不住，但於陵这个地方又住。这里到底有什么玄机？孟子说：“是尚为能充其类也乎？”陈仲子这样的所作所为，能够推而广之，让大家去模仿吗？“若仲子者，蚓而后充其操者也。”你想成为陈仲子那样的人，你只有将自己变成蚯蚓之后，才能够做到。这就是孟子对陈仲子的评价。

“廉”是这一章的关键词，我们应该怎么理解它呢？这个“廉”，按照匡章的理解，相当于自己丰衣足食，就像蚯蚓那样过着简单的生活，而不是依靠那些不义之财去生活。但是，孟子认为陈仲子这样做，其实是有矛盾的。

以吃鹅为例。陈仲子回到哥哥的家里，已经看到有人送给他哥哥一只鹅，而且当场表示这鹅是不义之财，他是不会吃的。可母亲将鹅宰了给他吃的时候，他还是吃了。只是因为他哥哥回来说了一句话，说这就是你前几天骂了的那只鹅，他才“出而哇之”。陈仲子的“廉”，前后是有矛盾的。既然前后有矛盾，就表明像陈仲子这样的“廉”，在实际生活当中是很难真正落实的。

就像5·5的墨者夷之，他认为墨子讲节葬是可行的，但他埋葬自己的父母还是厚葬。这表明夷之坚持的理论主张跟他在实际生活中所做的，是有矛盾的。有矛盾，怎么办？他最后选择了他内心里面最想做的那一点，就是厚葬自己的父母。

陈仲子也是一样。陈仲子虽然口口声声说这是不义之财、那是不义之屋，但他还是吃鹅了。他只是因为他哥哥反戈一击，他才“出而哇之”。我们可以设定以下情形：假设陈仲子正在吃他妈妈给他做的鹅，而他哥哥没有回来，陈仲子是不是会将这只鹅全部快快乐乐地吃下去呢？这是完全可能的。所以，陈仲子要落实他这种廉，要做到他这种廉，是很难的。在生活的某一点上，他可以做到他这种廉；但是，要在生活所有的方方面面，做到他这种廉，那是不可能的。

在孟子看来，要将陈仲子的所作所为推而广之，那就只有等你将自己变成蚯蚓之后，才能做到。这里的意思，我想再说一下：当我们将陈仲子与伯夷进行类比的时候，其实意味着我们假定陈仲子是伯夷的粉丝。粉丝怎么才能真正做一个铁杆粉丝或者彻底不变的粉丝呢？陈仲子肯定只是做了一个变异的粉丝。为什么？因为他可能只知道伯夷是“圣之清者”，而不知道伯夷还有气量不大的毛病，也就是“伯夷隘”的一面。陈仲子学伯夷，恰恰只是学到了伯夷的这一面，而没有将圣人的真精神学到家。这是陈仲子没有真正成为廉士的关键。

伯夷之风，具体表现为伯夷叩马而谏周武王，不食周武王那里的粮食，饿死于首阳山[1]。这确实很清高，令人敬佩。但是，如果你连你母亲亲自做的东西都不吃，那你就是“无

---

① 参见《史记·伯夷列传》，［西汉］司马迁撰，［宋］裴骃集解，［唐］司马贞索隐，［唐］张守节正义：《史记》第7册，第2123页。

父”；你哥哥是盖邑的领主，他领取国家俸禄，你觉得是不义之财，而不依靠它，那你就是“无君”。历史上很多专家从“无父无君”（6·9）的角度来解读陈仲子是有道理的，我这里只是将伯夷加了进来。清廉、廉洁固然是重要的，但它有个恰当的度；不是在所有的场合下，人们都得像陈仲子那样去做的。

小结：“《滕文公篇》的基本思想”

以上，我们对《滕文公篇》进行了解读。上篇是5章，下篇是10章，它们是互有联系的。比如，5·1（上篇第1章）与6·1（下篇第1章）都是讲政治，5·5（上篇最后一章）与6·10（下篇最后一章）都是讲思想史。这种篇章结构的安排有一定的逻辑。人们通常认为《孟子》的每篇没有中心思想，章与章之间没有内在关联。其实，只要我们将每章都好好读了，在上下章之间建立相应的联系，我们可以看出它们是有联系的。

下面简单总结一下《滕文公篇》的基本思想，它有四个方面值得我们好好理解：

第一是道性善。5·1说“孟子道性善，言必称尧舜”。“性善”两个字虽然是在5·1第一次出现，但它是统率《孟子》260章最基本的关键词，它是人之所以为人的最大的立足点。我们一定要记住。

第二是行仁政。这一点在滕文公那里得到很多表现，比如井田制、什一税。

第三是距杨、墨。儒家思想要发展，孔子之道要发扬，在孟子的时代，必须正本清源、拨乱反正，必须有抗击意识。距杨墨在孟子的时代是有思想史意义的，对于后来的儒家发展也起到了很大的作用。我们今天应当以文化多元的方式，进一步反省这个问题。

第四是大丈夫。孟子最强调做人，孟子是一个很有个性的人。他强调“富贵不能淫，贫贱不能移，威武不能屈，此之谓大丈夫”（6・2），做人要有大丈夫的气概。

道性善、行仁政、距杨墨、大丈夫，是《滕文公篇》最基本的思想。

我们已经将《滕文公篇》学完了，最后我想用孔子的一句话来概括这次讲座。我们翻到 14・37：“孔子在陈曰：‘盍归乎来！吾党之士狂简，进取，不忘其初。’”[①] 我们读《滕文公篇》，也是为了回到自己的家园。每个人在今天这个时代中，都要有鲜明的个性，要不断进取，要不忘其初。“不忘其初”，我们今天说是“不忘初心”。“不忘初心”最早的来历就是 14・37 的“不忘其初”。对于我们来说，七篇贻矩，不忘其初，就是将《孟子》学好，从这里出发，从这里回家，将它作为开端，作为新的启航，为建设和谐社会、为中华民族的复兴大业做出贡献。《滕文公篇》最大的意义就是让我们重新启航，从儒家思想开始，为和谐社会的建构提供更多的精

① 这句话引自《论语》，但有所不同。《论语》5・22 指出：“子在陈曰：‘归与！归与！吾党之小子狂简，斐然成章，不知所以裁之。’”另外，《礼记・礼器》说过：“礼也者，反本修古，不忘其初者也。”（［清］阮元校刻：《十三经注疏（附校勘记）》下册，第 1439 页下栏）《孟子》《礼记》讲“不忘其初”，是意味深长的。

神、智力方面的支持。这一意义是巨大的。

不忘其初，进取不已，是我们读完《滕文公篇》后应有的基本态度与立场。

第五讲

大德受命：《中庸》的伦理政治思想

——《中庸》第 17—20 章解读

《中庸》第 17 章至第 20 章有三个特点：第一是篇幅有点长。如果包括标点符号、并且计空格，《中庸》有 4800 字，而这四章就将近 1500 字。第二是人物有点多。《中庸》出现十一位人物，而这四章涉及八位人物[①]。第三是思想有点特别。前面、后面讲哲学的东西比较多，而这四章主要是讲伦理政治问题；前面、后面属于形而上的哲学思辨，而这四章侧重礼乐文明的政教实践。“思想有点特别”这个特点决定了我们这次讲的主题是与伦理政治密切相关的。它可以用“大德受命”四个字概括，涉及古人如何从伦理政治方面进行治国理政，以及这些经验对于现代人生有哪些启迪。下面，我依次解读这四章。解读的方式就像孟子研究院 2016 年下半年做的《〈孟子〉七篇解读》一样[②]，还是一句一句解读，适当加一些义理发挥，并对每一章做一个小结，最后对

---

① 这四章依次出现的人物是孔子、舜、文王、王季、武王、大王、周公、哀公，未出现的人物只有颜回、子路、尧。

② 参见陈来、王志民主编：《〈孟子〉七篇解读》（全 7 册），齐鲁书社 2018 年版。

这四章做一个总评。

一、第 17 章解读：大德者必受命

子曰："舜其大孝也与！德为圣人，尊为天子，富有四海之内，宗庙飨之，子孙保之。故大德必得其位，必得其禄，必得其名，必得其寿。故天之生物，必因其材而笃焉。故栽者培之，倾者覆之。《诗》曰：'嘉乐君子，宪宪令德。宜民宜人，受禄于天。保佑命之，自天申之。'故大德者必受命。"[①]

《中庸》第 17 章的开头是"子曰"二字，意思不言自明。孔子是《中庸》最重要的说话人。《中庸》有二十一个"子曰"[②]，有一个"仲尼曰"，孔子共有二十二次发言。

孔子说："舜其大孝也与！"第 6 章讲过："舜其大知也与！"[③]《中庸》前面讲舜是最有智慧的人，这里讲舜是最有孝道的人。智慧与孝道有什么关系？为什么智慧与孝道在《中庸》里得到特别的彰显？这个问题值得我们思考。这里主要看舜为什么是最有孝道的人。

关于舜是大孝子，《尚书》《孟子》《史记》都有描述。舜的家庭很特别。他的父亲、继母、同父异母的弟弟象，这一

---

① [南宋] 朱熹：《四书章句集注》，第 25—26 页；按，个别标点符号略有校改，兹不一一标注。

② 包括第 20 章被朱熹当作衍文的第二个"子曰"。

③ [南宋] 朱熹：《四书章句集注》，第 20 页。

家三口想尽千方百计陷害舜，欲置舜于死地。舜生活在这个很不好的家里，但他是大孝子，时刻想着孝顺父母。《孟子》9·1[①] 有这样的说法：舜一心一意想当孝子。所有的事情如果不是建立在孝顺父母的基础上，他都不开心。天下之人喜欢他，他不开心；娶了尧的两个女儿做妻子，他不开心；富有天下，他不开心；尊为天子，他不开心。只有得到父母的喜欢，他才开心。孟子说："大孝终身慕父母。五十而慕者，予于大舜见之矣。"（《孟子》9·1）大孝，就是要一生一世孝顺自己的父母。到五十岁还孝顺父母，孟子只在舜的身上看到了。

以上是对"舜其大孝也与"的解读。这句话与下文的"德为圣人"有什么关系呢？只有大孝子才具备成为圣人的基本条件。所以，从"大孝也与"到"德为圣人"，这里有转折的意味。《中庸》接下来的文字似乎偏离了孝的主题，但实际上没有。如果不以孝为基础，"德为圣人"就转折不下来。

"德为圣人"，舜在道德上是圣人；"尊为天子"，舜在地位上是天子；"富有四海之内"，舜拥有四海之内的财富；"宗庙飨之，子孙保之"，宗庙里面祭祀他，子子孙孙怀念他。这几句话讲的是：舜的孝道有很多体现，这些体现的结果就是"大德"。因为孝道，舜成为道德上的圣人，成了大德。

在孔子看来，"故大德必得其位，必得其禄，必得其名，必得其寿"。有大德的人一定会得到他的地位，一定会得到他的财富，一定会得到他的名声，一定会得到他的长寿。

---

① 此种序号注释，以杨伯峻译注《孟子译注》为据；按，个别标点符号略有校改，兹不一一标注。

也就是说，大德者必定得到四样东西：地位、财富、名声、长寿。这四者是有一定关系的，我们可以调动自己的人文体验好好把握这种关系。

孔子为什么特别讲到“故大德……必有其寿”呢？寿，就是寿命、长寿。《论语》6・23[①]说：“知者乐，仁者寿。”智者是快乐的，仁者是长寿的。舜是大孝子，道德修养极高，他到底有多长寿呢？先看尧，有人说尧活了117岁，也有人说尧活了116岁[②]。再看舜，南宋大思想家朱熹（1130—1200，以下称作朱子）为《中庸》做章句，说舜活了110岁[③]。百岁以上属于长寿，大德者“必得其寿”，孔子觉得这是相当值得肯定的事情。我们知道：“七十三、八十四，阎王不叫自己去。”孔子活了73岁，孟子活了84岁，这都是长寿的表现。古人活到70岁，是很少见的，所以这是长寿。

大德者必然得到地位、财富、名声、长寿，这是从人事方面来讲。讲完这些，孔子将话题接引到了自然哲学方面。他说：“故天之生物，必因其材而笃焉。”天生养了万事万物，同时根据它们不同的资质，而让它们各得其所。“必因其材而笃焉”的这个“笃”，有人说意思就是：它本来已经很好

---

① 此种序号注释，以杨伯峻译注《论语译注》为据；按，个别标点符号略有校改，兹不一一标注。

② 《史记正义・五帝本纪》指出：“皇甫谧云：‘尧即位九十八年，通舜摄二十八年也，凡年百一十七岁。’孔安国云：‘尧寿百一十六岁。’”（［西汉］司马迁撰，［宋］裴骃集解，［唐］司马贞索隐，［唐］张守节正义：《史记》第1册，第30页）

③ 参见［南宋］朱熹：《四书章句集注》，第25—26页。

了，再将它加厚一点。这是朱子的解释[1]。我认为笃就是各得其所。“必因其材而笃焉”，通俗地说，就是“天生我材必有用”。

顺着这句话，孔子讲道：“故栽者培之，倾者覆之。”栽培、倾覆是这里的两个关键词。这句话比较难解。先讲朱子的解释。朱子有一个基本的哲学理念，就是气。这个气是生命之气，它有这些特点：第一，有生命之气，无生命之气，这是两种状态；第二，生命之气多，生命之气少，这也是两种状态。我们将这四种状态进行叠加，就会看到：有生命之气，而且生命之气很强，这个时候万物得以成长；生命之气很少，甚至没有生命之气，这个时候万物走向凋零。这是朱子所谓“气至而滋息为培，气反而游散则覆”的解释[2]。

按照这一解释，我们将“栽者培之，倾者覆之”翻译为：能够成材的，就栽培它；成不了材的，就淘汰它。这种翻译让我们想起达尔文主义的观点——“物竞天择，适者生存”，康有为（1858—1927）的《中庸注》称作“物竞天择，优胜劣败”[3]。人们一般认为这种自然哲学的解释符合自然界发展的客观规律。但是，如果这样解释，我们的心里总是有一种特别悲凉的感觉。因为说到万物生长，能够成材的——我们就栽培它，成不了材的——我们就淘汰它，这种说法好像太残忍了。

---

① 参见［南宋］朱熹：《四书章句集注》，第 26 页。又，《朱子语类》卷 63《中庸二·第十七章》指出：“问‘因其材而笃焉’。曰：‘是因材而加厚些子。’”（［南宋］黎靖德编，王星贤点校：《朱子语类》第 4 册，第 1552 页）

② 参见［南宋］朱熹：《四书章句集注》，第 26 页；按，个别标点符号略有校改。

③ 参见楼宇烈整理：《孟子微　礼运注　中庸注》，中华书局 1987 年版，第 203 页。

我想在自然哲学的解释之外，加进人道主义的解释，并从三个方面展开。第一是从生存的角度展开。生存的角度是说：你发展得好，我要栽培你、培育你；你发展得不好，我要给你一碗饭吃。生存的角度也是最低的限度。第二是从发展的角度展开。发展的角度是说：你一帆风顺、顺风顺水，我为你锦上添花；你陷入困境、一筹莫展，我为你雪中送炭。这都是为了你的发展。第三是从境界的角度展开。生存的角度是最低的，发展的角度是中间的，境界的角度是最高的。

境界的角度是说“栽者培之，倾者覆之”涉及人生的两极：一个是生，一个是死。面对生死问题，我们应当有什么样的境界追求呢？对于生要有追求，对于死要有追求，这种追求落实到境界上，最好的表达是印度大诗人、哲学家泰戈尔（1861—1941）说的“使生如夏花之绚烂，死如秋叶之静美”①。所以，“栽者培之”，我们的生要如夏花之绚烂；“倾者覆之”，我们的死要如秋叶之静美。从人道主义角度解释这句话，我们要将侧重点放在“倾覆”上面。为什么要放在这里？因为我们每个人都有基本的生存要求、基本的发展要求、基本的境界要求。我们既要想到栽培，也要想到倾覆。从我个人的人生经验出发，更是从大部分人的人生体验出发，我

---

① 参见〔印度〕泰戈尔著，郑振铎译：《飞鸟集》，商务印书馆 2014 年版，第 43 页。另外，唐代诗人李商隐的悼亡妻诗《暮秋独游曲江》写道：“荷叶生时春恨生，荷叶枯时秋恨成。深知身在情长在，怅望江头江水声。”（《玉溪生诗集笺注》卷 3，［唐］李商隐著，［清］冯浩笺注，蒋凡标点：《玉溪生诗集笺注》下册，上海古籍出版社 1979 年版，第 728 页）其意为：“荷叶初生时，春恨已生；荷叶枯黄时，秋恨又成。深深知道——只要身在人世，情意就会地久天长。多少惆怅，只有那流不尽的江水声。”这首诗道尽“栽者培之，倾者覆之”的凄美境界。

们要特别强调“倾覆”这两个字，以及如何重新理解它的含义。

《中庸》没有引过其他经典，只引过《诗经》，而且引了十五次。孔子讲完“故栽者培之，倾者覆之”，接着引了《诗经》：“嘉乐君子，宪宪令德。宜民宜人，受禄于天。保佑命之，自天申之。”[①]“嘉乐君子”，就是高雅快乐的君子。“宪宪”的意思是很明显、很显著，“宪宪令德”是高雅快乐的君子有着美好的品德。这个高雅快乐、有美好品德的君子，该做一些什么？上天会如何栽培他呢？那就是“宜民宜人，受禄于天”[②]：他能够让老百姓安居乐业，得到大福利，所以他自己也能享受上天恩赐的福禄。上天厚待这样的君子，我们该对他做一些什么呢？那就是“保佑命之，自天申之”：我们要保佑他承担自身的历史责任，这是来自上天的指令。孔子引《诗经》，还是从栽培的角度讲。

第 17 章的最后是孔子说的：“故大德者必受命。”大德者是最有道德的人。“受命”到底是什么意思？按照传统的解释，就是“受天命为天子”[③]。最有道德的人一定要接受天命，成为治国理政的最高统治者。这个解释合乎《中庸》的发展脉络，因为第 28 章讲到天子该做的就是议礼、制度、考

---

① 《诗经·大雅·生民之什·假乐》指出：“假乐君子，显显令德。宜民宜人，受禄于天。保右命之，自天申之。”（[清] 阮元校刻：《十三经注疏（附校勘记）》上册，第 540 页下栏）按，《中庸》引《假乐》与《诗经》原文有四个字的差异。

② 董仲舒的《举贤良对策》对此句的解释为：“为政而宜于民者，固当受禄于天。”（《汉书·董仲舒传》，[东汉] 班固撰，[唐] 颜师古注：《汉书》第 8 册，第 2505 页）

③ 参见 [南宋] 朱熹：《四书章句集注》，第 26 页。

文。“非天子，不议礼，不制度，不考文。”[①] 如果不是天子，就不能议礼，不能制度，不能考文。子思又谈到德与位的关系：“虽有其位，苟无其德，不敢作礼乐焉；虽有其德，苟无其位，亦不敢作礼乐焉。”[②] 你虽然有天子之位，但如果没有道德，那你就不能制作礼乐文明；反之，亦然。德与位一定要匹配起来。有大德者必须而且必然接受最大的天命，成为治国理政的最高统治者。

“故大德者必受命”，孔子为什么要这么说？春秋时代，礼乐文明已经遭到大面积的破坏。天下那些诸侯徒有其位，但他们的道德品质不行。所以孔子特别强调：有最高道德的人一定要有最高的地位与之相配，否则社会治理就会出现大问题。

对于《中庸》第 17 章，我们要特别关注两个问题：一个是孝与德的关系问题。为什么古人将道德品质与是不是孝顺密切联系在一块？它值得我们拿切身的人生体验予以反省。另一个是德与位的关系问题。你的道德与你的地位到底有什么关系？这也值得我们深入思考。“大德者必受命”，拥有最高道德的人必须而且必然成为治国理政的最高统治者，这是孔子的理念。从人类文明的早期看，很多民族都有类似的思想。比如古希腊的苏格拉底（前 469—前 399）、柏拉图（前 427—前 347）讲“哲学王”，认为哲学家要成为王，就与这个理念异曲同工。

我们既要好好揣摩孝与德、德与位的关系，还要看到这

① ［南宋］朱熹：《四书章句集注》，第 36 页。
② ［南宋］朱熹：《四书章句集注》，第 36 页。

一章有两个字提了很多次：一个字是“故”，出现四次；另一个字是“必”，出现了六次。孔子为什么会用这么肯定的语气讲伦理政治问题呢?!

二、第 18 章解读：无贵贱一也

子曰：“无忧者，其惟[1]文王乎！以王季为父，以武王为子，父作之，子述之。武王缵大王、王季、文王之绪，壹戎衣而有天下，身不失天下之显名，尊为天子，富有四海之内，宗庙飨之，子孙保之。武王末受命。周公成文、武之德，追王大王、王季，上祀先公以天子之礼。斯礼也，达乎诸侯、大夫及士、庶人。父为大夫，子为士；葬以大夫，祭以士。父为士，子为大夫；葬以士，祭以大夫。期之丧，达乎大夫；三年之丧，达乎天子；父母之丧，无贵贱一也。”[2]

《中庸》第 18 章的开头是“子曰”。孔子说：“无忧者，其惟文王乎！”文王指周文王，天下无忧无虑的人恐怕只有文王。下面讲“以王季为父，以武王为子”，王季是他的父亲，武王是他的儿子。对于王季与后面讲的大王（读作“太

---

① “惟”，《礼记·中庸》作“唯”（参见［清］阮元校刻：《十三经注疏（附校勘记）》下册，第 1628 页中栏）。

② ［南宋］朱熹：《四书章句集注》，第 27 页。

王”[①])，很多人比较很陌生。我先介绍一下：文王的爷爷是大王，父亲是王季，儿子是武王、周公，而周公是武王的弟弟，这就是他们一家四代人的关系。中国传统文化讲究一代接一代的传承谱系，由此可见一斑。

文王为什么无忧无虑？因为他有王季这样的父亲，有武王这样的儿子。我们都有父亲，很多人还有儿子，为什么做不到无忧无虑？为什么无忧者“其惟文王乎”，而不是我们？下面一句话“父作之，子述之”，就是其中的原因。

周朝是如何建立起来的？这要追溯到文王的父亲王季，自然也包括他的爷爷大王。他们在陕西的一些地方，打下一片江山，建了几个根据地，周朝才慢慢由小变大。所以，“父作之”的“作”，是说王季这个父亲打江山、建根据地，为周朝的发展指引了方向。“子述之”的“述”，怎么解释呢？《论语》7·1说：“述而不作，信而好古，窃比于我老彭。”无中生有谓之作，作是创造性制作；继往开来谓之述，述是继承性发展。照这样的理解，“父作之”，就是王季这个父亲奠定了基业、指明了方向；“子述之”，就是武王这个儿子能够将祖先创下的基业发扬光大。

关于述与作的关系，更进一步说，作就是自己讲、讲自己，述就是照着讲、照着别人讲。我们现在讲《中庸》，既是照着别人讲，也是自己接着讲。接着讲要比照着讲高一个层次。照着讲是照本宣科，接着讲是继往开来。所以，述与作的关系，也解释了我们与传统文化究竟是什么关系，我们这代人与前人创下的基业究竟是什么关系。对于前人创下的基

---

① 朱注：“大，音泰，下同。”（［南宋］朱熹：《四书章句集注》，第26页）

业，我们要守业。但是，前人栽树了，我们不能只是后人乘凉，更要继往开来、发扬光大。

文王之后是武王。孔子说“武王缵大王、王季、文王之绪”，武王继承了大王、王季、武王的事业。这里明显可以看出大王、王季、文王、武王是四代人的关系。武王怎么继承他们的事业呢？就是“壹戎衣而有天下”，身披战袍，枪里来刀里去，打打杀杀，拥有了天下。按照当时的观点，如果说打打杀杀就有了天下，别人对你的评价是不太好的。在孔子看来，武王虽然“壹戎衣而有天下”，但“身不失天下之显名”，他并没有失去良好的名声。武王之为武，是靠武力打的天下。武王虽然靠武力取得天下，但同样在天下人那里留下了好名声。

接下来的“尊为天子，富有四海之内，宗庙飨之，子孙保之”，与第 17 章的表述是一样的。意思是说：被尊为天子，拥有整个天下的财富，宗庙里面祭祀他，子孙后代怀念他。这讲的是武王。后面的一句就难理解了，它是“武王末受命”。按照传统的解释，受命是受天命为天子。那么，“武王末受命”，究竟是说武王没有受天命为天子，还是别的意思呢？问题的关键在于：这个“末”字怎么解？

“末”这个字确实有点突兀，让这一章变得很难理解。有人认为应该将“末”改为“未”，就是“武王未受命”，武王没有受天命为天子。有的学者就这样解释[①]，但我觉得不太成立。《中庸》第 28 章讲到“非天子，不议礼，不制度，不考文”[②]，这里的“受命”肯定还是受命为天子。这个“末”字究竟如何解释？朱子说：“末，犹老也。”[③]“末”的意思就是晚年。武王到了晚年才接受天命，他统治天下的时间不是很长。也就是说武王晚年同样受命了，而不仅仅只是文王受命[④]。当然，武王是不是在其有生之年接受了天命，这是一个经常被讨论而且分歧很大的问题。我们这里先按最常见的解释进行解读。

前面讲了文王、武王，现在讲周公。“周公成文、武之

---

① 有论者指出：“这段话一方面强调了武王承继大王、王季和文王的事业，另一方面讲了武王的功绩。最末一句实际上是对于这两方面的解释，说是武王只是承继，而没有开创，没有像文王一样受命；同时也说明，尽管没有直接接受天命，但只要承继祖业，也能够建立丰功伟绩。周代尊祖（即遵奉宗法）观念十分浓厚，武王承继祖业而成就辉煌，就是一个显例。照这样来理解，‘武王末受命’这句话，方可在‘无忧’章不失与上下文的逻辑联系。”（晁福林：《〈中庸〉“武王末受命”解》，《中国文化研究》2014 年第 2 期，第 24 页；按，个别标点符号略有校改）

② 参见［南宋］朱熹：《四书章句集注》，第 36 页。

③ ［南宋］朱熹：《四书章句集注》，第 26 页。按，此说渊源有自。郑玄注：“末，犹老也。”孔颖达疏：“末，犹老也。谓武王年老而受命，平定天下也。”（［清］阮元校刻：《十三经注疏（附校勘记）》下册，第 1628 页下栏）《诗经·大雅·文王之什·下武》毛诗序指出：“《下武》，继文也。武王有圣德，复受天命，能昭先人之功焉。”（［清］阮元校刻：《十三经注疏（附校勘记）》上册，第 525 页中栏）又，“文、武受命”之说亦得到出土文献的证实：“清华简《程寤》记周文王及太子发因太姒梦商廷生棘而受命之事，既可补《逸周书》该篇之残缺，又可印证《诗》《书》‘文、武受命’之成说。”［黄怀信：《清华简〈程寤〉解读》，简帛网（武汉大学简帛研究中心）2011 年 3 月 28 日发布］

④ “文王受命”乃一成说。《诗经·大雅·文王之什·文王有声》早已有言：“文王受命，有此武功。既伐于崇，作邑于丰。文王烝哉！”（［清］阮元校刻：《十三经注疏（附校勘记）》上册，第 526 页中栏）《孟子》5·3 指出：“《诗》云：‘周虽旧邦，其命惟新。’文王之谓也。”《孟子集注》卷 5《滕文公章句上》解释：“言周虽后稷以来，旧为诸侯，其受天命而有天下，则自文王始也。”（［南宋］朱熹：《四书章句集注》，第 255—256 页）

德”，周公进一步继承文王、武王的事业，将它发扬光大。“追王大王、王季”是说：大王、王季只是一些小诸侯，他们没有自称为王；到了周公的时候，他将他的爷爷、太爷爷追封为王。“追”，就是也追认他的太爷爷大王、他的爷爷王季为王。“上祀先公以天子之礼”① 是说：我让我的爷爷、太爷爷变成了王，我也要像祭祀文王、武王一样，以天子之礼祭祀历代祖先。这个“追”字是从时间的角度往上推，慎终追远，溯本追源，让历史上的祖先进入自己的思想世界。

下面讲：“斯礼也，达乎诸侯、大夫，及士、庶人。”周公“成文、武之德，追王大王、王季，上祀先公以天子之礼”，又将这个礼推广到诸侯、大夫那里，还推广到士与平民百姓那里。“达”是“推广到”“推行于”。它是从空间的角度往外推，由近及远，推己及人，让现实中的臣民进入自己的实践世界。

这个礼有什么具体内涵呢？孔子举例说：“父为大夫，子为士；葬以大夫，祭以士。父为士，子为大夫；葬以士，祭以大夫。”② 父亲是大夫，儿子是士；父亲死了，儿子要用大夫的礼节安葬父亲，用士的礼节祭祀父亲。父亲是士，儿子是大夫；父亲死了，儿子要用士的礼节安葬父亲，用大夫的礼节祭祀父亲。怎么理解这段话？孔子对于生死很关心，《论

① 《史记·太史公自序》指出：“夫天下称诵周公，言其能论歌文、武之德，宣周、邵之风，达太王、王季之思虑，爰及公刘，以尊后稷也。”（［西汉］司马迁撰，［宋］裴骃集解，［唐］司马贞索隐，［唐］张守节正义：《史记》第10册，第3295页）朱注：“先公，组绀以上至后稷也。”（［南宋］朱熹：《四书章句集注》，第26页）先公是指大王以前的历代祖先。后稷是周人的始祖，公刘是后稷的曾孙，组绀是大王的父亲。

② 朱注：“制为礼法，以及天下，使葬用死者之爵，祭用生者之禄。”（［南宋］朱熹：《四书章句集注》，第26页）

语》2·5说："生，事之以礼；死，葬之以礼，祭之以礼。"《中庸》这里也讲到葬礼与祭礼。父亲是士，我是大夫。父亲死了，我以什么样的礼节安葬、祭祀父亲呢？一方面，因为父亲生前是士，我只能以士的礼节安葬他。比如棺材多大，里面配置什么样的陪葬物，只能依据士的标准。另一方面，因为我现在是大夫，所以要以大夫的身份祭祀父亲。

讲到这里，我想起《孟子·梁惠王下》的一段记载：鲁平公想见孟子，但他受到小人的唆使，最后没有见孟子。孟子问他的学生：是什么样的理由让鲁平公没有见我呢？他的学生说：有一个小人对鲁平公说，你葬你父亲的礼节与葬你母亲的礼节不一样，葬你母亲的礼节要远远高于葬你父亲的礼节。孟子说：这怎么不行呢？我父亲死的时候，我是士；我母亲死的时候，我是大夫。所以，我葬我父亲，是以士礼葬的；葬我母亲，是以大夫之礼葬的。摆三个鼎，摆五个鼎，分别对应士、大夫这样的身份。《孟子》2·16的这种说法潜在地表明，孟子很可能并不是早年就失去了父亲。因为"前以士，后以大夫"，明确说孟子已经是士；而孟子三岁的时候肯定是不可能成为士的，必须到一定的年龄才能成为士。

再回到《中庸》第18章。它谈了儿子如何为父亲办葬礼、祭礼之后，又谈到一年之丧、三年之丧。这里的丧礼，相对复杂一点。

孔子说："期之丧，达乎大夫。"期（jī）是指一年，"达乎大夫"是说一年之丧从平民一直推广到大夫。一年之丧是为哪些人服丧呢？以我为中心，我有兄弟姐妹，我父亲、我母亲有兄弟姐妹。所谓一年之丧，就是我的兄弟姐妹过世了，我父亲、我母亲的兄弟姐妹过世了，我要服丧，服丧的时间是一年。我为我的兄弟姐妹服丧，为我父亲、我母亲的兄弟姐妹服丧，这里的“我”是指平民、士、大夫。为什么诸侯、天子不为自己的兄弟姐妹、叔伯老舅、七大姑八大姨服丧呢？这是因为诸侯、天子的地位比大夫、士、平民高多了。古代礼制讲究亲亲、尊尊、贤贤的原则。诸侯、天子不为自己的兄弟姐妹、叔伯老舅、七大姑八大姨服丧，体现了尊尊的原则。这一点要特别注意。

孔子接着说：“三年之丧，达乎天子。”[①] 三年之丧是服丧三年的时间，平民、士、大夫、诸侯、天子都必须服丧。三年之丧有哪些服丧对象呢？以我为中心，我有父母，我父亲有他的父母，我母亲有她的父母。我的父母过世了，我父亲的父母过世了，我母亲的父母过世了，在这些情况下，无论是平民百姓、士、大夫，还是诸侯、天子，都必须为他们服三年之丧。兄弟姐妹、叔伯老舅、七大姑八大姨过世了，从平民到大夫都要服丧，时间是一年。这是讲旁系亲属。我的父母，我的祖父母，我的外祖父母，这是我的直系亲属，要服三年之丧。从老百姓一直到天子都要服三年之丧，这就是“三年之丧，达乎天子”。

这一章的最后一句话是：“父母之丧，无贵贱一也。”[②] 为父母服丧，无论地位高、地位低，天下人都一样。这句话有什么特殊含义呢？三年之丧其实已经包含父母之丧。这里将父母之丧单独拎出来，体现了父母在人的伦理生活当中独

---

① 《孟子》5·2 指出：“三年之丧，齐疏之服，飦粥之食，自天子达于庶人，三代共之。”

② 《论语》17·21 指出：“宰我出。子曰：‘予之不仁也！子生三年，然后免于父母之怀。夫三年之丧，天下之通丧也。予也有三年之爱于其父母乎？’”

一无二的意义，所以要特别表达。父亲、母亲死了，不管你地位高低，不管你是什么人，都必须服三年之丧，这是天下都一样的道理。

对于《中庸》第18章，我们要特别注意德与礼的关系。德是道德品质，它与礼仪制度到底是什么关系呢？礼怎么样具体体现在葬礼、祭礼、丧礼上面呢？随着城市化进程、现代化进程的不断展开，葬礼、祭礼、丧礼越来越难看到了，但它们是古人生活的重要组成部分。另外，这一章将周公抬了出来，也是《中庸》第一次提到周公。中华民族历史悠久，中国素称礼仪之邦。一直往前追，就是因为周公制作了礼乐文明，将礼乐文明变成了一套体系，维系了中国传统文化源源不断的发展。周公在中国历史上最大的意义是制作了礼乐文明。

三、第19章解读：治国其如示诸掌

子曰："武王、周公，其达孝矣乎！夫孝者，善继人之志，善述人之事者也。春秋修其祖庙，陈其宗器，设其裳衣，荐其时食。宗庙之礼，所以序昭穆也；序爵，所以辨贵贱也；序事，所以辨贤也；旅酬下为上，所以逮贱也；燕毛，所以序齿也。践其位，行其礼，奏其乐，敬其所尊，爱其所亲，事死如事生，事亡如事存，孝之至也。郊社之礼，所以事上帝也；宗庙之礼，所以祀乎其先也。明乎郊社之礼、禘尝之义，治国其如示诸掌乎？”[①]

《中庸》第19章是从武王、周公讲起的，开头仍是讲孝。“子曰：‘武王、周公，其达孝矣乎！’”孔子说：人们都认为武王、周公是天下最孝的人。这个孝与舜的那个孝又不一样。舜的孝是面对自己的父母。舜的父母对他不好，但舜尽心尽力讨得父母的喜欢，那是舜的孝。武王、周公的孝是什么呢？是将前人的事业发扬光大，建立了周朝的天下。“夫孝者，善继人之志，善述人之事者也。”所谓孝，就是善于继承祖先的志向，善于光大祖先的事业。

作为一个孝子，一定要将祖先的志向继承下来，将祖先的事业发扬光大。正如《论语》1·11记载孔子的话说：“父在，观其志”，父亲在的时候，要看他有什么样的志向；“父没，观其行”，父亲过世了，要好好想一想他这一辈子到底做了哪些事情；“三年无改于父之道，可谓孝矣”，“三年”不是讲具体的三年，而是指一直不改变他做人做事的原则与方法，这就是尽孝。

武王、周公（特别是周公[②]）如何继承祖先的志向、光大祖先的事业呢？这里涉及一套很复杂的礼仪制度，我们只能用通俗、简明的语言做出解读。

“春秋修其祖庙”是说：每年的春天、秋天，要好好修整祖庙。祖庙作为一项制度，在中国传统伦理政治文化中占有

① ［南宋］朱熹：《四书章句集注》，第27页。

② 朱注：“上章言武王缵大王、王季、文王之绪以有天下，而周公成文、武之德以追崇其先祖，此继志述事之大者也。下文又以其所制祭祀之礼，通于上下者言之。”（［南宋］朱熹：《四书章句集注》，第27页）

极重的分量。级别不同，拥有祖庙的多少也是不同的。比如，天子是七座庙，诸侯是五座庙，大夫是三座庙[①]。"春秋修其祖庙"，就是要将祖庙好好修一修。

"陈其宗器"是说：祖庙里面有老祖宗留下的很多重要遗物，我们要好好陈列它们。周朝有哪些宗器呢？周朝的庙里保留了老祖宗用过的哪些东西呢？打个比喻：我的太爷爷用过一根拐杖，那根拐杖帮我太爷爷打败过侵犯我家的豪强土匪，所以那根拐杖在我家的历史地位不同凡响，我家的祠堂里面就保留了那根拐杖。这就叫作宗器。至于周朝的宗器，朱子举了四件[②]：一是赤刀，一把刀；二是大训；三是天球；四是河图，它很有名，河图、洛书对于整个中国文化

① 朱注："祖庙：天子七，诸侯五，大夫三，適士二，官师一。"（［南宋］朱熹：《四书章句集注》，第 27 页）按，这个"適（dí）"字不能简化为"适"。

② 朱注："宗器，先世所藏之重器；若周之赤刀、大训、天球、河图之属也。"（［南宋］朱熹：《四书章句集注》，第 27 页）

影响很大①。

“设其裳衣”是说：对于祖宗穿过的衣服、留下的衣服，要摆出来，诚心看一看。

“荐其时食”是说：祖庙里面要经常供奉四时当令的食品，例如“春行羔、豚、膳、膏、香”② 这类东西。

“春秋修其祖庙，陈其宗器，设其裳衣，荐其时食”，是必须为先人做的事情。它是讲“继志”，而下面是讲“述

① 这里据《尚书·顾命》的原文及其汉唐注疏，对于朱子列举的四样宝器略作解读。其中，最重要的是大训。《尚书·顾命》指出：“在后之侗，敬迓天威，嗣守文、武大训，无敢昏逾。”孔安国传：“在文、武后之侗稚，成王自斥。敬迎天之威命，言奉顺继守文、武大教。无敢昏乱逾越，言战栗畏惧。”（[清] 阮元校刻：《十三经注疏（附校勘记）》上册，第238页上栏）孔安国《尚书序》指出：“伏牺、神农、黄帝之书，谓之《三坟》，言大道也。少昊、颛顼、高辛、唐、虞之书，谓之《五典》，言常道也。至于夏、商、周之书，虽设教不伦，雅诰奥义，其归一揆。是故历代宝之，以为大训。”（同上书，第113页下栏—114页中栏）这四样宝器，典出《尚书·顾命》：“越玉五重，陈宝。赤刀、大训、弘璧、琬琰，在西序；大玉、夷玉、天球、河图，在东序。”孔安国传：“宝刀，赤刀削。大训，《虞书》典谟。大璧、琬琰之珪为二重。”“三玉为三重。夷，常也。球，雍州所贡。河图，八卦。伏牺王天下，龙马出河，遂则其文以画八卦，谓之河图。及典谟，皆历代传宝之。”（同上书，第239页上栏）孔颖达正义：“郑注云：‘曲刃刀也。’又云：‘赤刀者，武王诛纣时刀，赤为饰，周正色。’不知其言何所出也。‘大训，《虞书》典谟’，王肃亦以为然，郑云‘大训谓礼法，先王德教’，皆是以意言耳。弘，训大也。”“《禹贡》：雍州所贡球、琳、琅玕。知球是雍州所贡也。常玉、天球，传不解‘常’‘天’之义，未审孔意如何。王肃云：‘夷玉，东夷之美玉。天球，玉磬也。’亦不解称‘天’之意。郑玄云：‘大玉，华山之球也。夷玉，东北之珣玕琪也。天球，雍州所贡之玉，色如天者。皆璞，未见琢治，故不以礼器名之。’”（同上书，第239页下栏）古代的名物制度，后人的理解难以一致，由此可见一斑。以上资料的核心部分，承蒙清华大学哲学系博士研究生钮则圳同学（现为中共广东省委党校校聘副教授）告知，特此致谢！

② 参见［南宋］朱熹：《四书章句集注》，第27页。

事”①。

“宗庙之礼，所以序昭穆也”② 是说：宗庙的礼节是为了将辈分关系搞清楚。“昭穆”是什么意思呢？它是祖庙里面区分一代一代人之间关系的一项制度，简单地说，就是父子的灵位如何在庙里排。它通常是以第一代为中心，左边摆父亲的灵位，右边摆儿子的灵位。昭穆的最高规格是以第一代为中心，左昭右穆，左父右子，左边二代、四代、六代，右边三代、五代、七代。

“序爵，所以辨贵贱也”是说：排列爵位是为了辨别身份的贵贱。为什么要对人们的爵位排序呢？因为爵位是体现高低贵贱的重要标准。如果你只是士，你的爵位就没有大夫高，没有诸侯高，更没有天子高。“序爵”的目的是区分人与人之间的贵贱。

“序事，所以辨贤也”是说：安排祭祀中的职事是为了判断子孙的才能。庙里进行祭祀，需要很多人当职事，职事的责任有轻重之分。就像现在的学会一样，为什么你只当了理事，而别人当了常务理事？这是因为常务理事比理事更显示

---

① 有人问：“吕氏分‘修其祖庙’以下一节作‘继志’，‘序昭穆’以下一节作‘述事’，恐不必如此分？”朱熹回答：“看得追王与所制祭祀之礼，两节皆通上下而言。吕氏考订甚详，却似不曾言得此意。”（参见《朱子语类》卷 63《中庸二·第十九章》，［南宋］黎靖德编，王星贤点校：《朱子语类》第 4 册，第 1558 页）其实，以“继志”“述事”进行概括的做法有可取之处。

② 《国语·鲁语上》指出：“夫宗庙之有昭穆也，以次世之长幼，而等胄之亲疏也。”（徐元诰撰，王树民、沈长云点校：《国语集解》，中华书局 2002 年版，第 165 页）朱注：“宗庙之次：左为昭，右为穆，而子孙亦以为序。有事于太庙，则子姓、兄弟、群昭、群穆咸在，而不失其伦焉。”（［南宋］朱熹：《四书章句集注》，第 27 页；按，个别标点符号略有校改）《礼记·王制》指出：“天子七庙，三昭三穆，与大祖之庙而七。诸侯五庙，二昭二穆，与大祖之庙而五。大夫三庙，一昭一穆，与大祖之庙而三。士一庙。庶人祭于寝。”（［清］阮元校刻：《十三经注疏（附校勘记）》上册，第 1335 页中栏）

一个人的能力。祖庙进行祭祀，要由同一家族的人担任祭祀方面的事务。这项事务由谁担任，比如"尸"由哪个小孩担任，都要经过长老的商议。为什么挑中了他，而没有挑中你？就是因为他比较贤，比较有能力。

祭祀完毕，通常要吃冷猪头肉，将祭祀用过的猪肉切成一块块，分给前来参加祭祀的人。祭祀之后还有喝酒的宴会，喝酒有哪些规矩呢？

"旅酬下为上，所以逮贱也"① 是说：众人轮流举杯，晚辈向长辈敬酒，是为了显示祖先的恩惠遍及地位低贱者。"旅"的意思是人多，"酬"的意思是酬谢，"旅酬"的意思是大家轮流举杯喝酒，"下为上"的意思是晚辈敬长辈。晚辈为什么要向长辈敬酒呢？"所以逮贱也"，是为了将祖先留下来的恩惠普及地位卑微的后人身上。因为晚辈、下辈也能敬酒，所以祖先的恩惠是见人有份、人人有份。无论地位高的、在上面的，还是地位低的、在下面的，都能享受、沐浴到祖先的恩惠。

"燕毛，所以序齿也"② 是说：祭祀后的宴饮，依照头发的黑白就座，是为了区分长幼次序。"燕""宴"两个字是相

---

① 朱注："旅，众也。酬，导饮也。旅酬之礼，宾弟子、兄弟之子各举觯于其长而众相酬。盖宗庙之中以有事为荣，故逮及贱者，使亦得以申其敬也。"（［南宋］朱熹：《四书章句集注》，第 27 页）《朱子语类》卷 63《中庸二·第十九章》指出："'旅酬'，是客先劝主人，主人复劝客，客又劝次客，次客又劝第三客，以次传去。如客多，则两头劝起。"（［南宋］黎靖德编，王星贤点校：《朱子语类》第 4 册，第 1556 页）

② 朱注："燕毛，祭毕而燕，则以毛发之色别长幼，为坐次也。齿，年数也。"（［南宋］朱熹：《四书章句集注》，第 27 页）《朱子语类》卷 63《中庸二·第十九章》指出："问'燕毛，所以序齿也'。曰：'燕时择一人为上宾，不与众宾齿，余者皆序齿。'"（［南宋］黎靖德编，王星贤点校：《朱子语类》第 4 册，第 1558 页；按，个别标点符号略有校改）

通的，就是开宴会。毛是头发。“燕毛”是什么意思呢？举行宴会，设了很多座位，座位怎么排呢？你是一头白发，就坐上面的位置；你是一头黑发，就坐下面的位置。“燕毛”就是举行宴会的时候，按照来宾是白头发还是黑头发排座位。这样排座位忽略了辈分，但体现了另一个原则——敬老。如果按照辈分，有人辈分很高，可他只是两三岁的小孩；有人辈分很低，即使已经八十多岁，也得叫两三岁的小孩为爷爷。前面的“宗庙之礼，所以序昭穆也”，是讲辈分。到了宴会的时候，不按辈分，按照长幼，体现的是敬老的原则。

孔子讲完“继志”“述事”，下面讲“明义”。

孔子说：“践其位，行其礼，奏其乐，敬其所尊，爱其所亲，事死如事生，事亡如事存，孝之至也。”① 这五个“其”字，都是指先王。“践其位”，是将先王的灵位摆好，以便供奉。“行其礼”，是行先王行过的那些礼节。“奏其乐”，是奏先王听过的那些音乐。“敬其所尊”，是尊敬先王所尊敬的那些人物。“爱其所亲”，是亲爱先王所亲爱的那些人物。“敬其所尊，爱其所亲”，就是尊敬、亲爱。先王尊敬过的人，我们同样要尊敬；先王亲爱过的人，我们同样要亲爱。“事死如事生，事亡如事存”②，出现“生死”“存亡”，生与死相对应，存与亡相对应。现在说的“死亡”是联合词组，“死”“亡”没有区别。但是，古代说刚刚断气了，是死；棺材已经

---

① 朱注：“践，犹履也。其，指先王也。所尊所亲，先王之祖考、子孙、臣庶也。始死谓之死，既葬则曰反而亡焉，皆指先王也。此结上文两节，皆继志述事之意也。”（［南宋］朱熹：《四书章句集注》，第 27 页）

② 《荀子·礼论》有类似的说法：“丧礼者，以生者饰死者也，大象其生以送其死也。故如死如生，如亡如存，终始一也。”（［清］王先谦撰，沈啸寰、王星贤点校：《荀子集解》下册，中华书局 1988 年版，第 366 页）

下葬，安葬在土里，是亡。所以，“事死如事生”是说：我们伺候刚刚死去的人，要像他还活着那样；“事亡如事存”是说：我们伺候已经下葬的人，要像他还在世那样。做到了以上这些，就是“孝之至也”，是大孝的体现，是孝道的极致。

孔子又说：“郊社之礼，所以事上帝也；宗庙之礼，所以祀乎其先也。”“上帝”这个词在古代的《诗经》《尚书》那里经常出现，并不只是西方的概念。郊社之礼是什么礼呢？郊是祭天，社是祭地，郊社就是祭天祭地。祭天、祭地是古代帝王最隆重的祭祀礼仪，冬至这一天到南郊祭天，夏至那一天到北郊祭地，祭天、祭地与冬至、夏至密切相关。祭天祭地的郊社之礼是为了好好侍候上帝，上帝就是天。宗庙之礼是宗庙里的礼节，是为了祭祀我们的先王，祭祀我们的祖先。

这一章的最后说：“明乎郊社之礼、禘尝[①]之义，治国其如示诸掌乎？”如果知道了郊社的礼节、禘尝的道理，治理天下国家就像看手掌上的东西一样，不费吹灰之力，看得清清楚楚。这里比较难解的是禘尝之义。禘、尝是古代帝王的祭祖大礼，禘是春天举行的，尝是秋天举行的[②]。《论语》讲过

① 禘尝，读作 dì cháng。朱注：“禘，天子宗庙之大祭，追祭太祖之所自出于太庙，而以太祖配之也。尝，秋祭也。”（［南宋］朱熹：《四书章句集注》，第 27 页）

② 《礼记·祭义》指出：“是故君子合诸天道：春禘秋尝。”（［清］阮元校刻：《十三经注疏（附校勘记）》下册，第 1592 页中栏）《潜研堂集》卷 3《禘尝说》指出：“宗庙之礼，莫重乎禘尝。禘尝皆时祭也，四时皆祭而春秋为大，故《祭统》谓之‘大尝禘’。”（［清］钱大昕撰，吕友仁标校：《潜研堂集》，上海古籍出版社 1989 年版，第 42 页）与“春禘秋尝”不同，《礼记·王制》说是“夏禘秋尝”：“天子、诸侯宗庙之祭，春曰礿，夏曰禘，秋曰尝，冬曰烝。”（［清］阮元校刻：《十三经注疏（附校勘记）》上册，第 1335 页下栏）朱注：“四时皆祭，举其一耳。礼必有义，对举之，互文也。”（［南宋］朱熹：《四书章句集注》，第 27 页）据此，禘（春）、社（夏）、尝（秋）、郊（冬）当是朱熹的本意。

禘礼。读《论语》3・11，有人问孔子：禘礼是什么意思？孔子回答："我也不知道。当今之士，要是有人知道禘礼到底是怎么回事，那他治理整个天下，就像看这里的东西一样容易。"然后孔子伸出自己的手掌。《中庸》讲"治国其如示诸掌乎"，与《论语》这段对话一模一样。假如明白了祭天祭地的礼节，明白了祭祀祖先的道理，那么，治理天下国家就像将手掌翻过来那样轻而易举了。

《中庸》第19章同样从伦理政治的角度谈到孝与礼到底是什么关系。它由"武王、周公，其达孝矣乎"起兴，讲了宗庙之礼，讲了郊社之礼，还讲了"明乎郊社之礼、禘尝之义，治国其如示诸掌乎"，将礼、义并列起来。礼义与治国有着十分密切的关系。中国古代以孝治国、以礼治国、以德治国，也就是以孝治天下、以礼治天下、以德治天下。以礼乐文明治理天下国家，这里有很明显的体现。

四、第20章解读：所以行之者一也

《中庸》第20章是全篇33章中最长的一章。《中庸》将近五千字（计空格，并包括标点符号），而这一章有一千多字，相当于一篇千字文。朱子的解释只是一大段，没有分段落，读起来很费劲。为了便于大家的理解，我将它分成九个段落，第一个段落叫作20・1，以此类推，第九个段落叫作20・9。很多人认为这一章不好理解，因为它的结构看起来很分散。其实这一章也是有逻辑的。

这里做一个比喻，让大家记住它到底讲了什么。延安时期有一支部队叫三五九旅，大家都知道《南泥湾》唱的“又战斗来又生产，三五九旅是模范”。部队叫什么名字？叫作三五九旅；“一支”部队，就是一。首先，记住三五九旅，等于记住了《中庸》第20章的主要内容也是“三五九”：三，是三达德，三种道德品质；五，是五达道，五种伦理关系；九，是九经，九种治国方略。其次，记住三五九旅是“一支”部队，是因为《中庸》第20章经常强调一个关键词，就是一横的“一”，是“三五九”得以统一起来的根据。我这几年每次从广州来济宁，坐的航班都是CZ3519。有点巧合的是：这里讲《中庸》第20章，它的主要内容是一三五九。为什么将一三五九提出来？就是建立比喻与联想，让大家记得住、记得牢。

《中庸》第20章也是讲治国理政，涉及伦理政治的很多方面。这一章并不是不完整，而是有一个相对完整的结构。

> 20·1　哀公问政。子曰：“文、武之政，布在方策。其人存，则其政举；其人亡，则其政息。人道敏政，地道敏树。夫政也者，蒲卢也。故为政在人，取人以身，修身以道，修道以仁。仁者人也，亲亲为大；义者宜也，尊贤为大。亲亲之杀，尊贤之等，礼所生也。在下位不获乎上，民不可得而治矣。故君子不可以不修身。思修身，不可以不事亲；思事亲，不可以不知人；思知人，不可以不知天。”①

① ［南宋］朱熹：《四书章句集注》，第28页。

20·1的开头是“哀公问政”。如果从《中庸》里面为“哀公问政”找上联，它就是“子路问强”。《中庸》第10章讲：“子路问强。子曰：‘南方之强与？北方之强与？抑而强与？’”①

鲁哀公问什么是政治。孔子说：“文、武之政，布在方策。”文王、武王做过的政事，已经记载在那些方板、竹简上面。换句话说，文王、武王做过哪些政事，历史文献已有记载了。“人亡政息”是大家知道的成语。这里的“其人存，则其政举；其人亡，则其政息”是说：有文王、武王这样的人存在，政治事务做起来就简简单单；没有文王、武王这样的人存在，政治事务就做不起来。孔子接着将人道与地道做了区分，就是“人道敏政，地道敏树”。人之道，是让政事尽快落实；地之道，是让树木尽快成材。

下面一句“夫政也者，蒲卢也”②，简单的解释是政事就像蒲卢一样。蒲卢是什么呢？看起来是一种植物。可是，人们一开始并没有将蒲卢当作植物。东汉的郑玄（127—200）将它解释为动物，这种动物叫作蜾蠃（guǒ luǒ）。蜾蠃是什么呢？是蜜蜂，一种土蜜蜂③。到了北宋，沈括（1031—

---

① ［南宋］朱熹：《四书章句集注》，第21页。

② 对于这句话的解释史研究，参见杨少涵：《〈中庸〉“政犹蒲卢”郑、朱注之歧异与会通》，《中山大学学报》社会科学版2015年第5期，第89—103页。

③ 郑玄注：“蒲卢，蜾蠃，谓土蜂也。《诗》曰：‘螟蛉有子，蜾蠃负之。’螟蛉，桑虫也。蒲卢取桑虫之子，去而变化之，以成为己子。政之于百姓，若蒲卢之于桑虫然。”（［清］阮元校刻：《十三经注疏（附校勘记）》下册，第1629页中栏）

1095）写《梦溪笔谈》，将它解释为蒲苇[1]，像芦苇一样的植物[2]。朱子作《中庸章句》，认同沈括的说法，将蒲卢解释为蒲苇[3]。蒲苇有什么特点呢？它对于生存环境的要求不高，长得很快。长得快是蒲苇的显著特点，“人道敏政”是说人之道希望好的政事尽快变成现实，所以朱子将蒲卢解释为蒲苇。

蒲苇除了长得快，还有另一个特点，就是有韧性。有首诗的开头是“孔雀东南飞，五里一徘徊”，这首诗是《古诗为焦仲卿妻作》。焦仲卿的老婆还用“君当作磐石，妾当作蒲苇。蒲苇纫如丝，磐石无转移”[4] 比喻夫妻关系：夫君好比坚固地立在那里的大石头，我这个妻子好比蒲苇；蒲苇像丝一样有韧性，磐石就会坚定不移。可见，将蒲卢解释为蒲苇，既是因为蒲苇生长得很快，又是因为《古诗为焦仲卿妻作》说它有韧性。

① 《梦溪笔谈》卷 3《辨证一》指出：“蒲芦，说者以为蜾蠃，疑不然。蒲芦即蒲苇耳，故曰：‘人道敏政，地道敏艺。’夫政犹蒲芦也，人之为政，犹地之艺蒲苇，遂之而已，亦行其所无事也。”（胡道静著，虞信棠、金良年整理：《梦溪笔谈校证》，上海人民出版社 2016 年版，第 138 页）按，《中庸》的“蒲卢”“地道敏树”，此处作“蒲芦”“地道敏艺”。

② 蒲苇、芦苇同属禾本科，但不同属（芦苇属、蒲苇属）。蒲苇是丛生，芦苇是单根。与芦苇相比，蒲苇有很好的观赏价值。

③ 朱注：“蒲卢，沈括以为蒲苇是也。以人立政，犹以地种树，其成速矣；而蒲苇又易生之物，其成尤速也。言人存政举，其易如此。”（［南宋］朱熹：《四书章句集注》，第 28 页；按，个别标点符号略有校改）

④ 参见《玉台新咏》卷 1《古诗为焦仲卿妻作（并序）》，吴冠文、谈蓓芳、章培恒汇校：《玉台新咏汇校》上册，上海古籍出版社 2014 年版，第 79 页。

再往下看。“故为政在人”[①]，所以治理国家的关键在于选好人才；“取人以身”，选好人才的关键在于修养自己。这里是说作为君王，你要选好人才，关键在于自己立身要正。最高统治者要修养自己，这是古代的基本观念。比如《孟子》7·5讲：“天下之本在国，国之本在家，家之本在身。”天下、国家最大的根本在于自身，在于我们自己。《孟子》7·20讲：“君仁，莫不仁；君义，莫不义；君正，莫不正”，君王是仁义、正派的，天下所有人都会是仁义、正派的；“一正君而国定矣”，如果君王端正好自己，天下人都能端正好自己。“取人以身”的“身”是指君王自己。“修身以道”，修养自身必须遵循大道；“修道以仁”，遵循大道就是树立仁爱之心。

下面转到了仁。“仁者人也”，仁是人与人之间的相亲相爱。人与人之间最大的相亲相爱是什么呢？就是“亲亲为大”，爱自己的父母是所有伦理关系里面最大的一种。“义者宜也”，义是人与人之间一定要将关系处理恰当。最能体现这些关系处理得恰当的，就是治国理政者将那些有能力的人提拔起来，让他们各得其所，有用武之地，这叫“尊贤为大”。

孔子接着说：“亲亲之杀，尊贤之等，礼所生也。”“杀”在古代的含义是等级，亲亲之杀的“杀”与尊贤之等的“等”都是表示等级。我爱我所有的亲人，但我对父母、兄弟姐妹、

① 朱注：“为政在人，《家语》作‘为政在于得人’，语意尤备。人，谓贤臣。身，指君身。”（［南宋］朱熹：《四书章句集注》，第28页）《孔子家语·哀公问政》指出：“夫政者，犹蒲卢也，待化以成，故为政在于得人。取人以身，修道以仁。”（杨朝明、宋立林主编：《孔子家语通解》，齐鲁书社2013年版，第208页）这里必须特别注意《礼记·中庸》与《孔子家语·哀公问政》在文本上的密切关系。

堂表亲……这些亲人是有亲疏、远近之分的，这是“亲亲之杀”。“尊贤之等”是说我尊敬那些有能力的人，让他们在不同位置上发挥自己的作用，其实也有等级之分。能力强的，地位越高；能力低的，地位越低。分出这些等级后，礼也就产生了。从礼乐文明看，礼的特点是区分贵贱、尊卑有序，乐的特点是和和气气、和乐一家。这是“礼所生也”。

“在下位不获乎上，民不可得而治矣。”① 下级得不到上级的信任，老百姓就得不到治理。这句话是重复的，因为它在后面还会出现。《中庸》相传为子思所作。据说《中庸》第20章前面一大部分是从《孔子家语·哀公问政》中抄出来的②。子思抄的时候，有些东西没有删干净。所以，这一章有重复出现的重文，还有多余出现的衍文。

孔子说：“故君子不可以不修身”，说一千道一万，君子一定要修养自己；“思修身，不可以不事亲”，要修养自己，一定要孝敬亲人；“思事亲，不可以不知人”，要孝敬亲人，一定要了解别人；“思知人，不可以不知天”，要了解别

---

① 郑玄注：“此句其属在下，著脱误重在此。”（［清］阮元校刻：《十三经注疏（附校勘记）》下册，第1629页中栏）朱注：“郑氏曰：‘此句在下，误重在此。’”（［南宋］朱熹：《四书章句集注》，第28页）

② 朱注：“《孔子家语》亦载此章，而其文尤详。‘成功一也’之下有‘公曰：子之言美矣至矣，寡人实固，不足以成之也’，故其下复以‘子曰’起答辞。今无此问辞，而犹有‘子曰’二字。盖子思删其繁文以附于篇，而所删有不尽者，今当为衍文也。‘博学之’以下，《家语》无之，意彼有阙文，抑此或子思所补也欤？”（［南宋］朱熹：《四书章句集注》，第32页；按，个别标点符号略有校改）杨朝明的《〈中庸〉成书问题新探》认为：“‘哀公问政’一节，与《礼记》相比，《家语》具有明显的哀公与孔子的问答性质，接近二人的对白实录。而《礼记》中更像孔子的长篇论说。”“‘哀公问政’一节被改编到《礼记》之后，其中原来哀公与孔子往返对白的描述性文字都被删除，仅仅保留了孔子的论说。”（氏著：《出土文献与儒家学术研究》，台湾古籍出版有限公司2007年版，第288页）

人，一定要晓得天理到底是什么。有人认为《中庸》第20章的逻辑性不强。其实，它的逻辑性马上会体现出来。20・1的结语是“不可以不知天”，而20・2一开头便谈到天，这就是逻辑性的体现。

20・2　天下之达道五，所以行之者三。曰君臣也，父子也，夫妇也，昆弟也，朋友之交也，五者天下之达道也。知、仁、勇三者，天下之达德也。所以行之者一也。或生而知之，或学而知之，或困而知之，及其知之，一也；或安而行之，或利而行之，或勉强而行之，及其成功，一也。①

“天下之达道五”，这个“天”与上面的“天”联系起来了，通行于天下的伦理关系有五项。“所以行之者三”，让这五种伦理关系得以落实的有三种道德品质。五种伦理关系是什么呢？“曰君臣也，父子也，夫妇也，昆弟也，朋友之交也”，就是君臣、父子、夫妇、兄弟、朋友。“五者天下之达道也”，这五种关系是普天之下都通行的伦理关系，我们一般将它叫作五伦。但是，更完整地表达五伦的还是《孟子》5・4说的：“圣人有忧之，使契为司徒，教以人伦：父子有亲，君臣有义，夫妇有别，长幼有序，朋友有信。”《中庸》的排序是将君臣放在前面，孟子的排序是将父母放在前面，两者的区分需要注意。三种道德品质是什么呢？“知、仁、勇三者，天下之达德也”，知、仁、勇是通行于天下的三

① ［南宋］朱熹：《四书章句集注》，第28—29页。

种道德品质。

《中庸》这里讲了三与五：三达德、五达道。孟子那里讲了五与四：五伦、四德。形象地说，《中庸》是“三个五”，孟子是“四个五”。怎么记住这个区分？我们知道，历史上孟子比子思的地位要高。孟子是亚圣，孔子是至圣，所以有孔孟之道。孟子的运气为什么比子思好呢？因为《中庸》只讲了“三个五”，而孟子讲了“四个五”。

“所以行之者一也”这句话较难理解。不管是五达道还是三达德，不管是五种伦理关系还是三种道德品质，它们之所以能够实行，道理只有一个。这个道理是什么呢？就是下面要讲的“诚”。只有一心一意、真实无妄，你才能落实知、仁、勇三种道德品质，才能在君臣、父子、夫妇、兄弟、朋友之间建立良好的伦理关系。

但是，每个人生来是不一样的。《中庸》从两个方面展开：一个是知的方面，一个是行的方面。“或生而知之，或学而知之，或困而知之。”有人生下来就知道三达德、五达道，有人通过学习才知道，有人经历很多磨难后才慢慢明白。“及其知之，一也”，等到他们明白三达德、五达道的重要意义，方法都是通过一心一意、真实无妄得到的。“或安而行之，或利而行之，或勉强而行之。”有人是自觉自愿地做事，有人是权衡利弊之后去做，有人是勉勉强强去做。“及其成功，一也”，等到他们最后做成了，道理只有一个，就是他们都是一心一意、真实无妄的。

孔子讲过：“生而知之者，上也；学而知之者，次也；困而学之，又其次也；困而不学，民斯为下矣。”（《论语》16·9）有人即使在困境当中也不学习，这种人是最不好的。

《中庸》没有讲“困而不学”，也没有讲“勉强而不行”。

20·3 子曰：“好学近乎知，力行近乎仁，知耻近乎勇。知斯三者，则知所以修身；知所以修身，则知所以治人；知所以治人，则知所以治天下国家矣。”①

这个“子曰”，朱子认为是衍文②。因为子思从《孔子家语》抄这篇文章，删得不太干净，所以多了“子曰”两个字。

《中庸》说：“好学近乎知”，喜欢学习就接近于知；“力行近乎仁”，实实在在去做就接近于仁；“知耻近乎勇”，知道羞耻就接近于勇。这与20·2讲三达德是一脉相承的。“知斯三者，则知所以修身”，知道以上三个方面，就知道怎么修养自己；“知所以修身，则知所以治人”，知道怎么修养自己，就知道怎么治理别人；“知所以治人，则知所以治天下国家矣”，知道怎么治理别人，就知道怎么治理天下国家。

这里落到天下国家，表明20·4将谈论这方面的事情。正如朱子所说：“天下国家，则尽乎人矣。言此以结上文修身之意，起下文九经之端也。”③“九经之端”，大意是九经的起始。《中庸》第20章有七次使用“九经之……”的表述结构④，两次见于吕大临（1040—1092）的引文⑤，另五次是朱

① ［南宋］朱熹：《四书章句集注》，第29页。
② 参见［南宋］朱熹：《四书章句集注》，第29页。
③ ［南宋］朱熹：《四书章句集注》，第29页。
④ 朱注：“凡事，指达道、达德、九经之属。”（［南宋］朱熹：《四书章句集注》，第31页；按，个别标点符号略有校改）这里说的七次，不包括所谓“……九经之属”。
⑤ 《中庸章句》引吕大临五次：第20章引四次，第29章引一次。

子的归纳总结，可见朱子力图用逻辑的方式架构自己对于《中庸》的理解与阐释。

20·4 凡为天下国家有九经，曰：修身也，尊贤也，亲亲也，敬大臣也，体群臣也，子庶民也，来百工也，柔远人也，怀诸侯也。修身则道立，尊贤则不惑，亲亲则诸父昆弟不怨，敬大臣则不眩，体群臣则士之报礼重，子庶民则百姓劝，来百工则财用足，柔远人则四方归之，怀诸侯则天下畏之。①

“凡为天下国家有九经”，凡是治理天下国家有九条基本原则。九经是什么呢？就是“修身也，尊贤也，亲亲也，敬大臣也，体群臣也，子庶民也，来百工也，柔远人也，怀诸侯也”。它们是朱子说的“九经之目”②，也就是九经的名称。

修身是修养自己。吕大临说修身是“九经之本”③，亦即九经的根本。尊贤是尊重贤人。亲亲是亲爱自己的父母。敬大臣是尊敬那些最有分量的官员。体群臣是将心比心地体恤一般的官员。朱子说：“体，谓设以身处其地而察其心也。”④子庶民，是将老百姓当子女看。儒家有“为民父母”的思

① ［南宋］朱熹：《四书章句集注》，第29—30页。

② 参见［南宋］朱熹：《四书章句集注》，第29页。

③ 参见［南宋］朱熹：《四书章句集注》，第30页；［北宋］吕大临：《礼记解·中庸》，陈俊民辑校：《蓝田吕氏遗著辑校》，中华书局1993年版，第292页；《河南程氏经说》卷8《中庸解》，［北宋］程颢、程颐著，王孝鱼点校：《二程集》第4册，中华书局1981年版，第1157页。

④ ［南宋］朱熹：《四书章句集注》，第29页。

想，所以“子庶民”就是爱民如子。来百工，是将各行各业的能工巧匠招揽到自己的国家。柔远人，是优待远方的来客。“有朋自远方来，不亦乐乎”（《论语》1·1），就是“柔远人”。怀诸侯，是安抚各路诸侯。

吕大临将以上九个方面称作“九经之序”①，九经的排序是很有逻辑的。正如吕大临在《礼记解·中庸》中所说：“经者，百世所不变也。九经之用，皆本于德怀，无一物不在所抚，而刑有不与焉。修身，九经之本。必亲师友，然后修身之道进，故次之以尊贤。道之所进，莫先于家，故次之以亲亲。由亲亲以及朝廷，故敬大臣、体群臣。由朝廷以及其国，故子庶民、来百工。由其国以及天下，故柔远人、怀诸侯。此九经之序。视群臣犹吾四体，视庶民犹吾子，此视臣视民之别。”② 朱注引过这段话，但中华书局整理本没有将“视群臣犹吾四体，视庶民犹吾子，此视臣视民之别”放进引号里面③，这是我们要特别注意的。

九经有什么效果呢？

第一，“修身则道立”是说：修养自己，就会挺立大道，树立正确的方向。

第二，“尊贤则不惑”是说：尊重有能力的人，思想上就不会有困惑。朱子说：“不惑，谓不疑于理。”④

---

① 参见［南宋］朱熹：《四书章句集注》，第30页；［北宋］吕大临：《礼记解·中庸》，陈俊民辑校：《蓝田吕氏遗著辑校》，第292页；《河南程氏经说》卷8《中庸解》，［北宋］程颢、程颐著，王孝鱼点校：《二程集》第4册，第1157页。

② 陈俊民辑校：《蓝田吕氏遗著辑校》，第292页；按，个别标点符号略有校改。

③ 参见［南宋］朱熹：《四书章句集注》，第29—30页。

④ 参见［南宋］朱熹：《四书章句集注》，第30页。

第三，“亲亲则诸父昆弟不怨”是说：我亲爱我的父母，伯父、叔父以及其他兄弟就不会埋怨我。“诸父”是指父亲的兄弟，自己的伯父、叔父。

第四，“敬大臣则不眩”是说：尊敬朝中那些重量级的大臣，做事情就不会手足无措。朱子说：“不眩，谓不迷于事。敬大臣则信任专，而小臣不得以间之，故临事而不眩也。”①

第五，“休群臣则士之报礼重”是说：就品德优劣而言，大臣与小臣相对应；就爵位高低而言，大臣与群臣相对应。将心比心地体恤一般的官员，那些士人就会滴水之恩涌泉相报。我敬他一分，他会敬我十分，回报更加丰厚。

第六，“子庶民则百姓劝”是说：爱民如子，老百姓就能安安心心、心悦诚服。

第七，“来百工则财用足”是说：让三百六十行的能工巧匠都来谋生，我们国家的经济实力就会越来越强大。

第八，“柔远人则四方归之”是说：优待从远方来的客人，他们会将我们国家的好名声传出去，四面八方的人都会投奔而来。

第九，“怀诸侯则天下畏之”是说：将各路诸侯安抚好了，天下人都会敬畏你。

以上是朱子说的“九经之效”②，是说九经的效果。

20·5　齐明盛服，非礼不动，所以修身也；去谗远色，贱货而贵德，所以劝贤也；尊其位，重其

① 参见［南宋］朱熹：《四书章句集注》，第30页。

② 参见［南宋］朱熹：《四书章句集注》，第30页。

禄，同其好恶，所以劝亲亲也；官盛任使，所以劝大臣也；忠信重禄，所以劝士也；时使薄敛，所以劝百姓也；日省月试，既禀[①]称事，所以劝百工也；送往迎来，嘉善而矜不能，所以柔远人也；继绝世，举废国，治乱持危，朝聘以时，厚往而薄来，所以怀诸侯也。凡为天下国家有九经，所以行之者一也。[②]

九经如何具体落实呢？下面是朱子说的“九经之事”[③]，是说九经的做法。

第一，“齐明盛服，非礼不动，所以修身也”。齐，音zhāi，古同“斋”。“齐明”是内心干干净净，就像吃斋一样。“盛服”是仪表整洁。张爱玲（1920—1995）的《更衣记》有一句话说：“我们各人住在各人的衣服里。”[④] 我们每个人都住在自己的衣服里面。衣服是人与禽兽相区分的重大标志，同时是每个人体现自我精神、自我品格的重要标志。内心安静，仪表整洁，不符合礼的事情坚决不做，这是修身——修养自己的方式。

第二，“去谗远色，贱货而贵德，所以劝贤也”。去谗，是将那些小人从朝廷里面赶出去。远色，是远离那些美色，不受美色的诱惑。贱货而贵德，是对物质的东西看轻、

① “禀”，《礼记·中庸》作“廪”（参见［清］阮元校刻：《十三经注疏（附校勘记）》下册，第1630页上栏）。

② ［南宋］朱熹：《四书章句集注》，第30页。

③ 参见［南宋］朱熹：《四书章句集注》，第30页。

④ 金宏达、于青编：《张爱玲文集》第4卷，安徽文艺出版社1992年版，第32页。

再看轻，而对道德的东西看重、再看重。这是劝贤——勉励贤者的方式。

第三，“尊其位，重其禄，同其好恶，所以劝亲亲也”。尊其位，是让亲人的地位尊贵起来。重其禄，是让亲人的俸禄丰厚起来。同其好恶，是原则上对于亲人的好恶予以肯定。这是劝亲亲——勉励亲人的方式。

第四，“官盛任使，所以劝大臣也”[①]。大臣是朝廷里面道德威望最高、执行力最强的人。朝廷要运转，国家要治理，最离不开的就是大臣。大臣的人数不会很多。要为这些大臣配备足够多的下级官员，这是“官盛”的意思。大臣下面的办事人员一定要多，要达到相当的数量。大臣想办事，才能找到相应的官员去做，这是“任使”的意思。这是劝大臣——勉励大臣的方式。

第五，“忠信重禄，所以劝士也”。对于一般的官员，“忠信”是充分相信他们，“重禄”是给他们丰厚的待遇。这是劝士——勉励士人的方式。

第六，“时使薄敛，所以劝百姓也”。“薄敛”好理解，就是轻徭薄赋，少收一点赋税。“时使”是什么意思呢？古代经常抓老百姓做事，比如修长城、维修大江大河。如果做这些事的时间与春天要播种、夏秋要收割相矛盾，怎么办？春天不能不播种，收割季节不能不收割。所以，朝廷抽调劳力去当壮丁，一定不要违背农业生产的作息时间，这就是“时使”。不违背农业生产的作息时间抽他们的壮丁，同时少收他

① 朱注：“官盛任使，谓官属众盛，足任使令也，盖大臣不当亲细事，故所以优之者如此。”（［南宋］朱熹：《四书章句集注》，第30页）

们的赋税，这是劝百姓——勉励老百姓的方式。

第七，“日省月试，既禀称事，所以劝百工也”。日省月试，是古代的考评制度。日省，是天天检查；月试，是月月考试。“既禀称事”比较难理解[①]。既，读作 xì。它是什么意思呢？就是我将东西拿给别人。禀，是“仓廪实而知礼节”的仓廪，相当于粮仓。既禀，是我从粮仓里面拿出粮食给别人。称事，是统计你到底做了多少事。既禀称事，按照现在的说法，就是计件付酬、按劳取酬。整句话的意思是：我天天检查你的工作，月月考评你的业绩；你做了多少事，我就从仓里拿多少粮食给你。这是劝百工——勉励三百六十行的方式。

第八，“送往迎来，嘉善而矜不能，所以柔远人也”。“送往迎来”是说：你走的时候，我热烈欢送；你来的时候，我热情欢迎[②]。“嘉善而矜不能”是说：你做得好，我表扬你；你有困难，我帮助你。这是柔远人——优待远方来客的方式。

第九，“继绝世，举废国，治乱持危，朝聘以时，厚往而薄来，所以怀诸侯也”。安抚诸侯的工作量最大。古代的战争特别多，有的国家一不小心就被灭掉了。不要让那些灭国的世家大族断子绝孙，要让他们的后代延续下来，这是“继绝世”。对于那些走向衰落的国家，我们要好好扶持，这是“举废国”。“继绝世，举废国”这几个字，《论语》的最后一篇也

---

① 朱注：“既，读曰饩。饩禀，稍食也。称事，如《周礼·稿人职》曰‘考其弓弩，以上下其食’是也。”（［南宋］朱熹：《四书章句集注》，第 30 页；按，个别标点符号略有校改）

② 朱注：“往则为之授节以送之，来则丰其委积以迎之。”（［南宋］朱熹：《四书章句集注》，第 30 页）

谈过[①]。“治乱持危”是说：发生叛乱，我们要平定它；出现危险，我们要解决它。《礼记·王制》说：“诸侯之于天子也，比年一小聘，三年一大聘，五年一朝。”[②] 朝、聘都是讲诸侯怎么对待天子：朝是诸侯亲自去见天子，每隔五年去一次；聘是诸侯派自己的特使去见天子，每年一小聘，三年一大聘[③]。“朝聘以时”是说：诸侯见天子，要按规矩办。诸侯朝聘天子，会送一些礼。诸侯走的时候，天子也会给他送一些礼。“厚往而薄来”是说：你来见我，带一点点礼物就可以了；但你走的时候，我会大包小包给你送很多礼。这是怀诸侯——安抚诸侯的方式。

讲完九经该怎么做，《中庸》的总结是：“凡为天下国家有九经，所以行之者一也。”凡是治理天下国家有九条基本原则，它们得以实行的道理都是一样的。20·2 讲过“所以行之者一也”，这里也讲了，又出现了“一”。朱子说：“一者，诚也。一有不诚，则是九者皆为虚文矣。此九经之实也。”[④] 九经所以得到实行的道理都是一样的，这个道理就是一心一意、真实无妄。它是“九经之实”，是九经的本质。《中庸》第 20 章的主要内容是“三五九”，它们又由“一”统率，所以叫作一三五九。

---

① 《论语》20·1 指出：“兴灭国，继绝世，举逸民，天下之民归心焉。”

② ［清］阮元校刻：《十三经注疏（附校勘记）》上册，第 1327 页下栏。

③ 朱注：“朝，谓诸侯见于天子。聘，谓诸侯使大夫来献。《王制》：‘比年一小聘，三年一大聘，五年一朝。’”（［南宋］朱熹：《四书章句集注》，第 30 页；按，个别标点符号略有校改）

④ ［南宋］朱熹：《四书章句集注》，第 30—31 页；按，个别标点符号略有校改。

20·6 凡事豫则立，不豫则废。言前定则不跲，事前定则不困，行前定则不疚，道前定则不穷。[①]

20·5的结尾讲“凡为天下国家有九经”，注意这个“凡”字，因为20·6的起首正是这个字。读《中庸》，“凡事豫则立，不豫则废”，这是我们最熟悉、最琅琅上口的一句话。“豫”是什么意思呢？就是事前有准备。整句话的意思是：做任何事情，事前有准备，就会成功；事前没有准备，就会失败。

下面有四个“前定”，意思也是豫、事前有准备。对于“凡事豫则立”，《中庸》从四个方面进行解释：

第一，“言前定则不跲”。跲（jiá），原意是走路不稳，老是被绊倒。此处是说：如果说话前有准备，准备好了要讲什么，讲的时候就不会磕磕碰碰，就会很流畅。

第二，“事前定而不困”。事前准备好做什么事，就不会百无聊赖、手足无措、陷入困惑。

第三，“行前定则不疚”。事前计划好事情该怎么做，在做的过程中就不会手忙脚乱、漏洞百出、到处是毛病。“事前定”是事前准备做什么事，“行前定”是事前准备事情该怎么做，这两者是有区别的。

第四，“道前定则不穷”。这个“道”，有人说是大道理，有人说是走路。我觉得这里解释为走路比较好。意思是说：事前知道路该怎么走，就不会迷失方向、走投无路。扩

① ［南宋］朱熹：《四书章句集注》，第31页。

展开来，在人生的每个节点上，我们应当确定自己的路怎么走；否则，走到十字路口，我们就会迷失自己的方向。

20·7 **在下位不获乎上，民不可得而治矣。获乎上有道：不信乎朋友，不获乎上矣。信乎朋友有道：不顺乎亲，不信乎朋友矣。顺乎亲有道：反诸身不诚，不顺乎亲矣。诚身有道：不明乎善，不诚乎身矣。**①

哪些人在“凡事豫则立，不豫则废”方面做得不好呢？《中庸》举的例子是：“在下位不获乎上，民不可得而治矣。”20·1出现过这句话，属于子思重复抄了的重文，这里才是正儿八经的。意思是说：下级得不到上级的信任，老百姓肯定得不到好的治理。

怎么获得上级的信任呢？“获乎上有道：不信乎朋友，不获乎上矣。”让上级相信你，是有方法的。这个方法就是让朋友相信你，否则的话，得不到上级的信任。这句话也可以这样表达：“获乎上有道，信乎朋友也；不信乎朋友，不获乎上矣。”《中庸》在表述这层含义的时候，省略了“信乎朋友也”几个字。相应地，下文有可能出现的“顺乎亲也”“反诸身而诚也”“明乎善也”几句也都省略了。

怎么让朋友信任你呢？“信乎朋友有道：不顺乎亲，不信乎朋友矣。”让你的朋友信任，是有方法的。这个方法就是孝顺你的父母，否则的话，得不到朋友的信任。你连你的亲人

① ［南宋］朱熹：《四书章句集注》，第31页。

都不孝顺，你能够对你的朋友好吗？

怎么孝顺自己的父母呢？“顺乎亲有道：反诸身不诚，不顺乎亲矣。”孝顺父母，是有方法的。这个方法是认识到自己还没有真正做到真实无妄，而不能做到真实无妄，你就不可能孝顺好父母。“诚”是《中庸》最为举足轻重的关键词，这里略作解释。诚，它是真的，不是假的；它是实的，不是虚的；它是自然而然的，不是夸张做作的。朱子将“诚”解释为真实无妄[①]，是极有道理的。

怎么让自己真实无妄呢？“诚身有道：不明乎善，不诚乎身矣。”让自己真实无妄，是有方法的。这个方法是你要认识到善是什么，否则的话，你就不能让自己真实无妄。朱子说：“不明乎善，谓未能察于人心天命之本然，而真知至善之所在也。”[②] 这里的善是善良、良知，是讲我们的人性是本善的。孟子说的善、信、美、大、圣、神六种美好品质（《孟子》14 · 25），均能被“明乎善”统摄。

20 · 7 的意思是说：下级要获得上级的信任，必须得到朋友的信任；要得到朋友的信任，必须孝顺父母；要孝顺父母，必须修养自己；要修养自己，必须明白善到底是什么，明白良知到底在哪里。这与《礼记 · 大学》讲的“大学之道，在明明德，在亲民，在止于至善”[③]、《孟子》13 · 4 说的“万物皆备于我矣。反身而诚，乐莫大焉。强恕而行，求仁莫近焉”是密切相关的。

---

① 朱注：“反诸身不诚，谓反求诸身而所存所发，未能真实而无妄也。”（[南宋] 朱熹：《四书章句集注》，第 31 页）

② [南宋] 朱熹：《四书章句集注》，第 31 页。

③ 参见 [清] 阮元校刻：《十三经注疏（附校勘记）》下册，第 1673 页上栏。

20·8 诚者，天之道也；诚之者，人之道也。诚者不勉而中，不思而得，从容中道，圣人也。诚之者，择善而固执之者也。[①]

《中庸》第20章共有九个段落。这次《中庸解读》安排我讲前面七节，而最后两节由孔德立教授讲解。为了讲得更系统一些，我对这两节也略作解读。

20·8的大意是说：真实无妄，是上天的法则；追求真实无妄，是做人的法则。所谓真实无妄，是不用勉强就能做好，不用思考就能得到，自然而然就符合中庸之道，这样的人是圣人。所谓追求真实无妄，就是选择良善，而且执着地实践。

朱子解释这一节说："此承上文诚身而言。诚者，真实无妄之谓，天理之本然也。诚之者，未能真实无妄而欲其真实无妄之谓，人事之当然也。圣人之德，浑然天理，真实无妄，不待思勉而从容中道，则亦天之道也。未至于圣，则不能无人欲之私，而其为德不能皆实。故未能不思而得，则必择善，然后可以明善；未能不勉而中，则必固执，然后可以诚身。此则所谓人之道也。不思而得，生知也。不勉而中，安行也。择善，学知以下之事。固执，利行以下之事也。"[②]

20·7讲了诚，20·8就马上讲诚，这是《中庸》富有逻

① ［南宋］朱熹：《四书章句集注》，第31页。
② ［南宋］朱熹：《四书章句集注》，第31页；按，个别标点符号略有校改。

辑性的体现。真实无妄是天之道，追求真实无妄是人之道，这是思孟学派对于“诚”的经典表达。

《孟子》7·12说：“居下位而不获于上，民不可得而治也。获于上有道：不信于友，弗获于上矣。信于友有道：事亲弗悦，弗信于友矣。悦亲有道：反身不诚，不悦于亲矣。诚身有道：不明乎善，不诚其身矣。是故诚者，天之道也；思诚者，人之道也。至诚而不动者，未之有也；不诚，未有能动者也。”它与《中庸》20·7、20·8在文字上的高度一致，鲜明地体现了思孟学派的一脉相承。

> 20·9　博学之，审问之，慎思之，明辨之，笃行之。有弗学，学之弗能弗措也；有弗问，问之弗知弗措也；有弗思，思之弗得弗措也；有弗辨，辨之弗明弗措也；有弗行，行之弗笃弗措也。人一能之，己百之；人十能之，己千之。果能此道矣，虽愚必明，虽柔必强。

20·9的大意是说：广泛地学习它，详细地询问它，周密地思考它，清晰地辨别它，切实地实行它。要么不学习，学习了而没有学会，绝不罢休；要么不询问，询问了而没有懂得，绝不罢休；要么不思考，思考了而没有收获，绝不罢休；要么不辨别，辨别了而没有搞清楚，绝不罢休；要么不实行，实行了而没有成效，绝不罢休。别人一次就能做到，我做一百次；别人十次就能做到，我做一千次。果真能够这样做，愚笨者必定聪明起来，柔弱者必定刚强起来。

这里讲到学、问、明、辨、行。“博学、审问、慎思、明辨、笃行”也是中山大学的校训，可见《中庸》这一思想对于现代大学精神、当代中国文化的影响深切著明[①]。对于这五个方面，要么不做，要做就一定要做好。比如，“有弗学，学之弗能弗措也”。你要么不学；如果学的话，一定要学会，否则就不要去学。后面四个方面，同样如此。

20·9的最后说：“人一能之，己百之；人十能之，己千之。果能此道矣，虽愚必明，虽柔必强。”[②] 别人一次就做好了，但我做一百次；别人十次就做好了，但我做一千次。圣人达到善的境界，达到诚的境界，可能一次就做成了。我不是圣人，但我要通向圣人之境，所以我要花成百上千倍的工夫去做。假如每个人都能这样做，“虽愚必明”，再愚笨也会变得聪明；“虽柔必强”，再柔弱也会变得坚强。李贽（1527—1602）的《四书评·中庸》说：“故知大圣大贤，决不作空头话也。”[③] 诚哉斯言！

《中庸》第20章主要讲述了一三五九的关系。“三五九”是指：三是知、仁、勇，三种道德品质；五是君臣、父子、夫妇、兄弟、朋友，五种伦理关系；九是修身、尊贤、亲亲、敬大臣、体群臣、子庶民、来百工、柔远人、怀诸侯，九种

---

① 郭齐勇先生曾说：“著名植物学家、中国科学院院士、中国科学院昆明植物研究所名誉所长、2007度国家最高科学技术奖得主吴征镒教授，九十多年来一直恪守父母亲‘五之堂’的家训。这‘五之’，就是《中庸》中的‘博学之，审问之，慎思之，明辨之，笃行之’。吴家六兄弟中出了三个院士。《中庸》使吴家子弟高尚其志，又掌握了很好的思想方法与治学之道。吴教授恪守其母的家训，又把这治学格言传给了后辈的科学家。”（氏著：《中国儒学之精神》，复旦大学出版社2009年版，第70页）

② 据报道，有关方面曾将这句话演化为“人一之我十之，人十之我百之”，当作新时代的“甘肃精神”。

③ ［明］李贽：《四书评》，第21页。

治国方略。“一”怎么理解？它首先落实到普遍的我，再具体落实到作为治国理政最高统治者的我。我是治国理政的最高统治者，我怎么做到一？就是诚、真实无妄。修养自己的关键在于一，在于诚，在于真实无妄。修身立其诚，才能将三五九全部带动起来。这是《中庸》第20章的基本思想。

《中庸》第20章的篇幅很长，内涵十分丰富。就内涵而言，它一方面对三达德（三种道德品质）、五达道（五种伦理关系），尤其是对九经（九种治国方略）这些伦理政治思想进行了详细的解说；另一方面从哲学思辨角度，认定三达德、五达道、九经均由“一”统摄，进而以“诚”释“一”，真实无妄是一、诚的本体界定。就篇幅而言，它是一篇千字文，相当于《中庸》全篇的五分之一。我们将它分成九个段落，目的在于进一步释放这一章丰富多彩的传统文化精髓，敞开这一章步步推进的逻辑表述结构。

朱子为这一章写的章旨说：“此引孔子之言，以继大舜、文、武、周公之绪，明其所传之一致，举而措之，亦犹是耳。盖包费隐、兼小大，以终十二章之意。章内语诚始详，而所谓诚者，实此篇之枢纽也。”[1]《中庸》从首章到第20章，大体是子思复述孔子的话，照着讲孔子；从第21章到最后一章，才是子思接着孔子讲，讲自己的思想。“诚”是子思最重要的思想创见，而它是第20章的枢纽。由此可见，《中庸》第20章在全篇33章中发挥了起承转合的巨大作用。

① ［南宋］朱熹：《四书章句集注》，第32页。

小结："大德受命"的现代解释

与前面、后面相比，《中庸》第17章至第20章主要讲伦理政治思想，内容有点特别。但是，也正因为这四章谈了伦理政治思想，所以特别重要，它们让抽象的哲学思辨在治国理政上面得到具体的落实。因此，这四章是与整个《中庸》连为一体的，第20章尤其是承上启下的关键部分。

对于大德受命，朱子的解释是拥有最高道德的人受天命为天子，接受天命成为帝王。这是传统政治哲学的精义，包含深刻的哲理。我们今天怎么看大德受命，如何进行现代转化呢？以前的大德受命只讲帝王，今天则要面向所有人。大德受命的现代意义，就是每一个人都要修养自己，都要治国平天下。用孟子的话说，一方面，"天将降大任于是人也，必先苦其心志，劳其筋骨，饿其体肤，空乏其身，行拂乱其所为，所以动心忍性，曾益其所不能"（《孟子》12·15），艰难困苦，玉汝于成，我们要培养大德；另一方面，"夫天未欲平治天下也。如欲平治天下，当今之世，舍我其谁也"（《孟子》4·13），我们要受命，有历史担当感。我们今天应当在这一意义上理解大德受命。

每个人都要具备良好的道德修养，培养方方面面的能力。将道德修养、科学知识、人文关怀运用于治国理政，运用于伦理道德实践，这是对于大德受命的现代解释。我们生于这个伟大的时代，这个时代需要我们伟大的参与。因为我们伟大的参与，我们这个时代必定是伟大的！

第六讲

为修身而正心：《大学》传七章的思想史阐释

《大学》传七章以 72 个字的短小篇幅，通过设问、病症、后果、劝谕四个层次，试图解决的重大问题是如何为修身而正心。学术界迄今缺少对于这一章的专门研究，思想史阐释显得极有必要。一方面，正心问题在《大学》中既具有自身的独立性，又具有彼此的联动性。从独立性看，传六章的诚意关是善恶关、人鬼关，传七章的正心关是得失关、圣凡关，两者承担不同的人生任务。从联动性看，传七章旨在修正四种不正即偏的心理表现，传八章旨在修正五种偏即不正的人事态度，两者运用相同的论证结构。另一方面，宋明理学为《大学》传七章提供了丰富的解释学资源，它启发人们注意到《大学》《孟子》在心的问题上存在着不可忽视的思想史关联。归结起来，为修身而正心就是要培育良善的精神化身体，这是儒家践履大学之道得以行稳致远的坚实基础。

一、从如何理解《大学》思想体系说起

对于《大学》传七章进行思想史阐释，要从《大学》的两大思想——三纲领、八条目说起。三纲领是指“大学之道，在明明德，在亲民，在止于至善”①。意思是说：大学的功能，在于彰显光明的德性，在于使得民众弃旧图新，在于达到最良善的境界。八条目是指格物、致知、诚意、正心、修身、齐家、治国、平天下②，意思是认识事物、获得知识、真诚意念、端正内心、修养自身、整齐家庭、治理国家、平定天下。形象地说，三纲领是三面红旗，八条目是万里长征的八站路。以三纲领统率八条目，就是高举三面红旗走过万里长征的八站路，这是儒家做人做事、为人处世的大学之道。

为了方便后面的表述，现将八站路与八条目、章数、章名的对应关系列表如下：

	第一站	第二站	第三站	第四站	第五站	第六站	第七站	第八站
条目	格物	致知	诚意	正心	修身	齐家	治国	平天下
章数	传五章	同左	传六章	传七章	传八章	传九章	传十章	
章名	格物致知	同左	诚意	正心修身	修身齐家	齐家治国	治国平天下	

《大学》的思想体系是很清晰的。朱熹（1130—1200）曾

① 参见［南宋］朱熹：《四书章句集注》，第 3 页；按，个别标点符号略有校改。又，本讲引用《大学》原文，均以《大学章句》为据，以示对于朱子学的尊崇。

② 参见［南宋］朱熹：《四书章句集注》，第 3—4 页。

说："《大学》一书，如行程相似。自某处到某处几里，自某处到某处几里。识得行程，须便行始得。"① 《大学》这本书就像走路的指南一样，山一程、水一程，风一更、雪一更，告诉人们从哪里开始，到下一个目的地有多远。正是受此启发，我们将八条目比作八站路。朱熹又说："致知、格物，是穷此理；诚意、正心、修身，是体此理；齐家、治国、平天下，只是推此理。要做三节看。"② 这八站路可以分为三段：第一段是格物、致知，"穷此理"是认识这个道理；第二段是诚意、正心、修身，"体此理"是体认这个道理；第三段是齐家、治国、平天下，"推此理"是推广这个道理。朱熹还将八条目分为两段："自格物至修身，自浅以及深；自齐家至平天下，自内以及外。"③ 前一段从第一站到第五站，是由浅而深；后一段从第六站到第八站，是由内而外。朱熹将八站路先分为三段、再分为两段，有助于我们理解八条目的阶段性。

很多人直线式地理解八条目的阶段性，认为"格物→致知→诚意→正心→修身→齐家→治国→平天下"像一条直线那样通达下来。《大学》确实给人留下直线前进的鲜明印象，这与它在理论建构上注重层层递进、逐步落实有关。但是，大学之道的各个环节在具体实践中是双向互动、螺旋上升的，根本不可能一条直线走下来。朱熹说："才说这一

① 《朱子语类》卷 14《大学一 · 纲领》，［南宋］黎靖德编，王星贤点校：《朱子语类》第 1 册，第 250 页。

② 《朱子语类》卷 15《大学二 · 经下》，［南宋］黎靖德编，王星贤点校：《朱子语类》第 1 册，第 312 页；按，"致知、格物"当作"格物、致知"。

③ 《朱子语类》卷 15《大学二 · 经下》，［南宋］黎靖德编，王星贤点校：《朱子语类》第 1 册，第 312 页。

章，便通上章与下章。”[①] 我们读《大学》的这一章，既要看到上一章，还要看到下一章，知道每一章都与前面、后面的章节相互贯通，这样才能将三纲领、八条目作为整体意识，代入我们对于《大学》的思想理解与人生实践。

解读《大学》传七章同样如此，既要从自身独立性的角度关注传六章，也要从彼此联动性的角度关注传八章。先看传七章与传八章的关联：传七章讲“正心修身”，侧重修身为什么要正心，实质是为修身而正心；传八章讲“修身齐家”，侧重齐家为什么要修身，实质是为齐家而修身。它们都以“修身”为关键词。在此，还要特别彰显“四五结构”的概念。从八条目的八站路看，传七章对应于第四站，传八章对应于第五站，这是一个四五结构。传七章主要讲四种不好的心理表现，传八章主要讲五种不好的人事态度，这也是四五结构，而且可以比作四分五裂。我们在第四、五站面临的重大难题是如何解决心身的四分五裂状态，这离不开孟子讲的四德五伦与儒家经典《四书五经》——它们也是四五结构，而要达到的境界是四通五达。“四通五达”不是我们杜撰的，而是出自《史记·郦生陆贾列传》[②]。解决了四分五裂的状态，就能进入四通五达的境界。

① 《朱子语类》卷16《大学三·传七章释正心修身》，［南宋］黎靖德编，王星贤点校：《朱子语类》第2册，第341页。

② 参见［西汉］司马迁撰，［宋］裴骃集解，［唐］司马贞索隐，［唐］张守节正义：《史记》第8册，第2693页。

二、传七章的层次及与传六章的关联

《大学》传七章的原文是：

> 所谓修身在正其心者，身有所忿懥[1]，则不得其正；有所恐惧，则不得其正；有所好乐，则不得其正；有所忧患，则不得其正。心不在焉，视而不见，听而不闻，食而不知其味。此谓修身在正其心。[2]

这一章的大意是：之所以说修养自身在于端正自己的内心，是因为心里有所愤怒，就不能得到端正；心里有所害怕，就不能得到端正；心里有所嗜好，就不能得到端正；心里有所担忧，就不能得到端正。心不在这里，就会睁着眼睛却看不见，竖起耳朵却听不到，吃在嘴里却不知道它的滋味。这是说修养自身在于端正自己的内心。

"所谓修身在正其心者"，这是设问。"身有所忿懥，则不得其正；有所恐惧，则不得其正；有所好乐，则不得其正；有所忧患，则不得其正"，这是讲病症，描述了四种不好的心理表现。其中的"身"字当作"心"字，下面再解释。四种不好的心理表现产生了什么后果呢？"心不在焉，视而不

---

① "忿懥"的读音是 fèn zhì。

② ［南宋］朱熹：《四书章句集注》，第8页。

见，听而不闻，食而不知其味”，这是讲后果。“此谓修身在正其心”，这是劝谕。以上是说《大学》传七章包含四个层次，朱熹将这一章命名为“正心修身”[①]。严格地说，以“正心修身”为章名，不是很恰当。原因在于这一章实际是讲为修身而正心，正心是重点之所在。

《大学》传七章的原文很简单，只有 72 个字，至今没有学者写过专门的论文。我们如何展开它呢？前面讲过它与传八章的关联，这里要讲它与传六章的关联。熊十力（1885—1968）曾说：“读书一面要屏主观以求著者之志，一面要苦心与深心。先从文句上了解，并要于文句之旁面、反面求体会，更须离文字而会其意。”[②] 传六章在传七章之前，可称为“旁面”；所谓“反面”，是什么意思呢？

置身于《大学》八条目的第四站，不能不回想第三站究竟解决了哪些问题。换句话说，“正心修身”章与“诚意”章到底有什么关联呢？朱熹的《大学章句》说：“此亦承上章以起下章。盖意诚则真无恶而实有善矣，所以能存是心以检其身。然或但知诚意，而不能密察此心之存否，则又无以直内而修身也。”[③] 传七章与传六章既有承上启下、水到渠成的关系，又有相反相成、各自成篇的关系。前者是说：意念真诚了，善恶问题就能得到解决；内心有了真诚的意念，就能约束自身的行为。后者是说：如果只是知道意念真诚，而不能细致地辨明这个内心是否真实存在，也不可能使得内心正

---

① 参见［南宋］朱熹：《四书章句集注》，第 8 页。
② 熊十力著，赵建永整理校注：《熊十力致北大校长诸公函》，《云梦学刊》2016 年第 4 期，第 27 页。
③ ［南宋］朱熹：《四书章句集注》，第 8 页。

直，进而修养自身的品性。再具体地说，一旦只有善、没有恶，意念确实真诚了；但它如果不能真切地落实在心里，心就不能明明白白体察到意念已经很真诚，这还是不利于行为，会让心处于流放的状态。所以朱熹认为：即使解决了意念真诚的诚意问题，端正内心的正心问题仍然是自身独立、不可取代的论题。

《大学》只有一千多字，分为经一章、传十章，传文的前四章解释三纲领、后六章解释八条目，最有哲学内涵的是经一章与传五章、传六章。“诚意”章究竟有什么样的哲学内涵呢？先看原文：

> 所谓诚其意者，毋自欺也。如恶恶臭，如好好色，此之谓自谦。故君子必慎其独也。小人闲居为不善，无所不至，见君子而后厌然，掩其不善而著其善。人之视己，如见其肺肝然，则何益矣？此谓诚于中，形于外，故君子必慎其独也。曾子曰：“十目所视，十手所指，其严乎！”富润屋，德润身，心广体胖，故君子必诚其意。①

这一章的大意是：所谓让自己的意念真诚，就是不要自己欺骗自己。就像厌恶臭味，就像喜好美色，这是说让自己心满意足。所以君子一人独处，一定要慎之又慎。小人平时做坏事，无所不为，看到君子以后却躲躲藏藏，掩盖自己的坏处，标榜自己的好处。人们看他，就像看透了他的肺肝一

---

① ［南宋］朱熹：《四书章句集注》，第 7 页；按，个别标点符号略有校改。

样，这样做有什么益处呢？这就是内心的真实情况显露在身上，所以君子一人独处，一定要慎之又慎。曾子说："十双眼睛在看着，十双手在指着，多么严厉啊！"财富润饰房屋，德行润饰自身，心胸宽广才能身体安泰，所以君子一定让自己的意念真诚。

朱熹曾比喻说："学者到知至意诚，便如高祖之关中，光武之河内。"[①] 如果从第一站格物到了第三站诚意，就相当于汉高祖刘邦（前 256—前 195，在位时间为前 202—前 195）打天下已经到了关中，光武帝刘秀（前 5—57，在位时间为 25—57）恢复天下已经到了河内。言外之意是：只要到了诚意关，曙光就在前头，胜利正在招手。

在朱熹看来，诚意关与正心关是有很大区别的，各自承担不同的人生任务。对于诚意关，朱熹说："诚意是善恶关。""诚意是人鬼关！"[②] 诚得来是善、诚不得是恶，诚得来是人、诚不得是鬼，这一关可谓相当严峻。对于正心关，朱熹说："意有善恶之殊，意或不诚，则可以为恶。心有得失之异，心有不正，则为物所动，却未必为恶。"[③] 意念有善恶之分，意念如果不真诚，就会作恶；心有得失之分，心如果不端正，就会被外物所诱惑，但这是人之常情，只是过错而不是恶的问题。形象地说，诚意是善恶关、人鬼关，属于敌我矛盾；正心是得失关、圣凡关，属于人民内部矛盾。诚意关与

---

① 《朱子语类》卷 15《大学二 · 经下》，［南宋］黎靖德编，王星贤点校：《朱子语类》第 1 册，第 303 页。

② 《朱子语类》卷 14《大学二 · 经下》，［南宋］黎靖德编，王星贤点校：《朱子语类》第 1 册，第 298 页。

③ 《朱子语类》卷 16《大学三 · 传七章释正心修身》，［南宋］黎靖德编，王星贤点校：《朱子语类》第 2 册，第 341 页。

正心关既互为“旁面”、又互为“反面”，由此可见一斑。

过了第三站诚意关，意念已经真诚，我们由“鬼”变成了“人”。即便变成了人，人之为人的使命并未就此打住，还必须进入第四站正心关。正心关要做的事是：历经磨难，吃尽苦头，砥砺自我，堂堂正正做人。正心关面临的根本问题是：人们有四种不好的心理表现，它们昼伏夜出、神出鬼没，但不是大非大恶，而是人之常情。人非圣贤，孰能无过[①]？朱熹将正心关称作得失关，我们觉得还可以将正心关称作圣凡关。《大学》传七章说的四个“有所……则不得其正”，就是不正即偏，我们称作偏正结构。传七章讲了一个偏正结构，传八章也讲了一个偏正结构，两者运用相同的论证结构。我们要以修正主义者的修养工夫，直面这两个偏正结构及其造成的四分五裂状态。

三、设问：“所谓修身在正其心者”解读

《大学》传七章的开头说“所谓修身在正其身者”，意思是“之所以说修养自身在于端正自己的内心”，这是一个设问句。《大学》经常出现“所谓”“此谓”，两者有什么关系呢？先看下表所示：

① 《春秋左传·宣公二年》指出：“人谁无过？过而能改，善莫大焉。”（［清］阮元校刻：《十三经注疏（附校勘记）》下册，第1867页上栏）

	开头	结尾
传五章	所谓致知在格物者……	此谓物格，此谓知之至也。
传六章	所谓诚其意者，毋自欺也。	
传七章	所谓修身在正其心者……	此谓修身在正其心。
传八章	所谓齐其家在修其身者……	此谓身不修，不可以齐其家。
传九章	所谓治国必先齐其家者……	此谓治国在齐其家。
传十章	所谓平天下在治其国者……	此谓国不以利为利，以义为利也。

以上各章均以“所谓”开头，而除了传六章，并以“此谓”结尾。这个论证结构的意义在于：以“所谓”开头，是为了展开论证，将网撒开；以“此谓”结尾，表明论证已经完成，将网收起。这里要特别注意：《大学》有古本、改本之分，《大学章句》属于改本。朱熹对于包括经一章在内的前面七章都做过或大或小的改动，为什么对于传七、八、九、十章没有任何改动？我们猜测：这四章完整地具备以“所谓”开头、以“此谓”结尾的论证结构，是朱熹说传七章“自此以下，并以旧文为正”[①] 的重要原因。过去很少有人将这个论证结构提炼出来，其实它对我们更为准确地理解《大学》极有帮助。

提出问题之后，如何展开论证？传七章讲完“所谓修身在正其心者”，马上说道“身有所忿懥”，准备拿人们的缺点开刀。小程（程颐，1033—1107）认为“身”字当作“心”

① 参见［南宋］朱熹：《四书章句集注》，第8页。

字[①]。《大学章句》引程子说："'身有'之'身'当作'心'。"[②]从《大学章句》到《朱子语类》，朱熹都将"身"字解释为"心"，全盘吸收了小程的成果。传七章的实质是讲为修身而正心，着重点不是身的问题而是心的问题，加上人们通常说"心里生气了"而不是说"身体生气了"，足见小程将"身"改成"心"是有道理的。

借此机会，我们再看看小程《大学》改本的校勘学成果，以及朱熹是如何对待它们的。除了刚才讲过的例子，还有三例。第一例涉及经一章。小程认为"亲民"之"亲"，当作"新"字[③]。《大学章句》说："程子曰：'亲，当作新。'"[④]朱熹完全采纳了小程的成果。第二例涉及传五章。小程说："无情者不得尽其辞，大畏民志，此谓知本。（四字衍。）此谓知本，此谓知之至也。"[⑤]"此谓知本"出现两次，小程认为第一次出现属于衍文，第二次出现不属于衍文。《大学章句》说："此谓知本，（程子曰：'衍文也。'）此谓知之至也。（此句之上别有阙文，此特其结语耳。）"[⑥]朱熹也认为"此谓知本"是衍文，但他将小程说的第二次出现当成衍文，这是两者之间的差别。第三例涉及传十章。小程认为"见贤而不能

① 参见《河南程氏经说》卷5《礼记·伊川先生改正大学》，［北宋］程颢、程颐著，王孝鱼点校：《二程集》第4册，第1130页。

② ［南宋］朱熹：《四书章句集注》，第8页；按，个别标点符号略有校改。

③ 参见《河南程氏经说》卷5《礼记·伊川先生改正大学》，［北宋］程颢、程颐著，王孝鱼点校：《二程集》第4册，第1129页。

④ ［南宋］朱熹：《四书章句集注》，第3页。

⑤ 《河南程氏经说》卷5《礼记·伊川先生改正大学》，［北宋］程颢、程颐著，王孝鱼点校：《二程集》第4册，第1130页。

⑥ ［南宋］朱熹：《四书章句集注》，第6页。

举，举而不能先，命也”的“命”字是“怠”字之误[①]。《大学章句》说：“命，郑氏云：‘当作慢。’程子云：‘当作怠。’未详孰是。”[②] 从原文看，与“命”字对应的是下文“见不善而不能退，退而不能远，过也”[③] 的“过”字。郑玄（127—200）改为“慢”，小程改为“怠”，均是觉得“命”这个字与“过”在语义上不对称。朱熹无法判断究竟是东汉的郑玄还是北宋的小程说得对，所以将两说并存，特别说道：“未详孰是。”

《伊川先生改正大学》对于《大学》古本做的文字改动计有六处，《大学章句》借鉴了上述四处。从这四处借鉴看，还有一个极少被四书学、朱子学注意过的现象值得多加重视。这个现象是：《四书章句集注》随处可见“程子曰”，间或使用“子程子曰”，但朱熹引用小程改“命”为“怠”，为什么用的是“程子云”？“程子云”这一用法，从整个《四书章句集注》看，仅在《大学章句》出现过这一次，原因何在？众所周知，朱熹对于二程无比推崇，《四书章句集注》的“程子曰”引语大凡为肯定之辞。这一体例之下唯一的破例，就是“未详孰是”针对的小程改“命”为“怠”。对于这一校勘学成果，朱熹既无法完全肯定、又不能断然否定，而是半信半疑。我们推测：正是为了与“程子曰”的通例相区别，朱熹才破例使用了“程子云”的提法，而破例同样是体例的有机组成部分。

---

① 参见《河南程氏经说》卷5《礼记·伊川先生改正大学》，[北宋] 程颢、程颐著，王孝鱼点校：《二程集》第4册，第1132页。

② [南宋] 朱熹：《四书章句集注》，第12页。

③ 参见 [南宋] 朱熹：《四书章句集注》，第12页。

一般而言，《大学》改本始于二程。《河南程氏经说》卷5《礼记》收有大程（程颢，1032—1085）的《明道先生改正大学》、小程的《伊川先生改正大学》①。大程只是调整古本的文句次序，小程还对古本做了文字改动。二程的改本各不相同，《大学章句》与二程改本又不一样。黄宗羲（1610—1695）曾说："朱子得力于伊川，故于明道之学，未必尽其传也。"② 朱熹多处借鉴小程的校勘学成果，可谓给黄宗羲的判断做了一个脚注。在程朱理学的三个《大学》改本当中，结构最完整、条理最清晰、论证最缜密、思想最深刻、影响最深远的是《四书章句集注·大学章句》。朱熹后来居上、集其大成，就在于充分吸纳小程的思想，并在此基础上做出了巨大的创新。

四、病症：四个"有所……则不得不正"解读

《大学》传七章在"所谓修身在正其心者"之后接着说："身有所忿懥，则不得其正；有所恐惧，则不得其正；有所好乐，则不得其正；有所忧患，则不得其正。"这个"有所……则不得其正"的论证结构是讲病症，认为忿懥、恐惧、好乐、忧患是四种不好的心理表现。"忿懥"的意思是愤怒，"恐惧"

---

① 参见［北宋］程颢、程颐著，王孝鱼点校：《二程集》第 4 册，第 1126—1129、1129—1132 页。

② 《宋元学案》卷 13《明道学案上》，［清］黄宗羲原著，［清］全祖望补修，陈金生、梁运华点校：《宋元学案》第 1 册，中华书局 1986 年版，第 542 页。

的意思是害怕，“好乐”的意思是嗜好，“忧患”的意思是担忧。进一步细问：你为什么愤怒？你为什么害怕？你的嗜好是什么？你的担忧是什么？任何人都不可能只是在某件事上有愤怒、有害怕、有嗜好、有担忧，它们落实到具体事物上是千差万别、千姿百态的。朱熹解释这四个“有所……则不得不正”，没有逐个地解说，而是合起来讲解，有时还将忿懥、恐惧、好乐、忧患与《中庸》的喜、怒、哀、乐以及《孟子》的恻隐、羞恶、辞让、是非相提并论。

《大学章句》指出：“盖是四者，皆心之用，而人所不能无者。然一有之而不能察，则欲动情胜，而其用之所行，或不能不失其正矣。”① 忿懥、恐惧、好乐、忧患都是心的表现，人人心里都有这四样东西。人一旦有了这四样东西，就是动心了，欲望开始吞噬心灵。如果不克制自己的欲望，心就不能得到端正。朱熹又说：“诚意是无恶。忧患、忿懥之类却不是恶。但有之，则是有所动。”② 过了诚意关，就是过了善恶关。与之相比，忿懥、恐惧、好乐、忧患不是恶，但人一旦有了它们，心就会为之所动，得不到端正。这两段话告诉人们：忿懥、恐惧、好乐、忧患不是大是大非、敌我矛盾的问题，而是人皆有之的日常生活本身，是“人非圣贤，孰能无过？有则改之，无则加勉”的伦理实践课题。我们既不要轻视它们，也不要将它们看得很坏。

王阳明（1472—1529）也认为忿懥、恐惧、好乐、忧患是不可或缺的人之常情。《传习录下》说：“忿懥几件，人心

① ［南宋］朱熹：《四书章句集注》，第 8 页。
② 《朱子语类》卷 16《大学三 · 传七章释正心修身》，［南宋］黎靖德编，王星贤点校：《朱子语类》第 2 册，第 343 页。

怎能无得？只是不可有耳！”[①] 凡是人心，就有这四样不好的东西。“不可有”之“有”的意思是长期存在，“只是不可有耳”是说不能听任这四种不好的心理表现长期存在下去。心有忿懥、心有恐惧、心有好乐、心有忧患是正常的心理现象，属于人在超越自我、成就圣贤的过程当中必然面对而且必须解决的人生问题。我们不能意气用事、感情用事，要好好改正这些不好的心理表现。

朱熹曾说：“四者岂得皆无！但要得其正耳，如《中庸》所谓‘喜怒哀乐发而中节’者也。”“心有喜怒忧乐则不得其正，非谓全欲无此，此乃情之所不能无。但发而中节，则是；发不中节，则有偏而不得其正矣。”[②] 心里有忿懥、恐惧、好乐、忧患，就像有喜、怒、哀、乐一样。让忿懥、恐惧、好乐、忧患端正起来，就像是让喜、怒、哀、乐“发而中节”；如果忿懥、恐惧、好乐、忧患不能端正起来，就像是“发不中节”。这是用《中庸》解释《大学》。《中庸》没有直接解释过“发不中节”，朱熹这里做了创造性阐释。朱熹还说：“好、乐、忧、惧四者，人之所不能无也，但要所好所乐皆中理。合当喜，不得不喜；合当怒，不得不怒。”[③] 该喜欢的要喜欢，该愤怒的要愤怒，该有点癖好要有点癖好，该有点瑕疵要有点瑕疵。这同样是说：心里有四种不好的表现，这很正常。它们不仅是成就圣贤必然要经历的考验，而且就是生活

---

① ［明］王守仁撰，吴光、钱明、董平、姚延福编校：《王阳明全集》上册，第98页。

② 《朱子语类》卷16《大学三·传七章释正心修身》，［南宋］黎靖德编，王星贤点校：《朱子语类》第2册，第343页。

③ 《朱子语类》卷16《大学三·传七章释正心修身》，［南宋］黎靖德编，王星贤点校：《朱子语类》第2册，第343页。

本身，关键在于要端正起来。

朱熹除了用《中庸》解释《大学》，还用《孟子》解释《大学》。他说："恻隐、羞恶、辞让、是非，四端之著也，操存久则发见多；忿懥、忧患、好乐、恐惧，不得其正也，放舍甚则日滋长。"[①] 恻隐、羞恶、辞让、是非是四端之心的萌芽。久久地抓住它们、存有它们，就会对于心灵产生越来越多的正面作用。忿懥、恐惧、好乐、忧患这四样东西，原本未能端正起来。如果任其发展，它们就会日益增长，对于心灵产生越来越多的负面作用。

前面讲过"所谓"与"此谓"的关系。这里再看《大学》的四个"有所"、两个"无所"，两者的关系也是有滋有味的。

对于《大学》传七章讲的四个"有所"，朱熹说："四者人不能无，只是不要它留而不去。如所谓'有所'，则是被他为主于内，心反为它动也。"[②] 清代大儒孙奇逢（1584—1675）说："忧患、恐惧，最怕有所。一有所，则我心无主。古来忠臣、孝子、义士、悌弟，只是能自作主张。学者正在此处着力。"[③] 人们面对忿懥、恐惧、好乐、忧患，最怕的是"有所"。心被"有所"占领，主人的位置就让给了那些"有

---

① 《晦庵先生朱文公文集》卷48《答吕子约》，［南宋］朱熹撰，朱杰人、严佐之、刘永翔主编：《朱子全书（修订本）》第22册，上海古籍出版社、安徽教育出版社2010年版，第2214页。按，这段话又见《王阳明全集》卷3《传习录下·附朱子晚年定论·答吕子约》，［明］王守仁撰，吴光、钱明、董平、姚延福编校：《王阳明全集》上册，第140页。

② 《朱子语类》卷16《大学三·传七章释正心修身》，［南宋］黎靖德编，王星贤点校：《朱子语类》第2册，第344页。

③ 《池北偶谈》卷7《谈献三·苏门孙先生言行》，［清］王士禛撰，靳斯仁点校：《池北偶谈》上册，中华书局1982年版，第148页；按，个别标点符号略有校改。

所”。日常语言说某人的行为“有所”不良，意思是“偶尔”“局部”不良。《大学》的“有所”也不是说完完全全地有，而是说零零散散地有。但是，零零散散地有，今天有、明天有，这也有、那也有，多了就会坏事。一旦“有所”多了，心失去了自身，就是“我心无主”。

与“有所”相对的是“无所”。《大学》传二章说：“是故君子无所不用其极。”① 传六章说：“小人闲居为不善，无所不至，见君子而后厌然，掩其不善而著其善。”前一个“无所”是从好的方面讲，“无所不用其极”是对治四个“有所”的“不龟手之药”。不好的“有所”多了，就从方方面面予以改正。君子在任何一个方面都很努力，目的是让光明的德性在自己身上得以彰显，这就是“无所不用其极”。后一个“无所”是从不好的方面讲。如果不正心，四个“有所”就会恶性膨胀到“无所不至”的地步。心里的“有所”多了，又不去改正，就是“无所不至”，什么坏事都干得出来。

五、后果：“心不在焉”一句解读

《大学》传七章的四个“有所……则不得其正”是讲四种不好的心理表现，这一病症的后果是“心不在焉，视而不见，听而不闻，食而不知其味”。举个例子，一个女孩子失恋了，给人看到的样子是心不在焉、六神无主、茶饭不思、百无聊赖。为什么叫作失恋？实质是我心无主。因此，这段话

---

① ［南宋］朱熹：《四书章句集注》，第5页。

不仅是由四个并列的短句组成，而且更应视作以一统三的结构。所谓以一统三是说：心不在焉就是我心无主，自己的心里没有主宰。因为心里没有主宰，所以“视而不见”，有眼睛但看不见任何事物；“听而不闻”，有耳朵但听不到任何声音；“食而不知其味”，吃东西但觉察不出它的味道。四个“有所”多了，人越来越心不在焉，就与行尸走肉毫无二致。这是成人之路上最可怕的事情。

如果心在，会不会“视而不见，听而不闻”呢？常识告诉人们：只要心在，视可见、听可闻是自然而然的。但是，心在的时候，也可以视而不见、听而不闻。比如安安心心做一件事，心无旁骛，对于周围的事物毫无反应，就是视而不见、听而不闻。《中庸》说：“鬼神之为德，其盛矣乎！视之而弗见，听之而弗闻，体物而不可遗。”[①] 鬼神具有的德性无比盛大，看它看不见，听它听不到，体现在万物之中而又无处不在。这里的“视之而弗见，听之而弗闻”，是摹状鬼神的本体存在。《中庸》还说：“道也者，不可须臾离也，可离非道也。是故君子戒慎乎其所不睹，恐惧乎其所不闻。”[②] 道是不可以片刻离开的，可以离开的就不是道。所以君子在自己看不见的情况下谨小慎微，在自己听不到的情况下诚惶诚恐。这里的“其所不睹”“其所不闻”，是表达君子的慎独工夫。由此可见“视而不见，听而不闻”的含义是多方面的，既可以经验地描述六神无主或专心致志的生活态度，也可以抽象地陈述本体与工夫的哲学内涵。

---

① ［清］阮元校刻：《十三经注疏（附校勘记）》下册，第1628页上栏。
② ［清］阮元校刻：《十三经注疏（附校勘记）》下册，第1625页中栏。

如果心在，会不会“食而不知其味”呢?《论语》7·14[①]有“子在齐闻《韶》，三月不知肉味”的记载，孔子还说“不图为乐之至于斯也”。孔子在齐国听到《韶》乐后，几个月都沉浸在那些美妙的音乐之中，吃什么大鱼大肉都索然无味。《孟子》11·7则说：“故理义之悦我心，犹刍豢之悦我口。”仁义道德让我的心灵快乐，就像大鱼大肉让我的口快乐一样。心不在，可以“食而不知其味”；心在，也可以“三月不知肉味”。尽管“三月不知肉味”与“食而不知其味”的字面意思差不多，但它们是两种不同的心理状态。

心当有自己的主宰，但心的问题又特别复杂。比如，“无心→有心→无心”在某种意义上代表了心的三个变化阶段。《大学》的“心不在焉”是说心已沉沦，这是无心。《孟子》11·15的“心之官则思”是说心已觉醒，这是有心。《庄子·人间世》说：“若一志，无听之以耳而听之以心，无听之以心而听之以气。听止于耳，心止于符。气也者，虚而待物者也。唯道集虚。虚者，心斋也。”[②]如果要意志专一，就不要用耳朵去听声音，而要用心去体认；不要用心去体认，而要用气去感应。耳朵的作用只是听声音，心的作用只是认知事物。气这个东西，空明虚无而能容纳万物。只有大道能够彰显空明虚无。空明虚无，就是心变得干干净净。庄子的“心斋”是说心已超越，这是无心。“无心→有心→无心”是上升的心路历程，而“无心←有心→无心”是动态的发展过

① 此种序号注释，以杨伯峻译注《论语译注》《孟子译注》为据，下同；按，个别标点符号略有校改，兹不一一标注。

② [清]郭庆藩辑，王孝鱼整理:《庄子集释》第1册，第147页；按，个别标点符号略有校改。

程。基于觉醒之心——这是有心，一方面，如果不正心到了极端，心就会自身沉沦，这是无心；另一方面，如果正心到了极至，心就会超越自身，这又是无心。心既有经验的面向，又有超验的面向。心是自己的，心也只能是自己的。你怎么对待自己的心，心就给你怎样的回报。以超验之心引领经验之心，在经验的世界当中不断地超越，可见正心这件事任重而道远。

六、劝谕："此谓修身在正其心"解读

《大学》传七章的最后一句话是"此谓修身在正其心"，意思是"这是说修养自身的关键在于端正内心"。这个劝谕显得过于简单。修养自身为什么要端正内心？正心为什么是修身的必修课？《大学》没有再解释下去，但为修身而正心是中国思想史固有的问题意识，积淀了丰厚的理论资源与执着的实践智慧。

先看丰厚的理论资源。据《荀子·大略》记载："孟子三见宣王不言事。门人曰：'曷为三遇齐王而不言事？'孟子曰：'我先攻其邪心。'"杨倞（生卒年不详）注云："以正色攻去邪心，乃可与言也。"① 孟子三次见齐宣王，没有谈任何事情。学生们不理解，孟子解释说这是要先攻破他心里的邪念。孟子有泰山岩岩之气象，齐宣王是满脑子的利欲熏心。"先攻其邪心"就是"惟大人为能格君心之非"（《孟子》7·20），只有

① ［清］王先谦撰，沈啸寰、王星贤点校：《荀子集解》下册，第501页。

具备大德的知识分子才能根除君主心里那些不好的想法。董仲舒（前 179—前 104）曾说：“故为人君者，正心以正朝廷，正朝廷以正百官，正百官以正万民，正万民以正四方。”[①] 四方、万民、百官、朝廷得以端正，追根溯源是君主先要正心。君心之非的纠正是靠他人的“依他”还是靠自己的“依自”，这似乎是孟子与董仲舒的不同之处。

在杨时（1053—1135）看来，《大学》《孟子》皆以正心为本。他说：“《孟子》一部书，只是要正人心，教人存心养性，收其放心。”“《大学》之修身、齐家、治国、平天下，其本只是正心、诚意而已。”[②] 这番话的重点是讲《孟子》，附带提到《大学》，所以被朱熹录入《孟子集注 · 孟子序说》[③]。但是，《大学》与《孟子》在思想史上的关联十分密切。我们可以看看王阳明这个例子。

王阳明说：“耳、目、口、鼻、四肢，身也，非心安能视听言动？心欲视听言动，无耳、目、口、鼻、四肢亦不能。故无心则无身，无身则无心。”[④] 人人都有自己的身体，身体的功能是视听言动。如果没有心，怎能视听言动呢？同理，心要视听言动，如果没有身体，也是不可能的。王阳明还说：“心者身之主宰，目虽视而所以视者心也，耳虽听而所以听者心也，口与四肢虽言动而所以言动者心也。故欲修身

---

① 《汉书》卷 56《董仲舒传》，［东汉］班固撰，［唐］颜师古注：《汉书》第 8 册，第 2502—2503 页。

② 《杨时集》卷 12《语录三 · 余杭所闻二（五十三条）》第 14 条，［北宋］杨时撰，林海权校理：《杨时集》第 2 册，中华书局 2018 年版，第 327 页；按，个别标点符号略有校改。

③ 参见［南宋］朱熹：《四书章句集注》，第 199—200 页。

④ 《王阳明全集》卷 3《传习录下》，［明］王守仁撰，吴光、钱明、董平、姚延福编校：《王阳明全集》上册，第 90—91 页；按，个别标点符号略有校改。

在于体当自家心体，当令廓然大公，无有些子不正处。主宰一正，则发窍于目，自无非礼之视；发窍于耳，自无非礼之听；发窍于口与四肢，自无非礼之言动。此便是修身在正其心。"[①] 尽管身、心互相离不开，但两者有主次之分，心是身的主宰。修身就是体当自家的心体，让心廓然大公，没有一丝一毫的不正。心里一旦有了主宰，眼睛就不会有非礼之视，耳朵就不会有非礼之听，嘴巴就不会有非礼之言，四肢就不会有非礼之动，视听言动就会无不合乎礼仪规范。这也就是《大学》说的"修身在正其心"。

众所周知，《大学》先有古本、后有改本，《大学章句》是改本的典范之作，而王阳明推崇古本[②]。这能从一个侧面说明朱熹、王阳明何以都是大思想家。以往，主流思想史通常是从孟子学的角度解释这个问题。朱熹写过《孟子集注》，它在孟学史上的地位无出其右者；与朱熹同时代的陆九渊（1139—1193）以孟子学自我标榜，王阳明则是心学在宋

---

① 《王阳明全集》卷3《传习录下》，［明］王守仁撰，吴光、钱明、董平、姚延福编校：《王阳明全集》上册，第119页；按，个别标点符号略有校改。

② 《王阳明全集》卷7有《大学古本序》（［明］王守仁撰，吴光、钱明、董平、姚延福编校：《王阳明全集》上册，第242—243页），卷32有《大学古本傍释》《大学古本原序》（同上书下册，第1192—1197、1197页），可资参阅。

明理学史上的集大成者[①]。这里要问：王阳明能与朱熹分庭抗礼，除了孟子学之外，是否还有其他因缘呢？换个提问方式，朱熹的思想影响力为什么比陆九渊大得多呢？部分原因显然在于：陆九渊只对《孟子》做过研究，但对《大学》缺乏研究；朱熹不仅对《孟子》做过研究，而且对《大学》也有研究。正是因为意识到陆九渊没有将《大学》真正当回事，所以王阳明对于《大学》下过苦功夫，最大的理论成果是提出了“致良知”。“致知”二字出自《大学》[②]，“良知”二字出自《孟子》13·15。阳明心学独步天下，很大程度上应当归功于王阳明融会贯通《大学》《孟子》，将“致知”与“良知”综合创新为“致良知”。

再看执着的实践智慧。要修身，不能不正心；心正了，有利于修身。“杨震夜间拒十金”“许衡不吃无主梨”生

---

① 这里简单谈谈陆王心学与孟子的思想史关系。首先看陆九渊与孟子的关系。陆九渊曾说自己的学问授受：“因读《孟子》而自得之。”（《陆九渊集》卷35《语录下》，［南宋］陆九渊著，钟哲点校：《陆九渊集》，中华书局1980年版，第471页）王阳明指出：“故吾尝断以陆氏之学，孟氏之学也。”（《王阳明全集》卷7《象山文集序》，［明］王守仁撰，吴光、钱明、董平、姚延福编校：《王阳明全集》上册，第245页）其次看王阳明与孟子的关系。阳明心学与孟子存在密切关联，这是思想史的共识。正如明代黄道周的《王文成公集序》所说：“文成学孟，才与孟等，而进于伊；故其德业事功，皆近于伊，而进于孟。”（［明］王守仁撰，吴光、钱明、董平、姚延福编校：《王阳明全集》下册，第1615页）但是，王阳明并未像陆九渊那样做过明确的自述。最后看陆王心学与孟子的关系。《康南海先生讲学记·古今学术源流》说：“孟子之学，心学也。宋儒陆象山与明儒王阳明之学，皆出自孟子。孟子，传孔子心学者也。”（［清］康有为撰，姜义华、吴根樑编校：《康有为全集》第2集，上海古籍出版社1990年版，第225页）牟宗三说：“象山、阳明则纯是孟子学，纯是一心之伸展。”（氏著：《心体与性体》上册，上海古籍出版社1999年版，第27页）要特别指出的是：陆九渊、王阳明究竟如何自得于孟子，王阳明究竟通过何种方式接过陆九渊的孟子学，迄今仍是孟学史研究的难题，我们期待有分量的学术成果尽早问世。

② 参见［清］阮元校刻：《十三经注疏（附校勘记）》下册，第1673页上栏。按，《大学》是《礼记》第42篇。

动体现了为修身而正心的实践智慧：心简单，世界就简单；心自由，生活就自由。

杨震（？—124）是东汉末年著名的易学家，为官清廉，提携过很多后进。据《后汉书》本传记载，王密（生卒年不详）因杨震的举荐，做了昌邑（今属山东潍坊）县令。杨震有次路过昌邑，住在旅馆。王密晚上怀揣十金前往，准备答谢杨震的提携之恩，被坚决拒绝。杨震说："你我已是老相识，还不知道我的为人吗？"王密说："深更半夜，没有人知道我送过金子的。"杨震说："天知、神知、子知、我知，怎么叫作没有人知道呢？"① 这个故事表明：心端正了，你再遇到任何事情，都会处在正确的方向与位置上。先秦儒家强调慎独工夫。这个"独"不是闲得无聊而有的孤独，而是《大学章句》说的"人所不知而己所独知之地"②，更是《大学》传六章说的"十目所视，十手所指，其严乎"。人在做，天在看，举头三尺有神明，时刻要有不欺暗室、守得其正的敬畏之心。不管是否有人监督，心头总有一双检视自己言行的眼睛。它是一种道德律令，职责是对自我进行匡正。

许衡（1209—1281）是元代大儒。据《元史》本传记载，许衡等人夏天路过河阳，口渴难耐。人们看到路边有梨树，纷纷摘下梨子解渴。只有许衡正襟危坐于树下，安然若泰。有人问他为什么不摘梨子吃，他说："非其有而取之，不可也。"不是自己所有的东西而占有它，这是不可以的。人们

① 参见《后汉书》卷54《杨震列传》，［南朝宋］范晔撰，［唐］李贤等注：《后汉书》第7册，第1760页。

② 参见［南宋］朱熹：《四书章句集注》，第7页。

说："世道这么乱，梨树哪有主人呢？"他说："梨无主，吾心独无主乎？"梨树没有主人，我的心难道没有主人吗[①]？这个故事足见许衡深受孟子的影响，因为"非其有而取之，不可也"典出《孟子》13·33说的"杀一无罪，非仁也；非其有而取之，非义也"。《元史》本传还抄了许衡说的一段话："必如古者《大学》之道，以修身为本。一言一动，举可以为天下之法；一赏一罚，举可以合天下之公。则亿兆之心将不求而自得，又岂有失望不平之累哉？"[②] 据此，可以说"梨无主，吾心独无主乎"是与《大学》有关的。

七、心之思、精神化身体与行稳致远

讲完"此谓修身在正其心也"，《大学》传七章的原文解读暂时告一段落。这一章的思想史阐释无疑永远处于现在进行时态。心到底是什么？这是人们始终面临的根本问题。心是最难讲的，它似乎从未有过标准答案。"画虎画皮难画骨，知人知面不知心。"很少有人真正能将心的事情讲清楚，即使是自己的心也很难讲得清楚。以《四书》为代表的儒家哲学如何看待人心呢？范围再缩小一些，我们能从曾子、孟子那里得到哪些启示呢？

《论语》有6个"心"字。例如，孔子说："回也，其心

---

① 参见《元史》卷158《列传第四十五·许衡》，[明]宋濂等：《元史》第12册，中华书局1976年版，第3716—3717页。

② 《元史》卷158《列传第四十五·许衡》，[明]宋濂等：《元史》第12册，第3724页；按，个别标点符号略有校改。

三月不违仁；其余，则日月至焉而已矣。”（《论语》6·7）孔门那些弟子，唯有颜回做得到内心几个月不违背仁义，其他人能够做到几天、个把月就算不错了。孔子谈论自己的一生，先是说了十五岁、三十岁、四十岁、五十岁、六十岁这几个阶段，最后说“七十而从心所欲不逾矩”（《论语》2·4）。只有到了七十岁，孔子方能随心所欲，任何念头都不逾越规矩。这表明心的事情难以说清楚，正心是极难的一件事。心灵的最高境界必须假以漫漫时日、沧桑阅历方可达致，否则根本无法企及。

从朱熹奠基的四书学看，《大学》可以视为曾子写的[①]。它有11个“心”字（不包括传五章的补传）；如果“身有所忿懥”就是“心有所忿懥”，则有12个“心”字。这里不再赘述曾子如何论心，只提及《大学》传九章说的：“心诚求之，虽不中，不远矣。”[②] 意是要诚的，心也要诚。只要内心真诚地进行追求，即使不能完全符合目标，也不会相差很远。曾子之后是子思，可以说子思写了《中庸》[③]，但它没有“心”字。直到《孟子》，126个“心”字全面开花，堪称“心花怒放”[④]。

孟子引过孔子说的一句话：“操则存，舍则亡；出入无时，莫知其乡。”并说：“惟心之谓与?”（《孟子》11·8）心

---

① 《大学章句》指出：“右经一章，盖孔子之言而曾子述之。其传十章，则曾子之意而门人记之也。”（［南宋］朱熹：《四书章句集注》，第4页；按，个别标点符号略有校改）

② ［南宋］朱熹：《四书章句集注》，第9页；按，个别标点符号略有校改。

③ 参见《中庸章句序》，［南宋］朱熹：《四书章句集注》，第15页。

④ 小程改“身有所忿懥”为“心有所忿懥”，而朱熹予以认可，对于《四书》的“心”字仿佛预设了一大玄机。尽管《中庸》无“心”字，而《论语》有6个，《大学》有12个，《孟子》则有126个，一大玄机即是6、12、126。

是这样一个东西：抓住它，就能留下；放弃它，就会跑掉。它想进就进，想出就出，毫无规律可言。人们既不知道它从哪里来，也不知道它要到哪里去。摸一摸自己的心，难道不是这样吗？此心是平常心，像璞玉那样未经打磨的心。“欲贵者，人之同心也。人人有贵于己者，弗思耳矣。”（《孟子》11·17）每个人都想富贵，但有更可贵的东西早已存在于自身，只是自己没有想过而已，这个东西就是仁义礼智。经过打磨的心是什么样子？就是“故理义之悦我心，犹刍豢之悦我口”（《孟子》11·7），仁义礼智最能使得吾心快乐。

《孟子》11·11说：“人有鸡犬放，则知求之；有放心，而不知求。学问之道无他，求其放心而已矣。”家里的鸡狗走失了，谁都知道要将它们找回来；自己的本心丢失了，却没有几个人知道要将它找回来。人们常常不知道自己的心放哪儿了，不知道自己的心跑哪儿了。学问之道只是找回丢失的本心，而“求其放心”离不开“心之官则思”（《孟子》11·15）。“心之官”的功能是思考，知道自己有什么、没有什么。通过“心之官则思”这个创造性命题，孟子的心性论得以发展起来。“君子所性，仁义礼智根于心”（《孟子》13·21），君子的本性就是仁义礼智厚植于自己的心里，这句话可谓孟子心性论的思想高峰。

《孟子》论心，比比皆是。“良心”“本心”（《孟子》11·8，11·10）这些现代人习以为常的语词就是孟子提出的。孟子在心学史上的地位世罕其匹，因为他是心学的开创者。完全可以这样认为：“不论性，孟子在哲学上走不进他那个时代；不谈心，孟子在哲学上走不出他那个时代。孟子既是与众不同的性学家，更是前无古人的心学家。”①

朱熹的《大学章句序》说：“三千之徒，盖莫不闻其说，而曾氏之传独得其宗，于是作为传义，以发其意。及孟子没而其传泯焉，则其书虽存，而知者鲜矣。”② 三千之徒都听孔子谈过大学之道，但只有曾子传了下来；到了孟子这里，再也没有传下去。就《四书》论心而言，《大学》《孟子》是最为独具匠心、最具哲学意义的。从曾子到孟子的这一思想史传承，以前“知者鲜矣”，现在值得特别表彰。下面试以心身关系与精神化身体为例，略作探讨。

人们常说：心有所思，面有所示；人心不同，各如其面；相由心生，境由心造。这是说内在显示为外在、“精神变物质”是心身关系的重要体现。《大学》传七章以“所谓修身在正其心者”设问，题中之义必然包括：如果内心已经端正，它在身上如何显示呢？从身体哲学的角度看，“眉清目秀”是说一个人有道家的味道，“慈眉善目”是说一个人有佛教的味道。内心里面的精神力量在眉毛、眼睛上面得以体现，就是精神化身体已经生成，精神长相正在展露。为修身而正心，因心正而身修，精神化身体是心身互动的必然结果。儒家要有良善的精神长相，这同样是《大学》与《孟子》关注的问题意识。

《大学》传六章的最后一句话是“富润屋，德润身，心广体胖，故君子必诚其意”。有了财富，家里会装饰得更好，这是“富润屋”；有了道德，身体会滋润得更好，这是“德润

---

① 杨海文：《我善养吾浩然之气——孟子的世界》，第130页。

② ［南宋］朱熹：《四书章句集注》，第2页；按，个别标点符号略有校改。

身”。“心广体胖”不是说身材肥胖，而是说心底无私天地宽，身体就会安康舒泰。这一章还对小人与君子做过对照：小人的心里再怎么掩饰，脸上也是一副丑态；君子的心里再怎么谦虚，脸上也是一股正气。心里那些真实的想法总是会在身上展现出来，“诚于中，形于外”是这一章对于心身关系的理论总结。“心广体胖”是哲学中的大白话，“诚于中，形于外”是地道的哲学语言。让自己的意念真诚起来，让自己的内心端正起来，这样才能“中心达于面目”“四体不言而喻”（《孟子》5·5，13·21），呈现良善的精神长相。

《孟子》7·15 说：“存乎人者，莫良于眸子。眸子不能掩其恶。胸中正，则眸子瞭焉；胸中不正，则眸子眊焉。听其言也，观其眸子，人焉廋哉?”眼睛是心灵的窗户，观察一个人最好的地方莫过于眼睛。眼睛是揉不进沙子的，眼睛不会掩饰内心的邪恶。内心端正，眼睛就明亮；内心不端正，眼睛就浑浊。听人说话，只要盯住他的眼睛，就知道讲的是真话还是假话。孟子看重人的眼睛，是因为眼睛暗藏了精神化身体的顶级密码。

再看《孟子》13·21。孟子讲的“君子所性，仁义礼智根于心”，就是《大学》讲的“诚于中”；而孟子讲的“其生色也睟然，见于面，盎于背，施于四体，四体不言而喻”，就是《大学》讲的“形于外”。“生色”是生发出来的气色，“睟然”是温润和顺。只要心里是实实在在的好，它生发出来的气色就是温润和顺的。这种气色不仅表现在脸上，还洋溢在背上，更是延伸到四体。“四体不言而喻”是四体用不着说话，就能让别人心领神会。精神化身体如何由内到外体现出来？武侠小说常说某位高手打通了任督二脉。在我们看来，“见于面”当与任脉有关，“盎于背”当与督脉有关。这两脉一旦打通，人的气色就会温润和顺。儒家讲的精神化身体是与中医相关的，正如《中国哲学史》是中医的专业必修课。

成语“手舞足蹈”出自《孟子》7·27，是说人们一旦达到高远的道德境界，连手脚都会情不自禁地跳起舞来。《孟子》13·38说：“形色，天性也；惟圣人然后可以践形。”形色是指身材、长相。人的身材、长相一般是年轻的时候好，年老就不好了。要让天生的身材、长相长期葆有气质，终极的补品是道德修养。“践形”就是“腹有诗书气自华”。在孟子看来，圣人是道德修养的楷模，道德修养使得他们的精神长相不断地好上加好。

精神化身体是经由艰难困苦的道德修养炼成的，精神长相必须在纷繁芜杂的人伦生活中焕发自身的力量。话得说回来，《大学》传七章只有72个字，似乎难以给人们提供足够的工夫论指引①。《孟子》3·2说：“必有事焉而勿正，心勿忘，勿助长也。”在先秦儒学史上，这是做工夫的重要方法。“有”是“为”②，有事是做事，“必有事焉”是一定要将事情

① 从中国哲学史论文写作的角度看，有必要特别注意“工夫”“功夫”在用法上的区分。一般而言，“工夫”是宋明理学讨论如何在修身养性方面用力的专有词汇，如“工夫论”“下手工夫”“吃紧工夫”等；而“功夫”是日常生活词汇，如“下苦功夫”“功夫在诗外”“只要功夫深，铁杵磨成针”等。尽管宋明理学原著时常混用“工夫”“功夫”二词，许多学术论文也不加措意，但我们需要具有这一区分意识。

② 《经传释词》卷3“有”条指出：“家大人曰：有，犹‘为’也。”“‘为’‘有’一声之转，故‘为’可训为‘有’，‘有’亦可训为‘为’。”（［清］王引之：《经传释词》，岳麓书社1984年版，第63页）据此解释“必有事焉”，“有”即是“为”，“有事”即是“为事”，义理得以通畅。传统注家未作此解，以致“必有事焉”殊难理会，这里特予说明。

做好，“而勿正”是目的性不要太强，“心勿忘”是心里不要忘记它，“勿助长也”是不要故意帮它成长。它将心身关系朝着伦理实践的方向引领，朝着做好人的方向引领，成为我们在现实伦理生活中处理心身关系的不二法门。孟子还多次讲过心、事与政治的关系。第一次说：“生于其心，害于其政；发于其政，害于其事。”（《孟子》3·2）它们产生在心里面，就会危害到政治；它们表现在政治上，就会危害到做事。第二次说：“作于其心，害于其事；作于其事，害于其政。”（《孟子》6·9）它们出现在心里面，就会危害到做事；它们出现在做事上，就会危害到政治。这同样是在警醒人们要对正心予以高度重视。

心如何能够端正起来？这是《大学》传七章要解决的根本问题。《大学》讲三纲领、八条目，很多时候是从伦理政治方面展开的。我们最后提到《孟子》讲的心—事—政、心—政—事，正是为了回应这一伦理政治主题。解决伦理政治问题的前提是道德哲学。只有心正了，才能从根子上拥有真正的自我，成为自身的主宰，往前可以格物、致知、诚意，往后可以修身、齐家、治国、平天下。正心这一关是得失关、圣凡关。我们要在这一关做足为修身而正心的工夫，然后无惧地朝着“善政天下、良治中国”行稳致远。

第七讲

为齐家而修身：《大学》传八章的思想史阐释

《大学》传八章题为“修身齐家”，实质是为齐家而修身，修身是着重点。它通过设问、病症、原因、后果、警示五个层次，试图凸显修身的重要性。因其仅有 96 个字的篇幅，内容又是“卑之无甚高论”的人之常情，历来很少有人能够清晰、准确地把握传八章的这一理论使命。思想史阐释要求我们一方面将传七章讲的四种不好的心理表现与传八章讲的五种不好的人事态度归结为四五结构，另一方面将传七章讲的不正即偏与传八章讲的偏即不正抽象为偏正结构。借助这一分析，修身是修正主义者在日常伦理生活中不懈地克服四分五裂的心事困境，它在《大学》八条目中具有承前启后、继往开来的独特地位。

一、传八章的层次及与传七章的关联

按照《大学》八条目的次序，传七章属于第四站，传八章属于第五站。第五站有什么风光呢？先看传八章的原文：

> 所谓齐其家在修其身者，人之其所亲爱而辟焉，之其所贱恶而辟焉，之其所畏敬而辟焉，之其所哀矜而辟焉，之其所敖惰而辟焉。故好而知其恶，恶而知其美者，天下鲜矣！故谚有之曰："人莫知其子之恶，莫知其苗之硕。"此谓身不修，不可以齐其家。①

"所谓齐其家在修其身者"，这是设问；"人之其所亲爱而辟焉，之其所贱恶而辟焉，之其所畏敬而辟焉，之其所哀矜而辟焉，之其所敖惰而辟焉"，这五个"辟"字句是讲病症；"故好而知其恶，恶而知其美者，天下鲜矣"，这是讲原因；"故谚有之曰：'人莫知其子之恶，莫知其苗之硕'"，这是讲后果；"此谓身不修，不可以齐其家"，这是警示。以上是说《大学》传八章包含五个层次，朱熹（1130—1200）将这一章命名为"修身齐家"②。但是，"修身齐家"并不是"修身+齐家"的并列动宾结构，而是讲为齐家而修身，修身是其着重点。

这一章的大意是：之所以说管好自己的家庭在于修养自身，是因为人们遇到自己亲爱的人，往往就会过分亲爱；遇到自己讨厌的人，往往就会过分讨厌；遇到自己敬畏的人，往往就会过分敬畏；遇到自己同情的人，往往就会过分

---

① ［南宋］朱熹：《四书章句集注》，第 8 页；按，个别标点符号略有校改。又，本讲引用《大学》原文，均以《大学章句》为据，以示对于朱子学的尊崇。
② 参见［南宋］朱熹：《四书章句集注》，第 9 页。

同情；遇到自己轻视的人，往往就会过分轻视。所以喜欢一个人而又知道他的缺点，讨厌一个人而又知道他的优点，这是天下少有的。所以俗语有这样的说法："人们不知道自家孩子的缺点，不知道自家禾苗的茁壮。"这是说自身没有得到修养，就不能管好自己的家庭。

我们读《大学》的任何一章，都要瞻前顾后、首尾呼应，既要想到上一章，还要想到下一章。看传八章就得同时看传七章，要对这两章的关联有所了解。朱熹就此做过一些说明。

有学生认为《大学》传七章、传八章是讲同一个意思。朱熹回答说：传七章讲忿懥、恐惧、好乐、忧患，这是从心上讲；传八章讲亲爱、贱恶、畏敬、哀矜、敖惰，这是从事上讲。前一章是从心上讲，所以要从心上理会；后一章是从事上讲，所以要从事上理会。从心上理会，就得看到念虑之偏；从事上理会，就得看到事为之失[①]。从心上理会、事上理会看，心与正心密切相关，事与修身密切相关，心身关系就是心事关系。

朱熹还说：忿懥、恐惧、好乐、忧患是心与物相接之时发生的事情，亲爱、贱恶、畏敬、哀矜、敖惰是身与物相接之时发生的事情[②]。将心物、身物归结为事情，这是一个重要而又基本的哲学观点。我们的视听言动无一不是一件一件的事情。心可以说很实，也可以说很虚。要让很虚的心变得

---

① 参见《朱子语类》卷16《大学三·传八章释修身齐家》，［南宋］黎靖德编，王星贤点校：《朱子语类》第2册，第350页。

② 参见《朱子语类》卷16《大学三·传八章释修身齐家》，［南宋］黎靖德编，王星贤点校：《朱子语类》第2册，第351页。

很实起来，就必须落实在一件一件的事情上面。心上理会，事上理会，归根到底，都要在事情上理会。

我们还可以做这样的对比：传七章讲四种不好的心理表现，传八章讲五种不好的人事态度，这个四五结构叫作四分五裂。这种状态靠什么解决？靠孟子讲的四德五伦，靠儒家经典《四书五经》，而要达到的境界是四通五达。四五结构是我们解读《大学》这两章需要不断敞开的心得体会①。

四种不好的心理表现、五种不好的人事态度有什么联系呢？从传七章看，四种不好的心理表现是讲四个“有所……则不得其正”，所以，不正即是偏。传八章有五个“辟”字句，“辟”就是“偏僻”的“僻”，所以，偏即是不正。传七章讲不正即偏，传八章讲偏即不正，它们都是偏正结构。面对这两个偏正结构，我们应该做修正主义者！“修正主义者”这个名词在现代政治语境当中通常是贬义词，但在中国古代道德语境当中却是地道的褒义词，因为“修正”的意思是让不正确的东西归之于正。做修正主义者，做道德意义上的修正主义者，是我们破解这两个偏正结构的下手工夫。

《大学》传八章究竟如何讲述为齐家而修身？它又是如何直逼人心，而嵌入我们的实际生活？下面以原文的五个层次为中心，尤其是紧密结合传七章，并辅之以四书学、朱子学，略作思想史的阐释。

---

① 四五结构亦可称作五四结构，它在《孟子》中的体现很明显。参见杨海文、张兴：《孟子思想研究与孟学史研究如何相得益彰？——泰山学者杨海文教授访谈录》，孙聚友主编：《国际儒学论丛》2018 年第 2 期，社会科学文献出版社 2018 年版，第 276 页。

二、设问："所谓齐其家在修其身者"解读

《大学》传八章的第一句话是"所谓齐其家在修其身者"，这个"其"字是多余的吗？我们看传六、七、八、九、十章的开头：传六章是"所谓诚其意者，毋自欺也"，传七章是"所谓修身在正其心者"，传八章是"所谓齐其家在修其身者"，传九章是"所谓治国必先齐其家者"，传十章是"所谓平天下在治其国者"[①]。"齐其家"的"其"字，看起来确实有点多余。

小程（1033—1107）的《伊川先生改正大学》认为"齐其家"的"其"字属于衍文[②]，就是多出来的字词。朱熹没有采纳这个观点，《大学章句》对此只字未提。我们的猜测是：因为传八章"所谓齐其家"与传六章"所谓诚其意"的语法是一样的，所以朱熹不认为"其"字是衍文。小程对于《大学》还有一处改动，朱熹也没有采纳。《大学》的最后一句话是："此谓国不以利为利，以义为利也。"[③]《伊川先生改正大学》在这句话的后面做了小字夹注，说另有版本写作"彼为不善之小人，使之为国家"[④]。对于这一说明，《大学章

① 参见［南宋］朱熹：《四书章句集注》，第 7、8、8、9、10 页；按，个别标点符号略有校改。

② 参见《河南程氏经说》卷 5《礼记·伊川先生改正大学》，［北宋］程颢、程颐著，王孝鱼点校：《二程集》第 4 册，第 1130 页。

③ ［南宋］朱熹：《四书章句集注》，第 13 页。

④ 参见《河南程氏经说》卷 5《礼记·伊川先生改正大学》，［北宋］程颢、程颐著，王孝鱼点校：《二程集》第 4 册，第 1132 页。

句》同样只字未提。

小程与朱熹的《大学》改本是有差异的。朱熹从小程的改本中借鉴了四个地方[①]，而以上两个地方没有借鉴。《大学》在《四书》中是比较特别的一本书。校勘学所说的衍文、阙文、错字、错简等情形，《大学》中都有出现，所以《大学》有古本、改本之分，而《论语》《孟子》《中庸》不存在这类情况。正因《大学》存在衍文、阙文、错字、错简，这让宋明时期那些最具理论水平的思想家获得了改造并阐释的巨大空间，为宋明理学的发展提供了极具开放性的思想理论平台。

"所谓齐其家在修其身者"，意思是"之所以说管好自己的家庭在于修养自身"。家庭管好了就是齐家，所以我们用"管好家庭"解释"齐家"二字，目的是让实实在在的日常伦理生活能与齐家的目标一拍即合。这句话是设问句。它通过"所谓"进行设问，然后展开论证。展开论证的方式，同样是拿缺点开刀。《大学》传七章是拿四种不好的心理表现开刀，传八章是拿五种不好的人事态度开刀，它们都是拿缺点开刀。

三、病症：五个"辟"字句解读

怎么拿缺点开刀呢？这就涉及五个"辟"字句："人之其

---

① 参见［南宋］朱熹：《四书章句集注》，第3、6、8、12页；按，个中情况又需具体分析。

所亲爱而辟焉，之其所贱恶而辟焉，之其所畏敬而辟焉，之其所哀矜而辟焉，之其所敖惰而辟焉。”它们描写了五种不好的人事态度，可以视作病症。亲爱、贱恶、畏敬、哀矜、敖惰，这是指五类人。如果对号入座，他们究竟是五类什么样的人呢？古往今来，很少有人对这五类人进行过确切的定位，通常只是举例说明、随处说法。

我们对这五类人做的定位是：其一，“亲爱”是指应该亲爱的人。我们亲爱的人有哪些？比如亲人、朋友。其二，“贱恶”是指令人讨厌的人。我们讨厌的人有哪些？比如衣冠禽兽、地痞流氓。其三，“畏敬”是指值得敬畏的人。我们敬畏的人有哪些？比如有德者、有位者。其四，“哀矜”是指需要同情的人。我们同情的人有哪些？比如生活有困难、身体有残疾的人。其五，“敖惰”是指让人看不起的人。我们看不起的人有哪些？比如蛮不讲理、横行霸道者。以上定位及其特点简明扼要、一目了然，但未必完全准确，这是需要人们注意的。

《大学》传八章认为：五种不好的人事态度，体现为过分对待这五类人。对于亲爱的人，你过分亲爱了；对于讨厌的人，你过分讨厌了；对于敬畏的人，你过分敬畏了；对于同情的人，你过分同情了；对于轻视的人，你过分轻视了。为什么将“辟”解释为“过分”？这是因为《大学章句》说：“辟，读为僻。”“辟，犹偏也。”[①] 朱熹指出“辟”读作“僻”，意思就是“偏”。我们认为传八章勾勒了一个偏正结构，就是基于这一解释得出的。偏即不正，这是指传八章；

---

① ［南宋］朱熹：《四书章句集注》，第8页。

不正即偏，这是指传七章。它们展示了两个偏正结构。下面依据《朱子语类》的解读，看看究竟如何具体区分这五类人。

第一，对于“人之其所亲爱而辟焉”，朱熹举的例子是：“如父子是当主于爱，然父有不义，子不可以不争；如为人父虽是止于慈，若一向僻将去，则子有不肖，亦不知责而教焉，不可。”① 父子之间以爱为主。但是，父亲如有不义之举，儿子可以批评；儿子如有不肖之举，父亲必须教育。我们对于亲爱的人不能过分亲爱，亲爱要符合一定的度。

第二，对于“人之其所贱恶而辟焉”，朱熹举的例子是：“人固自有一种可厌者，然犹未至于可贱恶处，或尚可教。若一向僻将去，便贱恶他，也不得。”② 这个解释不太好理解。什么样的人是让我们讨厌的？我们讨厌他，为什么又不能过分？这需要我们调动自身的人生阅历，想象一下哪些人甚至具体到哪个人是让自己讨厌的，我们是不是不该过分讨厌他。

第三，对于“人之其所畏敬而辟焉”，朱熹举的例子是：“如事君固是畏敬，然‘说大人则藐之’，又不甚畏敬。孟子此语虽稍粗，然古人正救其恶，与‘陈善闭邪’‘责难于君’，也只管畏敬不得。”③ 人们对于自己敬畏的人不能过分敬畏，不过分敬畏就是该敬畏的敬畏、不该敬畏的不敬畏。《孟子》14·34 说：“说大人则藐之，勿视其巍巍然。”④ 你见

① 《朱子语类》卷 16《大学三·传八章释修身齐家》，[南宋] 黎靖德编，王星贤点校：《朱子语类》第 2 册，第 352 页。

② 《朱子语类》卷 16《大学三·传八章释修身齐家》，[南宋] 黎靖德编，王星贤点校：《朱子语类》第 2 册，第 352 页；按，个别标点符号略有校改。

③ 《朱子语类》卷 16《大学三·传八章释修身齐家》，[南宋] 黎靖德编，王星贤点校：《朱子语类》第 2 册，第 352 页；按，个别标点符号略有校改。

④ 此种序号注释，以杨伯峻译注《孟子译注》《论语译注》为据，下同；按，个别标点符号略有校改，兹不一一标注。

到那些大人，要在战略上藐视他们，不要被他们的气势所吓倒。人们过分敬畏那些大人，不仅不对，更无必要。该敬畏的就敬畏，不该敬畏的就不敬畏，朱熹认为孟子这样做是有道理的。

第四，对于“人之其所哀矜而辟焉”，朱熹举的例子是：“哀矜，谓如有一般大奸大恶，方欲治之，被它哀鸣恳告，却便恕之。”“这便是哀矜之不得其正处。”[①] 一个十恶不赦的人东窗事发，苦苦哀求你放他一马，而你于心不忍，就手下留情，放了他一马。朱熹说：对于这类大奸大恶之人，你绝对不能姑息养奸，必须痛打落水狗、斩草除根。

第五，对于“人之其所敖惰而辟焉”，朱熹举了两个例子，一是孔子不见孺悲，一是孟子不与王驩言[②]。《论语》17·20说：“孺悲欲见孔子，孔子辞以疾。将命者出户，取瑟而歌，使之闻之。”孺悲想拜见孔子，孔子借口说自己生病了。传话的人一出门，孔子就拿来琴瑟弹唱起来。手下人问道：您刚才说病了，不让别人见，现在为什么鼓瑟而歌呢？孔子说：我要让孺悲知道我根本没有生病，只是轻视他而已。所以孔子对于令自己看不起的孺悲就是要看不起。《孟子》4·6说：“孟子为卿于齐，出吊于滕，王使盖大夫王驩为辅行。王驩朝暮见，反齐、滕之路，未尝与之言行事也。”孟子到滕国参加葬礼，然后从滕国回到齐国。孟子是正代表，王驩是副代表，但在往返齐、滕的路上，孟子没有与王驩说过

① 《朱子语类》卷16《大学三·传八章释修身齐家》，［南宋］黎靖德编，王星贤点校：《朱子语类》第2册，第352页。

② 参见《朱子语类》卷16《大学三·传八章释修身齐家》，［南宋］黎靖德编，王星贤点校：《朱子语类》第2册，第352页。

一句话，因为孟子讨厌王驩那种敖惰。这个例子同样是说该看不起的一定要看不起。

朱熹举的这些例子试图表达：该亲爱的人我们要亲爱，但不要过分亲爱；该讨厌的人我们要讨厌，但不要过分讨厌；该敬畏的人我们要敬畏，但不要过分敬畏；该同情的人我们要同情，但不要过分同情；该轻视的人我们要轻视，但不要过分轻视。朱熹还说："亲者则亲爱之"，亲爱的对象是亲者；"贤者则畏敬之"，敬畏的对象是贤者；"不率者则贱恶之"，讨厌的对象是不率者；"无告者则哀矜之"，同情的对象是无告者。有一种人，既不是亲者，也不是贤者，既不是不率者，也不是无告者，这就是敖惰者[①]。骄横、傲慢这种人事态度在生活当中十分普遍。很多人稍有成绩就会骄傲起来，觉得自己不再是自己，这就是敖惰的表现。敖惰的范围最广，这要特别注意。

由此看出，辟即是不正。我们如何正起来？就是不要过分，要讲究中庸之道，因为过犹不及，过、不及都是不行的。《大学章句》说："人，谓众人。之，犹于也。辟，犹偏也。五者，在人本有当然之则；然常人之情，惟其所向而不加审焉，则必陷于一偏而身不修矣。"[②] 这里的"人"是指我们所有人，"之"是面向自身，"辟"是偏僻之意。在朱熹看来，亲爱、贱恶、畏敬、哀矜、敖惰这五样东西在每个人这里都是"当然之则"、人之常情。每个人面对亲爱、贱恶、畏敬、哀矜、敖惰者难免都有过分的表现，而这正是人之常情。

---

① 参见《朱子语类》卷16《大学三·传八章释修身齐家》，［南宋］黎靖德编，王星贤点校：《朱子语类》第2册，第352页。

② ［南宋］朱熹：《四书章句集注》，第8页；按，个别标点符号略有校改。

传七章讲到四种不好的心理表现，它们也是人之常情。虽然是人之常情，但我们要改正它们，不能让它们陷于一偏。要是陷于一偏，修身就不可能得以实现。如何做到不过分呢？原则就是中庸之道，它在《论语》那里的解释是“过犹不及”。

据《论语》11·16记载，子贡问道：“子张与子夏哪个好一点？”孔子回答说：“子张太过分，子夏太不够。”子贡说：“那就是子张比子夏好一点。”孔子说：“过犹不及。子张太过，子夏不够，太过与不够都不好。”子张是颛孙师，所谓“子张太过分”的原文是“师也过”。《论语》11·18说：“柴也愚，参也鲁，师也辟，由也喭。”高柴愚笨，曾参迟钝，子张偏激，仲由鲁莽。“师也辟”的“辟”，就是《大学》传八章讲的“辟”。这里为什么要拿子张太过分、太偏激说事？在四书学看来，《大学》是曾子写的，曾子甚至有可能参与过《论语》的写作。子张这种太过分、太偏激的形象，对于曾子写《大学》产生过什么影响呢？

影响一定是有的，只是证据比较间接。《论语》19·16是曾子说的一句话：“堂堂乎张也，难与并为仁矣。”意思是说：派头十足的子张啊，很难同他一起做到仁。《孟子》5·4说：孔子死后，学生们守三年之丧。三年之丧毕，人们打道回府，只有子贡继续留在那里，第二次守三年之丧。过了一段时间，子夏、子张、子游认为有若长得像孔子，想用事奉孔子的礼节来事奉有若。言外之意是：孔子已经死了，我们必须有新的掌门人。既然有若长得像孔子，我们就让有若来当掌门人。子夏、子张、子游将这个想法告诉了曾子，强迫曾子同意，但曾子不同意。通过这些间接证据，可知曾子批评过或者不赞成子张太过分、太偏激的做法。《大学》传八章为什么对这五个“辟”不赞成，是与子张夸张的形象在曾子脑海里不时地闪现有一定关系的。

这里的重点是过犹不及，不能过为已甚。《孟子》8·10说：“仲尼不为已甚者。”孔子从来不做过分的事情。过犹不及，不为已甚，是说我们做人做事既不要过分，又不要跟不上火候，而是要拿捏好分寸、把握好尺度，做到刚刚好、恰恰好。这是先秦儒家一以贯之的观点，特别是贯穿于《中庸》的重要观点。朱熹的《中庸章句》说：“中者，不偏不倚、无过不及之名。”[①] 中庸之道旨在将做人做事发挥到最佳状态。我们守住初心，在五种不好的人事态度上进行自我革命，哲学方法就是无过无不及、不偏不倚的中庸之道。具体做法因人而异、因事而异、因时而异，但基本方法是中庸之道。

人们对于中庸之道有过很多误解。究其实，中庸之道绝不是那些乡愿、好好先生们的八面玲珑、四方讨好，而是无过无不及，同时带有锋芒。鲁迅（1881—1936）的《论“费厄泼赖”应该缓行》讲到哈巴狗：“但是，狗和猫不是仇敌么？它却虽然是狗，又很象猫，折中，公允，调和，平正之状可掬，悠悠然摆出别个无不偏激，惟独自己得了‘中庸之道’似的脸来。”[②] 哈巴狗一样的嘴脸，不是我们说的中庸之道。在过与不及之间有一个很好的度的把握，这个度的把握又必须用满身的道德力量来执行，这才是中庸之道的本质。鲁迅先生这样评价哈巴狗，对于我们拒绝做乡愿、立志践行

---

① ［南宋］朱熹：《四书章句集注》，第17页。

② 鲁迅：《坟》，人民文学出版社1973年版，第234页。

真正意义上的中庸之道很有启发。

《大学》传八章讲的这五个“辟”，我们是要反对并改正的。但是，人性当中有些癖好、瑕疵，又该如何看呢？张岱（1597—1685?）说过：“人无癖，不可与交，以其无深情也；人无疵，不可与交，以其无真气也。”① 一个人要是没有那么一点点癖好、瑕疵，那他就不值得交往，因为这类人没有深情、没有真气。我们看《大学》的五个“辟”，要有意识地将道德上的过分行为与个性上的癖好、瑕疵区分开来，这两者是不可同日而语的。有癖好的人有深情，有瑕疵的人有真气。我们要让个人癖好得到自由发展的空间，对于他人的瑕疵不必求全责备。

四、原因：“好而知其恶，恶而知其美”解读

人们遇到亲爱、贱恶、畏敬、哀矜、敖惰者，为什么有过分的表现？我们刚才用中庸之道做了分析。《大学》如何解释的呢？传八章说：“故好而知其恶，恶而知其美者，天下鲜矣！”如果过分喜欢一个人，你就不会知道他的缺点；如果过分讨厌一个人，你就不会知道他的优点。这是人之常情。因此，在《大学》看来，喜欢一个人而又知道他的缺点，讨厌

---

① 《张岱文集》卷4《五异人传》，［明］张岱著，夏咸淳辑校：《张岱诗文集（增订本）》，上海古籍出版社2014年版，第349页。深情、真气是普通人最大的人之常情，正如《世说新语·伤逝》第4条说：“圣人忘情，最下不及情；情之所钟，正在我辈。”（［南朝宋］刘义庆著，［南朝梁］刘孝标注，余嘉锡笺疏，周祖谟、余淑宜、周士琦整理：《世说新语笺疏》，中华书局2011年版，第552页）

一个人而又知道他的优点，天底下很少有人能够做到这样。过分喜欢就会爱屋及乌，过分讨厌同样会爱屋及乌，而这都是以偏概全。只有喜欢一个人而又知道他的缺点，讨厌一个人而又知道他的优点，才会拥有辩证的观点，才能在具体的人、事、物当中辩证地看待问题、处理问题。只是能够这样做的人实在太少。《大学》认为五种不好的人事态度之所以频繁发生，原因就在这里。

所谓“好而知其恶，恶而知其美”，其实就是《礼记·曲礼上》讲的“爱而知其恶，憎而知其善”[①]。喜欢一个人但同时要知道他的短处，憎恨一个人但同时要知道他的长处，这是《礼记》的劝谕。我们要多注意这个“曲”字。《曲礼上》是《礼记》的第一篇，《礼记》为什么将《曲礼上》当作第一篇？就是因为“曲”这个字很重要。“曲”的意思是琐碎、细小，很多大道理是在一些弯弯曲曲的事情当中体现出来的。一个人是不是真正有礼貌，往往体现在那些琐碎、细小的事情当中。琐碎、细小的东西是平常的东西，曲礼是我们在实际生活当中要坚持的那些具体而微的礼节。《礼记·中庸》讲的致曲之道[②]，就与曲礼密切相关。

我们读《朱子语类》，看到有学生问道：“您解释《大学》的‘修身齐家’章，为什么从未谈过‘修身’二字呢？”朱熹的回答是：“好而不知其恶，恶而不知其美，是以好为恶，以

---

① 参见［清］阮元校刻：《十三经注疏（附校勘记）》上册，第1230页上栏。
② 参见［清］阮元校刻：《十三经注疏（附校勘记）》下册，第1632页中栏。

曲为直，可谓之修身乎?”① 喜欢一个人而不知道他的缺点，讨厌一个人而不知道他的优点，就是以好为恶、以曲为直，这样做能够叫作修身吗？反过来说，当我批评并反思“好而不知其恶，恶而不知其美”的时候，这就是在讲修身。“好而知其恶，恶而知其美”的辩证关系必须好好理会。

五、后果：“人莫知其子之恶，莫知其苗之硕”解读

《大学》传八章讲到这里，意外地引用了一句谚语。“故谚有之曰”的“谚”是指谚语。谚语是老百姓的街谈巷议、民间语文，往往包含了深刻的人生哲理，一下子就能击中心扉，让人产生共鸣。比如：“咳嗽与贫穷是无法隐瞒的。”“只有生病的蚌，才能结出珍珠。”“疾病是上天另一种形式的爱，它提醒我们从错误中醒来。”“生命必须要有裂缝，阳光才能照射进来。”这些谚语有极强的哲理性，一两句话就将问题说得清清楚楚。

在某种意义上，圣人之言即是久经考验、放之四海而皆准的谚语。《孟子》14・32讲过一段很有名的话：“言近而指远者，善言也”，言辞浅近而又含义深远就是好观点；“守约而施博者，善道也”，操作简单而又效果巨大就是好方法。“君子之言也，不下带而道存焉”，君子的言语，内容很平常，但道理就在其中。“不下带而道存”的“带”是指腰带。

① 参见《朱子语类》卷16《大学三・传八章释修身齐家》，［南宋］黎靖德编，王星贤点校：《朱子语类》第2册，第354页；按，个别标点符号略有校改。

古人不会去看别人腰带以下的东西，只看腰带以上的东西。君子只讲腰带以上的事情，讲的内容平平常常，但道理很深邃。“君子之守，修其身而天下平”，君子的操守就是修养好自己，从而使得天下太平。孟子接着说的“人病舍其田而芸人之田”与《大学》引的谚语有可能存在内在关联，需要多加注意。它的意思是说：放着自家的一亩三分地不管，老是想到别人的地里锄草；总觉得自己的底气不足，而觉得别人很厉害。结果就是“所求于人者重，而所以自任者轻”，你对别人的要求很高，而给自己的担子很轻。

《大学》传八章引用的谚语是“人莫知其子之恶，莫知其苗之硕”。人们对于亲爱、贱恶、畏敬、哀矜、敖惰都有所过分，原因在于“好而不知其恶，恶而不知其美”，后果则是“人莫知其子之恶，莫知其苗之硕”。我们将“人莫知其子之恶”译作“人们不知道自家孩子的缺点”，这是好理解的。但是，如果将“莫知其苗之硕”只是译作“人们不知道自家禾苗的茁壮”，这好理解吗？显然不太好理解。古代社会，要吃饭就得种地，种地就得照管好一亩三分地，怎么会不知道自家的禾苗长得好不好呢？所以这句话有点费解。我们检阅相关文献，尚未发现有人将“莫知其苗之硕”的翻译与理解当作值得反思的问题看待，因此我们试图提供一个有意思、接地气的解释。

《大学章句》对于这句谚语的注解说：“溺爱者不明，贪得者无厌，是则偏之为害，而家之所以不齐也。”① 在朱熹看来，“莫知其子之恶”是讲溺爱者不明，“莫知其苗之硕”是

---

① ［南宋］朱熹：《四书章句集注》，第 8 页。

讲贪得者无厌，它们都是偏即不正造成的危害，致使“齐家”难以做到。从“家之所以不齐”看，如果“莫知其苗之硕”仅仅是讲不知道自家禾苗的茁壮，又与齐家有何密切关系？至少一般人很难得到满意的理解。在我们看来，因为两个“其”字都指自己，所以这句谚语应当是谈家庭问题，而且是谈亲爱问题，就是“人之其所亲爱而辟焉”的问题。人们“莫知其子之恶”，因而对于自家的孩子过分亲爱。人们“莫知其苗之硕”，在“亲爱”的范畴中如何体现？当今有句众所周知的口头禅这样说：“孩子是自家的亲，老婆是别人的好。”孩子是自家的亲，无疑对应于“莫知其子之恶”；老婆是别人的好，是否对应于“莫知其苗之硕”呢？我们的初步想法是将“莫知其苗之硕”与“老婆是别人的好”这两句一古一今的谚语挂钩，因为男女问题历来是中国哲学关注的大问题。

《周易》六十四卦的两大卦是乾卦、坤卦。《周易·系辞上》说：“乾道成男，坤道成女。”[①] 乾卦与男性相关，坤卦与女性相关。《周易·序卦》说：“有天地然后有万物，有万物然后有男女，有男女然后有夫妇，有夫妇然后有父子，有父子然后有君臣，有君臣然后有上下，有上下然后礼义有所错。”[②] 天地、万物之后就到了男女，男女在天道自然的秩序当中居于极其关键的位置。男女是人类的开始，由此才有了夫妇、父子、君臣、上下、礼义。

即便男女问题是中国哲学当中的大问题，但为什么独独将“莫知其苗之硕”解释到女性身上呢？小程解释《周

---

① ［清］阮元校刻：《十三经注疏（附校勘记）》上册，第76页上栏。
② ［清］阮元校刻：《十三经注疏（附校勘记）》上册，第96页上栏。

易·家人卦》曾说："女正者家正也，女正则男正可知矣。"①女方正了，家就正了；女方正了，就知道男方也正了。由此可见坤道在《家人卦》中相当重要。受此启发，我们觉得《大学》讲的"莫知其苗之硕"，不应当是讲田里的禾苗，而是在讲家里的女性。汉语将子孙后代称作苗裔，而苗裔是与女性密切相关的。

人们常说女人半边天。在著名女作家冰心（1900—1999）看来，女人不仅是半边天，而且与男人相比，真占了五分，善占了六分，美占了七分②。这是对于女性在天道自然秩序当中的高度肯定，但这一高度肯定还不足以让"莫知其苗之硕"与"老婆是别人的好"直接挂钩。事实上，将"莫知其苗之硕"解释为不知道老婆是自家的好，这方面的文献依据至今仍然是不充分的，我们的目的只是为这句话增加一种有意思、接地气的解释。

所谓有意思、接地气，是说在男权、父权时代中，家里有两类人最重要，一类是妻子，一类是儿女。所以《大学》讲的"人莫知其子之恶，莫知其苗之硕"，前一句是讲人们不知道如何正确对待自己的儿女，后一句是讲人们不知道如何正确对待自己的妻子。很少有人知道自家孩子的缺点，很少有人知道自家老婆的优点，这与亲爱、贱恶、畏敬、哀矜、敖惰一样都是人之常情。再进一步理解，"人莫知其子之恶，莫知其苗之硕"旨在批评"孩子是自家的亲，老婆是别

---

① 《周易程氏传》卷3《家人》，［北宋］程颢、程颐著，王孝鱼点校：《二程集》第3册，第884页。

② 参见冰心：《后记》，氏著：《关于女人》，宁夏人民出版社1980年版，第111页。

人的好”这一观点，而要建立的观点是：自家的孩子是有缺点的，必须好好教育之；自家的老婆是最好的，必须好好疼爱之。

六、警示：“此谓身不修，不可以齐其家”解读

《大学》传八章首先设问，接着描写病症、分析原因、揭示后果，最后说道：“此谓身不修，不可以齐其家。”这既是结论，更是警示。修身问题是中国古代哲学中的大问题。这里以《论语》《大学》《中庸》《孟子》为例，看一看古代思想家如何具体解读修身问题。

《论语》没有出现“修身”二字，但这方面的内容很丰富。曾子说“吾日三省吾身”（《论语》1·4），曾子每天都要多次反省自身。在此，省身即是修身。孔子为什么要修身呢？一是“修己以敬”，修养自己是为了严肃认真地对待工作；二是“修己以安人”，修养自己是为了让治国理政者得到安乐；三是“修己以安百姓”，修养自己是为了让老百姓得到安乐（《论语》14·42）。在此，修己即是修身。孔子讲的“修己以敬”“修己以安人”“修己以安百姓”，是与《大学》修身、齐家、治国、平天下的基本精神相一致的。

《大学》讲修身，集中于经一章及传七章、传八章。经一章说：“自天子以至于庶人，壹是皆以修身为本。”[①] 中国古代讲修身最为经典的名言，莫过于此。从天子到老百姓都要

---

① ［南宋］朱熹：《四书章句集注》，第4页。

将修身当作最根本的事情来做，传七章、传八章又以修身作为主题，这表明修身在《大学》思想体系中具有举足轻重的地位。

《中庸》讲修身，均见于第 20 章，伦理政治色彩鲜明。《中庸》说："齐明盛服，非礼不动，所以修身也。"[1] 内心虔敬，仪表整洁，不符合礼的事情不做，这就是修身。《中庸》说："故为政在人，取人以身，修身以道，修道以仁。"[2] 拿什么修身呢？要拿道来修身。只有修身了，才能将道挺立起来。《中庸》说"凡为天下国家有九经"，九经是九条治国理政的基本准则，第一条就是修身，修身之后才能尊贤、亲亲、敬大臣、体群臣、子庶民、来百工、柔远人、怀诸侯[3]。《中庸》说："故君子不可以不修身。思修身，不可以不事亲；思事亲，不可以不知人；思知人，不可以不知天。"[4] 君子不能不勤勉修身，由此才会孝顺父母、知人论世、敬畏上天。

《孟子》同样有很多关于修身的论述。《孟子》7·5 说："人有恒言，皆曰：'天下国家。'天下之本在国，国之本在家，家之本在身。"这里的"人有恒言"相当于《大学》传八章讲的"故谚有之曰"。老百姓将"天下国家"当作口头禅，是因为天下的根本在于国，国的根本在于家，家的根本在于自身。如何让自身得以修养？《孟子》7·12 说："诚身有道：不明乎善，不诚其身矣。"修养自身是有方法的，就是

---

① ［清］阮元校刻：《十三经注疏（附校勘记）》下册，第 1630 页上栏。

② ［清］阮元校刻：《十三经注疏（附校勘记）》下册，第 1629 页中栏。

③ 参见［清］阮元校刻：《十三经注疏（附校勘记）》下册，第 1629 页下栏—1630 页上栏。

④ ［清］阮元校刻：《十三经注疏（附校勘记）》下册，第 1629 页中栏。

一定要知道什么叫作善，否则不可能让自身得到真正的修养。这里的“明乎善”相当于《大学》经一章讲的“止于至善”①。《孟子》7·4说：“行有不得者皆反求诸已，其身正而天下归之。”唯有立身正派，天下才会归附于你。

《大学》传八章的结语“此谓身不修，不可以齐其家”，还敦促人们注意身与家的关系。《周易·坤卦》说：“积善之家，必有余庆；积不善之家，必有余殃。”② 修善积德的家庭必然有更多的吉庆，作恶坏德的家庭必然有更多的祸殃。讲到身家关系，除了多做好事、不做坏事，还有一个重要方法就是在自己的岗位上好好干。我们提倡坚持道义，而且每个人都要坚持道义，如何才能实实在在地坚持道义呢？在当下的岗位上好好做事，方能真正地坚持道义。坚持道义不是空谈，而是应当落实在具体的岗位上。你在自己的岗位上恪守规则、抑恶扬善，这就是坚持道义。所以孔子曾说“守道不如守官”③，坚持道义不如做好本职工作，不如在其位、谋其政。“守道不如守官”是对身家关系的最好说明。

《大学》传九章是“齐家治国”章，其中有两句话是对身家关系的精辟说明。一句是：“其家不可教而能教人者，无之。”④ 连自己的家人都教育不好，哪能教好别人呢？“一室不扫，何以扫天下乎？”连自己的家都治不好，又怎么能治理天下？另一句是：“一家仁，一国兴仁；一家让，一国兴

① 参见［南宋］朱熹：《四书章句集注》，第3页。

② ［清］阮元校刻：《十三经注疏（附校勘记）》上册，第19页上栏。

③ 参见《春秋左传·昭公二十年》，［清］阮元校刻：《十三经注疏（附校勘记）》下册，第2093页中栏。

④ ［南宋］朱熹：《四书章句集注》，第9页。

让。”[①] 家和万事兴，家和更会天下兴。我们要从身家关系的角度，不断地体会为齐家而修身的必要性与重要性。

七、为何需要偏正结构与四五结构?

解读传八章就得对照传七章，这是我们一以贯之的做法。《大学》格、致、诚、正、修、齐、治、平的八条目，是“万里长征的八站路”。第四站对应于传七章，主要讲修身为什么要正心，它是拿缺点开刀，说人们有四种不好的心理表现；第五站对应于传八章，主要讲齐家为什么要修身，它同样拿缺点开刀，说人们有五种不好的人事态度。

深入理解《大学》传七章、传八章，一方面要提炼两个偏正结构。四种不好的心理表现是不正即偏，五种不好的人事态度是偏即不正，这是两个偏正结构，我们应该做道德意义上的修正主义者。另一方面要敞开多个四五结构。为修身而正心的传七章是第四站，为齐家而修身的传八章是第五站，可谓四舍五入。四种不好的心理表现、五种不好的人事态度加在一起，可以称作四分五裂。孟子讲四德五伦，儒家经典是《四书五经》，修身目标是四通五达，这些都是四五结构。形象地说，四面楚歌之时，我们有可能心不在焉；五胡乱华之时，我们有可能身不由己。心上之人、人上之事如何才能四通五达？这就需要我们努力学习《四书五经》，使得四德归于一心、五伦归于一体，“四德归心，五伦归一”是现代

---

① ［南宋］朱熹：《四书章句集注》，第9页。

社会条件下对于中华优秀传统文化进行创造性转化、创新性发展的具体表现。

为何需要提炼两个偏正结构、敞开多个四五结构？这是因为《大学》有经一章、传十章，但其思想含量的分布极不均匀。经一章及传五章（亦即朱熹补写的“格物致知”章）、经六章（亦即“诚意”章）最有哲学内涵，而传九章、传十章最有实践内涵。相比之下，传七章只有72个字，传八章只有96个字，其哲学内涵比不上前面的经一章、传五章、传六章，其实践内涵比不上后面的传九章、传十章。正因如此，学术界至今几乎无人写过这两章的单篇论文。我们提炼两个偏正结构、敞开多个四五结构，目的就是强化其思想内涵、提升其实践内涵。

要让这两章的思想内涵与实践内涵有机统一起来，必须紧扣正心、修身两大主题。正心是从心上讲，修身是从事上讲，要抓住心、事这两个概念。不抓住自己的心，不抓住具体的事，就嵌入不了正心、修身的境界。将心比心、就事论事，心诚则灵、事在人为，心心相印、事事如意，身心一如、心想事成，世上无难事、只怕有心人……这些成语、格言无不表明心、事在人生实践当中是实实在在、不可或缺的。养心要“道性善”（《孟子》5·1），做事要“执事敬”（《论语》13·19）[①]。心、事是理解《大学》“正心修身”“修身齐家”这两章最重要的概念。

正如朱熹所说，传六章“诚意”是善恶关、人鬼关，传

① 参见杨海文：《道性善　执事敬——孔孟儒学的成人之道》，《光明日报》2018年12月8日，第11版《国学》。

七章“正心修身”、传八章“修身齐家”是得失关、圣凡关[①]。诚意是第三站。过得了那一站，你就是人；过不了那一站，你就是鬼。正心是第四站，修身是第五站。到了这两站，已经不存在敌我矛盾，只是存在人民内部矛盾。我们面临的问题不是根本的善恶，而是每个人都会遇到的人之常情。无论四种不好的心理表现还是五种不好的人事态度，都不是大恶，而只是人在实际生活当中有可能、并且经常犯下的过失。面对这两个偏正结构，我们的任务是做“修正主义者”，将不好的东西改过来。

过了第四、五站，后面还有三个站——齐家、治国、平天下。相对而言，绝大多数人不会实际参与治国、平天下的政治大任，但每个人都得投身于正心、修身的道德事业。朱熹说《大学》这八个站，从第一站到第五站是由浅及深，从第六站到第八站是由内到外[②]。格物、致知、诚意、正心属于内圣，齐家、治国、平天下属于外王，而修身这一站的重要性是不言而喻的。修身既是对内圣的总结与夯实，又是对外王的开启与奠基；修身既是承前启后，又是继往开来。修身是每个人自己的事，所以又叫自修；修身是人们一生的事，既没有开头，也没有结束，而是永远的。

修身是《大学》最高层级的关键词，“正心修身”章、“修身齐家”章都有这个关键词。尽管这两章固有的表述似乎撑不起“正心”“修身”的大帽子，进而未必能够充分地释放

---

① 参见《朱子语类》卷 14《大学二・经下》，［南宋］黎靖德编，王星贤点校：《朱子语类》第 1 册，第 298 页；《朱子语类》卷 16《大学三・传七章释正心修身》，［南宋］黎靖德编，王星贤点校：《朱子语类》第 2 册，第 341 页。

② 参见《朱子语类》卷 15《大学二・经下》，［南宋］黎靖德编，王星贤点校：《朱子语类》第 1 册，第 312 页。

儒家修身学的思想性、实践性，但修身强大的思想力量与实践力量，无论是从中国思想史还是从中国传统文化看，都是不容置疑的。修身之所以重要，是因为我们的心、事太复杂。人们常说："人心弯弯曲曲水，世事重重叠叠山。""画虎画皮难画骨，知人知面不知心。""做事难，难做事，事难做。"这类情形是我们无法回避、必须面对的。一旦面对，该怎么办？1934 年 5 月 30 日，鲁迅先生写的一首诗说道："心事浩茫连广宇，于无声处听惊雷。"[①] 归根结底，做好当下的每件事，心安即是家，这就是《大学》教给我们做好普通人的絜矩之道、大学之道。

① 《鲁迅日记》下卷，人民文学出版社 1976 年版，第 889 页。

第八讲

志向为儒门之先进：《论语·先进》解读

《论语》第11篇叫作《先进》，第12篇叫作《颜渊》。这两篇的字数都不多，包括标点符号在内，《先进篇》约有1600字，《颜渊篇》约有1500字。这两篇的章数，《先进篇》有26章，《颜渊篇》有24章。“先进”“颜渊”是两个很好的名称。将两者联系在一块，可以产生这样的联想：我们要立志做先进，我们的境界要像颜渊那样。志向为儒门之先进，境界为圣贤之颜渊，是这两篇的基本思想。学做颜渊、争当先进，是我们学习《先进篇》《颜渊篇》应有的理想与抱负。

《论语·先进》对司马迁（约前145—约前87）写《史记·仲尼弟子列传》有很大的影响。《仲尼弟子列传》的开篇写道：

> 孔子曰“受业身通者七十有七人”，皆异能之士也。德行：颜渊，闵子骞，冉伯牛，仲弓。政事：冉有，季路。言语：宰我，子贡。文学：子游，子

夏。师也辟，参也鲁，柴也愚，由也喭。回也屡空。赐不受命，而货殖焉，亿则屡中。[①]

这段话大体取材于《先进篇》的三章，涉及德行、言语、政事、文学的四科十哲（11·3[②]），孔门四个弟子有不同的性格（11·18），颜渊与子贡的比较（11·19）。司马迁写《仲尼弟子列传》的时候，心里是有《先进篇》的。我们可以说：《先进篇》是《仲尼弟子列传》的前世，《仲尼弟子列传》是《先进篇》的今生。《史记·仲尼弟子列传》这种写作手法，将加深我们对《论语·先进》的印象。

朱熹（1130—1200）为《先进篇》做过解题。他说："此篇多评弟子贤否。"又引用胡寅（1098—1156）的话说："此篇记闵子骞言行者四，而其一直称闵子，疑闵氏门人所记也。"[③] 朱熹认为《先进篇》记载孔门弟子的性格、品行，主旨是道德评判。胡寅认为《先进篇》有4章讲闵子骞，猜想它是闵子骞的学生记录下来的。这是两宋思想家对《先进篇》的看法。

学者们对《先进篇》的分章不尽一致。例如，朱熹的《论语集注》分为25章，刘宝楠（1791—1855）的《论语正义》分为24章，杨伯峻（1909—1992）的《论语译注》分为26章。下面依据杨伯峻的分章，对《先进篇》的26章进行

---

① 《史记》卷67《仲尼弟子列传》，［西汉］司马迁撰，［宋］裴骃集解，［唐］司马贞索隐，［唐］张守节正义：《史记》第7册，第2185页；按，个别标点符号略有校改。

② 此种序号注释，以杨伯峻译注《论语译注》《孟子译注》为据，下同；个别标点符号略有校改，兹不一一注明。

③ 《论语集注》卷6《先进》，［南宋］朱熹：《四书章句集注》，第123页。

逐一解读。

11·1 先学习礼乐再做官

11·1 子曰："先进于礼乐，野人也；后进于礼乐，君子也。如用之，则吾从先进。"

【译文1，直译】孔子说："率先进学礼乐的是平民子弟，延后进学礼乐的是贵族子弟。如果录用他们，我顺从率先进学礼乐的。"

【译文1，意译】孔子说："先学习礼乐再做官的人是平民子弟，先做官再学习礼乐的人是贵族子弟。如果录用他们，我选择先学习礼乐再做官的人。"

【译文2】孔子说："前辈在礼乐方面就像粗野之人，后辈在礼乐方面就像彬彬君子。如果施行礼乐，我跟从前辈。"

对于这一章的每个字，我们都认识。关于这一章的解释，却有很大的不同。

先看"君子""野人"。《孟子》5·3说："无君子，莫治野人；无野人，莫养君子。"没有官吏，不能治理老百姓；没有老百姓，不能供养官吏。两者是相对而言的："君子"就是官吏，"野人"就是老百姓。这一解释也大体适用《论语》11·1："野人"就是老百姓、平民子弟，"君子"就是官吏、贵族子弟。

什么是“先进”“后进”？在日常生活当中，它们的意义很确定。所谓“先进”，就是先我而进步的人；所谓“后进”，就是后我而进步的人。日常生活与《论语》11·1讲的“先进”“后进”，是和谐还是相反呢？我觉得，和谐的成分高于相反的成分。

这里我想特别推出一种对古代经典进行白话文翻译的方法——如字组词法，就是拿原文的某个字进行组词、直译。比如，如何白话文翻译“先”“进”与“后”“进”？“先”是指优先、率先，“进”是指进步、进学，而“先进”是指率先进步、早一些在学习上花功夫；“后”是指滞后、延后，“进”是指进步、进学，而“后进”是指延后进步、晚一些在学习上花功夫。如此，就慢慢切近了这一章的第一种解释：“先进于礼乐，野人也”，先学习礼乐文明、再做官的是野人，他们是老百姓、平民的子弟；“后进于礼乐，君子也”，先做官、再学习礼乐文明的是君子，他们是官吏、贵族的子弟。

以上是对“先进”“后进”的第一种解释①，这种解释比较符合《论语》本身。子夏曾说：“仕而优则学，学而优则仕。”（《论语》19·13）意思是说：做官而有余力就学习，学习而有余力就做官。平民子弟最初不在贵族的位上，所以先

---

① 《论语正义》卷14《先进》指出：“是古用人之法，皆令先习礼乐而后出仕，子产所云‘学而后入政’者也。其国之俊选，不嫌有卑贱，故王大子等入学皆以齿，所谓‘天子元子视士’是也。夫子以先进于礼乐为野人，野人者，凡民未有爵禄之称也。春秋时，选举之法废，卿大夫皆世爵禄，皆未尝学问。及服官之后，其贤者则思为礼乐之事，故其时后进于礼乐为君子。君子者，卿大夫之称也。”（［清］刘宝楠撰，高流水点校：《论语正义》下册，中华书局1990年版，第438页）

学习礼乐文明，再去做官。贵族子弟在起跑线上高于平民子弟，所以先做了官，再去学习礼乐文明。有了这种区分之后，孔子说："如用之，则吾从先进。"如果录用人们来做事，那么，在平民子弟与贵族子弟之间，我选择野人，也就是那些先学习礼乐文明、再做官的平民子弟。

对"先进""后进"的第二种解释，以程颢（1032—1085）、程颐（1033—1107）、朱熹为代表。朱熹说：

> 先进、后进，犹言前辈、后辈。野人，谓郊外之民；君子，谓贤士大夫也。程子曰："先进于礼乐，文质得宜；今反谓之质朴，而以为野人。后进之于礼乐，文过其质；今反谓之彬彬，而以为君子。盖周末文胜，故时人之言如此，不自知其过于文也。"①

按照程朱理学的解释，"先进"是指前辈，"后进"是指晚辈，而且礼乐文明从西周到东周发生了重大的变化。西周时期，礼乐文明在实质的方面比较鲜明；东周时期，礼乐文明在文采的方面比较鲜明。西周礼乐文明看重实质，可在人们看来，它显得粗野，就像野人一样；东周礼乐文明看重文采，而被人们视作文质彬彬，就像君子一样。将这一章翻译为白话文，意思就是："前辈在礼乐方面就像粗野之人，后辈在礼乐方面就像彬彬君子。如果施行礼乐，我跟从前辈。"

---

① 《论语集注》卷6《先进》，［南宋］朱熹：《四书章句集注》，第123页；按，个别标点符号略有校改。

上面讲了“先进”“后进”的两种解释。平民子弟先学习礼乐文明、再做官，贵族子弟先做官、再学习礼乐文明，孔子选择平民子弟。这是第一种解释，比较好理解。第二种解释关联了很多历史知识，有点迂回，不一定接地气。我倾向于第一种解释。

11·2 “厄于陈蔡”是孔子一生的大事件

11·2 子曰：“从我于陈、蔡者，皆不及门也。”

【译文1】孔子说：“跟从我在陈国、蔡国的弟子，都不在门下了。”

【译文2】孔子说：“跟从我在陈国、蔡国的弟子，都不再做官了。”

陈、蔡是两个国家。“从我于陈、蔡者”的字面意义很简单，就是当年跟随孔子在陈国、蔡国周游的学生。“皆不及门也”，有两种不同的解释。第一种解释是孔子说：当年跟随我在陈国、蔡国的那些学生，如今都已不在门下①。第二种解释是孔子说：当年跟随我在陈国、蔡国的那些学生，如今都

① 《论语集注》卷6《先进》指出：“孔子尝厄于陈、蔡之间，弟子多从之者，此时皆不在门。故孔子思之，盖不忘其相从于患难之中也。”（［南宋］朱熹：《四书章句集注》，第123页）

已不再做官[①]。比较而言，“都已不在门下”的解释比“都已不再做官”的解释好。

孔子50岁后周游列国，历经磨难，饱经风霜，而“厄于陈蔡”是一个标志性事件。《史记·孟子荀卿列传》说：“其游诸侯见尊礼如此，岂与仲尼菜色陈、蔡，孟轲困于齐、梁同乎哉?”[②] 司马迁将孔子在陈国、蔡国的经历与孟子在齐国、梁国的经历相提并论。明代的张岱（1597—1685?）既是文学家，又是思想家。他曾引用别人的话说：“唐虞之际有君臣，成周之间有父子，夫子陈蔡之阨有师友，皆千古奇会。”[③] 唐禹之际，尧与舜是君臣关系；成周之间，周文王与周武王是父子关系；陈蔡之阨，孔子与弟子是师友关系。这三件事可谓千古奇会，都是足以彪炳千秋的历史性事件。

很多学者对孔子“厄于陈蔡”这件事进行过考证，具体的考证成果难以罗列，这里也就不再赘述。但是，我们要记住：“厄于陈蔡”是孔子一生当中的大事件，是孔子历经磨难、饱经风霜的典型体现。

---

① 《论语义疏》卷6《先进》录郑玄曰：“言弟子之从我而厄于陈、蔡者，皆不及仕进之门而失其所也。”（［南朝梁］皇侃撰，高尚榘校点：《论语义疏》，中华书局2013年版，第267页；按，个别标点符号略有校改）

② 《史记》卷74《孟子荀卿列传》，［西汉］司马迁撰，［宋］裴骃集解，［唐］司马贞索隐，［唐］张守节正义：《史记》第7册，第2345页；按，个别标点符号略有校改。

③ 《四书遇·论语·先进第十一·陈蔡章》，［明］张岱著，朱宏达点校：《四书遇》，浙江古籍出版社2014年版，第238页；按，个别标点符号略有校改。

11·3　孔门的"四科十哲"

11·3　德行：颜渊，闵子骞，冉伯牛，仲弓。言语：宰我，子贡。政事：冉有，季路。文学：子游，子夏。

【译文】道德品行：颜渊（颜回），闵子骞（闵损），冉伯牛（冉耕），仲弓（冉雍）。言说语辞：宰我（宰予），子贡（端木赐）。政府事务：冉有（冉求），季路（仲由，字子路）。文献学问：子游（言偃），子夏（卜商）。

这一章涉及十人，分为四类。第一类是德行。"德"是指道德，"行"是指品行，"德行"是指道德品行。德行类有四个代表人物：颜渊（颜回）、闵子骞（闵损）、冉伯牛（冉耕）、仲弓（冉雍）。第二类是言语。"言"是指言说，"语"是指语辞，"言语"是指言说语辞。言语类有两个代表人物：宰我（宰予）、子贡（端木赐）。第三类是政事。"政"是指政府，"事"是指事务，"政事"是指政府事务。政事类有两个代表人物：冉有（冉求）、季路（仲由，字子路）。第四类是文学。这里的"文学"不是指与史学、哲学相对而言的文学，不是指诗情画意、抒情吟唱的文学，而是指文献学问，尤其是指《诗经》《尚书》这些文献是如何一代代传承下来的。"文"是指文献，"学"是指学问，"文学"是指文献学问。文学类有两个代表人物：子游（言偃）、子夏（卜商）。

以上十人的经历在《论语》中有很多体现，《先进篇》涉及较多的是颜渊、闵子骞、子路、冉有、子贡。

这里我想特别讲讲古人的名、字以及如何称呼的问题。比如“颜渊”的“渊”，到底是名还是字？孔子称呼学生，到底是称呼其名还是称呼其字？《史记》这样介绍颜渊：“颜回者，鲁人也，字子渊。”[①] 可见“回”是指其名，“子渊”是指其字。称呼“颜渊”的时候，是称呼其字；称呼“颜回”的时候，是称呼其名。孔子如何称呼颜渊呢？回到日常生活当中，长辈对晚辈可以直呼其名，晚辈对长辈就不能直呼其名。所以，孔子称呼颜渊，必定称呼其名。孔子绝对不会说：“颜渊，你过来一下！”孔子只会这样说：“回，你到我这里来一下。”依据以上原则，我们就能准确判断《论语》的某一章究竟是孔子说的，还是编者记载的。如果称呼其名，这一章大体就是孔子的言语。如果称呼其字，比如称呼“颜渊”“子路”，这一章大体就是同辈或者晚辈的记载[②]。对古人的称呼问题有所了解，也是我们读《论语》的一个方法。

这一章涉及的四类十人，后来被称为“四科十哲”[③]。德行、言语、政事、文学，被称为“四科”。四科是四个不同的

---

① 《史记》卷67《仲尼弟子列传》，［西汉］司马迁撰，［宋］裴骃集解，［唐］司马贞索隐，［唐］张守节正义：《史记》第7册，第2187页。

② 闵损，字子骞。孔子不称“闵损”，而称“闵子骞”（《论语》11·5）。这类例外也是有的，后人认为它们属于记载之误。

③ 最先将“四科”“十哲”并提的说法，可参见《通典》卷89《礼四十九　沿革四十九　凶礼十一（五服年月降杀之二）》“齐缞杖周”条：“此等并四科之数，十哲之人，高步孔门，亲承圣训，及遇丧事，犹此致疑，即明自古以来，升降不一。”（［唐］杜佑著，王文锦、王永兴、刘俊文、徐庭云、谢方点校：《通典》第3册，中华书局1988年版，第2448页）

类别。四者既是并列的，但也有等级之分。一般认为德行科排在第一，等级最高。颜渊等十个优秀的学生，被称为“十哲”。西方认为哲学就是爱智慧，所以“哲”有智慧的意思。朱熹说：“弟子因孔子之言，记此十人，而并目其所长，分为四科。孔子教人各因其材，于此可见。”[1] 归结起来，四科十哲是说孔门这十个弟子各有特长。

如何从四科的角度，理解各自的特长呢？各科既有小境界，更有大境界。德行科的小境界是亲爱自己的父母，尊敬自己的长辈；大境界是成就自身的品德，抵达至高的良善。言语科的小境界是不仅表达准确，而且能说会道；大境界是出使国外，借助辞令，打赢外交仗。政事科的小境界是案件能够判好，财富能够理好；大境界是让国家强大，使人民幸福。文学科的小境界是识字断句，进而传承经典；大境界是守正创新，进而代圣贤立言。

所以，德行、言语、政事、文学这四个不同的类别，各有小境界与大境界之分。概括来说，一是德行科，小境界是亲亲敬长，大境界是止于至善；二是言语科，小境界是能言善辩，大境界是使于四方；三是政事科，小境界是断狱理财，大境界是富国强兵；四是文学科，小境界是诵诗读书，大境界是以文载道。正所谓：各各积小而成大，步步提升，优入圣域。

对于四科十哲，人们还能提出疑惑吗？程颢曾说：“四科，乃从夫子于陈、蔡者尔。门人之贤者，固不止此。曾子

---

① 《论语集注》卷6《先进》，［南宋］朱熹：《四书章句集注》，第123页。

传道而不与焉，故知十哲，世俗之论也。”[①] 这段话有三层含义：第一，四科十哲都跟随孔子在陈国、蔡国经历过厄难，理由是上一章说的“从我于陈、蔡者”；第二，孔子有弟子三千、贤者七十二人，优秀的弟子肯定不止这十人；第三，曾参这么有名，居然没有进入名单，可见“十哲”的说法不是用完全归纳法得出的结论，只是《论语》的编者一时兴起的片面之论。曾参不在十哲之列，既是程颢质疑的重心之所在，更使得这一章在后人那里充满无穷无尽的解释学魅力。

11·4　窃喜于颜回无不悦服自己的说话

11·4　子曰：“回也非助我者也，于吾言无所不说。”

【译文】孔子说：“颜回不是助益我的人，他对我的言辞没有不悦服的。”

这一章开始具体讲四科人物，比如颜渊。后面的章节还会慢慢讲到闵子骞等人。

这一章的“回也”，是孔子直呼颜渊之名。我们读《论语》，凡是看到称颜渊为“回”的，说话之人肯定是颜渊的长

---

① 《河南程氏外书》卷 6《罗氏本拾遗》，［北宋］程颢、程颐著，王孝鱼点校：《二程集》第 2 册，第 385 页；按，个别标点符号略有校改。

辈，而其他人不可能直接称呼“回”。“说”同“悦”，意即心悦诚服。孔子说：颜渊不是能够帮助我的人，因为他对我讲的一切没有不高兴的。光凭字面意思，颜渊在孔子面前就是唯唯诺诺的。其实背后的含义很深刻。因为孔子的思想在当时代表了正确的一方，孔子的观点在一般情形下具有正确性，所以，颜渊对孔子的任何言论只会言听计从，没有任何理由不心悦诚服。

“回也非助我者也，于吾言无所不说”，究竟是在批评颜渊，还是在表扬颜渊呢？朱熹说：“颜子于圣人之言，默识心通，无所疑问。故夫子云然，其辞若有憾焉，其实乃深喜之。”[①] 孔子的内心恰恰是喜悦的。他觉得招到颜渊这么一个学生，能够准确地理解自己的思想，能够完整地接受自己的思想，此生足矣！理解了这层意思，就会明白孔子讲这句话，不但不是批评颜渊，反而是窃喜于颜渊无不悦服自己说的所有话。

11·5 闵子骞的孝道故事

11·5 子曰：“孝哉闵子骞！人不间于其父母昆弟之言。”

【译文】孔子说：“闵子骞孝顺啊！人们不猜疑他的父母兄弟称赞的言辞。”

---

① 《论语集注》卷 6《先进》，［南宋］朱熹：《四书章句集注》，第 124 页。

这一章讲闵子骞。德行科排名第一的是颜渊，排名第二的是闵子骞。后人有“颜闵之徒”的说法，极言颜渊、闵子骞的道德高尚。

孔子说“孝哉闵子骞”，意思是说闵子骞很孝顺。“人不间于其父母昆弟之言”，这句话有点不太好理解。“间”的意思是怀疑、猜测。孔子先讲闵子骞很孝顺，再讲人们不怀疑闵子骞的父母兄弟称赞他的话，“父母昆弟之言”有何深意呢？闵子骞很孝顺，而最有资格认定这事的人，自然是他的父母与亲兄弟[①]。所以，对于闵子骞的父母兄弟称赞闵子骞孝顺的话，没有任何人提出质疑。

闵子骞的孝顺究竟如何体现？我们读《论语》《孟子》，知道有两个人，一个是舜，另一个是闵子骞，都是生母很早过世，父亲又给他讨了后母。常言说：“天下最毒妇人心，妇人最毒后母心。”闵子骞面对后母，如何体现孝道呢？

有这样一个记载：闵子骞的母亲过世后，父亲娶了后妻，又生了三个儿子（一说为“生二子”）。后母对闵子骞很不好。冬天很冷，后母用棉絮给自己的亲生小孩做衣服，但用芦花给闵子骞做衣服。棉絮做的衣服很暖和，而芦花做的衣服根本不保暖。闵子骞的父亲知道后，觉得这个后母做得太过分，准备将她休了。闵子骞对父亲说：“您千万不要赶走后母！因为您赶走了后母，我的另外三个兄弟以后就会忍饥挨饿；而后母留下来，就只有我一人受苦受难。”闵子骞宁愿

① 《论语大义·先进篇》指出：“同父者称昆弟，疏者称兄弟。”（张旭辉、刘朝霞整理：《唐文治四书大义·论语大义》，上海人民出版社 2018 年版，第 167 页）

自己受苦受难，也不愿让后母生的三个小孩受冻挨饿。后母听了闵子骞的话深受感动，终于变成慈母。

这就是“孝哉闵子骞！人不间于其父母昆弟之言”背后的故事[①]，并演变为古代“二十四孝”中的一孝——单衣顺母[②]。就像舜一样，闵子骞也是没有亲妈的孩子，后母对他不好。尽管如此，闵子骞恪守孝道之心，感化了后母，后母最终变成了慈母。孝道的伟大力量，由此可见一斑。

《先进篇》有 4 章讲闵子骞。前面提到宋代的胡寅推测《先进篇》是闵子骞的学生记录下来的，这也从一个侧面表明闵子骞的德行相当不错。

---

① 《韩诗外传》《说苑》有过记载，但均已佚。一是《艺文类聚》卷 20《人部四·孝》录《说苑》指出：“又曰：闵子骞兄弟二人，母死，其父更娶，复有二子。子骞为其父御车，失辔。父持其手，衣甚单。父则归，呼其后母儿，持其手，衣甚厚温，即谓其妇曰：‘吾所以娶汝，乃为吾子。今汝欺我，去，无留！’子骞前曰：‘母在一子单，母去四子寒。’其父默然。故曰：‘孝哉闵子骞！一言其母还，再言三子温。’”（［唐］欧阳询撰，汪绍楹校：《艺文类聚（附索引）》上册，上海古籍出版社 1999 年版，第 369 页）二是《论语或问》卷 11《先进》指出：“或问闵子骞之孝。曰：吴氏详矣。（吴氏曰：《韩诗外传》：‘子骞早丧母。父娶后妻，生三子。疾恶子骞，以芦花衣之。父察知之，欲逐后母。子骞启曰：“母在一子寒，母去三子单。”父善之而止。母悔改之，后至均平，遂成慈母。’此夫子所以称之也。且夫子于弟子，未尝称字，此或集语者之误。）”（［南宋］朱熹撰，黄坤校点：《四书或问》，［南宋］朱熹撰，朱杰人、严佐之、刘永翔主编：《朱子全书（修订本）》第 6 册，第 788 页；按，个别标点符号略有校改）

② 元代《二十四孝原本·单衣顺母》指出：“周闵损，字子骞，孔子弟子。早丧母。父娶后母，生二子，衣以棉絮；妒损，衣以芦花。父令损御车，体寒失靷。父察知故，欲出后母。损曰：‘母在一子寒，母去三子单。’母闻，改悔。”［唐碧编：《前后孝行录》（道光甲辰年春敬募重镌），上海文艺出版社 1991 年版，第 4 页］

11·6 孔子为何将侄女嫁给南容?

11·6 南容三复白圭，孔子以其兄之子妻之。

【译文】南容反复诵读“白圭”之诗，孔子将自己兄长的女儿许配给他。

南容是孔子的学生。“三复”是指反复多次。“白圭”是指《诗·大雅·荡之什·抑》讲的：“白圭之玷，尚可磨也。斯言之玷，不可为也。”[①] 意思是说：白圭的上面有污点，尚且可以将它磨掉；言辞的上面有污点，却是很难补救的[②]。南容“三复白圭”，每天反复多次地吟诵《诗经》里面那首讲白圭的诗，慎于言行。“孔子以其兄之子妻之”，孔子将自己大哥的女儿嫁给了他。《孔子家语》说孔子的大哥叫作孟皮，而且脚有点不好[③]。这时孟皮可能已死，所以孔子替侄女主婚。

孔子将大哥的女儿许配给了南容，那么，将自己的女儿许配给了谁呢？读《论语》11·6，我们要联想到前面的

---

① ［清］阮元校刻：《十三经注疏（附校勘记）》上册，第555页中栏。

② 说话至少要坚持三个原则：第一，绝对不能说假话，所说的话必须是真话，这是诚实原则；第二，不是所有的真话都得说出来，很多时候需要沉默如金，这是智慧原则；第三，人们的认识水平有高有低，真话不一定都是对的，这是宽容原则。

③ 《孔子家语·本姓解》指出：“其妾生孟皮。孟皮一字伯尼，有足病。”（杨朝明、宋立林主编：《孔子家语通解》，齐鲁书社2013年版，第457页；按，个别标点符号略有校改）

5·1、5·2。5·1讲的是公冶长，公冶长成了孔子的女婿；5·2讲的是南容，南容成了孔子的侄女婿。公冶长的人品没有南容好，所以后来人们有这样的困惑：孔子这样做，是不是有点不太恰当？南容这么好的一个人，孔子居然没有将自己的女儿嫁给他，而是将大哥的女儿嫁给他。公冶长这人不太好，孔子却将自己的女儿嫁给他，是不是有点偏爱大哥的女儿？

有人持这种看法，也有人反驳①。他们认为：孔子大哥的女儿跟自己的女儿可能不是同一个年龄阶段的，公冶长与南容也可能不是同一个年龄阶段的。男大当婚，女大当嫁。公冶长要结婚了，恰好孔子的女儿长大了，于是孔子就将女儿嫁给了公冶长。当大哥的女儿长大要嫁人的时候，南容也到了结婚的年龄，于是孔子就将大哥的女儿嫁给了南容。

我觉得反驳者的解释更为合理。孔子不管是对待自己的女儿，还是对待哥哥的女儿，肯定都会一碗水端平。之所以将自己的女儿嫁给品行不是特别好的学生，将哥哥的女儿嫁给品行特别好的学生，其实是时间、地点不同罢了。在时间、地点发生变化的情况下，孔子才这么做的。所以，围绕孔子如何选女婿、侄女婿，《论语》11·6与5·1、5·2是可以做对比的，也为人们提供了某些参考。

---

① 《河南程氏遗书》卷18《伊川先生语四》指出："又问：'孔子以公冶长不及南容，故以兄之子妻南容，以己之子妻公冶长，何也？'曰：'此亦以己之私心看圣人也。凡人避嫌者，皆内不足也。圣人自是至公，何更避嫌？凡嫁女，必量其才而求配。或兄之子不甚美，必择其相称者为之配；己之子美，必择其才美者为之配。岂更避嫌耶？若孔子事，或是年不相若，或时有先后，皆不可知。以孔子为避嫌，则大不是。如避嫌事，虽贤者且不为，况圣人乎？'"（［北宋］程颢、程颐著，王孝鱼点校：《二程集》第1册，第234页）

11·7　孔子的政治站位意识

11·7　季康子问："弟子孰为好学？"孔子对曰："有颜回者好学，不幸短命死矣！今也则亡。"

【译文】季康子询问："学生当中谁最为喜好学习？"孔子对答说："有个叫颜回的人喜好学习，不幸短命早死了！现今就没有了。"

季康子当时把持鲁国的朝政。他问孔子说："弟子孰为好学？"意思是说："你的学生里面，哪个是最为好学的？"孔子回答说："有颜回者好学，不幸短命死矣！今也则亡。"意思是说："我的学生里面，最好学的是颜回。可惜颜回短命早死了，现在再也找不到像颜回这样的人了。"

这一章可与《论语》6·3相比较：

哀公问："弟子孰为好学？"孔子对曰："有颜回者好学，不迁怒，不贰过，不幸短命死矣！今也则亡，未闻好学者也。"

这两章的提问都是"弟子孰为好学"，区别在于6·3是鲁哀公问，11·7是季康子问；孔子的回答也差不多，区别在于回答鲁哀公详细一些，回答季康子简单一些。同样的问题，不同的人来问，孔子的回答为什么不太一样呢？鲁哀公是一国之君，名正言顺的一国之君。鲁哀公提问，孔子必须正儿八经地回答他。季康子虽然把持鲁国的朝政，但毕竟没有名分，不是光明正大的。所以，对于季康子的提问，孔子只做了简单的回答。由此可见孔子的回答具有鲜明的政治站位意识①。

这里要特别讲一下：整部《论语》有21章提到颜渊，而《先进篇》占了9章。如果这一篇叫作《颜渊篇》，不是更合理吗？如果由我来命名，肯定将它命名为《颜渊篇》，因为这一篇总共26章，却有9章提到颜渊。为什么叫作《先进篇》，而不是《颜渊篇》呢？这是因为《论语》各篇都是以其第1章的开头几个字命名的。这一篇第1章的开头是“子曰：‘先进于礼乐，野人也’”，所以命名为《先进篇》。通过《先进篇》，我们可以比较集中地了解颜渊，尤其是其中有5章提到颜渊之死。《先进篇》是我们情深颜渊其人、闵悼颜渊之死最重要的篇章。接下来，我们看《先进篇》如何一而再、再而三地描述颜渊之死。

11·8　礼乐文明是一种政治生活

11·8　颜渊死，颜路请子之车以为之椁。子曰：“才不才，亦各言其子也。鲤也死，有棺而无

① 《论语集注》卷6《先进》引范氏（范祖禹）曰：“哀公、康子问同而对有详略者，臣之告君，不可不尽；若康子者，必待其能问乃告之，此教诲之道也。”（［南宋］朱熹：《四书章句集注》，第124页；按，个别标点符号略有校改）

椁。吾不徒行以为之椁。以吾从大夫之后，不可徒行也。”

【译文】颜渊死亡，（他的父亲）颜路请求孔子出卖马车，用它给颜渊购买外椁。孔子说：“无论有才华、无才华，各自而言，总归是自己的儿子。孔鲤死亡，有内棺而没有外椁。我不能（出卖马车）徒步出行，用它给颜渊购买外棺。因为我从属大夫的行列，不可以徒步出行。”

颜路是颜渊的父亲、孔子的学生。颜渊究竟多大年纪过世，历史上有很多不同的说法。一般认为颜渊 32 岁而卒[①]，我们暂且沿袭这一说法。

颜渊死了，家里很穷，连棺材的外椁都买不起。于是，颜路“请子之车以为之椁”。颜路对孔子说：“你是我的老师，也是我儿子的老师。现在我儿子死了，家里买不起外椁。请求您卖掉您那辆马车，给我儿子买外椁。”孔子如何回绝呢？他讲了三个理由。

首先，孔子说：“才不才，亦各言其子也。”颜渊确实有才华，而我儿子孔鲤的才华逊色得多。不管有没有才华，总归是自己的儿子。这是从人情角度给出的第一个理由。然后，孔子说：“鲤也死，有棺而无椁。”棺材，里为棺，外为椁。内棺是必须有的，但外椁的有无与厚度，要根据自身的

---

① 《论语集注》卷 3《雍也》指出：“短命者，颜子三十二而卒也。”（［南宋］朱熹：《四书章句集注》，第 84 页）

地位、财力来决定。孔子对颜路说："你看孔鲤死了，只有里面的棺，没有外面的椁。我没有超出自身财力，给他厚葬。"这是从财力角度给出的第二个理由。最后，孔子说："吾不徒行以为之椁。以吾从大夫之后，不可徒行也。"我是不能徒步出行的，所以不会卖掉马车为颜渊购买外棺。孔子为什么这样说？因为孔子从属大夫的行列①，而按照礼制的规定，大夫必须坐车出行，不能徒步出行②。这是从礼制角度给出的第三个理由。

颜路、颜渊父子确实太穷了，正所谓"一箪食，一瓢饮，在陋巷"（《论语》6·11）。最得意的学生颜渊英年早逝，作为老师，孔子为什么就不肯将自己的马车卖掉，而让颜渊死后也风光一场呢？说到底，这是孔子坚定的政治站位意识使然。孔子始终相信礼乐文明是一种政治生活，它的每个细节都有具体的规定。那些违反规定而貌似促进感情的事，孔子绝对不会做。所以，基于人情、财力、礼制的理由，孔子没有卖掉自己的马车，而给颜渊购买外椁。

11·9　"吾道穷矣"的悲凉与悲绝

11·9　*颜渊死。子曰："噫！天丧予！天丧予！"*

---

① 《论语集注》卷6《先进》指出："孔子时已致仕，尚从大夫之列。言'后'，谦辞。"（［南宋］朱熹：《四书章句集注》，第124页；按，个别标点符号略有校改）

② 《礼记·王制》指出："君子耆老不徒行，庶人耆老不徒食。"（［清］阮元校刻：《十三经注疏（附校勘记）》上册，第1347页中栏）

【译文】颜渊死亡。孔子说："噫乎！上天丧亡我！上天丧亡我！"

颜渊死了，孔子连连说道："噫！天丧予！天丧予！"意思是说："这是老天要我的命啊！这是老天要我的命啊！"面对颜渊之死，孔子备感悲凉，甚至有一种彻底的悲绝。颜渊死后不久，另一个学生子路也死了。子路死的时候，孔子说："噫！天祝予！"[①] 意思是说："这是老天不让我活啊！"后来，晚辈过世，前辈写悼文，经常使用"祝予"一词。

孔子晚年，痛失两大最得意的弟子。颜渊死了，孔子说："天丧予！天丧予！"子路死了，孔子说："天祝予！"孔子"吾道穷矣"的悲凉与悲绝油然而生，风烛残年，每况愈下，几年后溘然长逝，终于可以与颜渊、子路在另一个世界中重续旷绝千古的师生之情。

11·10　情不自禁而又性情之正

11·10　颜渊死，子哭之恸。从者曰："子恸矣！"曰："有恸乎？非夫人之为恸而谁为？"

【译文】颜渊死亡，孔子的哭声过分悲伤。随从

① 《春秋公羊传·哀公十四年》指出："颜渊死，子曰：'噫！天丧予！'子路死，子曰：'噫！天祝予！'西狩获麟，孔子曰：'吾道穷矣！'"（［清］阮元校刻：《十三经注疏（附校勘记）》下册，第 2353 页中栏）按：哀公十四年是公元前 481 年。

说："您过分悲伤了！"孔子说："有过分悲伤吗？不为这个人过分悲伤，为谁呢？"

颜渊死了，"子哭之恸"。孔子痛不欲生，哭得极其伤心，以致过分了。随从的人对孔子说："子恸矣！您过分悲伤了！"孔子回答说："有恸乎？我有过分悲伤吗？非夫人之为恸而谁为？如果我不为颜回这个人过分悲伤，我还能为谁过分悲伤呢？"《论语》有一万多字，"恸"字出现四次，而且都在本章。孔子为颜渊之死而恸哭，既是情不自禁，又是性情之正[①]。刘宗周（1578—1645）说："颜子之死，惜哉！夫人一恸，万古余情。"[②]

以上三章都是讲颜渊之死。一方面，颜路想让孔子卖掉马车而为颜渊购买外椁，孔子坚决不同意；但另一方面，孔子说"这是老天要我的命"，恸哭得伤心欲绝。这一前一后，是不是有些矛盾呢？个中缘由，留待下一章再说。

11·11 "颜渊之死"的人文顺序与自然顺序

11·11 颜渊死，门人欲厚葬之。子曰："不可。"门人厚葬之。子曰："回也视予犹父也，予不得视犹子也。非我也，夫二三子也。"

---

① 《论语集注》卷6《先进》引胡氏（胡寅）曰："痛惜之至，施当其可，皆情性之正也。"（[南宋] 朱熹：《四书章句集注》，第125页）

② 《经术二·论语学案三·先进》，吴光主编：《刘宗周全集》第1册《经术》，浙江古籍出版社2007年版，第420页。

【译文】颜渊死亡，同门弟子想要丰厚地安葬他。孔子说："不可以。"

同门弟子丰厚地安葬了颜渊。孔子说："颜回视我犹如父亲，我却不能够视他犹如儿子。厚葬不是我做的，而是诸位做的。"

颜渊死了，"门人欲厚葬之"，他的那帮同学想要厚葬颜渊。孔子说"不可"，这是不可以的。"门人厚葬之"，同学们还是厚葬了颜渊。面对弟子们的所作所为，孔子说："回也视予犹父也，予不得视犹子也。"意思是说：颜渊将我当作父亲一样看待，我却不能将颜渊当作儿子一样看待。前面，同学们想要厚葬颜渊，孔子不同意；现在，同学们已经厚葬颜渊，孔子深深地感叹。孔子这一前一后的两种表现，有什么含义呢？接着，孔子说："非我也，夫二三子也。"意思是说：厚葬颜渊，这并不是我的主意，而是你们同学们做的。

将这一章与前面三章结合起来看，总有一些让我们感觉与平时不太一样的地方，或者说是理不顺、不太通情达理的地方，而这正是值得我们思考的。对于《先进篇》讲颜渊之死的这四章，需要做一点简单的分析。

《先进篇》讲颜渊之死的四章，属于人文顺序；但颜渊之死还有一个自然而然发生的顺序，属于自然顺序。既有人文顺序，又有自然顺序，两者的差别在哪里呢？

《先进篇》讲颜渊之死的人文顺序是："请车"（11・8）→"天丧"（11・9）→"哭之恸"（11・10）→"厚葬"（11・11）。如果按照自然的顺序，应当如何排列？颜渊过世的消息一传来，孔子肯定会说："天丧予！天丧予！"所以，"天丧"这一章（11·9）应当排在第一。孔子讲完"天丧予！天丧予"，才会"哭之恸"，过分地哀伤。所以，"哭之恸"这一章（11·10）应当排在第二。接下来，排在第三的应当是"请车"这一章（11·8），排在第四的应当是"厚葬"这一章（11·11）。归结起来，颜渊之死的自然顺序是："天丧"（11·9）→"哭之恸"（11·10）→"请车"（11·8）→"厚葬"（11·11）。

关于颜渊之死，《先进篇》的人文顺序与客观事实的自然顺序是有区别的。其中，最大的区别是"请车"一章在自然顺序当中排在第三，而在人文顺序当中排在第一。颜路为颜渊"请车"，孔子没有答应；"厚葬"颜渊，孔子也没有答应，但颜渊的同学们还是厚葬了他。显而易见，孔子在师生情感层面对颜渊彻底认同，但在礼乐制度层面却不留情面。如何理解二者之间的矛盾？换一种提问方式，《先进篇》的编者为什么将"请车"放在最前，将"天丧""哭之恸"放在中间，而将"厚葬"放在最后呢？

钱穆（1895—1990）解释说："或曰：颜渊死凡四章，以次第言，当是天丧第一，哭之恸第二，请车第三，厚葬第四。而特记请车在前，因若连记请车、厚葬，使人疑孔子不予车，即为禁厚葬，故进请车章在前，使人分别求之。"[①] 按照这一解释，《先进篇》编者这样排列章次的用意在于：尽量让一代一代的读者，更少乃至不在孔子不卖马车与反对厚葬二

① 《论语新解》下编《先进篇》，钱穆：《论语新解》，生活·读书·新知三联书店2002年版，第284页；按，个别标点符号略有校改。

者之间，建立联系、产生联想。因为钱穆又说："墨家后起，以提倡厚葬非儒。观此诸章，见其不然。"[①] 其实，孔子并不反对厚葬，只是认为像颜渊这样家里穷的人，要视自身财力而定罢了。《先进篇》涉及的儒家厚葬问题，葬礼再怎么简陋，也不会变成墨家所谓的薄葬。尽管如此，凡事有其风生水起、瓜熟蒂落的自然顺序，而经典叙事有其安身立命、澡雪精神的人文顺序，这也是我们解读颜渊之死不可不知的。

孔子看重师生情感的真诚与坚守礼乐文明的真诚，这两者既是统一的，但有时也可以适当分离。换句话说，面对得意门生颜渊之死，孔子哭得无比伤心，这是其真诚看重师生情感的体现；孔子不卖掉马车，反对超出自身能力的厚葬，而面对弟子们厚葬颜渊，只是一放了之，说"非我也，夫二三子也"，就这么过去了，这是其真诚坚守礼乐文明的体现[②]。孔子坚守原则，同时看重情感，所以既有坚持的一面，又有迂回的一面。孔子对待颜渊之死的整个过程，就是一部活生生的教材。从中，我们将深切体会到如何在理性与情感的张力之间做人做事。

颜渊之死不仅是孔门的标志性事件，而且是整个儒家经典史上的标志性事件。所以《先进篇》11·8—11·11 这四章，有着重大的思想史意义。或许是因为这里连续讲到颜渊之死，下面一章就是子路问事鬼神。

---

① 《论语新解》下编《先进篇》，钱穆：《论语新解》，第 285 页；按，个别标点符号略有校改。

② 《论语大义·先进篇》指出："颜子安贫乐道，动必以礼。贫而厚葬，于死者之心必有不安。故夫子深痛之曰'非我也，夫二三子也'，正与'使门人为臣'章责子路意同。盖圣人于礼，虽丝毫不敢有所失也。"（张旭辉、刘朝霞整理：《唐文治四书大义·论语大义》，第 169 页；按，个别标点符号略有校改）

11·12 人鬼之辨与生死之辨

11·12 季路问事鬼神。子曰："未能事人，焉能事鬼？"

曰："敢问死。"曰："未知生，焉知死？"

【译文】子路询问如何事奉鬼神。孔子说："未尝能够事奉人类，哪里能够事奉鬼类？"

子路说："胆敢询问如何知道死亡。"孔子说："未尝知道生存，哪里知道死亡？"

季路就是子路。子路说："怎么事奉鬼神？"孔子对他说："未能事人，焉能事鬼？"你连人都没有事奉好，哪有能力事奉鬼呢？这是人鬼之辨。子路又说："我可以问一下死是怎么回事吗？"孔子对他说："未知生，焉知死？"你连生都不知道，怎么可能知道死呢？这是生死之辨。

这一章提出两个问题：一个是人鬼之辨，一个是生死之辨。这两者在中国传统文化里面是联系在一块的。人鬼一理、生死一体①，古人大凡是这么看的。孔子的回答告诉我们：内在地敬畏人与生，这是第一步；超越地敬畏死与鬼，这是

① 《河南程氏粹言》卷1《论道篇》指出："昼夜者，死生之道也。知生之道，则知死矣；尽人之道，则能事鬼矣。死生、人鬼，一而二、二而一者也。"（[北宋] 程颢、程颐著，王孝鱼点校：《二程集》第4册，第1178页；按，个别标点符号略有校改）

第二步。只有内在地敬畏人与生，才能超越地敬畏死与鬼，可谓中国传统生死哲学的基本轮廓。

子路这两个问题，也是石破天惊之问。人人都会死，但并不是每个人都真正有意义地活过。死对我们来说，是绝对不可知的东西。没有任何活人经历过真正的死，没有人在经历过生理意义上的死亡之后还能活下来。生死问题至大无比，世界上没有多少事情能够大得过生死。面对生死问题，每个人的思考都是必要的。说到底，所有人都是向死而生。

11·13 孔门四弟子的三神态

11·13 闵子侍侧，訚訚如也；子路，行行如也；冉有、子贡，侃侃如也。子乐。“若由也，不得其死然。”

【译文】闵子骞侍立孔子的身侧，谦逊而含蓄的样子；子路，好胜而刚强的样子；冉有、子贡，自信而通畅的样子。孔子喜乐。“像仲由（子路），不会善得死亡的样子。”

这一章的重点是描写孔子门下四位弟子的三种神态。四位弟子是闵子、子路、冉有、子贡，都在四科之列。闵子就是闵子骞。这四位弟子的三种神态，在《先进篇》里面的表达，都是两个字之后加上“如也”。“如也”的意思是“……

的样子”。我们先搞清楚表达神态的这三个关键词的含义：第一个是“訚訚”（yín yín），意思是谦逊而含蓄；第二个是“行行”（hàng hàng），意思是好胜而刚强；第三个是“侃侃”，意思是自信而通畅[①]。闵子骞侍立在孔子的身旁“訚訚如也”，是谦逊而含蓄的样子；子路“行行如也”，是好胜而刚强的样子；冉有、子贡“侃侃如也”，是自信而通畅的样子。

以上三种神态，谦虚而含蓄的“訚訚如也”、自信而通畅的“侃侃如也”都是好的神态，但好胜而刚强的“行行如也”有点负面的意味。所以孔子说：“若由也，不得其死然。”仲由是子路的姓名。“仲”是其姓，“由”是其名。孔子是子路的老师，可以直呼其名——“由”。“不得其死然”的意思是“不得善终”，再通俗一点的意思是“不得好死”。孔子说：“像仲由这样，肯定是不得好死的。”

但是，这一章讲三种神态与子路不得善终的中间，还有“子乐”二字。它有三种解释。第一种解释是：孔子看到四位弟子的不同神态，觉得很快乐。这也是通解。第二种解释是：“子乐”后面掉了一个“曰”字，应当写作“子乐曰”，就是孔子很快乐，然后说“若由也，不得其死然”。第三种解释是：“子乐”的“乐”字写错了，应当写作“曰”字[②]。

孔子为什么说子路不得好死呢？因为子路“行行如也”、

---

① 《论语大义·先进篇》指出：“要之訚訚是含蓄之意，行行是发露刚果之意，侃侃则微露圭角之意。三者记四贤之气象，而其有疑必问，有怀必吐，亦可见矣。”（张旭辉、刘朝霞整理：《唐文治四书大义·论语大义》，第 170 页）

② 《论语集注》卷 6《先进》指出：“洪氏曰：‘《汉书》引此句，上有“曰”字。’或云：‘上文“乐”字，即‘曰’字之误。’”（［南宋］朱熹：《四书章句集注》，第 126 页；按，个别标点符号略有校改）

争强好胜，可见他在这四人里面最有自己鲜明的特点。而且，孔子说子路会不得好死，居然一语成谶。

前面重点讲了颜渊之死，顺带讲过子路之死。面对颜渊、子路之死，孔子曾说："天丧予!""天祝予!"下面再简单讲讲子路之死。

哀公十五年（前 480）冬天，子路死于卫国孔悝（kuī）之乱，享年 63 岁。颜渊是自然死亡，但子路是非正常死亡。关于子路之死，我们看看《左传》《礼记》《史记》的记载。

据《左传·哀公十五年》记载：卫国发生孔悝之乱，子路前往参加平息叛乱，不幸被打败，对方要杀死他。生死关头，子路没有仓皇逃命，而是临危不惧地说："君子死，冠不免。"子路说："君子即使要死，也必须衣着端庄。你让我将帽子戴好，再杀死我吧!"所以子路是"结缨而死"，带好帽子，系好帽缨，从容就义[①]。对方极其凶残，杀死子路后，又将他的尸体剁成肉酱。

《礼记·檀弓上》有孔子参加子路丧礼的记载："孔子哭子路于中庭。有人吊者，而夫子拜之。既哭，进使者而问故。使者曰：'醢之矣。'遂命覆醢。"[②] 醢（hǎi）就是肉酱。孔子参加子路的丧礼，嚎啕大哭。因为子路死后被剁成肉酱，所以孔子让人们将肉酱全部倒掉。

颜渊死了，子路也死了。两个最得意的学生都死了，而孔子离自己的生命大限也越来越近。《史记·孔子世家》的结尾说："明岁，子路死于卫。孔子病……"子路死于卫国以后

---

① 《春秋左传·哀公十五年》指出："子路曰：'君子死，冠不免。'结缨而死。"（［清］阮元校刻：《十三经注疏（附校勘记）》下册，第 2175 页中栏）

② ［清］阮元校刻：《十三经注疏（附校勘记）》上册，第 1275 页上栏。

不久，孔子病倒了。又说："孔子年七十三，以鲁哀公十六年四月己丑卒。"[①] 孔子的生命大限终于来了，享年73岁。司马迁写子路之死与孔子之死，行文用笔最靠近。在我看来，这种写法无比意味深长！

11·14　中饱私囊的惯用伎俩

11·14　**鲁人为长府。闵子骞曰："仍旧贯，如之何？何必改作？"子曰："夫人不言，言必有中。"**

【译文】鲁国人重新建造囤积财物的长府。闵子骞说："依照旧习惯，怎么样？为何必定重新建造呢？"孔子说："这个人要么不开口，开口必定切中要害。"

长府相当于今天的银行、粮仓、货仓。"鲁人为长府"，是说鲁国人准备重新修建储藏钱物的仓库。闵子骞对这件事的评价是："仍旧贯，如之何？何必改作？"意思是说："以前的仓库不是好好的吗？为什么还要重新修建呢？这难道不是劳民伤财吗？"孔子听了之后，对闵子骞这番话做了一个评价："夫人不言，言必有中（zhòng）。"孔子说："闵子骞这个人要么不说话，要么一说话就说上点子，能够切中要

---

① ［西汉］司马迁撰，［宋］裴骃集解，［唐］司马贞索隐，［唐］张守节正义：《史记》第6册，第1944、1945页。

害。”前面讲到“孝哉闵子骞”（《论语》11·5），这里又讲到他“言必有中”。闵子骞既孝顺，看问题又能抓住关键，所以能够成为德行科的代表人物。

鲁国人为什么不惜劳民伤财，硬要重新修建长府呢？说到底，就是想增加赋税①。增加赋税后，征收的东西放在哪里？就准备放在重新修建的长府里面。我们看看下面这篇获得《××年度最佳纪实文学征文》一等奖的文章，可以心领神会“鲁人为长府”的个中秘密。这篇获奖的文章写道：

> 儿子问老爸：“爸爸，街上的路怎么老是挖了又铺，铺好了又挖？路边的花木好好的，为什么挖了又栽，栽了又挖？”
>
> 老爸想了一会儿说：“你去将冰箱里的那块肥肉拿出来。”
>
> 儿子听话，将肉从冰箱里拿出来。
>
> 老爸又说：“你将肉再放回冰箱去。”
>
> 儿子听话，就放了回去，连续几次……
>
> 儿子不解。
>
> 老爸问儿子：“看看你手上有什么？”
>
> 儿子看了一下自己的手，说道：“有油水！”

鲁人重新修建长府，实质是中饱私囊的惯用伎俩，假借基础设施建设的由头而捞油水。闵子骞说以前的仓库好好

---

① 《四书遇·论语·先进第十一·长库章》指出：“长府者，帑藏也。曷为为之？将益其赋，故广其藏也。其曰鲁人者何？是时政不在君，而出于三家，故贱而人之也。”（［明］张岱著，朱宏达点校：《四书遇》，第244—245页）

的，改来改去完全没有必要。孔子对他说的这话充分肯定，说是“言必有中”。

11·15　不满意子路弹瑟的音调

11·15　子曰：“由之瑟，奚为于丘之门？”门人不敬子路。子曰：“由也升堂矣，未入于室也。”

【译文】孔子说：“仲由（子路）这样的弹瑟，为什么竟然出于我的门下呢？”同门弟子于是不尊敬子路。孔子说：“仲由也跃升正堂了，只是未尝深入到内室。”

这一章讲子路（仲由）弹瑟。瑟是古代的乐器，与琴同类。子路虽然是一介莽夫，但也喜欢弹瑟。孔子说：“由之瑟，奚为于丘之门?”孔子感叹：像子路这样弹瑟，怎么会出自我的门下呢？孔子对子路弹瑟的评价并不高，甚至持批评态度。其他同学听了这一评价，“门人不敬子路”，就觉得子路这人弹瑟是不行的，于是不尊敬子路。这时，孔子又说：“由也升堂矣，未入于室也。”[①] 这是反过来给予子路一个重新的评价。意思是说：子路弹瑟已经登上正堂，只是没有入

① 《论语集注》卷 6《先进》指出：“门人以夫子之言，遂不敬子路，故夫子释之。升堂入室，喻入道之次第。言子路之学，已造乎正大高明之域，特未深入精微之奥耳，未可以一事之失而遽忽之也。”（［南宋］朱熹：《四书章句集注》，第 126 页）

室。将“升堂入室”作为成语看，“堂”是指家里的正堂，“室”是指家里的内室；“入室”是指水平、境界极高，“升堂”是指水平、境界不错。孔子其实认为子路弹瑟的水平是不错的，但境界如何呢？它是这一章较难理解的地方。

子路弹瑟的水平并不低，孔子为什么还要批评他？这与子路的境界有关，更具体地说，是与子路的个性及其弹瑟的音调有关。琴为心声，琴声是内在的传情。弹琴者有什么样的个性，都会在琴声里面有所体现。弹瑟也是这样。子路这人“行行如也”（《论语》11·13），刚强而好胜。刚强而好胜的个性，必定在弹出的瑟声里面有所体现。所以，子路弹瑟呈现出来的音调，就不符合孔子门下那种端庄、大方、和谐、温柔的乐教气象，这才引起孔子的批评。孔子不是不高兴子路弹瑟，而是不满意子路弹瑟呈现出来的音调①。这也表明境界与水平是两回事：即使水平再高，境界也未必高；唯有境界高，才会让水平得到真正的提高。

下面再讲一讲境界与水平如何相得益彰的问题。孔子说过：“从我于陈、蔡者，皆不及门也。”（《论语》11·2）所谓“及门”，加上本章说的“升堂”“入室”，通常表示做人、做学问的三种水平与境界。及门是最初的水平与境界，升堂是中间的水平与境界，入室是最高的水平与境界。古代，老师带学生，有及门弟子，有升堂弟子，有入室弟子；其中，入室弟子是最高的弟子。按照“及门”“升堂”“入室”这个标准，孔子有弟子三千，就是及门弟子；贤者七十二人，则是

① 《论语集注》卷6《先进》指出：“程子曰：‘言其声之不和，与己不同也。’《家语》云：‘子路鼓瑟，有北鄙杀伐之声。’盖其气质刚勇，而不足于中和，故其发于声者如此。”（［南宋］朱熹：《四书章句集注》，第126页）

升堂弟子；“四科十哲”那十大弟子（《论语》11·3)，可以说是入室弟子。及门弟子属于可资深造之才，升堂弟子可达正大高明之域，入室弟子足以深入精微之奥。及门、升堂、入室是我们领悟经典、领悟做人与做学问、领悟境界如何夯实水平的三部曲。

11·16　语下暗暗有一“中”字

11·16　子贡问：“师与商也孰贤？”子曰：“师也过，商也不及。”

曰：“然则师愈与？”子曰：“过犹不及。”

【译文】子贡询问说：“颛孙师与卜商谁更贤能？”孔子说：“颛孙师过分，卜商不足够。”

子贡说：“这样就是颛孙师胜过卜商吗？”孔子说：“过分犹如不足够，都是不好的。”

“师”是指颛（zhuān）孙师，字子张；“商”是指卜商，字子夏。两人都是孔门弟子。子贡也是孔子的弟子，年龄比子张、子夏大很多，所以直呼其名。孔子作为师长，自然也是对子张、子夏直呼其名。

子贡问孔子：“师与商也孰贤？”子张与子夏这两人，谁更好一些？孔子的回答是：“师也过，商也不及。”子张做人做事过分、过头了，而子夏做人做事不足够、达不到标准。子贡又问：“然则师愈与？”既然您这样说，意思是子张比子夏好一点吗？孔子的回答是："过犹不及。"做人做事过头犹如做人做事不足够，两样都是不好的。

"过犹不及"是一个成语。"过"是指过分，"不及"是指不足够，两者都是不好的。什么是好的呢？就是"归于中道"①。张岱点评这一章说："语下暗暗有一'中'字，然'中'字却未说破。"② 这一章始终没有出现"中"字，但每句话里面都暗含这个字，只是没有说破。"过"与"不及"这两种方式都不好，我们做人做事应该秉持、恪守"中道"。

11·17 冉有蓄意帮季氏增加田赋

11·17 季氏富于周公，而求也为之聚敛而附益之。子曰："非吾徒也，小子鸣鼓而攻之可也。"

【译文】季氏比周公富有，冉求又给他聚富、敛财而阿附、增益了财富。孔子说："冉求不是我的门徒了，你们学生可以击响战鼓去声讨他。"

这里的"周公"，有人认为实指周文王、周武王一系的周公，也有人认为泛指周朝的公卿大夫③。其确切所指，在此

---

① 《论语集注》卷6《先进》引尹氏（尹焞）曰："中庸之为德也，其至矣乎！夫过与不及，均也。差之毫厘，缪以千里。故圣人之教，抑其过，引其不及，归于中道而已。"（［南宋］朱熹：《四书章句集注》，第126页）

② 《四书遇·论语·先进第十一·孰贤章》，［明］张岱著，朱宏达点校：《四书遇》，第246页。

③ 参见杨伯峻译注：《论语译注》，第115页①。

不深究。“季氏富于周公”，是说季氏作为窃夺名分的鲁国专权者，比周公或者周朝的公卿大夫还富有。“求”指冉求（字子有），是政事科里面的孔门弟子，正在季氏那里做大管家。“而求也为之聚敛而附益之”，是说季氏已经很富有，而冉有这个大管家又不断地横征暴敛，季氏的财富变得更多。面对此情此景，孔子愤慨地说：“非吾徒也，小子鸣鼓而攻之可也。”冉有已经不再是我的学生了！同学们可以敲响锣鼓，准备一套说法，好好去声讨他！

下面从历史的角度，介绍一下本章的来龙去脉。“非吾徒也，小子鸣鼓而攻之可也”，这是孔子在事情发生后作的评价。那么，事前是怎么回事？事中是怎么回事？事后除了孔子作过评价，孟子是如何看待的？

事前之事，《左传》《国语》有记载[①]。大意是说：公元前 484 年（哀公十一年），季氏想增加田赋，于是派冉有去问孔子，但孔子反对。事中之事，《左传》有记载[②]。大意是说：虽然孔子反对增加田赋，但无法阻止季氏。公元前 483 年（哀公十二年），季氏果然增加了田赋。事后之事，《孟子》7·14 有记载。原文为：“求也为季氏宰，无能改于其德，而赋粟倍他日。孔子曰：‘求非我徒也，小子鸣鼓而攻之可也。’由此观之，君不行仁政而富之，皆弃于孔子者也，况于为之强战？”

---

① 参见《春秋左传·哀公十一年》，［清］阮元校刻：《十三经注疏（附校勘记）》下册，第 2167 页下栏；《国语·鲁语下》“季康子欲以田赋”条，徐元诰撰，王树民、沈长云点校：《国语集解》，第 206—207 页。

② 参见《春秋左传·哀公十二年》，［清］阮元校刻：《十三经注疏（附校勘记）》下册，第 2170 页上栏。

这一章关联的历史事实是冉有蓄意帮季氏增加田赋。孔子让学生们对冉有鸣鼓而攻之，可孔子对冉有究竟是什么态度呢？是真的严厉批评冉有，还是借此指桑骂槐？一种观点认为孔子是真的严厉批评冉有。在程朱理学看来，冉有助纣为虐，帮季氏横征暴敛，这件事做得不对，所以被孔子直截了当地批评[①]。还有一种观点认为：冉有的做法固然应该批评，但背后支持冉有这么做的那只手更应该被斩断；孔子嘲笑、讥讽自己的学生冉有，这只是表面的，而实质上是借冉有这个靶子，迂回、指桑骂槐地批判季氏[②]。我们带着以上两种观点来读这一章，体会有可能更深一些。

11·18 孔门四弟子的四性格

11·18 **柴也愚，参也鲁，师也辟，由也喭。**

【译文】高柴（子羔）愚直，曾参（曾子）鲁钝，颛孙师（子张）偏激，仲由（子路）粗俗。

这一章刻画了孔门四位弟子的四种不同性格：第一位是

---

① 《论语集注》卷 6《先进》指出："非吾徒，绝之也。小子鸣鼓而攻之，使门人声其罪以责之也。圣人之恶党恶而害民也如此。然师严而友亲，故已绝之，而犹使门人正之，又见其爱人之无已也。〇范氏曰：'冉有以政事之才，施于季氏，故为不善至于如此。由其心术不明，不能反求诸身，而以仕为急故也。'"（［南宋］朱熹：《四书章句集注》，第 126—127 页）

② 《论语义疏》卷 6《先进》引缪协曰："季氏不能纳谏，故求也莫能匡救。匡救不存，其义屈，故曰'非吾徒'也。致讥于求，所以深疾季也。子然之问，明其义也。"（［南朝梁］皇侃撰，高尚榘校点：《论语义疏》，第 278 页）

高柴，字子羔（《论语》11·25），“柴也愚”是说高柴的性格愚直；第二位是曾参（shēn），通称曾子，字子舆[①]，“参也鲁”是说曾参的性格迟钝；第三位是颛孙师，字子张，“师也辟（pì）”是说子张的性格偏激；第四位是仲由，字子路，“由也喭（yàn）”是说子路的性格粗俗。

四人四性格。孔子这四位弟子的性格各有不同，要么愚直，要么迟钝，要么偏激，要么粗俗。面对这四种不同的性格，我们如何深入理解呢？愚直是一个人的性格，但显然不是人性的全部。他有优点吗？如果他有缺点，又如何改进呢？对于迟钝、偏激、粗俗，提问也是一样的。

清代学者汪烜（1692—1759）认为：虽然“柴也愚，参也鲁，师也辟，由也喭”是四种病，但它们也有好的一面。比如愚直，好的一面是厚重；迟钝，好的一面是质朴；偏激，好的一面是有才；粗俗，好的一面是耿直。这四种病都有好的一面，也就可以通过自我努力而变好。比如对治愚直这种病，要多拿学问来补充；对治迟钝这种病，要学着灵敏一些；对治偏激这种病，要变得诚实一点；对治粗俗这种病，要多用礼乐来修饰[②]。经过上面的分析，这一章只有12个字，看似简单，其实包含了很深的含义。

前面讲的四科是指德行、言语、政事、文学，十哲是说

① 《史记》卷67《仲尼弟子列传》指出：“曾参，南武城人，字子舆。少孔子四十六岁。”（［西汉］司马迁撰，［宋］裴骃集解，［唐］司马贞索隐，［唐］张守节正义：《史记》第7册，第2205页）

② 《论语集释》卷23《先进下》引汪烜《四书诠义》：“有其病则有其善，愚者必厚重，鲁者必诚朴，辟者才必高，喭者性必直，此皆圣门气质有偏而未为习染所坏者。愚者充以学问，鲁者励以敏求，辟者敛以忠信，喭者文以礼乐，只因其好处，克去其偏处，便可至于中庸，故语之使知自励也。”（程树德撰，程俊英、蒋见元点校：《论语集释》下册，第898页）

孔子的十位学生各有特长（《论语》11·3），属于实打实的正面评价。这一章讲四种毛病，孔子这四位学生有四种毛病，似乎属于贬义多过褒义的负面评价。但是，为什么同一个人，比如子路，既在四科之列，又在四病之列？从哲学的角度看，一个人既有特长、又有毛病，这是怎么一回事？

按照理学家的看法，之所以每个人都有特长，是跟他的才性密切相关的；之所以每个人都有毛病，是跟他的气质密切相关的。才性与特长这样联系起来：上天给了你才性，你的才性虽然有所偏向，但没有被世俗社会污染，于是就形成了一些特长。气质与毛病这样联系起来：上天给了你气质，你的气质虽然有所偏向，但没有被世俗社会污染，于是就形成了一些毛病。所谓毛病只是通俗的说法，也可以称为性格或者个性，比如说某人性格粗犷、个性偏激。才性有所偏向，形成了人的特长；气质有所偏向，形成了人的性格。而且，它们在世俗社会中都没有受到污染。所以，特长需要不断发挥，性格需要悉心呵护。

这一章有四个“也”字。张岱说：“四‘也’字，圣人呼名，多少珍重，多少爱惜！”① 对于任何人来说，特长与性格都是不可或缺的，都是同等重要的。所以，“多少珍重，多少爱惜”表明：愚直、迟钝、偏激、粗俗只是性格方面的问题，既有不好的一面，也有好的一面。没有这些活生生的性格，孔子门下就不会涌现让人珍重、让人爱惜的高柴、曾参、子张、子路。

---

① 《四书遇·论语·先进第十一·柴也章》，［明］张岱著，朱宏达点校：《四书遇》，第247页。

在这四种性格当中，哪一种更好一点？你是认同偏激、粗俗，还是认同愚直、迟钝？孔子最认同哪一种呢？理学家认为孔子最认同曾参的迟钝。孔子之所以最认同曾参的迟钝，是因为做任何事情，如果能够“吾日三省吾身”“三思而后行”（《论语》1·4，5·20），肯定会减少错误。“三省”“三思”的题中之义，显然少不了迟钝。在宋明理学那里，“参也鲁”三字得到了重要的发挥。大程说：“参也，竟以鲁得之。”[①] 小程说：“《语》曰：‘参也鲁。’如圣人之门，子游、子夏之言语，子贡、子张之才辨聪明者甚多，卒传圣人之道者，乃质鲁之人。”[②] 二程说：“‘参也鲁。’然颜子没后，终得圣人之道者，曾子也。”[③] 曾参能够传承圣人之道，竟是因为性格的迟钝。这个结论何其发人深省！

通过这一章仅有的12个字的刻画，孔门四位弟子的不同性格栩栩如生、跃然纸上。我们还了解到：正如“大智若愚”“呆若木鸡”一样，“鲁”（迟钝）也不并是贬义词；如果做到极至，它甚至是人生境界的某种体现。争当先进，是我们学习《先进篇》的想法与抱负。如果能像曾参那样以迟钝的功夫来做人做事，我们在这条路上就会走得更远。

---

① 《河南程氏遗书》卷3《二先生语三·右明道先生语》，［北宋］程颢、程颐著，王孝鱼点校：《二程集》第1册，第62页。

② 《河南程氏遗书》卷18《伊川先生语四》，［北宋］程颢、程颐著，王孝鱼点校：《二程集》第1册，第211页；按，个别标点符号略有校改。

③ 《河南程氏遗书》卷9《二先生语九·少日所闻诸师友说》，［北宋］程颢、程颐著，王孝鱼点校：《二程集》第1册，第108页。

11·19 安贫乐道与生财有道

11·19 子曰："回也其庶乎，屡空。赐不受命，而货殖焉，亿则屡中。"

【译文】孔子说："颜回（颜渊）接近大道了，但屡屡空乏。端木赐（子贡）不接受命运而让财货生殖，臆测就能屡屡猜中。"

颜渊是德行科的，子贡是言语科的。这一章是孔子对颜渊、子贡进行比较。孔子说："回也其庶乎，屡空。"颜渊的道德修养已经差不多了，但是常常很贫困。孔子又说："赐不受命，而货殖焉，亿则屡中。"子贡不接受命运的安排，而去做买卖，使得财富不断生殖。货即财货，殖即生殖。"货殖"的意思是财货生殖，也就是通常说的经商。"亿"的意思是猜测。"亿则屡中"，子贡只要猜测，每每都能猜中。这里，颜渊与子贡形成了鲜明的对比：一个是德行无比高尚，但却每每贫困；一个是料事如神，能够获得丰厚的物质财富。

"其庶乎"三字比较难解。朱熹说："庶，近也，言近道也。屡空，数至空匮也。不以贫窭动心而求富，故屡至于空匮也。言其近道，又能安贫也。"[①] 按照这一解释，"庶"是指接近，"其庶乎"是指接近大道。接近大道的颜渊常常很贫

① 《论语集注》卷6《先进》，[南宋] 朱熹：《四书章句集注》，第127页。

困，这是讲颜渊安贫乐道。与子贡相关的“货殖”这个概念很重要。《史记》有一个列传叫作《货殖列传》，“货殖”两个字就来源于本章。我们还需要注意：司马迁将“子贡”写成“子赣”。

《史记·货殖列传》专门谈到子贡与孔子的关系。司马迁说：“子赣既学于仲尼，退而仕于卫，废著鬻财于曹、鲁之间。七十子之徒，赐最为饶益。”子贡先跟从孔子学习，然后学而优则仕，再下海经商，赚了很多钱，是孔门弟子里面最有钱的。司马迁又评价说：“夫使孔子名布扬于天下者，子贡先后之也。此所谓得势而益彰者乎？”① 孔子之所以名扬天下，是跟子贡拥有丰厚的财力密不可分的。有人认为子贡之所以有名，就因为他是孔子的学生。司马迁的观点恰恰相反：正是因为子贡的财力，孔子当时的名气才会越来越大。

司马迁这个说法有一言外之意，就是子贡一生都在经商。到了理学家那里，则有不同的说法。大程认为：子贡经过商，确实不假，但这是他少时的事情；自从接受孔子的教导，尤其是得知并领悟了“性与天道”之后，子贡便不再经商②。理学家为什么反对《史记》的说法而提出另外的说法？

---

① 《史记》卷129《货殖列传》，［西汉］司马迁撰，［宋］裴骃集解，［唐］司马贞索隐，［唐］张守节正义：《史记》第10册，第3258页；按，个别标点符号略有校改。

② 《河南程氏遗书》卷11《明道先生语一》指出：“子贡不受天命而货殖，亿则屡中，役（一作‘亿’）聪明亿度而知。此子贡始时事。至于言‘夫子之言性与天道不可得闻’，乃后来事。其言如此，则必不至于不受命而货殖也。”（［北宋］程颢、程颐著，王孝鱼点校：《二程集》第1册，第132页；按，个别标点符号略有校改）《论语集注》卷6《先进》引程子曰：“子贡之货殖，非若后人之丰财，但此心未忘耳。然此亦子贡少时事，至闻性与天道，则不为此矣。”（［南宋］朱熹：《四书章句集注》，第127页）

这是颇为值得思考的。哪个说法更符合事实？我认为子贡的一生应该都在经商，《史记》的说法更为可信。

经商其实是很难的一件事，比如大科学家牛顿（1643—1727）。据说牛顿晚年出售有英国政府背景的南海公司股票，盈利颇丰；又购买回来，损失巨大。他感叹地说："我能够准确地计算天体运行的轨迹，却难以预料人们的疯狂。"经商有风险，这也是命运的安排。

我们再思考一个问题：孔子为什么要对颜渊与子贡做这样的比较？张岱说："回，自'庶乎'说到'屡空'，自内说出。赐，自'货殖'说到'屡中'，自外说入。此是回、赐优劣。"[①] 孔子对于颜渊是从"庶乎"说到"屡空"，这是从里面说出来；对于子贡是从"货殖"说到"屡中"，这是从外面说进去。"内""外"分别对应着"优""劣"，所以颜渊、子贡有优劣之分，颜渊优于子贡。"此是回、赐优劣"，这样的结论在过去是成立的，但在今天就有点含糊其辞。

在今天的时代背景下，我们对于安贫乐道与生财有道两者的关系应持辩证分析的态度。一方面，既需要鼓励像德行科的颜渊那样安贫乐道、重义轻利；另一方面，更应当提倡像言语科的子贡那样生财有道、以财发身。"以财发身"出自《礼记·大学》，同时提到"以身发财"[②]。"以财发身"是将财产当作自我发展的手段而不是目的，这是君子的做法；"以身发财"是将财产当作人生的唯一目的，这是小人的做法。

---

① 《四书遇·论语·先进第十一·屡空章》，［明］张岱著，朱宏达点校：《四书遇》，第248页；按，个别标点符号略有校改。

② 《礼记·大学》指出："仁者以财发身，不仁者以身发财。"（［清］阮元校刻：《十三经注疏（附校勘记）》下册，第1675页中栏）

我们应该大力提倡君子的做法——以财发身，将财产当作自我发展的必要条件。对于小人的做法——以身发财，像政事科的冉有那样蓄意帮助季氏敛财聚富，我们应当鸣鼓而攻之，坚决反对为富不仁的种种行径。

11·20 模仿是最大的崇拜

11·20 子张问善人之道。子曰："不践迹，亦不入于室。"

【译文】子张询问完善人生的方法。孔子说："不能践履圣贤的足迹，也就不能深入到内室。"

"师也辟"（《论语》11·18），子张是一个偏激的人。"善人之道"是指本质善良的人们如何进学、如何完善人生的方法。子张"问善人之道"，向孔子请教人生怎样才能得以完善。孔子的回答是："不践迹，亦不入于室。"这句话比较难解。"践迹"就是照葫芦画瓢、亦步亦趋。前面讲过"及门""登堂""入室"（《论语》11·2，11·15），"入室"就是胸有成竹、直入奥室。孔子的意思是说：如果你不能践履圣贤的足迹，不按照圣贤已经做过的那样去做，你就不能胸有成竹地登堂而入室。换句话说，我们完善自我的人生，必须以圣贤为榜样；通过不懈的努力，才能达到一定的境界，最后甚至可以达到登堂而入室的境界。

这一章包含三方面的含义：一是人性基础，关键词是

“善”。孟子曾说“人皆有不忍人之心”，每个人都有不想伤害别人的心，但这颗不忍人之心还要“扩而充之”（《孟子》3·6）。这是讲人性要以善良作为基础。二是学习能力，关键词是“学”。人的一生其实都在模仿，学习最大的窍门就是模仿。我们从小到大接受的学校教育、社会教育，就是一个个模仿的过程。模仿是最大的崇拜。我们通过经典、圣贤学习如何做人做事，就是不断地模仿，逐步地及门、登堂、入室。三是道德目标，关键词是“圣”。如果道德目标不以圣贤为榜样，道德行为就会缺少坚实的根基。圣人是最值得模仿的。只有模仿圣人，人们才能真切地成就自我、成就自身。“人皆可以为尧、舜。”（《孟子》12·2）其前提就是模仿，模仿就是本章说的“践迹”，“为尧、舜”就是“入室”。

11·21 如何看待言语与内心的关系？

11·21 子曰：“论笃是与，君子者乎？色庄者乎？”

【译文】孔子说：“言论笃实值得赞许，但他是君子呢？还是仅仅容色端庄呢？”

这一章是孔子的独白，不太容易理解。明代的张居正（1525—1582）解释说：“论，如论官论才之论。笃，是笃实。与，是许可的意思。君子，是有德的人。色庄，是内无实德、矜饰外貌的小人。”[①] 再系统一点，这一章究竟是什么意思呢？

孔子说：“论笃是与。”笃实的言论自然是值得赞许的。孔子又说：“君子者乎？色庄者乎？”反过来也要问一问：这笃实的言论究竟是君子讲的，还是那些道貌岸然的小人讲的呢？我们读原文，应该特别注意孔子这一质疑。孔子认为：我们现在看到的很多言论方方正正、毫无破绽，但仔细想一想，这些言论究竟是君子还是小人讲的，要做具体分析。依据孔子告诉我们的这一道理，下面引申一个问题：如何看待言语与内心的关系？

《论语》5·10说：“始吾于人也，听其言而信其行；今吾于人也，听其言而观其行。”孔子说：我开始看人，听到他说什么，就相信他会做什么；我现在看人，不仅仅是听他说什么，更要仔细观察他到底怎么做。这是孔子的识人之法从“听其言而信其行”到“听其言而观其行”的转变。两者的根本区别在于：前者只是一味地相信言语与行为是统一的，后者能够睿智地看到言语与行为很多时候恰恰是分离的。内心真诚，就会言行一致；内心不真诚，就会言行不一致。

《史记·仲尼弟子列传》说：“吾以言取人，失之宰予；以貌取人，失之子羽。”[②] 这段话也与孔子的识人之法有关，实质是既不能以貌取人、也不能以言取人。

“外貌协会”者看到长得好看的，就觉得他的内心也高

① 《四书直解》卷9《论语卷五·先进》，［明］张居正撰，王岚、英巍整理：《四书直解》，九州出版社2017年版，第171页；按，个别标点符号略有校改。

② ［西汉］司马迁撰，［宋］裴骃集解，［唐］司马贞索隐，［唐］张守节正义：《史记》第7册，第2206页。

尚；看到长得不好看的，就觉得他的内心也龌龊。这是以貌取人，孔子也犯过这样的错误。澹台灭明是孔子的弟子，长得很丑。孔子当年看到澹台灭明，因为他长得丑，便看不起他。后来的事实证明：相貌长得丑的澹台灭明，做人做事却是中规中矩。孔子感叹地说："我以貌取人，最大的失误就在澹台灭明身上。"

以言取人是指：听到某人说的话顺耳，便认为这人很好；听到某人说的话不顺耳，便认为这人不好。孔子同样有过类似的失误。开始的时候，孔子认为宰予讲得很好，便认为他做得也会很好；结果一看，宰予的实际行为与曾经所讲的根本就是两回事。孔子感叹地说："我以言取人，最大的失误就在宰予身上。"

表面的言语是内心真实的折射，言语与内心的关系比较复杂。上海交通大学创校校长唐文治（1865—1954）认为这一章讲的是观人之法。他说："此言观人之法，当审其心术，亦以勉学者修辞立其诚也。"[①] 观察人，最根本的是观心。观人在于观心，旨在勉励人们"修辞立其诚"，言语与内心这样才能统一起来。换句话说，只有你的内心是善良的，你在言语上面才会真诚不伪。"有德者必有言，有言者不必有德。"（《论语》14·4）观人的最大根本是观心，必要手段是观言，"修辞立其诚"是将言语与内心统一起来的必由之路。

---

① 《论语大义·先进篇》，张旭辉、刘朝霞整理：《唐文治四书大义·论语大义》，第176页。

11·22 急性子子路与慢性子冉有

11·22 子路问："闻斯行诸？"子曰："有父兄在，如之何其闻斯行之？"

冉有问："闻斯行诸？"子曰："闻斯行之。"

公西华曰："由也问'闻斯行诸'，子曰'有父兄在'；求也问'闻斯行诸'，子曰'闻斯行之'。赤也惑，敢问。"子曰："求也退，故进之；由也兼人，故退之。"

【译文】子路询问："闻知就实行吗？"孔子说："有父亲、兄长健在，怎么能够闻知就实行？"

冉有询问："闻知就实行吗？"孔子说："闻知就实行。"

公西华说："子路询问'闻知就实行吗'，您说'有父亲、兄长健在'；冉有询问'闻知就实行吗'，您说'闻知就实行'。我很困惑，胆敢询问。"孔子说："冉求的性格退让，所以使他上进；仲由的勇气胜过人们，所以使他退让。"

这一章提到的子路、冉有，都是政事科的孔门弟子。"闻斯行诸"这个问题涉及言语、行为与性格的关系，而上一章讲了言语与内心的关系，这两章是有相关性的。

子路问孔子："闻斯行诸？"我听到一个好道理之后，可以马上去实行吗？孔子回答说：“有父兄在，如之何其闻斯行之？”你有父亲、兄长还在那里，怎么能够听到一个好道理，就马上实行呢？可见孔子不赞成子路的做法。冉有向孔子提了同样的问题：“闻斯行诸？”孔子回答说：“闻斯行之。”你听到一个好道理之后，可以马上去实行。可见孔子赞成冉有的做法。

同样的问题，提问者不同，孔子给出了完全相反的答案。以上情形被另一个学生公西华（亦即公西赤，字子华）知道后，就问孔子：“由也问‘闻斯行诸’，子曰‘有父兄在’；求也问‘闻斯行诸’，子曰‘闻斯行之’。”意思是说：“子路询问是否听到就实行，您说‘有父亲、兄长健在’；冉有询问是否听到就实行，您说‘听到就实行’。”公西华接着说：“赤也惑，敢问。”我对您这两种相反的回答感到困惑，能够冒昧问一下为什么吗？

面对公西华的困惑，孔子回答说：“求也退，故进之；由也兼人，故退之。”[①] 意思是说：冉有的性格被动，经常退让不前，所以我要往前推他一把，让他听到了就马上去做，否则还会畏畏缩缩；子路的勇气超过一般人，经常冒冒失失，所以我要朝后拉他一把，让他听到了但不能马上去做，还要听取父母、兄长的意见，三思而后行。子路是急性子，敢作敢为，雷厉风行；冉有是慢性子，畏手畏脚，瞻前顾后。孔子对“闻斯行诸”的回答不同，理由就在这里。

《论语》5 · 14 说：“子路有闻，未之能行，唯恐有闻。”

---

① 《论语集注》卷 6《先进》指出：“兼人，谓胜人也。”（［南宋］朱熹：《四书章句集注》，第 128 页）

子路听到一个道理，尚未能够实行，唯恐又听到一个道理。《论语》12·12说："子路无宿诺。"子路没有隔夜的承诺，只要答应了别人，就会当日事、当日毕。这是子路急性子的体现。据《论语》6·12记载，冉有对孔子说："非不说子之道，力不足也。"我不是不喜欢您的思想，我只是感到我的力量不够。孔子说："力不足者，中道而废。今女画。"力量不够，情有可原。你还得继续，直到完全没有力量了再停下来。可你根本没有这样做！你现在只是原地踏步、止步不前！这是冉有慢性子的体现。所以，急性子子路与慢性子冉有提同样的问题，孔子才会给出完全相反的两种回答。这也是孔子教育弟子的策略：对于急性子，要警醒他后退一下；对于慢性子，要鼓励他向前一步。

这一章没有华丽的辞藻，但包含了深邃的人生哲理，写作手法也很高妙。张岱说："骏马收缰，驽马加策，总见圣人驾驭之法。一叙一述，语意宛然，见记者手笔之妙。"[①] 圣人驾驭的方法是：对于骏马，就收缰；对于驽马，就加鞭。子路是骏马，要将他的缰绳收紧一点；冉有是驽马，要对他多抽几鞭子。如果说前面子路、冉有的提问与孔子的回答是"叙"，后面公西华的提问与孔子的回答就是"述"。"一叙一述"而"语意宛然"，足见这一章的写作手法之高妙。

① 《四书遇·论语·先进第十一·兼人章》，[明] 张岱著，朱宏达点校：《四书遇》，第249页。

11·23 可见圣贤自信相信处

11·23 子畏于匡，颜渊后。子曰："吾以女为死矣。"曰："子在，回何敢死？"

【译文】孔子被拘禁在匡地，颜渊在孔子被释放后终于追来。孔子说："我以为你死亡了。"颜渊说："您健在，我怎么胆敢死亡？"

这一章讲"子畏于匡"，孔子被拘禁在匡。"颜渊后"，颜渊在孔子被释放之后才赶过来。见此情景，孔子说："吾以女为死矣。"颜渊啊！你怎么现在才赶过来，我还以为你死了呢！听孔子这样说，颜渊回答："子在，回何敢死？"您老人家还健在，我怎么敢死呢？

为了实现政治抱负，孔子一生吃过很多苦头，最有名的是这一篇讲的"厄于陈、蔡"（《论语》11·2)。"子畏于匡"同样有名，《论语》9·5也记载过这件事：

子畏于匡，曰："文王既没，文不在兹乎？天之将丧斯文也，后死者不得与于斯文也；天之未丧斯文也，匡人其如予何？"

这是讲孔子在匡被抓起来之后以"斯文"自居，认为再有千难万险，自己也应该将宗周礼乐文明承担下来、传承下去。“天之将丧斯文也”一章排在《论语》9·5，“颜渊后”一章排在《论语》11·23。对这两章的先后顺序，司马迁会如何排列呢？《史记·孔子世家》说：

将适陈，过匡，颜刻为仆，以其策指之曰：“昔吾入此，由彼缺也。”匡人闻之，以为鲁之阳虎。阳虎尝暴匡人，匡人于是遂止孔子。孔子状类阳虎，拘焉五日。颜渊后，子曰：“吾以汝为死矣。”颜渊曰：“子在，回何敢死！”匡人拘孔子益急，弟子惧。孔子曰：“文王既没，文不在兹乎？天之将丧斯文也，后死者不得与于斯文也；天之未丧斯文也，匡人其如予何？”孔子使从者为宁武子臣于卫，然后得去。①

司马迁首先介绍了孔子在匡为什么会被抓起来。因为阳虎长得和孔子很像，而阳虎曾对匡人施暴，所以孔子带着学生经过匡的时候，当地人以为阳虎来了，于是将孔子抓了起来。随后，孔子被释放，颜渊慢慢追赶上来。颜渊追赶上来后，司马迁采用了《论语》11·23 记载的孔颜对话。然后，司马迁采用了《论语》9·5 记载的“天之将丧斯文也”这段话。可见司马迁认为《论语》11·23 记载之事发生在前，《论语》9·5 记载之事发生在后。

我们要记住：《论语》记载了孔子的两大磨难，第一大磨

---

① ［西汉］司马迁撰，［宋］裴骃集解，［唐］司马贞索隐，［唐］张守节正义：《史记》第 6 册，第 1919 页；按，个别标点符号略有校改。

难是“厄于陈蔡”，第二大磨难是“畏于匡”。

《论语》9·5、11·23还能用其他方式联系起来。明代的姚舜牧（1543—约1622，号承庵）曾说：“‘匡人其如予何?’夫子知天意，不必死于匡人之手。‘子在，回何敢死?’颜子知夫子必不死于匡人。可见圣贤自信相信处。”[①] 姚舜牧认为：孔子之所以说“匡人其如予何”，是因为孔子知道天意在我，自己根本就不会死在匡人手上；颜渊之所以说“子在，回何敢死”，是因为颜渊知道孔子肯定不会死在匡人手上。姚舜牧总结说：这就是圣贤相信、自信的地方！

“圣贤自信相信处”其实就是文化自信与道路自信，它们在颜渊与孔子那里早已成为固若金汤的精神理念。即便只是读“子畏于匡”这两章，人们也完全可以体会到气势磅礴的精神理念是如何牢固地维系着孔门师生的。

11·24 孔子的“大臣”“具臣”之辨

11·24 季子然问：“仲由、冉求可谓大臣与?”子曰：“吾以子为异之问，曾由与求之问。所谓大臣者，以道事君，不可则止。今由与求也，可谓具臣矣。”

曰：“然则从之者与?”子曰：“弑父与君，亦不从也。”

---

① 转引自《四书遇·论语·先进第十一·畏匡章》，［明］张岱著，朱宏达点校：《四书遇》，第250页；按，个别标点符号略有校改。

【译文】季子然询问："仲由、冉求可以说是出类拔萃的臣僚吗？"孔子说："我以为你有特异的问题，原来是仲由与冉求的问题。大臣就是用道义事奉君主，不可行就中止。现今的仲由与冉求，可以说是初具资格的臣僚。"

季子然说："那会顺从季氏吗？"孔子说："如果是弑杀父亲与君主，他们也是不会顺从的。"

季子然是季氏子弟。他问孔子说："仲由、冉求可谓大臣与？"意思是说："你有两个学生，一个叫仲由（子路），一个叫冉求（冉有），都在我们季氏做过管家。他们能够称为大臣吗？"如何解释这个"大"字？大家琢磨一下。孔子回答说："吾以子为异之问，曾由与求之问。"这段话有一些拗口。"异"就是不同。孔子对季子然说："我还以为你有什么特别不同的问题！原来你只是问仲由与冉求的事情。"言外之意是说：孔子原本以为季子然的提问会让他意想不到，结果不过是提了这么一个简单的问题。

在季子然的提问中，用了"大臣"这个概念；但在孔子的回答中，对"大臣"这个概念重新做了解释。孔子说："所谓大臣者，以道事君，不可则止。"孔子对季子然说：我所理解的"大臣"就是"以道事君"，用道义原则来事奉君主；如果道义原则在实施过程当中行不通，就应该中止、停下来，离开这个君主。

孔子在重新定义"大臣"之后，又马上对子路、冉有进行了重新定位。孔子说："今由与求也，可谓具臣矣。"在孔子看来，子路与冉有只能称为“具臣”。何谓“具臣”？后面再详细解释。孔子认为：虽然子路与冉有在季氏那里做过管家，但还是尚未达到“大臣”的高度。

季子然听了孔子的话后，接着又问：“然则从之者与？”意思是说：“既然仲由与冉求不属于您讲的大臣，而只是具臣，那么，他们对我们季氏会言听计从吗？”孔子说：“弑父与君，亦不从也。”意思是说：“他们自然会顺从季氏。但是，如果让他们杀害自己的父亲与君主，他们也是不会顺从的。”

季子然为什么要孔子评价子路、冉有呢？因为子路、冉有是孔子的弟子，而且是政事科的代表。他们先后做过季氏的管家，而季子然作为季氏子弟，自然为季氏得此两位干才沾沾自喜。孔子回答季子然，特别用了“异”这个字。这既是在明面上贬子路、冉有，更是在暗地里贬季子然、季氏①。孔子对“大臣”“具臣”的理解，可以说就是沿着这个基调展开的。

“大臣”是这一章当之无愧的关键词。大臣有什么特质？《礼记·内则》说：“四十始仕，方物出谋发虑，道合则服从，不可则去。”② 古代社会，人到四十，开始出外做官。做官有一个原则，就是“道合则服从，不可则去”。如果我的理念与君主的理念相吻合，我就信服他、跟从他；如果不可

① 《论语集注》卷6《先进》指出：“子然，季氏子弟。自多其家得臣二子，故问之。”“异，非常也。曾，犹乃也。轻二子以抑季然也。”（［南宋］朱熹：《四书章句集注》，第128页）

② ［清］阮元校刻：《十三经注疏（附校勘记）》下册，第1471页中栏。

行，我就离去。《周易·蛊卦》说："不事王侯，高尚其事。"[①] 这都是说：大臣必须唯义是从，将道德理想摆在首位，绝对不能去做苟且之事。

南宋的王应麟（1223—1296）解释"以道事君，不可则止"说："'四十始仕，道合则服从，不可则去。'古之人，自其始仕，去就已轻。'色斯举矣'，去之速也；'翔而后集'，就之迟也。故曰：'以道事君，不可则止。'"[②] 王应麟认为古人40岁开始做官，而且从此将做官或不做官、离去还是不离去看得很轻。他又引用《论语》10·27的话说："色斯举矣"，一旦君主的脸色有变化，我就赶快离去；"翔而后集"，虽然君主有意让我做官，但我左顾右盼、三思后行，慢慢而不是匆匆忙忙去就职。

人们通常认为大臣就是臣僚，但大臣同样可以指臣僚当中最优秀的那一部分。所以我认为：这一章的"大臣"，无论是在季子然的提问还是在孔子的回答当中，都是指出类拔萃的臣僚，只是两者有才干、品行之分。

"具臣"的含义是什么呢？西汉的孔安国（前156—前74）认为"具臣"就是"言备臣数而已"[③]。朱熹也说："具臣，谓备臣数而已。"[④]"备臣数"究竟是什么意思？用现在的话解释，就是体制内的、有编制的。"具臣"只是说某人已

---

① ［清］阮元校刻：《十三经注疏（附校勘记）》上册，第35页下栏。

② 《困学纪闻》卷5《礼记》，［南宋］王应麟著，［清］翁元圻等注，栾保群、田松青、吕宗力校点：《困学纪闻（全校本）》上册，第630页。

③ 《史记集解》卷67《仲尼弟子列传》指出："孔安国曰：'言备臣数而已。'"（［西汉］司马迁撰，［宋］裴骃集解，［唐］司马贞索隐，［唐］张守节正义：《史记》第7册，第2193页）

④ 《论语集注》卷6《先进》，［南宋］朱熹：《四书章句集注》，第129页。

在体制、编制之内，但他能不能有所作为，那就很难说了[1]。我这里就将“具臣”解释为初步具备做官的资格。

将“大臣”解释为出类拔萃的臣僚，将“具臣”解释为初步具备官僚的资格，未必十分恰当，但由此可见两者的鲜明对照。“大臣”之所以大，正是因为他有道义；“具臣”之所以不大，正是因为他仅仅有个编制、有个岗位。“所谓大臣者，以道事君，不可则止”，这句话对于古代知识分子的影响特别大。

季子然听了孔子辨析“大臣”“具臣”之后，又问子路、冉有会不会顺从季氏。孔子回答说：如果要他们杀害自己的父亲，杀害自己的君主，他们是坚决不干的。孔子前面说子路、冉有只是具臣，这是在贬子路、冉有[2]；这里说他们坚决不干弑父弑君之事，已有大臣之意，这是在捧子路、冉有[3]。孔子对子路、冉有先贬后扬，看似矛盾，其实大有深意。前面明贬子路、冉有，是为了暗贬季子然、季氏；这里明扬子路、冉有，更是为了暗贬季子然、季氏。如果臣僚坚决不干弑父弑君之事，他就不再是具臣，而是大臣。子路、冉有何尝不是如此？

---

① 《四书直解》卷 9《论语卷五 · 先进》指出：“具臣，是备数为臣、无可称述的意思。”（［明］张居正撰，王岚、英巍整理：《四书直解》，第 172 页；按，个别标点符号略有校改）

② 《论语大义 · 先进篇》指出：“具臣，谓备用之臣。二子明于大臣之道者也，乃不见用于天子、诸侯，而为家臣，可慨也已。夫子称之曰‘具臣’，为二子韬晦之辞也。”（张旭辉、刘朝霞整理：《唐文治四书大义 · 论语大义》，第 177 页；按，个别标点符号略有校改）

③ 《论语集注》卷 6《先进》指出：“言二子虽不足于大臣之道，然君臣之义则闻之熟矣，弑逆大故必不从之。盖深许二子以死难不可夺之节，而又以阴折季氏不臣之心也。”（［南宋］朱熹：《四书章句集注》，第 129 页）

11·25 “何必读书，然后为学”辨析

11·25 子路使子羔为费宰。子曰：“贼夫人之子。”

子路曰：“有民人焉，有社稷焉。何必读书，然后为学？”

子曰：“是故恶夫佞者。”

【译文】子路使得子羔成为费地的邑宰。孔子说：“这是贼害人们的子女。”

子路说：“那里有民众，有土地神、五谷神。为何必须诵读诗书，才能被称为学问？”

孔子说：“所以我厌恶狡辩的人。”

子羔就是“柴也愚”（《论语》11·18）的高柴。“子路使子羔为费宰”，子路让子羔去做费（bì）这个地方的行政长官。孔子听到这个消息，对子路说：“贼夫人之子。”你这不是坑害别人家的子女吗？言外之意是说：子羔尚不具备管理一个地方的能力，而你让他去管理，这既会害了子羔，更会害了当地人。

面对孔子的批评，子路回答说：“有民人焉，有社稷焉。”费这个地方有民众，有土地神、五谷神。他接着又说：“何必读书，然后为学？”为什么非得饱读诗书，才能被称为有学问呢？这句话很有名，但它究竟是正面含义，还是负面含义呢？孔子听了子路的回答说：“是故恶夫佞者。”“佞”就是狡辩、

强词夺理。孔子对子路说：听了你刚才那番回答，我终于明白人们为什么讨厌那些强词夺理、善于狡辩的人。

以上只是这一章的字面含义，它的背后还有很多值得我们琢磨的东西。譬如，子羔后来的发展如何？“何必读书，然后为学”究竟是什么意思？后一个问题尤其重要。

子路让子羔去做费的行政长官。孔子认为子羔还没有通过刻苦学习，掌握到一定的技能，所以不能胜任，但并没有否认子羔的本性及其潜在的发展可能[①]。在孔子看来，子羔的本质是善良的，假以学问，假以时日，他就会成长起来，胜任地方长官的职位。据西汉刘向（前77—前6）的《说苑》记载：子羔的本性善良，后又发奋学习，终于学有所成；在卫国做官时，秉公执法[②]。这是子羔后来发展得较好的体现。

孔子不同意子路让子羔去费做地方长官，子路是这样辩护的：“费有老百姓，有神明，需要有人去治理。既然需要有人去治理，这个前去治理的人为什么非要饱读诗书呢？他只要有治理能力就可以了。”抽象地看，子路这个回答是成立的。书面知识并不代表实际才能。如果他有实际才能，让他去管理一个地方，有什么不可以呢？

对于“何必读书，然后为学”，孔子其实未必反对。因为有真实本领的人不一定满脑子都是条条框框的知识，实际能力与书面知识有时是可以分离的。那么，孔子为什么说子路

---

① 《论语集注》卷6《先进》指出：“言子羔质美而未学，遽使治民，适以害之。”（［南宋］朱熹：《四书章句集注》，第129页）

② 参见《说苑》卷14《至公》，［西汉］刘向撰，赵善诒疏证：《说苑疏证》，华东师范大学出版社1985年版，第402页。

的回答是强词夺理呢？子羔虽然本质不错，但确实还没有成长起来。如果他能进一步学习，自身就会更加完善。子路显然没有想到这一层，反而为自己对子羔的拔苗助长进行狡辩。孔子这才说“是故恶夫佞者”，我讨厌你强词夺理。

人们一般将“何必读书，然后为学”解释为：为什么非得饱读诗书，才能称为有学问呢？这里的“学”与“学而优则仕”（《论语》19·13）的“仕”是一样的。东汉许慎（约58—约147）的《说文解字》说：“仕，学也。”[①] 可见“学”与“仕”是同一个意思。所以这句话也可以解释为：为什么非得饱读诗书，然后才去做官呢？这种解释对后人的影响较大。

王阳明（1472—1529）曾说：“郡务虽繁，然民人社稷，莫非实学。”[②] 意思是说：民人、社稷都是实学，所以不是非要饱读诗书，才能称为有学问。黄宗羲（1610—1695）的老师刘宗周曾说：“子路曰：‘何必读书，然后为学？’信斯言也。孔门明以读书为学，而子路顾反言之云，特其所谓读书者，盖将因此以得吾之心，为求道计耳。”[③] 这表明王阳明、刘宗周在一定程度上承认“何必读书，然后为学”的说法。

当然也有不同的观点，比如我们经常听到的“读书无用论”。金克木（1912—2000）认为“何必读书，然后为学”是

① 《说文解字》卷8上《人部·仕》，［东汉］许慎：《说文解字（附检字）》，第161页下栏。

② 《王阳明全集》卷5《答路宾阳（癸未）》，［明］王守仁撰，吴光、钱明、董平、姚延福编校：《王阳明全集》上册，第192页。

③ 《语类十·读书说（示儿）》，吴光主编：《刘宗周全集》第2册《语类》，第296页。

古代最早的“读书无用论”①，这一观点有望文生义的嫌疑。现在有很多人与金克木一样，认为“何必读书，然后为学”是“读书无用论”的体现。

我们仔细揣摩“何必读书，然后为学”这八个字，再结合王阳明、刘宗周的理解，其实不难发现：有真才实学还是仅有表面文章，这是要做严格区分的；有真才实学的人胜过那些只是饱读诗书的人，这也正是孔子并不反对子路那样说的道理所在。

11·26　唯有将曾皙当作自己看

11·26　子路、曾皙、冉有、公西华侍坐。

子曰：“以吾一日长乎尔，毋吾以也。居则曰：‘不吾知也！’如或知尔，则何以哉？”

子路率尔而对曰：“千乘之国，摄乎大国之间，加之以师旅，因之以饥馑。由也为之，比及三年，可使有勇，且知方也。”

---

① 《古“读书无用论”》指出：“‘读书无用论’这个名字起得好，其来已久。最古的主张者也许是孔子的得意门徒仲由，即子路。他曾对老师说：‘有民人焉，有社稷焉。何必读书，然后为学？’记在《论语》里（《先进》）。这就是说，有了人，有了土地（社）、粮食（稷），还读什么书？有饭吃就是‘学’了。书能当作饭吃吗？这话是从一个人做官引起的，可见用意在于做官就是为学。孔子不赞成，也没有驳回。孔子的私淑弟子孟轲也说过：‘尽信书，则不如无书。吾于《武成》，取二三策而已矣。’（《尽心》）一捆竹简他才取两三条，公然说无书胜有书。诵读诗书的儒家祖师爷尚且有此论调，‘绝圣弃智’的道家和‘摩顶放踵’的墨家之流更不必提了。这是两千多年前的话。”（金克木：《书读完了（增订版）》，上海文艺出版社 2017 年版，第 429 页；按，个别标点符号略有校改）

夫子哂之。

“求！尔何如？”

对曰：“方六七十，如五六十。求也为之，比及三年，可使足民。如其礼乐，以俟君子。”

“赤！尔何如？”

对曰：“非曰能之，愿学焉。宗庙之事，如会同，端章甫，愿为小相焉。”

“点！尔何如？”

鼓瑟希，铿尔，舍瑟而作，对曰：“异乎三子者之撰。”

子曰：“何伤乎？亦各言其志也。”

曰：“莫春者，春服既成，冠者五六人，童子六七人，浴乎沂，风乎舞雩，咏而归。”

夫子喟然叹曰：“吾与点也！”

三子者出，曾皙后。曾皙曰：“夫三子者之言何如？”

子曰：“亦各言其志也已矣。”

曰：“夫子何哂由也？”

曰：“为国以礼，其言不让，是故哂之。”

“唯求则非邦也与？”

“安见方六七十如五六十而非邦也者？”

“唯赤则非邦也与？”

“宗庙会同，非诸侯而何？赤也为之小，孰能为之大？”

【译文】子路、曾皙、冉有、公西华侍候孔子闲坐。

孔子说："你们以为我稍微年长于你们，但不要以为我年长就拘谨。你们闲居就说：'人们不知道我啊！'如果有人想要知道你们，你们用什么回应呢？"

子路轻率地对答说："拥有千辆兵车的国家，摄属在大国的中间，附加有战争，频繁有饥荒。如果我治理它，等到三年，可以使得他们有勇气，而且知道礼义的方向。"

孔子哂笑他。

孔子说："冉求！你怎么样？"

冉有对答说："方圆六七十里或者五六十里都是国家。如果我治理它，等到三年，可以使得人民富足。至于它的礼乐，只有等候君子做了。"

孔子说："公西赤！你怎么样？"

公西赤对答说："不敢说能够做到，但愿意学习。宗庙祭祀的事情，或者会见、同盟，我穿上礼服、戴上礼帽，愿意做小司仪。"

孔子说："曾点！你怎么样？"

曾皙弹瑟的声音逐渐稀微，铿锵一声，放下瑟而站立，对答说："我诧异于三位同学的才能。"

孔子说："有何伤害面子呢？只是各人言说自己的志向。"

曾皙说："迟暮的春天时节，春天的单衣既已裁成，五六位成人，六七位儿童，沐浴在沂水中，吹风在舞雩台，咏唱而归来。"

孔子感喟地叹息说："我赞同曾点啊！"

三位同学出去了，曾皙跟随在孔子的后面。曾皙说："三位同学的言说怎么样？"

孔子说："只是各人言说自己的志向罢了。"

曾皙说："您为何哂笑仲由呢？"

孔子说："治理国家要用礼义，但他的言说不谦让，所以哂笑他。"

曾皙说："难道冉求言说的就不是邦国吗？"

孔子说："哪里可见方圆六七十里或者五六十里就不是邦国呢？"

曾皙说："难道公西赤言说的就不是邦国吗？"

孔子说："宗庙的祭祀，会见、同盟，不是诸侯的事情又是什么？公西赤做它的小司仪，谁能够做它的大司仪呢？"

这一章在《论语》中是篇幅最长的一章：不包括标点符号，有 315 个字；包括标点符号，有 434 个字。无论是从《先进篇》看，还是从《论语》全书看，这一章的思想内涵都是举足轻重的。下面重点串讲原文大意，同时讨论一些相关问题。

（一）子路的轻率与冉有、公西华的谦逊

"子路、曾皙、冉有、公西华侍坐。"这四人都是孔子的弟子，排名也是有讲究的，是按年龄大小而排序。子路的年龄最大，排在第一；曾皙的年龄第二，排在第二；冉有的年龄第三，排在第三；公西华的年龄最小，排在第四。

说他们四人是按年龄大小而排序，是有根据的。清代的刘宝楠说："子路少孔子九岁，冉有少孔子二十九岁，公西华少孔子四十二岁。惟曾皙年无考，其坐次在子路下，是视子路年稍后。"[①] 子路比孔子小 9 岁，冉有比孔子小 29 岁，公西华比孔子小 42 岁，《史记·仲尼弟子列传》有明确记载[②]。曾皙比孔子小多少岁，没有确切的历史记载。就像刘宝楠一样，人们猜测认为这里的"子路、曾皙、冉有、公西华"是按年龄大小而排序。我觉得这一猜测有道理。后面四人畅谈各自的志向时，顺序有所打乱。

这一章主要讲孔子与四位学生一起聊天，他们如何聊起来的呢？孔子说："以吾一日长乎尔，毋吾以也。居则曰：'不吾知也！'如或知尔，则何以哉？"四个学生围着孔子坐在一起。孔子说道："我虽然比你们的年龄大一点，但你们不要拘谨，不要在乎我是你们的老师。你们平时总说没有人知道你们，你们这样的感叹我听得多了。今天我要问你们：如果有人想知道你们，你们该怎么办？"

"以吾一日长乎尔，毋吾以也"，是孔子以谦逊的态度引导学生说出自己真实的想法[③]。孔子自身很谦虚，对学生也很谦逊。面对老师这样谦逊的提问，四位学生会以什么样的态度来回答呢？

---

① 《论语正义》卷 14《先进》，[清] 刘宝楠撰，高流水点校：《论语正义》下册，第 466 页；按，个别标点符号略有校改。

② 参见 [西汉] 司马迁撰，[宋] 裴骃集解，[唐] 司马贞索隐，[唐] 张守节正义：《史记》第 7 册，第 2191、2190、2217 页。

③ 《论语集注》卷 6《先进》指出："言我虽年少长于女，然女勿以我长而难言。盖诱之尽言以观其志，而圣人和气谦德，于此亦可见矣。"（[南宋] 朱熹：《四书章句集注》，第 129 页）

子路的年龄最大，“率尔而对曰”。“率”的意思是轻率。子路急忙地回答，这与孔子谦逊的态度形成了鲜明对比。子路急忙回答说：“千乘之国，摄乎大国之间，加之以师旅，因之以饥馑。由也为之，比及三年，可使有勇，且知方也。”意思是说：拥有一千辆兵车的国家，不管它处于什么情况，只要让我来治理，用三年时间，就可以让老百姓充满胆量，而且知道规矩。

子路瞄准的是千乘之国，就是拥有一千辆兵车的国家。这个千乘之国还处于三种困境之中：第一种困境是“摄乎大国之间”，被很多大国所包围，这是“地利”不行；第二种困境是“加之以师旅”，外面还有敌人不断侵犯，这是“人和”不行；第三种困境是“因之以饥馑”，天灾人祸接连发生，这是“天时”不行。面对天时、地利、人和都不具备的这个千乘之国，子路竟然说只要让他去治理，三年时间就能搞定，老百姓都会充满阳刚之气，个个循规蹈矩。子路的胆量之大、态度之轻率，可见一斑。

子路的轻率已与孔子的谦逊形成鲜明对比。所以听了子路的回答，“夫子哂（shěn）之”。“哂”的意思是微笑，其中有嘲笑的意味，只是在程度上没有嘲笑厉害。

接着到了冉有（名求）。孔子说：“求！尔何如?”意思是说：“冉求，你怎么样?”我们已经知道子路是急性子，冉有是慢性子（《论语》11·22）。这一章的大语境是孔子提问的态度很谦逊，但子路急性子不改，“率尔而对”遭到孔子的哂笑。原本就是慢性子的冉有，自然更加谦逊了[①]。

冉有回答说："方六七十，如五六十。求也为之，比及三年，可使足民。如其礼乐，以俟君子。"前一个"如"字的意思是"或者"。子路的治理目标是千乘之国的大国家，而冉有的治理目标是方圆六七十里或者五六十里的小地方。冉有说：这样的小地方让我来治理，三年之后，我可以保证老百姓都很富足，经济问题可以解决；但要让他们变得文质彬彬、知书达理，我做不到，必须等到以后让其他人来帮他们。冉有的目标不大，但态度很谦逊。

孔子听完冉有的回答，未做任何表示，而是接着问公西华（名赤）："赤！尔何如?"意思是说："公西赤，你怎么样?"这一章开头说的顺序是"子路、曾皙、冉有、公西华"，曾皙排在第二位，他还没有回答，怎么就轮到最小的公西华呢？大家思考一下这个问题。

公西华听到老师点名，回答说："非曰能之，愿学焉。宗庙之事，如会同，端章甫，愿为小相焉。"这里，"如"的意思也是"或者"。公西华说："我不敢说我能够做到什么，但我愿意好好学习。如果是宗庙祭祀的事情，或者是与外国的会盟，我到时愿意穿上礼服、戴上礼帽，做一个小司仪。"冉有的治理目标是方圆五六十里或者方圆六七十里的小地方，公西华的治理目标就更小了。冉有已经很谦逊，公西华

① 《论语集注》卷 6《先进》指出："冉有谦退，又以子路见哂，故其辞益逊。"（［南宋］朱熹：《四书章句集注》，第 130 页）

就更谦逊了①。

（二）对于曾皙言志的两种不同意见

孔子听了公西华的回答，同样没有表态，而是转向年龄排在第二的曾皙（名点）说："点！尔何如?"意思是说："曾点！你怎么样?"然后，曾皙与孔子有一番对话。这番对话不仅是这一章最精彩的部分，而且是《论语》全书最精彩的部分。

曾皙听到孔子要他回答后，"鼓瑟希，铿尔，舍瑟而作"。"希"是指慢慢停下来。曾皙弹瑟的声音慢慢停了下来，然后用手在瑟上划了一下，"铿"的一声戛然而止。"舍瑟而作"，"舍"是指放下。曾皙放下瑟，站了起来说："异乎三子者之撰。""三子者"是指前面已经回答问题的子路、冉有、公西华。"撰"是指才能。至于"异"，我觉得有两种解释：一种解释是指不同、不一样，直译是"我不同于三位同学的才能"，意思是曾皙说我与以上三位的志向不一样；另一种解释是指诧异、批评，直译是"我诧异于三位同学的才能"，意思是曾皙说我对以上三位的志向持批评态度②。这两种解释

① 《论语集注》卷6《先进》指出："公西华志于礼乐之事，嫌以君子自居。故将言己志而先为逊辞，言未能而愿学也。宗庙之事，谓祭祀。诸侯时见曰会，众眺曰同。端，玄端服。章甫，礼冠。相，赞君之礼者。言小，亦谦辞。"（［南宋］朱熹：《四书章句集注》，第130页）

② 《论语集释》卷23《先进下》指出："按：郑以点为谦言，故夫子云'何伤'以解之。若伪孔训为为政之具，是正点自负，有异三子，视子路之率尔更有甚矣。以此知郑义精审，多若此也。"（程树德撰，程俊英、蒋见元点校：《论语集释》下册，第929页）据此可知：其一，郑玄主张第一种解释，孔安国主张第二种解释；其二，郑玄对孔安国的解释进行了修正；其三，有人认为郑玄的解释更合理。

都有道理，暂且并行不悖。

顺着曾皙的“异乎三子者之撰”，孔子说：“何伤乎？亦各言其志也。”联系“有何伤面子呢？只是各人说说自己的志向”这一语境看，第一种解释并不伤及面子，第二种解释显然有伤面子①。解释“异”的含义，我认为“诧异”比“不同”更合理一些。

曾皙的志向也确实会让子路、冉有、公西华诧异。曾皙是这样说的：“莫春者，春服既成，冠者五六人，童子六七人，浴乎沂，风乎舞雩，咏而归。”“莫”同“暮”。“浴乎沂”是指哪个节气？“舞雩（yú）”到底在哪里？先贤们进行过很多考证②，这里就不再赘述。曾皙说：“暮春时节，穿着春天的单衣，五六个朋友，六七个小孩，在沂河里面洗洗澡，在舞雩台上吹吹风，然后唱着歌儿回家。”这种做法卸掉了所有负担，十分的恬然，人与天地融为一体。这种态度消弭了子路那样的狂妄，也不像冉有、公西华那样故作谦逊，而是自然而然、浑然天成。

孔子听了曾皙陈述的志向后，不觉“喟然叹曰”，情不自禁地长叹一声。“喟然叹曰”在《论语》（9·11，11·26，两次）、《孟子》（13·36，一次）中很少出现。这一章用了这四

① 《王阳明全集》卷3《传习录下》指出：“且为师者问志于群弟子，三子皆整顿以对。至于曾点，飘飘然不看那三字在眼，自去鼓起瑟来，何等狂态。及至言志，又不对师之问目，都是狂言。”（［明］王守仁撰，吴光、钱明、董平、姚延福编校：《王阳明全集》上册，第104页；按，“三字”当作“三子”）

② 《论语集注》卷6《先进》指出：“浴，盥濯也，今上巳祓除是也。沂，水名，在鲁城南，《地志》以为有温泉焉，理或然也。风，乘凉也。舞雩，祭天祷雨之处，有坛墠树木也。”（［南宋］朱熹：《四书章句集注》，第130页；按，个别标点符号略有校改）

个字，表明孔子被曾皙的志向深深打动了。“喟然叹曰”，曰何？孔子说：“吾与点也！”“我赞成曾点的志向啊！”这里的问题在于：曾皙能够说出这样的志向，但他是不是这样做的呢？孔子究竟只是赞成曾皙的志向，还是同时肯定曾皙本人呢？

“吾与点也”这一段是本章及整部《论语》中最精彩的一段，极富独特的文字魅力。朱自清（1898—1948）当年在清华大学上《中国歌谣》这门课，曾将它改编为歌谣，念给学生们听：

> “点儿点儿你干啥？”“我在这里弹琵琶。”
> “硼”的一声来站起，我可不与你三比。
> ——比不比，各人说的各人理。
> 三月里三月三，各人穿件蓝布衫，
> 也有大，也有小，跳在河里洗个澡。
> 洗洗澡，乘乘凉，回头唱个《山坡羊》。
> 先生听了哈哈喜，“满屋子，学生不如你”。①

对于曾皙的志向，肯定意见可以宋明儒学为代表。大程说：“孔子‘与点’，盖与圣人之志同，便是尧、舜气象也，诚‘异三子者之撰’，特行有不掩焉者，真所谓狂矣。”②朱熹说：“曾点之学，盖有以见夫人欲尽处，天理流行，随处

① 朱自清：《朱自清中国歌谣》，吉林人民出版社2013年版，第41页；按，第一处“各人”原作“各入”。

② 《河南程氏遗书》卷12《明道先生语二》，［北宋］程颢、程颐著，王孝鱼点校：《二程集》第1册，第136页。

充满，无少欠阙。”① 理学家认为曾皙的志向既代表了尧舜气象，又代表了天理流行境界，它将“尧舜气象”“天理流行”表现得淋漓尽致。围绕这一章，朱熹还写过一首诗，名为《曾点》：“春服初成丽景迟，步随流水玩晴漪。微吟缓节归来晚，一任轻风拂面吹。”② 客观地说，朱熹这首诗写得并不好。王阳明的诗才比朱熹高，也写过类似的诗，其中的名句是：“铿然舍瑟春风里，点也虽狂得我情。”③

对于曾皙的志向，否定意见可以明清学者为代表。明代的张岱说：“曾点因种瓜而伤曾子之额，扑之仆地，如此暴戾，岂是春风沂水襟怀？所以毕竟自信不过。”④ 曾皙是曾参的父亲。曾参因为种菜的事情，被曾皙狠狠打了一顿，打得曾参趴在地上、爬不起来。张岱通过对人物个性的分析，得出结论说：这么一个充满暴力、脾气暴躁的人，岂能体会到“春风沂水襟怀”？曾皙用文字表达出来的境界，只是“伪”境界，而不是“真”境界。

到了清代，臧庸（1767—1811）说：“孔训‘撰’为为政之具，是己未言而先轻视三子之长以自取异，较之率尔之形益甚矣。”⑤ 子路的“率尔而对”固然不好，但曾皙“鼓瑟希，铿尔，舍瑟而作”甚至比不上子路的“率尔而对”。说到

---

① 《论语集注》卷6《先进》，［南宋］朱熹：《四书章句集注》，第130页。

② 《晦庵先生朱文公文集》卷2，［南宋］朱熹撰，朱杰人、严佐之、刘永翔主编：《朱子全书（修订本）》第20册，第285页。

③ 《王阳明全集》卷20《居越诗三十四首（正德辛巳年归越后作）·月夜二首（与诸生歌于天泉桥）》其二，［明］王守仁撰，吴光、钱明、董平、姚延福编校：《王阳明全集》上册，第787页。

④ 《四书遇·论语·先进第十一·言志章》，［明］张岱著，朱宏达点校：《四书遇》，第252—253页；按，个别标点符号略有校改。

⑤ 转引自《论语集释》卷23《先进下》，程树德撰，程俊英、蒋见元点校：《论语集释》下册，第929页；按，个别标点符号略有校改。

底，曾皙的志向比不上子路的志向！程树德（1877—1944）说："曾点在孔门无所表见，其学其才均在三子之下。《朱子语类》中关于此章论述不少，惜皆沿其师'尧舜气象'谬说，并'天理流行'一派套语，多隔靴搔痒之谈，兹故不录。"[①] 曾皙在孔子门下并没有特别的表现，才华、品行都在子路、冉有、公西华之下；虽然《朱子语类》对这一章有很多讨论，并且给曾皙戴上"尧舜气象""天理流行"的大帽子，但大多不可信，只是隔靴搔痒之谈。程树德认为程朱理学对曾皙的表彰太过分，不符合事实。

综上所述，对于曾皙的志向，前人既有肯定之词，又有否定之词。如何看这个问题？这是值得我们思考的。

（三）"须是自家做曾点，便见得曾点之心"

如果从肯定曾皙的角度看，这一章写到孔子喟然而叹说"吾与点也"，就应该结束，不必再有下文，这样才能让所谓的"曾点气象"固定下来。可是，我们现在看到后面还有很长的一段，包括了若干小节。我每次读后面这一部分，总觉得有狗尾续貂、画蛇添足之嫌，尤其是显得曾皙极不自信。曾皙是不是不自信呢？或者说，"莫春者，春服既成，冠者五六人，童子六七人，浴乎沂，风乎舞雩，咏而归"这种志向，到底只是流于表面的文字，还是深入到了曾皙的骨子里面呢？

---

① 《论语集释》卷 23《先进下》，程树德撰，程俊英、蒋见元点校：《论语集释》下册，第 941 页；按，个别标点符号略有校改。

紧接“吾与点也”的记述是：“三子者出，曾皙后。”三位同学离开这里，而曾皙跟在孔子后面走。“后”意味着马上有一番文章要做。果然，曾皙问道：“夫三子者之言何如?”曾皙问孔子：“老师，您认为以上三位同学的发言究竟怎么样?”这难道不是曾皙不自信的表现吗？要是心里真有那种“尧舜气象”“天理流行”，曾皙何必在乎别人的言论，何必多此一问呢？这一章始于“三子者出”的那些文字，给人们批评曾皙留下了足够想象的空间。

设想一下当时有可能发生的情形：其他三位学生看到孔子只表扬了曾皙，就气冲冲地离场了。曾皙于是说：“那三位同学的发言，老师能不能评价一下?”针对曾皙的问题，孔子回答说：“亦各言其志也已矣。”意思是说：“你们四位同学，只不过是各人谈了自己的志向罢了。”孔子不说“三子”而说“各”，言外之意是不想再多做评论。

退一步说，孔门师生的这场对话到此为止，《先进篇》这一章就此打住，本来也还可以。曾皙偏偏接着又问：“夫子何哂由也?”您为什么哂笑子路呢？孔子只好说道：“为国以礼，其言不让，是故哂之。”治理国家必须依靠礼节。子路的志向是“千乘之国，摄乎大国之间，加之以师旅，因之以饥馑。由也为之，比及三年，可使有勇，且知方也”，但他却是“率尔而对”，不讲礼节。孔子说：因为子路不懂谦让，所以我哂笑他。

“为国以礼”是说治理国家要依靠礼节，冉有、公西华的回答也多多少少提到礼节。所以曾皙又问：“唯求则非邦也与?”难道冉有讲的就不是国家吗？孔子回答说：“安见方六七十如五六十而非邦也者?”你怎么知道方圆六七十里或者五志向与我们的人生之间的关系？

《朱子语类》说：

> 或问："曾点之言如何？"曰："公莫把曾点作面前人看，纵说得是，也无益。须是自家做曾点，便见得曾点之心。"
>
> 问："曾点浴沂气象，与颜子乐底意思相近否？"曰："颜子底较恬静，无许多事。曾点是自恁说，却也好；若不已，便成释、老去，所以孟子谓之狂。颜子是孔子称他乐，他不曾自说道我乐。大凡人自说乐时，便已不是乐了。"①

有人问朱熹：曾皙说的那段话如何？朱熹说：你千万不要将曾皙当作面前人看。如果他是你面前的人，无论他说得多好，益处都不大。你唯有将曾皙当作自己看，才能真正体会到曾皙的内心世界。意思是说：对于曾皙，你将他当一个外人看，不行；你只有将他变成你自己，才能真有所得！

人们在一阵忙碌之后，需要一丝安静；人们在一片繁华之后，需要一点寂寞。人总是既有社会性的群体要求，又有非社会性的孤独要求。对于每个人的内心而言，对于每一种丰富的人生而言，这两者都是必不可少的。曾皙能够说出"莫春者，春服既成，冠者五六人，童子六七人，浴乎沂，风乎舞雩，咏而归"这种志向，表明他已经走在求道的路上；

① 《朱子语类》卷40《论语二十二·先进篇下·子路曾晳冉有公西华侍坐章》，[南宋] 黎靖德编，王星贤点校：《朱子语类》第3册，第1029页。

只是说曾皙已经达到“尧舜气象”“天理流行”，那倒未必。

前人对于曾皙的志向有肯定、有批评，我认为朱熹的“须是自家做曾点，便见得曾点之心”说得极好：绝不要将曾皙当作外人看，而是要将他当作你自己！若是这样，那种自然的、不带功利的、春天一般的人生境界，我们就能离它更近一些，就能对它有更切身的体会。

朱熹这里还比较了曾皙与颜渊的境界，认为颜渊的境界远远高于曾皙。颜渊的境界是孔子给他说出来的，而曾皙的境界是他自己说出来的。境界绝不能“王婆卖瓜，自卖自夸”！朱熹说：一旦你将自己的快乐说了出来，那种快乐就不再是纯粹的快乐了。

语言本身有它的边界，一言不发、沉默不语往往是人生的最高境界，但有时候，甚至是很多时候，我们又不得不说话，不得不像曾皙那样表达自己的志向。人总是要有一点超越的精神，这就是曾皙其人其志对于芸芸众生具有的普遍价值！

最后，小结一下《先进篇》。《先进篇》与《颜渊篇》的主题是：学做颜渊，争当先进。争当先进，在《先进篇》中，无非就是要在德行、言语、政事、文学这四个方面都有自己的特长。问题在于：我们如何能够拥有自己的特长？如何能够像德行科的颜渊、闵子骞、冉伯牛、仲弓，言语科的宰我、子贡，政事科的冉有、季路，文学科的子游、子夏那样，做到在某一领域拥有自己的特长？通过学习《先进篇》，我们应该知道：与其羡慕他人，毋宁自我奋斗；与其自我欣赏，毋宁深得人心。自我奋斗，就是依靠自己，笨鸟先飞，一步一个脚印，天道自会酬勤；深得人心，就是不自卖自夸，群众的眼睛是雪亮的，历史的天平是无私的，公道自在人心。《先进篇》教给我们如何当先进的道理，所以我用“争当先进”四个字结束对这一篇的解读。

六十里的地方就不是国家呢？曾皙又问："唯赤则非邦也与？"难道公西华讲的就不是国家吗？孔子回答说："宗庙会同，非诸侯而何？赤也为之小，孰能为之大？"宗庙祭祀，与外国的会盟，不是国家的事情，又是什么呢？在这种情况下，如果公西华只想去做小司仪，谁又能做大司仪呢？孔子的意思是说：公西华的志向太小，他应该有志去做大司仪。

以上是曾皙与孔子讨论子路、冉有、公西华的志向。在这些讨论中，孔子延续了对于子路的批评态度，同时提出一个基本观点，就是"为国以礼"，治理国家要依靠礼节。孔子认为：子路的志向还是不错的，缺陷在于说话轻率；冉有想治理的国家有点小，只有六七十里或者五六十里；公西华只想做一个小司仪，志向太小了。说到底，孔子希望他的学生们都能成就一番大事业。

曾皙围绕三位同学的志向而与孔子展开的对话，究竟是其好学的体现，还是其不自信的体现？如果只是写到"吾与点也"，或者只是写到"亦各言其志也已矣"，这一章是不是更纯粹一点呢？经典的文字是不能随意改变的！但是，我们阅读经典时，也不妨提出自己的一些看法。我每次读这一章，都觉得曾皙说的志向极好；至于是不是其骨子里的志向，则是心存疑惑。我读"吾与点也"以后的文字，甚至感觉到有点破坏曾皙的形象。这只是我的个人感受，绝对不涉及"疑经"那回事！

古往今来，"吾与点也"一段备受关注。曾皙以文字的方式表达自己的志向，这件事本身是值得肯定的。曾皙能够说出这样的志向，至少表明他跟这种志向结下了深深的缘分。剩下的问题是：我们如何理解曾皙这个人？如何认识曾皙的

第九讲

境界为圣贤之颜渊：《论语·颜渊》解读

《颜渊篇》共有24章。南朝的皇侃（488—545）对这一篇有一个解题："颜渊，孔子弟子也，又为门徒之冠者也。所以次前者，进业之冠莫过颜渊，故《颜渊》次《先进》也。"[①] 皇侃说：颜渊是孔门第一弟子，是"门徒之冠者"；《颜渊篇》紧接上面的《先进篇》，是因为在孔子所有的学生中，"进业之冠莫过颜渊"。这个解题揭示了《论语》如何从第11篇《先进》过渡到第12篇《颜渊》，同时让我们有理由将"境界为圣贤之颜渊"作为《颜渊篇》的主旨。

12·1 孔子教给颜渊的"三鞭"

12·1 颜渊问仁。子曰："克己复礼为仁。一日克己复礼，天下归仁焉。为仁由己，而由人乎哉?"

① 《论语义疏》卷6《颜渊》，［南朝梁］皇侃撰，高尚榘校点：《论语义疏》，第297页。

颜渊曰："请问其目。"子曰："非礼勿视，非礼勿听，非礼勿言，非礼勿动。"

颜渊曰："回虽不敏，请事斯语矣。"

【译文】颜渊询问仁爱。孔子说："克制自己、复归礼数而化为仁爱。一旦克制自己、复归礼数，天下就会归附仁爱。化为仁爱本由自己，难道本由他人吗？"

颜渊说："请问归附仁爱的条目。"孔子说："不合礼数的不要注视，不合礼数的不要闻听，不合礼数的不要言说，不合礼数的不要行动。"

颜渊说："我虽然不聪敏，必定事奉这些警语。"

"颜渊问仁"，仁爱问题一直蛰伏在颜渊的心里。颜渊就向孔子请教，孔子作了一个极其经典的回答："克己复礼为仁。"其字面意思是克制自己、复归礼数而化为仁爱。"克己"就是克制自己，"复礼"就是复归礼数。这个"礼"字很难解释，我将它解释为礼数。"为仁"的解释很多，我的解释是化为仁爱。孔子又说："一日克己复礼，天下归仁焉。""一日"的通解是"一旦"。一旦克制自己、复归礼数，天下就会归附仁爱。孔子又说："为仁由己，而由人乎哉？"化为仁爱本应靠自己，难道要靠别人吗？

颜渊说："请问其目。"颜渊不太明白孔子这一抽象性很强的纲领，所以请教具体实施的条目。孔子回答了四个"非"："非礼勿视，非礼勿听，非礼勿言，非礼勿动。"凡是不合礼数的，就不要看、不要听、不要说、不要做，亦即

“勿视”“勿听”“勿言”“勿动”。颜渊说：“回虽不敏，请事斯语矣。”颜渊终于明白了，他说：“我虽然不够聪明、敏捷，但一定按照您讲的这些格言、警语，认认真真去做。”

这一章在《颜渊篇》与整部《论语》中都特别重要。解读这一章，至少有三个问题值得重视：如何多维地理解“仁”这个概念？如何辩证地分析“克己复礼为仁”这个命题？如何内在地敞开这一章的思想价值？《论语》仅有一万多字，但有 109 个“仁”字；如果加上篇名《里仁》，则有 110 个“仁”字。以上三个问题，就是为了解决“仁”的问题。

《说文解字》说：“仁，亲也。从人从二。”[①]“仁”的意思是相亲相爱。1993 年，湖北荆州郭店出土了一批战国中晚期的竹简。在这批竹简中，“仁”字的写法是上下结构，上面一个“身”，下面一个“心”。上“身”下“心”这一古老的写法，表明“仁”的意思是身心一如。仁既是相亲相爱，涉及人与人之间的关系；又是身心一如，涉及身体与心灵之间的关系。这是从文字学对“仁”做出的直观了解。

我们再看下面这个表：

众德之目	$1+N$	单一
诸德之首	$1\cdots N，1>N$	首一
全德之名	$1=N$	全一

在中国古代思想文化史上，“仁”这个概念展示了层次分明的逻辑内涵。首先，仁是众德之目，只是所有品德当中的一种，可谓单一。“一”之外还有其他德目，所以称为“1+

① 《说文解字》卷 8 上《人部·仁》，［东汉］许慎：《说文解字（附检字）》，第 161 页下栏。

N”。其次，仁是诸德之首，在所有品德当中居于首位，可谓首一。“一”之后还有其他德目，所以称为“1…N”。既然它居于首位，也就大于后面的德目，所以又可称为“1＞N”。最后，仁是全德之名，所有的品德都可归结为仁，可谓全一。“一”之外、之后的其他德目再无存在的必要，“一”就是所有，所以称为“1＝N”。其中，仁为全德之名，最为重要。这是从分类学对“仁”做出的逻辑了解。

落实到孔子，落实到《论语》，仁是孔子思想中的最高范畴，孔子思想一言以蔽之就是仁学。《论语》12·22[①]有“仁者爱人”的说法，这一章又出现“克己复礼为仁”。“仁者爱人”之仁与“克己复礼为仁”之仁，是孔子讨论“仁”最基本的两层含义。这是从《论语》学对“仁”做出的基本了解。

孔子回答颜渊问仁的第一句话是：“克己复礼为仁。”它是本章最核心的命题。这个命题是孔子最先提出的吗？我们读《论语》，往往觉得它就是孔子最早提出的。我们可以考查一下，当时其他的文献当中是不是也讲过这个命题呢？如果讲过，它会带给我们哪些启发？

《左传·昭公十二年》说：“仲尼曰：‘古也有《志》：“克己复礼，仁也。”’”[②]孔子说：我从古代文献上面看到过“克己复礼，仁也”这句话。《孔子家语·正论解》说：“孔子读其《志》，曰：‘古者有《志》：“克己复礼为仁。”’”[③]孔子

---

① 此种序号注释，以杨伯峻译注《论语译注》《孟子译注》为据，下同；个别标点符号略有校改，兹不一一注明。

② ［清］阮元校刻：《十三经注疏（附校勘记）》下册，第2064页下栏；按，这里的“志”是书名，所以当加书名号。

③ 杨朝明、宋立林主编：《孔子家语通解》，齐鲁书社2013年版，第478页；按，个别标点符号略有校改。

说：我从古代文献上面看到过“克己复礼为仁”这句话。

《左传》《孔子家语》对此句的记载大致相同，但又略有区别。《左传》说“克己复礼，仁也”，《孔子家语》说“克己复礼为仁”，如何解释这一不同？南宋王应麟（1223—1296）的《困学纪闻》指出：针对“古也有《志》：‘克己复礼，仁也’”，有人认为“‘克己复礼’，古人所传，非出于仲尼”，胡寅（1098—1156，致堂先生）甚至认为“夫子以克己复礼为仁，非指克己复礼即仁也”[①]。

孔子毫无疑问守正创新了“克己复礼”与“仁”的关系，胡寅提出的问题尤其值得我们深思。如果说《左传》的“克己复礼，仁也”已经将“克己复礼”与“仁”划上等号，《论语》《孔子家语》的“克己复礼为仁”就没有将“克己复礼”与“仁”划上等号。我们应该如何区分“克己复礼为仁”与“克己复礼即仁”的不同呢？这就需要对“克己复礼”与“仁”的义理结构有一个了解。我认为：克己复礼“为仁”是做工夫[②]，克己复礼“即仁”是求境界。两者虽然有分别，但在本质上是统一的。克己复礼“为仁”追求的目标就是克己复礼“即仁”，但在达到目标之前，我们必须好好努力，克制自己、复归礼数而化为仁爱。

孔子回答颜渊问仁的第二句话是：“一日克己复礼，天下归仁焉。”“一日”是副词，意即“一旦”，表示“如果有一天”。有人觉得“一日”这两个字很有意义。譬如张岱

---

① 参见《困学纪闻》卷6《左氏》，［南宋］王应麟著，［清］翁元圻等注，栾保群、田松青、吕宗力校点：《困学纪闻（全校本）》中册，第891页；按，个别标点符号略有校改。

② “做工夫”是宋明理学的用语，“工夫”一词不同于平常所说的“功夫”。

(1597—1679)说："'一日'字最可味。舍此'一日'不下手，永无下手之期矣。百事都始于'一日'，况为仁乎？"①张岱认为"一日"二字最可玩味，如果舍弃这两个字，昨天不下手，今天不下手，明天不下手，天天不下手，那就一辈子不再有下手的机会。万事万物都始于"一日"，何况"克己复礼为仁"呢？

孔子回答颜渊问仁的第三句话是："为仁由己，而由人乎哉？""为仁由己"的"己"与"克己复礼"的"己"，有什么不同呢？"为仁由己"的"己"，已经进入自由的状态；"克己复礼"的"己"，是对命运进行突破之后才能达到自由。换句话说，我"为仁由己"了，是一种自由的状态；我要"克己复礼"，是正在克服自己的限制，进而实现自由的状态。"克己复礼""为仁由己"的两个"己"在自由的状态、程度上有所不同，但正如"一日"那样，又和谐地统一在"克己复礼为仁"这个核心命题之中。

对于这一章的思想价值，陆九渊（1139—1193）做过精辟的分析。一方面，陆九渊将孔子回答颜渊问仁的三句话比作"三鞭"："克己复礼为仁"是一条鞭，"一日克己复礼，天下归仁焉"是一条鞭，"为仁由己，而由人乎哉"是一条鞭②。另一方面，陆九渊又将这三句话称作借以明确"为仁"

---

① 《四书遇·论语·颜渊第十二·克己章》，[明]张岱著，朱宏达点校：《四书遇》，第253—254页；按，个别标点符号略有校改。

② 《陆九渊集》卷34《语录上》指出："颜子当初仰高钻坚，瞻前忽后，博文约礼，遍求力索，既竭其才，方如有所立卓尔。逮至问仁之时，夫子语之，犹下'克己'二字，曰'克己复礼为仁'；又发露其旨，曰'一日克己复礼，天下归仁焉'；既又复告之，曰'为仁由己，而由人乎哉'。吾尝谓此三节，乃三鞭也。"（[南宋]陆九渊著，钟哲点校：《陆九渊集》，第397页；按，个别标点符号略有校改）

纲领的“三转语”。正因明确了“为仁”的纲领，颜渊才会“请问其目”，孔子回答的条目是“非礼勿视，非礼勿听，非礼勿言，非礼勿动”。这些条目固然重要，但颜渊说的“请事斯语”，我一定好好落实您讲的这些话，这个“事”更重要[①]。再一方面，陆九渊认为：“某窃尝谓若颜子者，可谓天下之大勇矣。”[②] 如果每个人都能做到颜渊那样，那就是所谓的“天下之大勇”。

朱熹（1130—1200）认为：“此章问答，乃传授心法切要之言。非至明不能察其几，非至健不能致其决。故惟颜子得闻之，而凡学者亦不可以不勉也。”[③] 这一章是孔门传授心法的切要之言，传授了孔门以心传心的不二法门。唯有颜渊能够提出这样的问题，也唯有颜渊能够得到孔子这样的回答，将颜渊提得极高。刘宗周（1578—1645）认为：“此孔门授受第一义也，学者体之。”[④] 这一章是孔门传授道统的第一要义，儒家学者务必深心体察。这些说法都是为了内在地敞开本章的思想价值。

---

① 《陆九渊集》卷34《语录上》指出：“颜子闻夫子三转语，其纲既明，然后请问其目。”“视、听、言、动勿非礼，不可于这上面看颜子，须看‘请事斯语’，直是承当得过。”（［南宋］陆九渊著，钟哲点校：《陆九渊集》，第397、398页）

② 《陆九渊集》卷6《与傅全美（二）》，［南宋］陆九渊著，钟哲点校：《陆九渊集》，第74—75页。

③ 《论语集注》卷6《颜渊》，［南宋］朱熹：《四书章句集注》，第132页。

④ 《经术二·论语学案三·颜渊》，吴光主编：《刘宗周全集》第1册《经术》，浙江古籍出版社2007年版，第431页。

12·2 从克己复礼到主敬行恕

12·2 仲弓问仁。子曰："出门如见大宾，使民如承大祭。己所不欲，勿施于人。在邦无怨，在家无怨。"

仲弓曰："雍虽不敏，请事斯语矣。"

【译文】仲弓询问仁爱。孔子说："走出家门如同会见重要的宾客，差使人民如同承办重大的祭祀。自己所不想要的，不要施加给人们。仕于诸侯没有怨恨，仕于卿大夫没有怨恨。"

仲弓说："我虽然不聪敏，必定实践这些警语。"

"仲弓问仁"，仲弓就是冉雍，在德行科排名第四（《论语》11·3）。仲弓向孔子请教什么叫作仁，孔子回答了三句话，认为它们都是"仁"在不同情景之中的具体表现。

孔子说："出门如见大宾，使民如承大祭。"意思是说：走出家门的时候，要像去会见重要的宾客那样庄重；差使人民的时候，要像去承办重大的祭祀那样恭敬。无论与人交往，还是管理人民，态度都要庄重，内心都要恭敬。这是孔子回答仲弓的第一层含义。孔子又说："己所不欲，勿施于人。"这句话在《论语》中出现过两次。意思是说：自己所不想要的，就不要强加给别人。这是孔子回答仲弓的第二层含义。孔子又说："在邦无怨，在家无怨。""邦"指的是诸侯，“家”指的是卿大夫。意思是说：在诸侯那里做官没有怨恨，在卿大夫那里做官没有怨恨。这是孔子回答仲弓的第三层含义。

“雍虽不敏，请事斯语矣。”仲弓听了孔子的回答说：我虽然不够聪明、敏捷，但我一定好好实践这些格言、警语。

这一章有很多值得思考的问题。例如“出门如见大宾，使民如承大祭”，《左传·僖公三十三年》曾说：“出门如宾，承事如祭，仁之则也。”[①] 又如“己所不欲，勿施于人”，《管子·小问》曾说：“非其所欲，勿施于人，仁也。”[②] 孔子对管仲的评价比较高，但孟子对管仲的评价比较低。《论语》15·24 说：“子贡问曰：‘有一言而可以终身行之者乎？’子曰：‘其恕乎！己所不欲，勿施于人。’”子贡问孔子：“有没有一句话可以一生都拿来奉行的？”孔子回答说：“如果有，那就是恕道。”然后，孔子将“恕”解释为“己所不欲，勿施于人”。

通过《论语》12·2、15·24 这两章，可知“己所不欲，勿施于人”是从消极角度看做人的方法。如果从积极角度看，做人的方法是什么呢？《论语》6·30 说：“夫仁者，己欲立而立人，己欲达而达人。”同样是针对子贡的提问，孔子说：自己想要站得住，也要让别人站得住；自己想要行得通，也要让别人行得通。“己欲立而立人，己欲达而达人”，就是从积极角度看做人的方法。

我们现在将这两种做人方法略作比较：积极做法是“己

① ［清］阮元校刻：《十三经注疏（附校勘记）》下册，第 1833 页下栏。
② 黎翔凤撰，梁运华整理：《管子校注》中册，中华书局 2004 年版，第 959 页。

欲立而立人，己欲达而达人”，消极做法是“己所不欲，勿施于人”；积极做法对应的是“忠”，消极做法对应的是“恕”。朱熹对“忠”“恕”做过很好的解释：“尽己之谓忠”，竭尽自我的本心就是忠，这是向内用力；“推己之谓恕”，推扩自己的本心就是恕，这是向外用力[①]。以上两种做法加在一块、合而言之，就是忠恕之道。

我们这里讲的“消极”并不是贬义的意思，“积极”也不完全是褒义的意思，而是从哲学层面对“己所不欲，勿施于人”“己欲立而立人，己欲达而达人”这两种做人方法进行的界定与定位。有时候，特别是在文明共享的现代社会，“己所不欲，勿施于人”这种消极做法产生的威慑力极大。例如，1993 年通过的《世界宗教议会走向全球伦理宣言》，就鲜明地强调“己所不欲，勿施于人”的普适意义：

> 数千年以来，人类的许多宗教和伦理传统都具有并一直维系着这样一条原则：**己所不欲，勿施于人！**或者换用肯定的措词，即：**你希望人怎样待你，你也要怎样待人！**这应当在所有的生活领域中成为不可取消的和无条件的规则，不论是对家庭、社团、种族、国家和宗教，都是如此。[②]

---

① 《论语》4·15 指出：“曾子曰：‘夫子之道，忠恕而已矣。’”《论语集注》卷 2《里仁》指出：“尽己之谓忠，推己之谓恕。”（［南宋］朱熹：《四书章句集注》，第 72 页）

② ［德］孔汉思、K. 库舍尔编，何光沪译：《全球伦理——世界宗教议会宣言》，四川人民出版社 1997 年版，第 15 页。

道德规则有三类，亦即道德金律、道德银律、道德铜律[①]。道德金律是指“己之所欲，施之于人”：自己所想要的，就施加给别人。道德银律是指“己所不欲，勿施于人”：自己所不想要的，就不要强加给别人。道德铜律是指“人所（不）欲，（勿）施于人”：人们所想要的，就施加给他；人们所不想要的，就不要强加给他。

道德金律、银律是从自我、自律出发，要求自我这样做或者不这样做；道德铜律是从他人、他律出发，希望他人这样做或者不这样做。这三个道德规则都是讲如何在复杂的人我关系当中做人的问题，也可以从《论语》里面衍生出来。道德金律属于积极做法，道德银律属于消极做法，道德铜律兼具积极做法与消极做法。所以这里略作说明。

朱熹联系上一章而总结这一章说：“克己复礼，乾道也；主敬行恕，坤道也。”[②] 因为前一章讲“克己复礼”，这一章讲“己所不欲，勿施于人”，所以朱熹认为“克己复礼”是乾道，“主敬行恕”是乾道。从克己复礼到主敬行恕，《颜渊篇》这两章可谓一乾一坤、乾坤并建。

12·3 仁者说话迟钝

12·3 司马牛问仁。子曰：“仁者，其言也讱。”

---

① 这里借鉴了黄勇教授的观点。参见黄勇、刘梁剑、李广骁：《道德铜律、美德伦理学与全球地域化时代的中国思想——黄勇教授访谈》，《哲学分析》2014 年第 1 期，第 152—172 页。

② 《论语集注》卷 6《颜渊》，［南宋］朱熹：《四书章句集注》，第 133 页。

曰："其言也讱，斯谓之仁已乎？"子曰："为之难，言之得无讱乎？"

【译文】司马牛询问仁爱。孔子说："仁爱的人，他的言语迟钝。"

司马牛说："言语迟钝，这就叫作仁爱吗？"孔子说："做事艰难，言语能不迟钝吗？"

与前两章一样，这一章也是孔子的学生问仁。司马牛是孔子的学生，虽然在孔门中并不特别有名，但性格特征鲜明。人们也常将这一章与前两章进行对比。

"司马牛问仁"，司马牛同样将"仁"这个抽象的问题推给孔子。孔子回答说："仁者，其言也讱。""讱（rèn）"是指迟钝，仁者说话是迟钝的。司马牛听了孔子的解释，反问说："其言也讱，斯谓之仁已乎？"难道说话迟钝，这就叫作仁爱吗？孔子的回答——"仁者说话是迟钝的"与司马牛的反问——"难道说话迟钝，这就叫作仁爱吗"，两者的意思是不一样的。孔子没有纠缠于司马牛的反问，而是接着说道："为之难，言之得无讱乎？"孔子将说话与做事联系在一块，认为做任何事情都是很难的，所以说话难道不应该迟钝一点，放慢一点速度吗？言外之意是说：既然做成一件事情很难，说话就更有必要三思而后行。

《论语》有"二牛"：一位是冉伯牛，一位是司马牛。冉伯牛在德行科排名第三（《论语》11·3），很有名，我们称他为牛A。至于司马牛，我们称他为牛B。为什么称为牛B呢？因为司马牛的性格急躁，又喜欢说话。司马牛有个哥哥叫作桓魋（huán tuí），又叫向魋，跟孔子很过不去。《论语》7·23说："天生德于予，桓魋其如予何？"说的就是司马牛的哥哥。《颜渊篇》接连有三章讲司马牛（12·3—12·5），而且也会涉及他的哥哥桓魋。

人们如何比较《颜渊篇》的"问仁三章"（12·1—12·3）呢？《朱子语类》记载：

> 或问："颜子、仲弓、司马牛问仁，虽若各不同，然克己工夫也是主敬，'其言也讱'也是主敬。"曰："司马牛如何做得颜子、仲弓底工夫？须是逐人自理会。仁譬之屋，克己是大门，打透便入来；主敬行恕是第二门；言讱是个小门。虽皆可通，然小门便迂回得些，是它病在这里。如'先难后获'，亦是随它病处说。"①

有人问朱熹：颜渊、仲弓、司马牛这三位学生都向孔子请教"仁"的问题，您是怎么看的？朱熹回答说：仁就像一座大房子有三道门，一道是大门，一道是中门，一道是小门。孔子对颜渊讲的"克己复礼"，是一道大门；对仲弓讲的"己所不欲，勿施于人"，是一道中门；对司马牛讲的"仁者，其言也讱"，是一道小门。《颜渊篇》的"问仁三章"，先是给我们打开一道大门，然后给我们打开一道中门，最后给我们打开一道小门。为什么这道小门打开了？因为像颜渊这样优秀

① 《朱子语类》卷42《论语二十四·颜渊篇下·司马牛问仁章》，[南宋]黎靖德编，王星贤点校：《朱子语类》第3册，第1081页；按，个别标点符号略有校改。

的学生毕竟很少，大部分学生的资质都像司马牛一样。正如我们身边，最优秀的人肯定很少，大部分人都是平常人。所以，“仁者，其言也讱”既是讲给司马牛听的，也是讲给大部分学生听的，更是讲给我们这些平常人听的。

张岱曾说：“圣人是说仁者之言，司马牛是说言者之讱，何啻天壤！”[①] 圣人是自然而然地说出仁者之言，司马牛是迫不得已地说出言者之讱，两者有着天差地别。性子急的人说话如果不迟钝一些，这个“天壤”哪能消除呢？

12·4 “不忧不惧”与“内省不疚”的关系

12·4 司马牛问君子。子曰：“君子不忧不惧。”曰：“不忧不惧，斯谓之君子已乎？”子曰：“内省不疚，夫何忧何惧？”

【译文】司马牛询问君子。孔子说：“君子不忧愁、不恐惧。”

司马牛说：“不忧愁、不恐惧，这就叫作君子吗？”孔子说：“向内反省而不愧疚，有何忧愁、有何恐惧？”

这一章是“司马牛问君子”。孔子回答说：“君子不忧不

① 《四书遇·论语·颜渊第十二·讱言章》，［明］张岱著，朱宏达点校：《四书遇》，第 256 页。

惧。”君子既不忧愁，也不恐惧。司马牛反问说：“不忧不惧，斯谓之君子已乎？”不忧愁、不畏惧，这就叫作君子吗？孔子说：“内省不疚，夫何忧何惧？”如果你向内反省而不愧疚，又有何忧愁、有何恐惧呢？

司马牛为什么要问君子？孔子为什么说“不忧不惧”？这与司马牛的哥哥桓魋密切相关。桓魋是个好战分子，作为弟弟的司马牛经常为哥哥担忧。孔子看在眼里、急在心上，所以趁司马牛提问的机会，说君子应当“不忧不惧”①。

《论语》多次出现过“不忧不惧”这种表达。如 9 · 29 说：“知者不惑，仁者不忧，勇者不惧。”14 · 28 说：“君子道者三，我无能焉：仁者不忧，知者不惑，勇者不惧。”在孔子看来，“忧”“惧”“惑”是小人的人格特点，“不忧”“不惧”“不惑”是君子的人格特点。“内省不疚”一语，又见《礼记·中庸》：“故君子内省不疚，无恶于志。”②

“不忧不惧”与“内省不疚”是什么关系呢？“不忧不惧”是对外面说，“内省不疚”是对里面说。如果我们对于外面的事物既不忧愁、也不畏惧，我们的内心就不会有任何愧疚。孔子回答司马牛问君子，前面讲“不忧不惧”，后面讲“内省不疚”，正是将外面与里面有机地结合在一块。

---

① 《论语集注》卷 6《颜渊》指出：“向魋作乱，牛常忧惧。故夫子告之以此。”（［南宋］朱熹：《四书章句集注》，第 133 页）

② ［清］阮元校刻：《十三经注疏（附校勘记）》下册，第 1635 页上栏。

12·5 子夏如何劝慰司马牛?

12·5 司马牛忧曰:“人皆有兄弟,我独亡。”子夏曰:“商闻之矣:死生有命,富贵在天。君子敬而无失,与人恭而有礼。四海之内,皆兄弟也。君子何患乎无兄弟也?”

【译文】司马牛忧愁地说:“人们都有兄弟,唯独我没有。”子夏说:“我听闻孔子说过:死亡、生存自有命运,富有、高贵在于天意。君子虔敬而没有过失,对待人们谦恭而有礼数。四海之内都是兄弟。君子为何忧患没有兄弟呢?”

司马牛的性格比较急躁。上一章孔子要他“不忧不惧”,但这一章他又“忧”了。

司马牛忧愁地说:“人皆有兄弟,我独亡(wú)。”人家都有兄弟,唯独我没有。子夏听到他这么感叹,就说:“商闻之矣:死生有命,富贵在天。君子敬而无失,与人恭而有礼。四海之内,皆兄弟也。君子何患乎无兄弟也?”

“商”是子夏之名。“商闻之矣”是指子夏从孔子那里听说[1]。子夏对司马牛说:老师曾经讲过“死生有命,富贵在

① 《论语集注》卷6《颜渊》指出:“盖闻之夫子。”([南宋]朱熹:《四书章句集注》,第134页)

天”，死亡、生存自有命运的决定，富有、高贵在于天意的安排，都要受到外在的限制。君子的做法应该是：内心恭敬而没有过失，对待人们谦恭而且充满礼貌。如果你从外在的一面深知“死生有命，富贵在天”，从内在的一面做到“敬而无失，与人恭而有礼”，那么，四海之内都是你的兄弟，又何必担心没有兄弟呢？

司马牛的哥哥叫桓魋，但司马牛为什么说自己没有兄弟呢？这是因为桓魋作恶多端，司马牛经常担心哥哥的性命不保[①]。所以，他才忧愁地说“人皆有兄弟，我独亡”，觉得人家的兄弟这么好，我怎么就没有这么好的兄弟呢？[②] 他要表达的，大概就是这层意思。子夏则拿“死生有命，富贵在天”这一外在的限制，试图劝慰司马牛。

死生、富贵是每个人都会切身感受到的东西，对于人生十分重要。但是，它们受制于一个很抽象的东西——天命。中国古代哲学家经常沉思这个问题。孟子说：“莫之为而为者，天也；莫之致而至者，命也。”（《孟子》9·6）没有人叫他做，而他竟然做了，这是天意；没有人叫他来，而他竟然来了，这是命运。孔子讲的“死生有命，富贵在天”，富含哲理，但更有一种生活的智慧；孟子讲的“莫之为而为者，天也；莫之致而至者，命也”，饱含沧桑，但更有一种哲学的思辨。这两者是有一定区别的。

---

① 《论语集注》卷6《颜渊》指出：“牛有兄弟而云然者，忧其为乱而将死也。”（［南宋］朱熹：《四书章句集注》，第134页）

② 孔门四科十哲有“三冉”，亦即德行科的冉伯牛（冉耕）、仲弓（冉雍），政事科的冉有（冉求）（《论语》11·3）。相传冉耕、冉雍、冉有是三兄弟，世称“一门三贤”。此事可供参考。

唐文治（1865—1954）曾用《周易·乾卦·文言》的“先天而天弗违，后天而奉天时”[①]，进一步审视孔子、孟子的天命观。他认为：孔孟的“居易俟命”是君子之学，也就是《周易》的“后天而奉天时”；孔孟的“乐天知命”是圣人之道，也就是《周易》的“先天而天弗违”[②]。唐文治将《周易》与《论语》《孟子》的天命观连在一块，认为“后天而奉天时”就是君子之学，“先天而天弗违”就是圣人之道。君子之学是以一颗平常心，静候天命的安排，顺其自然，让“死生有命，富贵在天”成为每个人必然的人生；圣人之道是以一颗欢喜心，乐观天命的布局，乐享其成，让“死生有命，富贵在天”成为每个人自由的人生。

将孔子“死生有命，富贵在天”的生活智慧与孟子“莫之为而为者，天也；莫之致而至者，命也”的哲学思辨结合起来，大体构成了儒家的天命观。它对中国传统文化产生过很大的影响。我们刚才补充《周易》的“先天而天弗违，后天而奉天时”，是为了让这种天命观从君子之学、圣人之道两方面不断地展开，让人们既能居易俟命、又能乐天知命。

如何评价“四海之内皆兄弟”？司马牛忧愁地说“人皆有兄弟，我独亡”，子夏用“四海之内，皆兄弟也”劝慰他。这句话在社会上很流行，在江湖上很吃得开。它是不是符合孔子的思想，是不是符合儒家的思想呢？如果四海之内皆兄

① ［清］阮元校刻：《十三经注疏（附校勘记）》上册，第17页中栏。

② 《论语大义·颜渊篇》指出：“富贵，兼贫贱、患难而言。莫之为而为者，天也；莫之致而至者，命也。居易俟命，君子之学也，后天而奉天时者也。乐天知命，圣人之道也，先天而天弗违者也。”（张旭辉、刘朝霞整理：《唐文治四书大义·论语大义》，第189页；按，个别标点符号略有校改）

弟，父母与你也是兄弟吗？所以，朱熹引胡寅的话说：

> 子夏“四海皆兄弟”之言，特以广司马牛之意，意圆而语滞者也。惟圣人则无此病矣。且子夏知此而以哭子丧明，则以蔽于爱而昧于理，是以不能践其言尔。①

在胡寅看来，子夏这句话“意圆而语滞”，意思很圆满，但语境有滞碍。虽然胡寅暂时没有说明这种滞碍究竟在哪里，但明眼人一眼就能看出，“子夏‘四海皆兄弟’之言”最终有可能变成墨子的兼爱。胡寅认为：如果让孔子劝慰“人皆有兄弟，我独亡”的司马牛，孔子的回答绝不会出现子夏这样的语病。可见，“四海之内皆兄弟”的意思诚然不错，但其语境的滞碍、不足的地方同样很明显。

胡寅还认为：子夏虽然说了“四海之内，皆兄弟也”，但并不能将它落到实处。因为子夏的儿子死了，他很伤心，将眼睛都哭瞎了。如果子夏真的相信四海之内皆兄弟，自己失去一个儿子，又有什么了不起？胡寅这样说，是为了进一步反问：如果子夏信服四海之内皆兄弟，他就会像墨子那样兼爱，对于儿子的死，不会有太多的悲伤；但子夏是儒家文学科的，自然不可能真正做到四海之内皆兄弟，儿子死了，他肯定十分悲伤。至此，人们熟悉的儒墨之辨可谓扑面而来。

---

① 《论语集注》卷6《颜渊》，［南宋］朱熹：《四书章句集注》，第134页；按，个别标点符号略有校改。

12·6 孔子的明远之思

12·6 子张问明。子曰："浸润之谮，肤受之愬，不行焉，可谓明也已矣。浸润之谮，肤受之愬，不行焉，可谓远也已矣。"

【译文】子张询问明察。孔子说："浸灌滋润那样的谗言、皮肤受刺那样的控告不能推行，可以叫作明察了。浸灌滋润那样的谗言、皮肤受刺那样的控告不能推行，可以叫作远见了。"

"子张问明"，"明"是指明察，下文的"远"是指远见。子张向孔子请教如何做到明察，孔子回答说："浸润之谮，肤受之愬，不行焉，可谓明也已矣。浸润之谮，肤受之愬，不行焉，可谓远也已矣。""浸润之谮（zèn）"是指像流水那样，一点一点浸灌滋润而让人不易察觉的谗言；"肤受之愬（sù）"是指像针扎那样，皮肤受刺而让人暴跳如雷的诽谤①。孔子说：如果谗言、控告在你这里行不通，你就做到了明察；如果谗言、控告在你这里行不通，你就拥有了远见。

子张只是问"明"，但孔子的回答既有"明"、又有

① 《论语集注》卷6《颜渊》指出："浸润，如水之浸灌滋润，渐渍而不骤也。谮，毁人之行也。肤受，谓肌肤所受，利害切身。如《易》所谓'剥床以肤，切近灾'者也。愬，愬己之冤也。"（［南宋］朱熹：《四书章句集注》，第134页）

"远"。孔子用一组排比句进行回答，但除了"明""远"二字的不同之外，其他词汇都是一样的。那么，"明"与"远"的区分到底在哪里？简单地说，这些谗言、控告在你这里一次、几次、偶尔行不通，可以称你为"明"；这些谗言、控告在你这里多次、无数次、根本行不通，可以称你为"远"。

谎言重复一千遍就变成真理，小人的谗言让人们慢慢深信不疑；针扎在皮肤上，疼得要人命，不实的诽谤让人们瞬间暴跳如雷。这种情况在生活中比比皆是。老话说："谁人背后无人说？谁人背后不说人？"我们应该保持这样的态度：说你的好话，不要将别人的表扬当真；说你的坏话，不要将别人的批评当假。别人对你的表扬，可能是客套话；但别人对你的批评，有可能是真的。这也是一种生活智慧。

这一章最重要的问题是"明"与"远"、明智与远见的关系。张岱说："重覆'浸润'三句，最有意味。盖一时不行，止可谓'明'；到底不行，方可谓'远'。"[①] 对于孔子的明远之思来说，由"一时不行"至"到底不行"，可谓一语破的。

12·7　"民无信不立"与"塔西佗陷阱"

12·7　子贡问政。子曰："足食，足兵，民信之矣。"

子贡曰："必不得已而去，于斯三者何先？"曰：

---

① 《四书遇·论语·颜渊第十二·问明章》，[明] 张岱著，朱宏达点校：《四书遇》，第258页。

“去兵。”

子贡曰：“必不得已而去，于斯二者何先？”曰：“去食。自古皆有死，民无信不立。”

【译文】子贡询问政事。孔子说：“充足的粮食，充足的兵力，人民信任国家。”

子贡说：“必须不得不而舍去，在这三项中何事优先？”孔子说：“舍去兵力。”

子贡说：“必须不得不而舍去，在这两项中何事优先？”孔子说：“舍去粮食。自古以来人们都有死亡的大限，但人民对于国家没有信任就不能立国（建立起国家）。”

这一章讲“子贡问政”，在《论语》中很有名。“问政”就是讨论治国理政的事情。治国理政既有正常的状态，又有非正常的状态。孔子回答子贡说：“足食，足兵，民信之矣。”一个国家有足够的粮食，有足够的兵力，加上人民相信国家，就能得到治理。“足食，足兵，民信”显然是就治国理政的正常状态而言。但是，子贡作为言语科的代表，不仅要问正常状态下如何治国理政，更要问非正常状态下如何治国理政。

于是，子贡问道：“必不得已而去，于斯三者何先？”如果在这三项当中，迫不得已要去掉一项，您认为是哪一项？孔子说：“去兵。”当然是去掉兵力。这下，子贡知道了：原来三项当中最不重要的是兵力。那么，剩下的两项呢？

于是，子贡又问：“必不得已而去，于斯二者何先？”如果在剩下的两项当中，迫不得已还得去掉一项，您认为是哪一项？孔子说："去食。"自然是去掉粮食。为什么呢？孔子说："自古皆有死，民无信不立。"自古以来，人们都会死亡；与之相比，信任是绝对不能丧失的！唯有人民信任你，国家才能建立起来；如果人民不信任你，国家就不可能建立起来。人民的信任是立国之本！这下，子贡知道了：原来三项当中最重要的是人民对于国家的信任。

这一章的问答之妙，令人击节称叹。程颐（1033—1107）说："孔子弟子善问，直穷到底。""不是孔子弟子不能如此问，不是圣人不能如此答。"[①] 问答之妙是由提问者与答问者共同烘托出来的。一方面，从提问者看，孔子的弟子善于提问题，而且能够打破砂锅问到底；如果不是孔子的弟子，就不可能这样提问。这里的"孔子弟子"是指子贡。子贡列名于言语科，可谓当之无愧、实至名归。另一方面，从答问者看，如果不是孔子，也不可能这样回答。

这一章的问答之妙，其妙在于做减法。在孔子的回答中，可以说"足食""足兵""民信"三者是并列的。但是，通过子贡让孔子做减法，减掉兵力之后，"足食""民信"的重要性就高于"足兵"；再减掉粮食之后，"民信"的重要性就高于"足兵""足食"。通过做减法，三者的地位高下一目了然，最重要的是"民信"。

"民信"的意义到底在哪里？即使粮食很充足、兵力很强大，如果没有人民的信任，就缺少了立国之本。张岱说："急

---

① 《河南程氏遗书》卷19《伊川先生语五·杨遵道录》，［北宋］程颢、程颐著，王孝鱼点校：《二程集》第1册，第254页。

急然足兵、足食，而民疑之者，荆公是也。赫赫然食足、兵足，而民疑之者，商君是也。”[①] 王安石（1021—1086）急急忙忙地扩充军备、增加粮食，可人民还是怀疑他；商鞅声势浩大地将粮食搞得很充足、将军队建设得很强大，可人民还是怀疑他。这两个例子再次表明：在治国理政的过程当中，粮食固然重要，兵力固然重要，如果迫不得已，只能做一项选择，人民的信任才是最重要的。

与班固（32—92）大致同时代的古罗马历史学家塔西佗（55—120），曾经这样评价一位罗马皇帝：“……一旦皇帝成了人们憎恨的对象，他做的好事和坏事就同样会引起人们对他的厌恶。”[②] 这个著名的“塔西佗陷阱”告诉我们：举凡治国理政，一旦离开了人民的信任、丧失了人民的信任，无论你做了多少事情、做了何种事情，都将很难得到人民的认可。所以，“民无信不立”，人民相信国家，既是治国理政取得卓越成效的根本保障，又是治国理政作为良政善治的先决条件。

12·8　棘子成与子贡的文质之辨

12·8　棘子成曰：“君子质而已矣，何以文为？”子贡曰：“惜乎，夫子之说君子也！驷不及舌。文犹质也，质犹文也。虎豹之鞟犹犬羊之鞟。”

---

① 《四书遇·论语·颜渊第十二·兵食章》，[明] 张岱著，朱宏达点校：《四书遇》，第258页。

② 王以铸、崔妙因译：《塔西佗历史》，商务印书馆1981年版，第7页。

【译文】棘子成说："君子需要质地罢了，何必需要文采的行为呢？"子贡说："您这样谈论君子，可惜啊！四匹马不能追回出口的说话。文采犹如质地，质地犹如文采，两者同样重要。如果没有文采，虎、豹的兽皮犹如狗、羊的兽皮。"

棘子成是卫国大夫。"文"是指文采，"质"是指质地。文质关系是当时的热门话题，棘子成想与子贡深入谈论一下。子贡能言善辩，自然当仁不让。

棘子成对子贡说："君子质而已矣，何以文为？"我们这些做君子的，追求一个好的本质就足够了，为什么一定要花里胡哨的呢？棘子成之所以这样提问，是因为卫国"文胜"，风气不正；国君夫人南子，极尽奢靡。棘子成对此不以为然，故而发出这样的提问。

子贡对棘子成说："惜乎，夫子之说君子也！"你这样谈论君子，有点可惜啊！君子怎么只能保持纯粹的质地呢？怎么不需要文采、文饰呢？你这样看待文质关系，我觉得不妥。但是一旦说出来，就是"驷不及舌"——"一言既出，驷马难追"。我要告诉你："文犹质也，质犹文也。"文采犹如质地，质地犹如文采，文采与质地是同等重要的。

文采与质地为什么同等重要？子贡举例说："虎豹之鞟犹犬羊之鞟。""鞟（kuò）"的意思是将皮上之毛剥下来。我们看到两类不同的动物，第一类是毛发斑斓的老虎、豹子，第二类是毛发一般的狗、羊。如果没有文采，将老虎、豹子的毛发从皮上剥下来，将狗、羊的毛发从皮上剥下来，然后将它们放在一块，你还能区分哪些是老虎、豹子的皮，哪些是狗、羊的皮吗？只有依靠毛发的文采，老虎、豹子的皮才不同于狗、羊的皮。所以，文采很重要。

这样看起来，棘子成想要保持“质”，子贡想要保持“文”。他们是否顾此失彼呢？朱熹评价说：“夫棘子成矫当时之弊，固失之过；而子贡矫子成之弊，又无本末轻重之差，胥失之矣。”[①] 棘子成觉得“文”太多了，就想用“质”来矫正；子贡认为“文”很重要，想将棘子成过分重“质”的失误扭转过来，但最终并没有将文质关系完全理顺。在朱熹看来，棘子成的提问有问题，子贡的回答同样有问题，两者都不周延。

“文”与“质”的关系究竟是怎样的呢？《论语》6·18记载孔子的一句话说：“质胜文则野，文胜质则史。文质彬彬，然后君子。”“彬”是指一半，“彬彬”就是各自一半、平分秋色[②]。孔子认为：质地胜过文采就会粗野，文采胜过质地就会浮华；文采与质地恰如其分、相得益彰，才能成为君子。在棘子成与子贡的文质之辨当中，这种辩证关系没有很好地体现出来。所以，朱熹才会批评他们。

12·9　有若与鲁哀公的一二之辨

12·9　哀公问于有若曰：“年饥，用不足，如之何？”

---

① 《论语集注》卷6《颜渊》，[南宋] 朱熹：《四书章句集注》，第135页。

② 《论语义疏》卷3《雍也》指出：“苞氏曰：‘彬彬，文质相半之貌也。’”（[南朝梁] 皇侃撰，高尚榘校点：《论语义疏》，第140页）

有若对曰："盍彻乎？"

曰："二，吾犹不足，如之何其彻也？"

对曰："百姓足，君孰与不足？百姓不足，君孰与足？"

【译文】鲁哀公向有若询问说："年岁饥荒，财用不充足，怎么办？"

有若对答说："何不十分抽一呢？"

鲁哀公说："十分抽二，我犹且不充足，怎么能够十分抽一呢？"

有若对答说："老百姓充足，您为何不充足？老百姓不充足，您为何充足？"

哀公是鲁国国君。有若即有子，是孔子的学生，与孔子长得相像。当时还有一个人和孔子长得很像，就是阳货（阳虎）。这一章讲鲁哀公向有若询问征税的问题。

鲁哀公向有若询问说："年饥，用不足，如之何？"今年年成不好，国库的财政收入不够，我该怎么办呢？有若回答说："盍（hé）彻乎？"你为什么不"彻"呢？"彻"是古代的一种税率，就是十分抽一。有若将"一"当作关键，而鲁哀公将"二"当作关键。鲁哀公说："二，吾犹不足，如之何其彻也？""二"是指十分抽二。我十分抽二，尚且感到不够，又哪能十分抽一呢？

以上涉及向老百姓征税的"一二之辨"：究竟是抽取十分之一，还是抽取十分之二或者更多呢？有若深知"一"还是"二"的争论十分重要，但不会有结果，于是从民本的高度劝告鲁哀公说："百姓足，君孰与不足？百姓不足，君孰与足？"老百姓如果富足了，君主怎么可能不富足呢？老百姓如果不富足，君主怎么可能富足呢？

对于十分抽一的什一税，《孟子》有过很多讨论（2·5，5·3，6·8，12·10）。自从文、武、周公以来，就实施什一税。后来，鲁国改变了这项制度。公元前594年，鲁国实行初税亩，公田之外再抽十分之一，税率变成十分之二[①]。这件事发生在孔子诞生的几十年前，到鲁哀公时代已经实施很久。鲁哀公觉得十分抽二太少了，想要十分抽三甚至更多，但遭到有若的坚决反对。

铺垫"一二之辨"的历史背景，是为了更好地敞开有若的君民一体观。朱熹说："民富，则君不至独贫；民贫，则君不能独富。有若深言君民一体之意，以止公之厚敛，为人上者所宜深念也。"[②] 在朱熹看来，有若具有君民一体的思想。张岱说："问百姓足，曰：治国，犹种树也。欲荣其上，必溉其下。下枯而上则焦矣！君上而民下，只一树也。"[③] 治国理政犹如植树：想要枝繁叶茂，就得根深蒂固；只有根深蒂固，才能枝繁叶茂。老百姓与君主的关系就是根深蒂固与枝繁叶茂的关系，两者密不可分。张岱用"治国，犹种树"这个比喻，同样是为了说明有若具有君民一体的思想。

---

① 《论语集注》卷6《颜渊》指出："周制：一夫受田百亩，而与同沟共井之人通力合作，计亩均收。大率民得其九，公取其一，故谓之彻。鲁自宣公税亩，又逐亩什取其一，则为什而取二矣。"（［南宋］朱熹：《四书章句集注》，第135页）

② 《论语集注》卷6《颜渊》，［南宋］朱熹：《四书章句集注》，第135页。

③ 《四书遇·论语·颜渊第十二·盍彻章》，［明］张岱著，朱宏达点校：《四书遇》，第259—260页；按，个别标点符号略有校改。

通过这一章的“彻”字，可知有若与孟子同声相应、薪火相传，因为两人都主张十分抽一的税率。《孟子》5·3说：“夏后氏五十而贡，殷人七十而助，周人百亩而彻，其实皆什一也。彻者，彻也；助者，藉也。”《论语》《孟子》相通，这也是一个例证。

12·10 如何推崇道德、辨别迷惑？

12·10 子张问崇德、辨惑。子曰：“主忠信，徙义，崇德也。爱之欲其生，恶之欲其死。既欲其生，又欲其死，是惑也。‘诚不以富，亦祇以异。’”

【译文】子张询问如何推崇德行、辨别迷惑。孔子说：“力主忠诚、信实，追随道义，这就是推崇德行。喜爱就想要他长生，厌恶就想要他早死。既想要他长生，又想要他早死，这就是迷惑。‘即使不是因为嫌贫爱富，也是因为见异思迁。’”

“崇德”是指推崇道德，“辨惑”是指辨别迷惑。子张性格外向，是急性子。他向孔子询问如何推崇道德、辨别迷惑，孔子的回答包括两个部分。

第一部分讲“崇德”：“主忠信，徙义，崇德也。”“主”是指力主，“忠信”是指忠诚、信实，“徙义”是指时刻追随道义。孔子说：要推崇道德，就必须力主忠诚、信实，将忠诚、信实当成根本来对待。一经确立“忠信”这个根本，而又时刻追随道义，你就能够不断地“崇德”。孔子认为推崇道德，第一要做到“主忠信”，第二要做到“徙义”。

第二部分讲“辨惑”：“爱之欲其生，恶之欲其死。既欲其生，又欲其死，是惑也。‘诚不以富，亦祇（zhǐ）以异。’”与“崇德”相比，孔子将“辨惑”讲得更生动一些，或者说更复杂一点。

如何“辨惑”？孔子没有用“辨”这个词，而是说：“爱一个人就想让他长生，恨一个人就想让他早死。”你爱一个人，就想让他长生；恨一个人，就想让他早死。这难道不是迷惑吗？此时，你面对的是两个人，或者是同一人的不同阶段。这是第一层含义，也是“一惑”。第二层含义是指：现在，你将两个人变成一个人，或者是将同一人的不同阶段变成同一阶段。然后，你“既欲其生，又欲其死”，既想让他长生，又想让他早死，这难道不是迷惑吗？将对两个人的爱恶移植为对一个人的爱恶，或者是将对同一人不同阶段的爱恶移植为对这个人同一阶段的爱恶，这是“再惑”。比起“一惑而再惑”这两层含义①，第三层含义可就不好理解了。

关于第三层含义，先看《诗经·小雅·鸿雁之什·我行其野》说：“成不以富，亦祇以异。”② 这句诗的原本含义是说：一个妇女被丈夫抛弃了，因为丈夫找到了新欢。丈夫之所以找新欢，并不是因为新欢家财万贯，而仅仅是因为他见

---

① 《论语集注》卷 6《颜渊》指出：“爱恶，人之常情也。然人之生死有命，非可得而欲也。以爱恶而欲其生死，则惑矣。既欲其生，又欲其死，则惑之甚也。”（［南宋］朱熹：《四书章句集注》，第 136 页）按：我解释为将两人变成一人，或者将一人的不同阶段变成同一阶段，旨在让人们更接地气地理解“爱之欲其生，恶之欲其死。既欲其生，又欲其死，是惑也”。

② ［清］阮元校刻：《十三经注疏（附校勘记）》下册，第 435 页下栏。

异思迁、喜新厌旧。

孔子将“成不以富，亦祇以异”引作“诚不以富，亦祇以异”，将“成”写成了“诚”。孔子引用这句诗，用意应当在于进一步解释“爱之欲其生，恶之欲其死。既欲其生，又欲其死”就是迷惑。将这句诗直接翻译过来，意思是说：“即使不是因为嫌贫爱富，也是因为见异思迁。”可是，它究竟如何与前面讲的迷惑联系起来呢？我一直在想这个问题，但始终没有想明白。另外，我读了朱熹等人的解释[①]，同样觉得不是特别好理解。

这一章的提问者是子张。根据《论语》的记载，子张与子路、樊迟、司马牛的性格差不多，属于性子比较急、向外扩张的那种类型。子张向孔子问“崇德、辨惑”，孔子用“若不是因为嫌贫爱富，也是因为见异思迁”来解释，可能是想让子张向外扩张的性格有所收敛，不要产生喜新厌旧、见异思迁的心态。这是我目前的一些肤浅体会，但远远没有抓住将“诚不以富，亦祇以异”放在这里的深刻含义，期待以后进一步思考。

① 《论语集注》卷6《颜渊》指出：“旧说：夫子引之，以明欲其生死者不能使之生死。如此诗所言，不足以致富而适足以取异也。”（[南宋]朱熹：《四书章句集注》，第136页）又，《河南程氏遗书》卷22下《伊川先生语八下·附杂录后》指出：“先生曰：‘诚不以富，亦祇以异’，本不在‘是惑也’之后，乃在‘齐景公有马千驷’之上，文误也。”（[北宋]程颢、程颐著，王孝鱼点校：《二程集》第1册，第298页；按，“衹”当作“祇”）按：“齐景公有马千驷”，见《论语》16·12。

12·11 孔子的君臣父子之道

12·11 齐景公问政于孔子。孔子对曰："君君，臣臣，父父，子子。"公曰："善哉！信如君不君，臣不臣，父不父，子不子，虽有粟，吾得而食诸？"

【译文】齐景公向孔子询问政事。孔子对答说："君主是君主，臣下是臣下，父亲是父亲，儿子是儿子。"齐景公说："好啊！信必如同君主不是君主，臣下不是臣下，父亲不是父亲，儿子不是儿子，虽然有粟米，我能够得到并吃到吗？"

这一章的字面意思很清晰，我重点讲一讲孔子所理解的君臣父子之道。

我们先翻译后面的"君不君，臣不臣，父不父，子不子"，意思是"君主不是君主，臣下不是臣下，父亲不是父亲，儿子不是儿子"。与这种翻译相对应，前面的"君君，臣臣，父父，子子"是说"君主是君主，臣下是臣下，父亲是父亲，儿子是儿子"。"是"这个词具有哲学义，表示存在，表示一种角色存在于某个地方。譬如"父亲是父亲"，表明父亲存在于父亲那个角色的位置之上。

这一章的大致意思是：齐景公向孔子询问怎么治国理政。孔子回答说："君主是君主，臣下是臣下，父亲是父亲，儿子是儿子。如果一个国家做到了这样，那就能够长治久安。"齐景公听了孔子的回答说："你说得好啊！要是在这个国家里面，君主不是君主，臣下不是臣下，父亲不是父亲，儿子不是儿子，即使有大把的粮食，我能有那个命吃吗?"

无论是从儒家思想看，还是从中国传统文化看，君臣父子之道都特别重要。《礼记·大学》说："为人君，止于仁；为人臣，止于敬；为人子，止于孝；为人父，止于慈；与国人交，止于信。"① 做君主要止于仁，做臣下要止于敬，做儿子要止于孝，做父亲要止于慈，与国人交往要止于信。仁爱是君道的本质，恭敬是臣道的本质，慈祥是父道的本质，孝顺是子道的本质，诚信是社会交往的本质。《礼记·中庸》说："曰君臣也，父子也，夫妇也，昆弟也，朋友之交也，五者天下之达道也。"② 理顺了君臣、父子、夫妇、兄弟、朋友这五种关系，就好比走上了康庄大道。《孟子》7·2说："欲为君，尽君道；欲为臣，尽臣道。"要想做好君主，就要竭尽君主之道；要想做好臣下，就要竭尽臣下之道。《史记》多次引用《颜渊篇》这段话，认为"君不君，臣不臣，父不父，子不子"这四种行为是天下之大过③。

孔子说"君君，臣臣，父父，子子"，《孟子》8·3说"君之视臣如手足，则臣视君如腹心；君之视臣如犬马，则臣视君如国人；君之视臣如土芥，则臣视君如寇雠"，两者有何异同呢？南宋的邵博（？—1158）认为：孔子讲的是常

---

① ［清］阮元校刻：《十三经注疏（附校勘记）》下册，第1673页中栏。

② ［清］阮元校刻：《十三经注疏（附校勘记）》下册，第1629页中栏。

③ 参见《史记》卷47《孔子世家》，［西汉］司马迁撰，［宋］裴骃集解，［唐］司马贞索隐，［唐］张守节正义：《史记》第6册，第1911页；《史记》卷130《太史公自序》，［西汉］司马迁撰，［宋］裴骃集解，［唐］司马贞索隐，［唐］张守节正义：《史记》第10册，第3298页。

理，而孟子将孔子不忍说出的话全部说了出来[①]。换句话说，孔子讲的“君不君，臣不臣，父不父，子不子”，同样包含了孟子讲的“寇雠”之义。

这一章的提问者是齐景公。齐景公的在位时间很长，跟孔子的关系时好时坏。孔子劝齐景公要“君君、臣臣、父父、子子”，齐景公嘴上说好，就是不做。所以，孔子有生之年看到了齐景公这一脉的齐国被灭掉。历史上的“田陈代齐”，星星之火就是从齐景公时代燎原的[②]。齐景公不能做到君君、臣臣、父父、子子，最终导致齐国被陈姓大夫取而代之，“姜齐”变成了“田齐”。

12·12　急性子子路为何得到赞扬？

12·12　子曰：“片言可以折狱者，其由也与？”子路无宿诺。

【译文】孔子说：“依据一半的言辞就可以折服狱讼（决断争讼），大概只有仲由吧！”

子路没有隔夜兑现的承诺。

这一章由两个小节构成，涉及子路的评价问题。前一小

---

① 参见《邵氏闻见后录》卷3，［南宋］邵博撰，刘德权、李剑雄点校：《邵氏闻见后录》，中华书局1983年版，第25页。

② 《论语集注》卷6《颜渊》指出：“景公善孔子之言而不能用，其后果以继嗣不定，启陈氏弑君篡国之祸。”（［南宋］朱熹：《四书章句集注》，第136页）

节是孔子说的一句话："片言可以折狱者，其由也与?"依据一半的言辞就可以判决案件，大概只有子路能够做到！后一小节是这样一句话："子路无宿诺。"子路没有隔夜兑现的承诺，意谓子路答应今天兑现的事情，绝不拖到明天。这都是子路急性子的体现，但得到的不是批评，而是赞扬。

"片言"又称"单辞"，亦即单方面的言辞、一半的言辞。我们刚才讲"文质彬彬"的"彬"是"一半"的意思（《论语》12·8），这里的"片言"也是"一半"的意思。每个案件都有被告方、原告方，但子路只根据单方面的言辞就可以将案件判得很好，可见"片言可以折狱"是孔子对子路的赞扬。

"子路无宿诺"，同样是对子路的赞扬。《朱子语类》说："问'子路无宿诺'。曰：'子路许了人，便与人去做这事。不似今人许了人，却掉放一壁不管。'"① 子路一旦答应了别人，就会帮别人去做这件事，而不是像今天的很多人，答应别人之后，就一概不管了。唐代的陆德明（约550—630）对于将"子路无宿诺"放在这一章有怀疑，提出了这句话可以单列为一章的观点②。

"片言可以折狱"与"子路无宿诺"是有关联的。朱熹引用尹焞（1071—1142）的话说："一言而折狱者，信在言前，人自信之故也。不留诺，所以全其信也。"③ 子路之所以

---

① 《朱子语类》卷42《论语二十四·颜渊篇下·子路无宿诺章》，[南宋]黎靖德编，王星贤点校：《朱子语类》第3册，第1087页。

② 《经典释文》卷24《论语音义·颜渊》指出："子路无宿诺。（或分此为别章。）"（[唐]陆德明撰，黄焯汇校，黄延祖重辑：《经典释文汇校》，中华书局2006年版，第709页上栏）

③ 《论语集注》卷6《颜渊》，[南宋]朱熹：《四书章句集注》，第137页。

依据一半的言辞就能审好案件，是因为他早已取得人们的信任；子路之所以没有隔夜兑现的诺言，是因为子路想将别人对他的信任贯彻到底。换句话说，正是因为人们相信子路，子路才能根据被告一方或者原告一方的言辞审好案件；但子路还不满足于此，他没有隔夜兑现的诺言，就是为了让别人对他的信任，在自己身上做得更好。

急性子子路为何得到赞扬？理由就在这里。这一章要与下面的12·13连起来看。

12·13 从贤人“折狱”到圣人“无讼”

12·13 子曰：“听讼，吾犹人也。必也使无讼乎！”

【译文】孔子说：“听理诉讼，我犹如人们。务必使得社会没有诉讼！”

这一章同样与审理案件有关，而且是孔子自道。孔子说：“听讼，吾犹人也。必也使无讼乎！”意思是说：“说到审理案件，我与别人没有两样。我与别人不同的是：我一定要使得整个社会不再出现诉讼！”公元前501年，孔子虚龄51岁，做过鲁国的大司寇[①]。孔子做过大司寇，所以说自己审

---

① 《史记》卷47《孔子世家》指出：“其后定公以孔子为中都宰，一年，四方皆则之。由中都宰为司空，由司空为大司寇。”（［西汉］司马迁撰，［宋］裴骃集解，［唐］司马贞索隐，［唐］张守节正义：《史记》第6册，第1915页）

理案件的做法与别人是一样的。“必也使无讼乎”既与审理案件有关，但又不仅仅是，甚至根本不是一个简单的审理案件的问题。

《史记·孔子世家》说：

> 孔子在位听讼，文辞有可与人共者，弗独有也。至于为《春秋》，笔则笔，削则削，子夏之徒不能赞一辞。弟子受《春秋》，孔子曰：“后世知丘者以《春秋》，而罪丘者亦以《春秋》。”①

司马迁（约前145—约前87）认为：孔子审理案件，其实与别人差不多；但孔子之所以能让整个社会不再出现诉讼，靠的并不是审理案件，靠的是《春秋》。这是将“无讼”提升到了社会理想的历史高度。

“听讼”与“无讼”有什么不同呢？朱熹引用范祖禹（1041—1098）的话说：“听讼者，治其末，塞其流也。正其本，清其源，则无讼矣。”② 在范祖禹看来，对于治国理政而言，审理案件只是“治其末，塞其流”，但整个社会不再出现诉讼则是“正其本，清其源”。这是孔子讲的“听讼”与“无讼”的区分，实质是末与本的区分。

这一章与上一章有什么不同呢？张岱认为：一方面，“片言可以折狱”，是因为人们都相信子路。子路只能审理案件，更好地维护社会秩序。既然是审理案件，就表明事情已

---

① ［西汉］司马迁撰，［宋］裴骃集解，［唐］司马贞索隐，［唐］张守节正义：《史记》第6册，第1944页。

② 《论语集注》卷6《颜渊》，［南宋］朱熹：《四书章句集注》，第137页。

经发生了。也就是说，“折狱”属于事后功夫。另一方面，孔子是从不得不已的“听讼”追求自觉自由的“无讼”，既要建立健全各项法律法规，用硬的一手惩前以毖后；更要强化伦理道德教化，用软的一手防患于未然。也就是说，“无讼”不是事后功夫，而是事前功夫。两者的区分在于：“‘折狱’，是服其心于事后；‘无讼’，是化其意于辞先。”[①]

针对子路与孔子的不同，张岱还说：“贤人‘折狱’，圣人‘无讼’，此是圣贤阶级。总之为民上者无他谬巧，只是大事化为小事，小事化为无事，便喫着不尽。”[②] 子路是贤人，孔子是圣人。贤人只能做到“折狱”，圣人则能做到“无讼”。贤人将大事变小，圣人将小事变无。对于治国理政来说，从贤人“折狱”到圣人“无讼”，这些做法会让人们受用不尽。

子路会审理案件，孔子更会审理案件，这是子路的“折狱”与孔子的“无讼”两者的异同。我们要将这两章紧密联系在一块，更深地体会子路为什么具备“片言可以折狱”的高超技巧，孔子为什么追求“必也使无讼乎”的社会理想。后来升入《四书》的《礼记·大学》也说过：“子曰：‘听讼，吾犹人也。必也使无讼乎！’”[③] 孔子的“听讼”“无讼”之路在整个《四书》中的思想价值，同样值得我们高度重视。

---

① 《四书遇·论语·颜渊第十二·听讼章》，［明］张岱著，朱宏达点校：《四书遇》，第 261 页。

② 《四书遇·论语·颜渊第十二·听讼章》，［明］张岱著，朱宏达点校：《四书遇》，第 262 页。

③ ［清］阮元校刻：《十三经注疏（附校勘记）》下册，第 1674 页中栏。

12·14 如何始终如一、表里如一？

12·14 子张问政。子曰："居之无倦，行之以忠。"

【译文】子张询问政事。孔子说："居心毫无倦怠，行事竭尽忠诚。"

子张询问如何做好政事。孔子回答说："居之无倦，行之以忠。"内心毫无倦怠，行为竭尽忠诚，就能做好政事。"居"是指存其心，"行"是指履其责。"居"讲的是内心，"行"讲的是行为。"居之无倦"是指始终如一，从开头到最后都要一个样子；"行之以忠"是指内外如一，从里面到外面都要一个样子。你在自己的位置上就要一心一意地承担自身的职责，在其位谋其政，始终如一，表里如一，否则就不可能为治国理政发挥出应有的能力。

子张志向远大，性格外向，善于学习，在孔子门下可谓"小子路"。"居之无倦"是孔子想让子张远大的志向能够脚踏实地，做到始终如一；"行之以忠"是孔子想让子张外向的性格能够收敛沉淀，做到内外如一。子张善于学习，孔子相信他在自己的位置上能够做好自身。这一章是孔子对子张进行政德教育，可见孔子擅长育人之道。

12·15 《论语》《孟子》的博约之辨

12·15 子曰："博学于文，约之以礼，亦可以弗畔矣夫！"

【译文】孔子说："既广博地学习文献，又用礼数约束自己，也就可以不叛离了！"

这一章是孔子的独白："博学于文，约之以礼，亦可以弗畔矣夫！"《论语》6·27说："子曰：'君子博学于文，约之以礼，亦可以弗畔矣夫！'"除了"君子"二字之外，这两章一模一样，专业术语叫作"重出"。我们看看这段话的含义："博学于文"是指广博地学习文献，"约之以礼"是指用礼数约束自己；如果做到了这样，也就不会离经叛道。这个"畔"字与"离经叛道"的"叛"是相同的。

"博学于文，约之以礼"，简称"博文约礼"。这一说法在《论语》中多次出现，除了刚才讲的6·27、12·15之外，又见9·11的"颜渊喟然叹曰"，是以另一种方式对它进行说明。颜渊感叹地说：孔子很会教育学生，"循循然善诱人，博我以文，约我以礼"，用文献让我变得博学，用礼数让我受到约束。以上三章可见"博文约礼"是孔子教育学生的重要方式。

这种方式得到了孟子的继承。《孟子》8·15有段话与《论语》的"博文约礼"长得很像："博学而详说之，将以反说约也。”这段话可以简称为“博学反约”。意思是说：我们要广博地学习，而且要详细地解说，目的是什么呢？目的是回到解说的简约。

孔子讲的“博文约礼”，涉及知识与教养的关系；孟子讲的“博学反约”，涉及学习与思考的关系。孔子希望我们“博文约礼”，做到知识与教养相结合；孟子希望我们“博学反约”，做到学习与思考相统一。在现实生活当中，我们经常看到有知识未必有教养，会学习未必会思考。但是，教养很重要，因为教养使得知识成为生命的财富；思考很重要，因为思考使得学习成为人生的功课。这些问题促使我们不断回到《论语》《孟子》，让博约之辨既成为我们的理论智慧，更成为我们的实践智慧。

12·16 君子成人之美，小人成人之恶

12·16 子曰：“君子成人之美，不成人之恶。小人反是。”

【译文】孔子说：“君子助成人们的美好，不助成人们的丑恶。小人与此相反。”

这一章同样是孔子的独白：“君子成人之美，不成人之恶。小人反是。”我们经常使用“成人之美”这个成语。从直译的角度看，“成”是指助成，“美”是指美好，“丑”是指丑恶。孔子教导我们说：“君子与小人有不同的待人方式。君子

总是助成人们的美好，不助成人们的丑恶。但是，小人与此相反。”从更接地气的翻译看，“美”是指好事，“恶”是指坏事。君子总是助成人们的好事，不助成人们的坏事，而小人与此相反。

“成人之美”一语在其他文献中也出现过。《春秋穀梁传·隐公元年》开篇说：“《春秋》成人之美，不成人之恶。”[①]《大戴礼记·曾子立事》说：“君子不先人以恶，不疑人以不信，不说人之过，成人之美。”[②] 有人认为“成人之美，不成人之恶”是一句古语[③]，这种说法是有道理的。但是，这句话之所以广泛而长久地影响人们的精神生活与思维世界，根源在于《论语》。与其说“成人之美，不成人之恶”是一句古老的格言，毋宁说正是因为孔子讲过以后，它才对人们产生了深刻的影响。

还要分析的问题是：为什么君子能够成人之美，而小人只能成人之恶？它牵涉本体论的视角，本体论是最抽象的哲学问题。朱熹说：“君子、小人，所存既有厚薄之殊，而其所好又有善恶之异。故其用心不同如此。”[④] 君子之为君子，小人之为小人，往往跟才性、气质密切相关。才性就是“天命之谓性”。在“天命之谓性”的过程当中，有人得到的多一点，有人得到的少一些。得之多者，得之厚者，就是君子；

---

① ［清］阮元校刻：《十三经注疏（附校勘记）》下册，第 2365 页上栏。

② ［清］王聘珍撰，王文锦点校：《大戴礼记解诂》，中华书局 1983 年版，第 72 页；按，个别标点符号略有校改。

③ 《论语集释》卷 25《颜渊下》指出：“按：此本古人成语。”（程树德撰，程俊英、蒋见元点校：《论语集释》下册，中华书局 2013 年版，第 995 页）

④ 《论语集注》卷 6《颜渊》，［南宋］朱熹：《四书章句集注》，第 137 页；按，个别标点符号略有校改。

得之少者，得之薄者，就是小人。与“才性”相对应的概念是“气质”。“天命之谓性”是讲先天的本性，而气质是后天的。在后天形成气质的过程当中，有人偏向于善良，有人偏向于邪恶，所以有了君子与小人之分。为什么君子、小人并存于我们这个世界？以上的本体论解读，可以算作简单的回应。

“成人之美”的“成”字，更接地气的解释是什么呢？朱熹说：“‘成’字只是‘欲’字。”[①] 这个“欲”字不是指欲望，而是跟《论语》7·30 说的“我欲仁，斯仁至矣”的“欲”字异曲同工。“成人之美”就是“欲人之美”。我想要仁，仁就来了；所以，君子想要人们变得美好起来，不想人们变得丑恶起来，而小人与此相反。

12·17 政治与正义的关系问题

12·17 季康子问政于孔子。孔子对曰：“政者，正也。子帅以正，孰敢不正？”

【译文】季康子向孔子询问政事。孔子对答说：“‘政’就是端正。你率先端正，谁胆敢不端正？”

跟前面两章都是孔子的独白不同，这一章是季康子与孔

① 《朱子语类》卷 42《论语二十四·颜渊篇下·君子成人之美章》，［南宋］黎靖德编，王星贤点校：《朱子语类》第 3 册，第 1089 页。

子的一问一答。季康子就是鲁国季氏的家主季孙肥，同时掌握了鲁国的实际权力。这种权力不是名正言顺得来的，而是通过一些不合法的手段，巧取豪夺了鲁国的政权。“季康子问政于孔子”，季康子向孔子请教为政方面的事。孔子说：“政者，正也。子帅以正，孰敢不正?”意思是说：“‘政’就是端正。你率先端正，谁胆敢不端正?”这实际是在批评季康子。从这一章开始，接连有三章讲季康子。

孔子的回答包括两层含义：第一层含义是“政者，正也”，做政治就是讲正义，正义至上属于政治学原理中的原则问题；第二层含义是“帅以正”，做政治就是做表率，表率当先属于政治实践中的行为问题。可见这一章最关键的字眼就是“正”。

除了这一章，《论语》还有很多地方讨论“正”的问题。13·6说：“其身正，不令而行；其身不正，虽令不从。”孔子认为：如果自身端正，即使没有命令，也会自觉遵守；如果自身不端正，即使有命令，也不会真的听从。13·13说：“苟正其身矣，于从政乎何有？不能正其身，如正人何?”孔子认为：如果端正自己的身份，摆正自己的角色，为政有什么难呢？如果不能端正、摆平自己的身份与角色，又怎么能让别人端正、摆平身份与角色呢？“何有”的意思是说“有什么难呢”。这种表述七见于《论语》（4·13，6·8，7·2，9·16，13·13；其中，三见于6·8），而且多与从政、为政有关。显而易见，孔子重视政治与正义的关系问题。

政治为什么就是正义？孔子为什么看重政治与正义两者的关系？儒家为什么深受孔子的影响？这些问题都是值得深究的。

《孔子家语》说："凡上者，民之表也。表正，则何物不正?"[1] 君主是老百姓的表率。表率一旦端正了，有什么样的事物不能端正呢?《礼记·礼运》说："故政不正，则君位危；君位危，则大臣倍，小臣窃。"[2] 如果政治不能恪守正义，君主的位置就会危险；君主的位置一旦危险，大臣就会产生离经叛道之心，小臣就会暗地里做出大逆不道的事情。《孟子》7·20说："君仁，莫不仁；君义，莫不义；君正，莫不正。一正君而国定矣。"君主仁爱，没有人不仁爱；君主道义，没有人不道义；君主端正，没有人不端正。治国理政就是要让君主自己端正起来，这样整个国家才会端正起来。

先秦有三大儒，就是孔子、孟子、荀子。荀子同样看重政治与正义的关系问题。《荀子·君道》说：

> 请问为国？曰：闻修身，未尝闻为国也。君者，仪也，仪正而景正；君者，槃也，槃圆而水圆；君者，盂也，盂方而水方。君射则臣决。楚庄王好细腰，故朝有饿人。故曰：闻修身，未尝闻为国也。[3]

荀子认为："君者，仪也"，君主是测量的仪器；"仪正而景（影）正"，只有仪器端正，测量才会正确。荀子还说："君者，槃也，槃圆而水圆"，君主就像一个盘，只有这个盘

① 《孔子家语》卷1《王言解》，杨朝明、宋立林主编：《孔子家语通解》，第20页；按，个别标点符号略有校改。
② ［清］阮元校刻：《十三经注疏（附校勘记）》下册，第1418页中栏。
③ ［清］王先谦撰，沈啸寰、王星贤点校：《荀子集解》上册，第234页。

是圆的，装进去的水才显得圆全；“君者，盂也，盂方而水方”，君主就像一个盂，只有这个盂是方的，装进去的水才显得方正。一句话，君主一旦端正，一切事物就会端正。以上是从正面强调做政治与恪守道义的关系。

荀子还从反面指出：不恪守正义的后果，就是政治变得不伦不类。荀子讲了一个典故，就是众所周知的“楚王好细腰，满朝皆饿死”。楚庄王喜欢那种纤纤细腰，不是喜欢女性的纤纤细腰，而是喜欢男人的纤纤细腰。所以朝中的臣下一个个勒紧裤腰，试图让自己的腰身变成小蛮腰。“楚王好细腰”是一种不端正的审美观。因为君主有这种不端正的审美观，所以导致满朝文武朝着不端正的方向发展。

做政治要恪守道义，董仲舒（前179—前104）有一番话讲得跟我们现在的言语更接近。据《汉书》记载，董仲舒说：为人君者“正心以正朝廷”，只有君主端正了内心，才能让朝廷端正起来；“正朝廷以正百官”，只有让朝廷端正了，才能让文武百官端正起来；“正百官以正万民”，只有让文武百官端正了，才能让天下万民端正起来；“正万民以正四方”，只有让天下万民端正了，才能让四面八方端正起来；“四方正，远近莫敢不壹于正，而亡有邪气奸其间者”，只有让四面八方端正了，朗朗乾坤之下哪有邪气会为非作歹呢？[①]

综上所述，我们借助这一章的孔子答季康子问，对于做政治与恪守道义的关系问题，进行了简略的思想史回顾。通

① 《汉书》卷56《董仲舒传》指出：“故为人君者，正心以正朝廷，正朝廷以正百官，正百官以正万民，正万民以正四方。四方正，远近莫敢不壹于正，而亡有邪气奸其间者。”（［东汉］班固撰，［唐］颜师古注：《汉书》第8册，第2502—2503页）

过回顾，我们进一步了解到：儒家认为政治即是正义以及正义的实践与实现过程，政治的本质就是使得天下的万事万物都能归于自身恰当的位置，政治的实践就是使得天下的万事万物实现各归其位的正义之旅。“正义”这个词汇看起来不好解释，其实就是使得天下的万事万物各归其位。

12·18 贪欲是盗窃问题的根源

12·18 季康子患盗，问于孔子。孔子对曰：“苟子之不欲，虽赏之不窃。”

【译文】季康子忧患盗窃问题，向孔子询问。孔子对答说：“苟或你不贪求，虽然奖赏他们也不会偷窃。”

这一章也是季康子与孔子的一问一答。“季康子患盗，问于孔子。”季康子担心盗窃问题，向孔子请教。孔子回答说：“苟子之不欲，虽赏之不窃。”如果你不贪求，即使奖赏老百姓，他们也不会去偷窃。老百姓与盗窃是什么关系呢？在季康子看来，盗窃作为负面的社会现象，其罪魁祸首是老百姓。孔子告诉他：如果你自己不贪得无厌，怎么会有老百姓偷窃呢？其中的辩证关系需要理一理。

《老子》第 3 章说：“不尚贤，使民不争；不贵难得之货，使民不为盗；不见可欲，使民心不乱。”[①] 社会为什么会产生盗窃问题呢？大致有两方面的原因。一方面，如果人们连最基本的生存需要都不能满足，就会将手伸向资源有剩余的其他人。这一将手伸过去的行为可谓逼上梁山，但实质就是盗窃。另一方面，某人手上有稀缺物品，我想占为己有，所以将手伸了过去。这一行为可谓欲壑难填，但同样是盗窃。在老子看来，如果君主不将那些稀缺的物品当成宝贝看待，人民也就不可能偷窃。

《老子》第 12 章说：“难得之货令人行妨。”[②] 物品当中比较稀缺的，就是难得之货。再稍微想象一下，如果君主贪得无厌，必然提前将社会物质资源消耗一空。到了这个时候，即使是一般的物质生活资料也会变得稀缺起来。比如每天该吃的饭、该喝的水，一旦变得稀缺起来，也就成了难得之货。这样转一下，老子的意思是说：如果君主不贪得无厌，这个世界也就不存在难得之货。《老子》第 19 章提倡“绝巧弃利，盗贼无有”与“见素抱朴，少私寡欲”[③]，整个社会才能朴实起来。

老子的想法与孔子的想法固然是不一样的：老子希望减少整个社会层面的物质欲望，实现小国寡民的理想社会；孔子希望在所有社会成员的物质生活欲望得以满足的前提下，实现文质彬彬的理想社会。但是，老子的思想让我们深切地看到：盗窃作为社会问题，根源不在老百姓，而在统治

① ［魏］王弼注，楼宇烈校释：《老子道德经注校释》，中华书局 2008 年版，第 8 页。

② ［魏］王弼注，楼宇烈校释：《老子道德经注校释》，第 28 页。

③ 参见［魏］王弼注，楼宇烈校释：《老子道德经注校释》，第 45 页。

者本身，贪欲是盗窃问题的根源。在这一点上，孔子与老子是相同的。所以，孔子认为：如果统治者不贪得无厌，即使让老百姓去偷窃，并且给予奖励，他们也不会偷窃。

这一章的提问者是季康子。孔子为什么对他特别说“苟子之不欲，虽赏之不窃”呢？这是因为孔子点到了季康子之所以上台的内情。公元前 492 年，季康子的父亲季桓子死了，季康子继位。继位本来轮不到季康子，但他通过“夺嫡”的阴谋手段，继承了季桓子的位置①。所以，朱熹解读这一章曾引用胡寅的话说：“季氏窃柄，康子夺嫡，民之为盗，固其所也。盍亦反其本耶？孔子以‘不欲’启之，其旨深矣。”②

鲁国的政治权力本来是鲁哀公的，现在全部落到了季氏手上，这就是所谓的“季氏窃柄”。季康子本来不具备接替季氏家主的资格，但他阴谋地夺了过来，这就是所谓的“康子夺嫡”。在这两种情况下，老百姓为了解决自身的生存问题，不得不偷偷摸摸，偷窃就情有可原了。孔子回答季康子，之所以说“苟子之不欲”，就是希望能够斩断盗窃问题的根源。这个“欲”字直接指向季康子与整个季氏的贪得无厌，而“不欲”正是孔子所要表达的深意。

---

① 《春秋左传·哀公三年》指出：“秋，季孙有疾，命正常曰：‘无死。南孺子之子，男也，则以告而立之；女也，则肥也可。’季孙卒，康子即位。既葬，康子在朝。南氏生男，正常载以如朝，告曰：‘夫子有遗言，命其圉臣曰：“南氏生男，则以告于君与大夫而立之。”今生矣，男也，敢告。’遂奔卫。康子请退。公使共刘视之，则或杀之矣，乃讨之。召正常，正常不反。”（［清］阮元校刻：《十三经注疏（附校勘记）》下册，第 2158 页上栏）

② 《论语集注》卷 6《颜渊》，［南宋］朱熹：《四书章句集注》，第 138 页；按，个别标点符号略有校改。

12·19 做政治的风草之喻

12·19 季康子问政于孔子曰："如杀无道，以就有道，何如?"孔子对曰："子为政，焉用杀？子欲善而民善矣。君子之德风，小人之德草。草上之风，必偃。"

【译文】季康子向孔子询问政事说："如果格杀毫无道德的坏人，以此亲就（亲近）具有道德的好人，怎么样?"孔子对答说："你治理政事，哪里需用格杀？你想要行善，人民就会行善。君子的德行好比风，小人的德行好比草。草遇上风，必定倒伏。"

季康子向孔子询问如何做政治，并提出了自己的实施方案："如杀无道，以就有道，何如?"季康子说："如果我杀掉一批人，同时亲近另一批人，这种做法怎么样?"杀掉的一批人就是"无道"，亲近的一批人就是"有道"。我们也可以将"无道"解释为坏人，将"有道"解释为好人。季康子觉得杀掉一批坏蛋而亲近那些良民，这种治国理政的做法是可行的。

因为前面一章讲到季康子担心盗窃问题，而这一章季康子提出"杀无道以就有道"，所以孔子回答说："子为政，焉用杀?"你做政治，哪里需要打打杀杀呢？可见孔子明确反对季康子的做法。孔子觉得不打打杀杀，是因为还有一条路可走。与这种强制性的打打杀杀相比，孔子更看重的是怀柔性的“子欲善而民善矣”：你想做好事，人民就会跟着做好事。“子欲善而民善矣”，既与前面一章孔子回答季康子的“子帅以正，孰敢不正”若合符节，又能顺理成章地推出这一章的下文：“君子之德风，小人之德草。草上之风，必偃。”①

君子的品德就像一阵风一样，小人的品德就像一片草一样，这是“君子之德风，小人之德草”的字面意思。一片草与一阵风有什么关系呢？现在这里有一片草，本来直挺挺的，但一阵风吹过来，这片草必然变得弯曲。这片草向哪边弯曲呢？就看风向哪边吹过去。如果一阵风是从左边往右边吹过来，那么，这片草也必然从左边往右边弯过去。这是“草上之风，必偃”的字面意思。

风吹草动，风向草偃。孔子这里讲的“君子之德风，小人之德草。草上之风，必偃”，就是著名的风草之喻。《孟子》5·2说：“君子之德，风也；小人之德，草也。草尚之风，必偃。”“上”“尚”相通。孟子将孔子的风草之喻拿了过来。孔子、孟子的风草之喻是从哪里来的？《尚书·周书·君陈》曾说：“尔惟风，下民惟草。”② 君主就像风一样，下民就像草一样。风草之喻的原型有可能出自《尚书》。

这里我想借用张岱的说法，将季康子与孔子做一个对比。张岱说：

> 康子才说杀，孔子便说善；康子欲杀恶人以成善人，孔子便欲化恶人而成善人。此正是以德易刑

---

① 《论语集注》卷6《颜渊》指出：“上，一作‘尚’，加也。偃，仆也。”（[南宋] 朱熹：《四书章句集注》，第138页；按，个别标点符号略有校改）

② [清] 阮元校刻：《十三经注疏（附校勘记）》上册，第237页上栏。

之旨。康子如金刚努目，欲以摄伏群魔；孔子如菩萨低眉，欲以慈悲六道。

康子动一杀念，如火之欲焚。夫子宛宛提出“善”字，如水之解热，盖欲其化不善而为善也。曰“风”曰“草”，挽见民之易化，不消杀得。①

季康子一上来就要“杀无道，以就有道”，但孔子说：“子为政，焉用杀？子欲善而民善矣。”张岱是这么评论的：“康子才说杀，孔子便说善；康子欲杀恶人以成善人，孔子便欲化恶人而成善人。”两人的显著区别在于：季康子只想用刑法一了百了，但孔子要用道德来代替刑法；季康子只是用打打杀杀那种简单粗暴的方式，但孔子要用道德教化来提升整个社会的治安程度。

张岱还说：季康子就像“金刚努目，欲以摄伏群魔”，孔子就像“菩萨低眉，欲以慈悲六道”。季康子动的是杀念，这个杀念就像火即将烧起来；孔子婉约地拿出一个“善”字，对于“杀”字而言，就像一盆凉水可以解除身上的酷热一样，旨在镇定人们暴躁的内心，熄灭人们邪恶的念头。归结起来，“君子之德风，小人之德草”，表明老百姓是真的“子欲善而民善矣”。老百姓的心都是好的，老百姓是能够被感化的，怎么可能用简单粗暴的打打杀杀来解决问题呢？在张岱看来，做政治的风草之喻可谓这一章的画龙点睛之笔。

以上三章都是季康子与孔子之间的问答，由此可见季康

① 《四书遇·论语·颜渊第十二·德风章》，［明］张岱著，朱宏达点校：《四书遇》，第262页；按，个别标点符号略有校改。

子这个人不怎么样。鲁国之所以乌烟瘴气，正是因为有季康子这样的心态。鲁国被季氏劫持，长期处于分裂状态，其中的原因是不言自明的。

12·20　孔子的闻达之辨

12·20　子张问："士何如斯可谓之达矣?"子曰："何哉，尔所谓达者?"子张对曰："在邦必闻，在家必闻。"子曰："是闻也，非达也。夫达也者，质直而好义，察言而观色，虑以下人。在邦必达，在家必达。夫闻也者，色取仁而行违，居之不疑。在邦必闻，在家必闻。"

【译文】子张询问："士人怎么样可以说是通达呢?"孔子说："什么是你所说的通达?"子张对答说："仕于诸侯必定闻名，仕于卿大夫必定闻名。"孔子说："这是闻名，不是通达。所谓通达，就是品质正直而喜好道义，明察言语而洞观容色，时刻考虑如何谦恭待人。他们仕于诸侯必定通达，仕于卿大夫必定通达。所谓闻名，就是容色取法仁德而行为违背，自以为是而无所忌惮。他们仕于诸侯必定闻名，仕于卿大夫必定闻名。"

这一章涉及闻达之辨。"闻"与"达"经常连在一块，构成"闻达"一词。诸葛亮（181—234）的《前出师表》说：

“臣本布衣，躬耕于南阳，苟全性命于乱世，不求闻达于诸侯。”① 这里就将“闻”与“达”连在一块。现在要讲的《论语》12 · 20，孔子明确将“闻”与“达”分开。“闻”与“达”究竟是什么关系呢？我们先做一个简单的了解。

简单地说，“闻”与“达”的区别就是流量为王与品质为王的区别。流量为王是“闻”，品质为王是“达”。子张认为通达就是闻名，闻名成就通达，而且闻名不必区分善恶。这是一种功利主义的闻达观，因为它外在地看闻达、求虚名，将闻达关系理解为流量为王。孔子将闻达关系理解为品质为王，认为闻名不是通达，唯有品质才能成就通达，闻名必须纯善无恶。这是一种道义论的闻达观，因为它是从内在看闻达、求务实。所以，《论语》12 · 20 讲的闻达关系是流量为王与品质为王的关系。

联系今天的现实生活，很多人眼里只有流量。不管是好的流量，还是不好的流量，反正只要有了流量就够了。这种做法就是子张所理解的“闻”，是功利主义的闻达观。但是，很多有责任感的人并不追求那些不必要的流量，而是安心做好自己，将品质看得至高无上。这种做法就是孔子所理解的“达”，是道义论的闻达观。

我们再仔细看这一章。子张问孔子：“士何如斯可谓之达矣？”“士”是指知识分子，“达”是指通达。知识分子怎样做，才可以说是通达呢？“达”这个概念是子张先讲的。子张是有远大志向的孔门弟子，但远大的志向有时未必靠谱。孔

① 《文集》卷 1，［三国］诸葛亮著，段熙仲、闻旭初编校：《诸葛亮集》，中华书局 1960 年版，第 5 页。

子深知子张的性格[1]，就反问子张："何哉，尔所谓达者？"你刚才提到的"达"，是从哪一个意义来说的？

这时，子张就必须回应孔子的提问。他对孔子说："在邦必闻，在家必闻。""在邦"是指在诸侯那里做官，"在家"是指在卿大夫那里做官，"闻"是指闻名。子张说："老师，我的意思是说在诸侯那里做官必定闻名，在卿大夫那里做官必定闻名。"请特别注意：子张开始提问的时候，用的是"达"；现在回应孔子，用的却是"闻"。

子张认为"达"就是"在邦必闻，在家必闻"。孔子听了子张的这一番解释，告诉他："是闻也，非达也。"在诸侯那里做官必定闻名，在卿大夫那里做官必定闻名，这讲的是"闻"，根本不是"达"！子张觉得"达"就是"闻"，两者笼统不分；孔子认为"闻"不是"达"，两者严格区分。什么是"达"？什么是"闻"？孔子如何展开自己的闻达之辨呢？

首先，孔子要解决的问题是：什么是"达"？孔子说："夫达也者，质直而好义，察言而观色，虑以下人。在邦必达，在家必达。"这里关键的是三句话。第一句话是"质直而好义"。品德正直，就是"质直"；喜好道义，就是"好义"；既品德正直，又喜好道义，就是"质直而好义"。第二句话是"察言而观色"，既能明察人们的言语，又能洞观人们的容色。"察言观色"也是成语。这两句话都比较好解释。第三句话"虑以下人"不太好解释，我将它理解为"时刻考虑如何谦恭待人"。

---

① 《论语集注》卷6《颜渊》指出："子张务外。夫子盖已知其发问之意，故反诘之，将以发其病而药之也。"（[南宋] 朱熹：《四书章句集注》，第138页；按，个别标点符号略有校改）

究竟什么是“达”呢？孔子认为：一方面，从内在的通达看，这个人品德正直、喜欢道义，能够察言观色，时时刻刻谦恭地对待人们；另一方面，从外在的通达看，这个人“在邦必达，在家必达”，在诸侯那里做官必定通达，在卿大夫那里做官必定通达。

其次，孔子要解决的问题是：什么是“闻”？孔子说：“夫闻也者，色取仁而行违，居之不疑。在邦必闻，在家必闻。”这里关键的两句话，都不太好解释。第一句话“色取仁而行违”，意思是说脸色好像是仁义道德的，可行为恰恰违背了仁义道德。第二句话“居之不疑”，就更难解释了。我看了很多《论语》译本，发现没有人能将这四个字直译出来。我采取朱熹的解释，将它理解为“自以为是而无所忌惮”①，或者说是居心如此却从不起疑。

究竟什么是“闻”呢？孔子认为：一方面，从内在的闻名看，这个人的脸色好像是仁义道德的，可行为恰恰违背了仁义道德，自以为是而又无所忌惮；另一方面，从外在的闻名看，这个人“在邦必闻，在家必闻”，在诸侯那里做官必定闻名，在卿大夫那里做官必定闻名。

以上从流量为王、品质为王的角度，对于闻达关系做了一个通俗的解释。落实到孔子的闻达之辨，我们需要抓住两点：一是“质直而好义，察言而观色，虑以下人”，这是“达”；二是“色取仁而行违，居之不疑”，这是“闻”。如果要进一步理解孔子推崇通达、贬斥闻名的闻达之辨，不妨再拿所谓的“闻”做点文章。

---

① 参见《论语集注》卷6《颜渊》，［南宋］朱熹：《四书章句集注》，第138页。

先看张岱的解释。因为“达”与“闻”在孔子与子张那里的含义并不一样，张岱说道：上面说了一个“质”字，就是“质直而好义”的“质”；而下面说了一个“色”字，就是“色取仁而行违”的“色”。然后，张岱马上接了一句：“胞胎之中，便判男女。”[①] 这是什么意思呢？难道君子天生就是君子，小人天生就是小人？难道达人天生就是达人，闻人天生就是闻人？尽管张岱的点评有些天马行空，但“色取仁而行违，居之不疑”其实就是《论语》《孟子》讲过的乡愿、好好先生[②]。

再看南怀瑾（1918—2012）的解释。他对于所谓的“闻”讲了一段人生经历：

> 孔子又告诉子张，他所说的只是闻人——出名的人，往往只做些表面工作。以前某名都有一位先生，非常非常有名，凡是各项募捐，一定请他去。而他拿起笔在捐簿上第一个写，每次一写，就是一笔很大很大的数字，至少等于现在的几十万元，每次都如此大手笔。可是真去向他收捐款，他说：“我写这样多，是为你作个倡导，别人看我写了这样多，自然都会多写一点。”此人也确是某名都当年的闻人之一，他这个做法就是“色取仁而行违”。表面

---

① 《四书遇·论语·颜渊第十二·闻达章》指出：“上说一‘质’，下说一‘色’。胞胎之中，便判男女。”（［明］张岱著，朱宏达点校：《四书遇》，第262页）

② 《论语》17·13记孔子曰：“乡愿，德之贼也。”《孟子》14·37引孔子曰：“过我门而不入我室，我不憾焉者，其惟乡原乎！乡原，德之贼也。”前者作“乡愿”，后者作“乡原”。

上做的都是善事，态度取的是仁，而真正的行为不是那么回事。而且“居之不疑”，他这样搞久了，自己也觉得这样没有什么不对。犹如许多说谎话的人，说成了习惯，就不觉得自己在说谎，对自己这样说，一点也不怀疑对或不对，甚至，认为是应该如此的。像这一类人，虽然也会出大名，但到底不算是达人。成为达人要有达人的条件，达人的道德。①

孔子所反对的“闻”具有丰富的含义，南怀瑾的解释让我们看到了它在实际生活中淋漓尽致的体现。

12·21 孔子如何接引樊迟？

12·21 樊迟从游于舞雩之下，曰：“敢问崇德、修慝、辨惑。”子曰：“善哉问！先事后得，非崇德与？攻其恶，无攻人之恶，非修慝与？一朝之忿，忘其身，以及其亲，非惑与？”

【译文】樊迟跟从孔子游览到舞雩台下说：“胆敢询问如何推崇德行、修治邪念、辨别迷惑。”孔子说：“提问好啊！首先做事，然后获得，不就是推崇

① 《论语别裁·颜渊第十二·闻人与贤达》，南怀瑾：《论语别裁》下册，第586—587页。

德行吗？攻击自己的罪恶，不攻击人们的罪恶，不就是修治邪念吗？一时的忿恨，忘却自己的身份，甚至推及自己的亲人，不就是迷惑吗？”

在孔门弟子中，樊迟的性格跟子张有点像，都是外向型的急性子。《颜渊篇》的前面有一章讲子张“问崇德、辨惑”（《论语》12·10），而这一章讲樊迟“问崇德、修慝、辨惑”，还多问了“修慝”一项。

“樊迟从游于舞雩之下”，樊迟跟随孔子在舞雩台下游观。樊迟说：“敢问崇德、修慝、辨惑。”“崇德”是指推崇道行，“辨惑”是指辨别迷惑。“修慝”是什么意思呢？“慝(tè)”字里面有一个“心”，象征邪恶藏在心里，内心藏有邪恶；“修”是指修理、治理、消除；“修慝”是指如何消除心里的邪念[①]。樊迟说：“老师，我要向你请教三个问题：如何推崇道德？如何消除邪念？如何辨别迷惑？”孔子说：“善哉问！”你问得好！你的提问蛮有水平的！然后，孔子开始接引樊迟。

孔子回答第一个问题说：“先事后得，非崇德与？”“事”是指工作、劳动，“得”是指得到、收获。孔子说：“先劳作后收获，这难道不是推崇道德吗？”

孔子回答第二个问题说：“攻其恶，无攻人之恶，非修慝与？”“攻”是指批判、攻击，“恶”是指错误、罪恶。孔子说：“批判自己的不对，不批判别人的不对，这难道不是消除

① 《论语集注》卷6《颜渊》引胡寅（胡氏）曰：“‘慝’之字从心从匿，盖恶之匿于心者。修者，治而去之。”（［南宋］朱熹：《四书章句集注》，第139页；按，个别标点符号略有校改）

邪念吗?”

孔子回答第三个问题说:“一朝之忿,忘其身,以及其亲,非惑与?”“一朝”是指一时之间,“忿(fèn)”是指发脾气,“一朝之忿”是指一时之间发脾气。“忘其身”是指忘记自己的身份,让自己的身份变得不恰当;“以及其亲”是指祸害延及父母。孔子说:“你突然之下大发雷霆,将自己的身份搞得颠三倒四,连带父母都受到祸害,这难道不是迷惑吗?”

同样是问“崇德”,孔子回答子张说“主忠信,徙义,崇德也”,而回答樊迟说“先事后得,非崇德与”,两者显然有相关性。同样是问“辨惑”,孔子回答子张说“爱之欲其生,恶之欲其死。既欲其生,又欲其死,是惑也”,而回答樊迟说“一朝之忿,忘其身,以及其亲,非惑与”,两者显然也有相关性。《论语》12·10、12·21这两章可以对照起来阅读,这是我们要知道的。

樊迟经常向孔子提问,孔子有两次用先后之辨接引他。一次是《论语》6·22记载樊迟问仁,孔子回答说:“仁者先难而后获,可谓仁矣。”另一次就是本章记载樊迟请教如何推崇道德,孔子回答说:“先事后得,非崇德与?”“先难后获”“先事后得”都讲到先后关系,而且都是孔子对于樊迟的接引。这两句话放在一块,有什么含义呢?

从分别的角度看,“先难后获”是指先受难、后收获,通俗地说,就是吃苦在前、享乐在后;“先事后得”是指先工作,后获得,通俗地说,就是先有耕耘,后有收获。从统合的角度看,“先难后获”“先事后得”的意思都是:只问耕耘,不问收获;一份耕耘,一份收获。

孔子为什么要用这两个先后关系接引樊迟呢?原因是樊

迟的性格跟子张一样，有点外向，有点急躁。芸芸众生如樊迟者多矣，恨不得一口吃成一个胖子。孔子这种接引分明是说：必须“先难后获”，先经受苦难，再得到收获；必须“先事后得”，先努力工作，再得到回报。孔子接引樊迟讲的这种人生道理，何其发人深省！

同样是针对樊迟的性格，孔子说：“一朝之忿，忘其身，以及其亲，非惑与？”人总是要有一点脾气的，这是人之常情；一个人如果连一点脾气都没有，似乎不可想象。有脾气，这是一回事；但如何发脾气，又是一回事。你必须在正确的时间、正确的地点、正确的人前发脾气！如果不是正确的时间，不是正确的地点，不是正确的人前，你乱发一通脾气，后果严重，这就叫作“忘其身，以及其亲”。

《大学章句·传七章》也讲过“忿”的问题：“所谓修身在正其心者，身有所忿懥，则不得其正。”[①]“身有所忿懥”的“身”字，其意指“心”。“忿懥（fèn zhì）”是指忿恨、愤怒。“心有所忿懥”是指心里有愤恨，心里想发脾气。我们正心修身，必须将心里的“有所忿懥”变成“无所忿懥”；如果心里老是有怨气，老是想发脾气，就会“不得其正”。

每个人都有发过脾气的切身经历。而且，总有那么一次发脾气，会给自己、家人以及朋友、同事造成伤害。如何辨别迷惑？孔子用“一朝之忿，忘其身，以及其亲，非惑与”接引樊迟，正是抓住了少发脾气这一人生大要。如果你是对的，你没有必要发脾气；如果你是错的，你没有资格发脾气。无论对错，人都应当理智、理智、再理智，尽量克制自己的

① ［南宋］朱熹：《四书章句集注》，第8页。

脾气。我们要将《论语》的智慧真正接引到实际的人生当中！

对于这一章的大意，朱熹引用范祖禹的话说：

> 先事后得，上义而下利也。人惟有利欲之心，故德不崇。惟不自省己过而知人之过，故慝不修。感物而易动者莫如忿，忘其身以及其亲，惑之甚者也。惑之甚者必起于细微，能辨之于早，则不至于大惑矣。故惩忿所以辨惑也。①

从“崇德”看，“先事后得”讲了正确的义利关系，但人们一旦心里只有利益，肯定不可能推崇道德。从“修慝”看，唯有经常反省自身的过错，而不是一味地挑别人的刺，你才能真正消除心里的邪念；如果你老是认为自己对，老是觉得别人错，你心里的邪念就永远不可能消除。从“辨惑”看，人的脾气其来有自，完全无缘无故的脾气极少。如果你此时此刻乃至在整个人生中，不能理智地对待你的脾气，不能对发脾气这件事进行理智的思考，并且用具体的措施与手法去掌控脾气，那么，你也就不具备辨别迷惑的能力，就会一直处在迷惑当中。推崇道德，修治邪念，辨别迷惑，这不是抽象的道理，而是时时刻刻都与我们的生活密切相关。

---

① 《论语集注》卷6《颜渊》，［南宋］朱熹：《四书章句集注》，第139页。

12·22 正直者使邪恶者正直

12·22 樊迟问仁。子曰："爱人。"问知。子曰："知人。"

樊迟未达。子曰："举直错诸枉，能使枉者直。"

樊迟退，见子夏曰："乡也吾见于夫子而问知。子曰：'举直错诸枉，能使枉者直。'何谓也？"

子夏曰："富哉言乎！舜有天下，选于众，举皋陶，不仁者远矣。汤有天下，选于众，举伊尹，不仁者远矣。"

【译文】樊迟询问仁爱。孔子说："亲爱人们。"樊迟询问理智。孔子说："知晓人们。"

樊迟未尝达意。孔子说："提举正直的人管理枉情（邪恶）的人，能够使得枉情的人正直。"

樊迟退出，看见子夏说："刚才我看见老师就询问'智'。他说：'提举正直的人管理枉情的人，能够使得枉情的人正直。'什么意谓呢？"

子夏说："言辞丰富啊！舜拥有天下，在众人中选拔，提举皋陶，不仁爱的人被疏远了。汤拥有天下，在众人中选拔，提举伊尹，不仁爱的人被疏远了。"

这一章包括两个部分：首先是樊迟与孔子之间有了一番

问答，然后是樊迟与子夏之间又有了一番问答。

“樊迟问仁”，樊迟向孔子请教什么叫作仁。孔子说：“爱人。”仁就是亲爱人们。《论语》仅有这一次将“爱人”当作“仁”的特性或定义，通常说的“仁者爱人”就出自这里。樊迟接着“问知”，这个“知”就是“智慧”的“智”。孔子说：“知人。”智就是了解人们。

仁者爱人，智者知人；仁者就是亲爱人们，智者就是了解人们。这么抽象的道理，“樊迟未达”，樊迟哪里能够理解？于是，孔子将它们简化为这样一个问题：“举直错诸枉，能使枉者直。”“直”是指正直。“枉”与“直”相对而言，是指弯曲。“直”是指正直的人。如果说“枉”是指弯曲的人，显然不恰当；这里的“枉”，其实是指枉情、邪恶的人。“错”与“措”相通，可以译作“管理”。“举”是指提举、提拔。孔子告诉樊迟说：将正直的人提拔起来，去管理那些枉情、邪恶的人，就能使得枉情、邪恶的人最后变得正直起来。

讲完这些，孔子说：“我已经回答了你的问题，你赶快离开吧！”“樊迟退，见子夏”，樊迟从孔子那里退了出来，没想到碰见了子夏。樊迟就对子夏说：“乡也吾见于夫子而问知。子曰：‘举直错诸枉，能使枉者直。’何谓也？”樊迟说：“我刚才见到老师，请教什么叫作智。老师给我的回答是‘举直错诸枉，能使枉者直’，这究竟是什么意思呢？”

子夏听完樊迟转达他与孔子的这次对话，马上说道：“富哉言乎！”意思是说：“举直错诸枉，能使枉者直”这句话的内涵太丰富了！子夏位列四科的文学科，文献学问很渊博。面对孔子作为一般原则而言的“举直错诸枉，能使枉者直”，子夏调动丰富博学的知识，试图进行落地化的解释。为了告诉樊迟“正直者使邪恶者正直”的意思究竟是什么，子夏举了两个与历史有关的例子。

第一个例子是：“舜有天下，选于众，举皋陶，不仁者远矣。”舜拥有天下之后，开始从众人里面进行选拔，将皋陶（gāo yáo）提拔了起来。因为舜将皋陶提拔了起来，天下那些不仁不义者最终得以感化，消失不见了[①]。第二个例子是：“汤有天下，选于众，举伊尹，不仁者远矣。”汤拥有天下之后，同样开始从众人里面进行选拔，将伊尹提拔了起来。因为汤将伊尹提拔了起来，天下那些不仁不义者最终得以感化，消失不见了。在子夏看来，舜与皋陶和汤与伊尹这两个例子，最能说明孔子讲的“举直错诸枉，能使枉者直”。

通过这一章，我们对樊迟、子夏又多了一些认识。尽管樊迟的理解能力不高，但还是比较好学的。樊迟对于自己不懂的东西，就会向老师和同学请教。譬如这一次，樊迟没有理解孔子说的道理，但一看到子夏就去请教。作为文学科的代表人物，子夏不仅具有丰富的历史文化知识，而且能将它们与孔子讲的一般原则具体结合起来。他这一次为樊迟解惑，就是体现。所谓“教学相长”，何尝不包括同学与同学之间的互相帮助、共同进步呢？“聪明者使愚笨者聪明”，子夏帮助樊迟进步，何尝不是“正直者使邪恶者正直”的另一层含义呢？

① 《论语集注》卷6《颜渊》指出：“不仁者远，言人皆化而为仁，不见有不仁者，若其远去尔，所谓使枉者直也。”（［南宋］朱熹：《四书章句集注》，第139页）

12·23 “不可则止”的人生大智慧

12·23 子贡问友。子曰：“忠告而善道之，不可则止，毋自辱焉。”

【译文】子贡询问交友之道。孔子说：“忠言劝告并善意引导他，不可行就中止，不要自取其辱。”

“子贡问友”，子贡请教交友之道。孔子的回答包括三个层次：

第一，子贡的提问预设了某些前提，或者是朋友的心理有问题、想不开，或者是朋友的为人趾高气扬、怨声载道。孔子说：凡是遇到这类情形，朋友之道就是“忠告而善道之”，忠言劝告他，善意引导他，态度要端正，方法要恰当。“善道”的“道”就是“引导”的“导”。

第二，如果朋友不听从，怎么办呢？孔子说：凡是遇到这类情形，朋友之道就是“不可则止”。既然忠言与善意在朋友那里行不通，你已尽心了，那就停下来吧！

第三，如果停不下来，结果会如何呢？孔子说：凡是遇到这类情形，朋友之道就是“毋自辱焉”。如果你不停下来，就有可能自取其辱，招致朋友的怨言。

《里仁篇》的最后一句话是子游讲的：“事君数，斯辱矣；朋友数，斯疏矣。”（《论语》4·26）这两个“数（shuò）”字是指繁琐。你事奉君主，如果无微不至、面面俱到，反而会自取其辱；你对待朋友，如果啰哩啰嗦、巨细无遗，反而会渐行渐远。子游同时讲了如何与君主、朋友交往，现在这一章只讲了如何与朋友交往，但道理是相同的，《论语》4·26、12·23这两章是相关的。

在孔子看来，朋友面临困境之际，你应当“忠告而善道之”，竭尽朋友之道；如果朋友听不进去，你应当“不可则止”，否则就会自取其辱。孔子还说过：“所谓大臣者，以道事君，不可则止。”（《论语》11·24）可见“不可则止”不仅是孔子处理朋友关系的重要原则，而且是孔子处理政治关系与其他社会关系的重要原则。

对于人生的很多事情而言，我们不要老是说“不到长城非好汉”，不要老是想“一个劲地走到底”。这样做其实完全没有必要，“不可则止”是人生的大智慧，该放下的就得放下！至于人与人之间的关系，再亲密，该有的分寸还是不能少。因为说话做事的分寸，往往就是幸福的高度。朋友之间的友谊，有了分寸感，才能够长久，才值得珍惜。把握分寸感是每个人的必修课。守住相互交往的分寸，才能换回别人的信任，才能赢得长久的感情。分寸感是尊重别人，而尊重别人的同时就是尊重你自己。

12·24　文章、品德与朋友之道

12·24　曾子曰：“君子以文会友，以友辅仁。”

【译文】曾子说：“君子用文章会集朋友，用朋友辅助仁德。”

《颜渊篇》的最后一章是曾子的独白：“君子以文会友，以友辅仁。”君子用文章会集朋友，用朋友辅助仁德。字面意思就这么简单，但“以文会友，以友辅仁”这八个字在历史上的影响特别巨大，文章、品德与朋友之道的关联特别深刻。

朱熹解释这段话说：“讲学以会友，则道益明；取善以辅仁，则德日进。”[①]“以文会友”是每个人都拿自己的文章献给朋友们研习，“讲学以会友”就会“道益明”，大道更加显明；“以友辅仁”是每个人都拿朋友们的优点辅助自己成长，“取善以辅仁”就会“德日进”，品德天天进步。“以文会友”跟道相关，“以友辅仁”跟德相关，我觉得朱熹这个解释很有道理。

我也认可张岱的说法：

> 凡日用可见处都是“文”。与朋友应接，言动周旋，刻刻处处，有个粲然者在。而就其粲然中有直切不容自已处，如血脉在四肢，如春光在红紫，生生不断。这个是“仁”，故曰“矧伊人兮，不求友生”。须知生我者友也。[②]

第一，曾子说“以文会友”，这个“文”是否只是文章呢？张岱认为：“文”可以作广义的理解，因为人类生活的所

① 《论语集注》卷 6《颜渊》，［南宋］朱熹：《四书章句集注》，第 140 页。

② 《四书遇·论语·颜渊第十二·辅仁章》，［明］张岱著，朱宏达点校：《四书遇》，第 267 页；按，个别标点符号略有校改。

有方面都会用到“文”，这个“文”就是文明程度。第二，张岱认为：我与朋友交往，取决于我的内心里面有一个粲然的东西存在。这个粲然的东西在我心里赶都赶不走，就像血脉流淌在四肢之中，就像春光表现在红红紫紫的颜色之中。正因内心的光明、自身的强大，促使君子“以文会友，以友辅仁”。

说到交朋友，张岱认为：每个人都不是圣贤，都会有缺陷；缺陷有时也是财富，恰恰是缺陷让朋友们喜欢你。他有一句名言说：“人无癖，不可与交，以其无深情也；人无疵，不可与交，以其无真气也。”[①] 每个人都有个人的癖好，它足以寄托自己的深情；每个人都有自身的瑕疵，它足以体现自己的真气。君子“以文会友，以友辅仁”，不能苛求朋友是十全十美的，要允许朋友有个人的癖好，要允许朋友有自身的瑕疵。

在交友的过程当中，道德很重要，生活、心情就不重要吗？我想起《诗经·大雅·生民之什·既醉》说过：“既醉以酒，既饱以德。”[②] 酒喝得很好了，咱们之间的友谊也加强了。喝酒是心情的事，道德是喝酒之外更高层面的事。但是，喝酒这个形而下的行为与道德这个形而上的行为，可以同时存在于我们身上。每个人在成就道德的同时，应当保持个性。一个没有个性的人，一个太抽象的人，不是值得我们肯定的人，不是值得我们向往的人。我引“既醉以酒，既饱以德”这句诗，就是希望我们既陶醉于美德，又陶醉于美酒；既陶醉于人们一致认可的美好道德，又陶醉于“嬉笑怒

① 《张岱文集》卷4《五异人传》，［明］张岱著，夏咸淳辑校：《张岱诗文集（增订本）》，第349页。
② ［清］阮元校刻：《十三经注疏（附校勘记）》上册，第536页上栏。

骂，皆成文章”的个性。

君子“以文会友，以友辅仁”“既醉以酒，既饱以德”，都是在道德的前提下，谈文章与学问，谈喝酒与个性。生活在现实当中的人们，靠什么将朋友之道巩固、维系下来呢？《礼记·大学》说：“生财有大道”，发财要坚持道义；“仁者以财发身”，财富对于仁者只是手段，仁者用财富培养美好的德行进而将之往外推；“不仁者以身发财”，财富对于不仁者是目的，而且是唯一的目的，就是人的一切[①]。置身于现代社会，每个人都不可能生活在空气当中，都要衣食住行，“生财有道，以财发身”是我们应当坚持、倡导的原则。

最后，小结一下《颜渊篇》。刚才解读这一篇的最后一章，我们提到三点：一是“以文会友，以友辅仁”，二是“既醉以酒，既饱以德”，三是“生财有道，以财发身”。第一点是讲人文，我们要以人文开启道德境界；第二点是讲性情，我们要以性情丰富伦理生活；第三点是讲财富，我们要以财富成就社会自由。既要“以文会友，以友辅仁”，又要“既醉以酒，既饱以德”，还要“生财有道，以财发身”，它们可以作为我们这次解读《颜渊篇》的结语，目的同样是实践并实现学做颜渊、争当先进的理想与抱负。

---

① 参见［清］阮元校刻：《十三经注疏（附校勘记）》下册，第1675页中栏。

后记

从《四书》解读到《四书选讲》*

——我在孟子故里讲《四书》

一、为《四书选讲》定位

2021年5月14日上午，《四书》解读收官仪式在布置一新的邹城市电视台演播大厅隆重举行，孟子研究院特聘专家团队成员陈来（清华大学国学院）、王志民（山东师范大学齐鲁文化研究院）、李存山（中国社会科学院哲学研究所）、王中江（北京大学哲学系）、梁涛（中国人民大学国学院）、我（中山大学哲学系）、孔德立（首都师范大学哲学系）、刘瑾辉（扬州大学文学院）深情地倾诉了各自的解读感言。

每当我们开始发表六七分钟的感言，背后的大屏幕就会显示袁汝旭（孟子研究院副院长）让各人事先拟好的一句话：

这样的解读形式在两千多年儒学史上尚属首次。（陈来）

* 原载《衡水学院学报》2021年第5期，彩插第1—12页。

从民族信仰的角度说，《四书》就是中国人的“圣经”。《四书》解读，既是责任，也是功德。（王志民）

《四书》解读活动开辟了研究和传播孔孟儒学的新境界。（李存山）

《四书》解读开启儒家古典诠释新方式，可谓广大精微转道轮，意味深长传久远。（王中江）

让《四书》走向大众，让儒家精神走入时代。（梁涛）

从《四书》学习做人做事的规模与根本、发越与微妙。（杨海文）

严谨的学术研究与通俗易懂的讲解相结合，是贯彻两创方针的典范。（孔德立）

修身养性读《四书》，“仁爱”“忠恕”藏胸中。立心立命继绝学，世世太平沐圣光。（刘瑾辉）

这八句话，不同的表述，同样的情怀！赵永和（孟子研究院党委书记）说它们是“新时代子曰”，诚哉斯言！除了以上这个细节，还有一个细节也应该定格下来。我们在《四书》解读收官仪式之前，都收到殷延禄（孟子研究院书院管理部主任）撰写并书法的楹联。这些楹联美轮美奂、情真意切：

【陈来，字又新】潮宗于海，其来有自；学明乎德，吾道又新。

【王志民】志于道，依于仁，我欲无言；贵乎民，尊乎圣，予岂好辩？

【李存山】德厚泰山，道之所在；学富五车，师之所存。

【王中江】有源有支流，江德润华夏；无过无不及，中道守斯文。

【梁涛】广厦安民梁其柱，百川归海涛之兴。

【杨海文】百川入海，荡荡乎其大；七篇存心，焕焕然斯文。

【孔德立】以言以立知诗礼，圣祖庭训；为仁为德行孝悌，贤孙家传。

【刘瑾辉】传经扬州握瑜怀瑾，考据孟学立言生辉。（此联由王相雷撰写）

6月8日，《大众日报》用一个整版的篇幅，摘录我们的感言以飨读者。导语写道：

《四书》解读项目，是孟子研究院组织实施，由陈来、王志民主持完成的一项面向大众的儒学经典解读学术工程。该项目始于2016年9月，以孟子研究院特聘专家陈来、王志民、李存山、王中江、梁涛、杨海文、孔德立、刘瑾辉为主体，邀请安乐哲、杨朝明、肖永明、颜炳罡、翟奎凤等一批国内外儒学专家积极参与，在济宁市、邹城市委、市政府的关心支持下持续推进的。在此期间，先后完成《孟子》七篇解读、《中庸》解读、《大学》解读，并已由齐鲁书社出版发行。去年以来，随着《论语》解读的圆满完成，整体项目，胜利告竣。于2021年5

> 月 14 日在邹城举行了《四书》解读收官仪式。该项目的后续工作将以《四书》解读为总目，将相关视频和著作结集出版发行。整个《四书》解读项目，历时 5 年；其间，得到央视新闻联播、山东新闻联播、人民网、光明网、新华网、腾讯网等数十家电视、网络媒体的广泛报道，受到海内外及社会各界广泛关注。部分内容由山东教育电视台播出后，在教育界和广大群众中产生了重大影响。①

据此可将孟子故里讲《四书》的盛举定义为：《四书》解读项目是落地孟子故里邹城，孟子研究院组织实施，陈来、王志民主持，众多专家面向社会各界讲授，历时五载（2016 年 9 月至 2021 年 4 月）完成，影响广泛深远的一项儒学经典解读学术工程。

有了这个定义，这本《四书选讲》就有了定位。孟子研究院的《四书》解读项目按照《孟子》《中庸》《大学》《论语》的顺序先后进行，我有幸全程参与其中，负责解读《孟子》第 3 篇《滕文公》、《中庸》第 17—20 章、《大学》传七章与传八章、《论语》第 11 篇《先进》与第 12 篇《颜渊》。现将我参与解读这一项目的相关成果汇集为《四书选讲》：因其仅仅涉及《四书》的部分内容，故名之曰“选”；因其经由讲座录音稿整理而成，故名之曰“讲”。从《四书》解读到《四书选讲》，我与孟子之间的福分，我在孟子研究院的历

① 《〈四书〉经典走进大众　儒家精神传承不息》，《大众日报》2021 年 6 月 8 日，第 13 版；按，个别标点符号略有校改。

练，可谓尽在其中。

二、《四书》解读极简史

《孟子》七篇解读于2016年9月24日由陈来开讲，2017年1月15日由李存山收官。陈来解读《梁惠王篇》，王志民解读《公孙丑篇》，我解读《滕文公篇》，王中江解读《离娄篇》，梁涛解读《万章篇》，孔德立解读《告子篇》，李存山解读《尽心篇》。2018年3月，陈来、王志民主编的《〈孟子〉七篇解读》（全7册）由齐鲁书社出版。

2016年10—11月，我在邹城市电视台演播大厅负责解读《滕文公篇》，用了四个单位时间：10月29日上午，解读《滕文公上篇》第1—3章（5·1—5·3）；10月30日上午，解读《滕文公上篇》第4—5章（5·4—5·5）；11月5日上午，解读《滕文公下篇》第1—5章（6·1—6·5）；11月6日上午，解读《滕文公下篇》第6—10章（6·6—6·10）。2017年1—2月，我对录音稿进行整理，形成了文字作品。各讲整理完毕的时间先后是1月11日、1月29日、2月6日、2月13日，可见费时费力。以上是收入《〈孟子〉七篇解读》的《滕文公篇》[①]，也是《四书选讲》第一至四讲。我当时还给各讲、各章制作了标题，以便读者阅读。《〈孟子〉七篇解读·滕文公篇》没有采用这些标题，这是

① 参见杨海文：《〈孟子〉七篇解读·滕文公篇》，齐鲁书社2018年版，第247—418页。

《四书选讲》在形式上明显区别于前者的地方。

2016 年 8 月 18 日下午—19 日上午，孟子研究院特聘专家团队自组建以来，第一次召开工作研讨会，正式提出开讲《孟子》[①]。现在回想起来，包括陈来（孟子研究院学术委员会主任）、王志民（孟子研究院特聘院长）在内，那时似乎尚未明确形成《四书》解读的“一揽子计划”。2017 年 6—8 月开讲“孟子思想与干部政德修养”专题系列讲座[②]，而不是开讲《中庸》，原因就在于此。

2018 年 1 月 7 日下午，孟子研究院特聘专家工作研讨会正式提出开讲《中庸》[③]。为什么不是接着讲《论语》，而是讲《中庸》？我的记忆当中，会上有些小插曲。有人建议：“我们讲完《孟子》了，就该讲《论语》。”有人则说：“我们是孟子研究院，讲《孟子》责无旁贷！还有孔子研究院呢，让他们先讲《论语》吧！如果他们不讲，我们再讲也不迟。”经过一番商讨，并经陈来、王志民、李存山（孟子研究院特聘副院长）、梁涛（孟子研究院秘书长）、赵永和拍板，决定按照《四书》作者约定俗成的顺序，由《孟子》向上讲《中庸》，接着再讲《大学》，最后讲《论语》。将完整的《四书》解读方案确定下来，是这次会议的重大成果。会议还决定适当聘请院外的儒学专家参与以后的解读。

---

① 参见《孟院纪事（2016 年—2021 年）》，孟子研究院 2021 年 4 月印制，第 14 页。

② “孟子思想与干部政德修养”专题系列讲座于 2017 年 6 月 9 日由陈来开讲，8 月 8 日由李存山收官。总共 15 讲，由孟子研究院特聘专家团队成员陈来、王志民、李存山、王中江、梁涛、梁枢（光明日报社）、杨海文、孔德立主讲。陈来讲一场，其他成员各讲两场。相关成果，参见中国孟子研究院、山东省理论建设工程齐鲁文化研究基地编，王志民、陈来主编：《孟子思想与干部政德修养》，山东人民出版社 2018 年版。

③ 《孟院纪事》未记载此事。参见《孟院纪事（2016 年—2021 年）》，第 67 页。

《中庸》解读于2018年5月8日由陈来开讲，7月12日由肖永明（湖南大学岳麓书院）收官。《中庸》有33章，陈来总论《中庸》的地位与思想，王志民总论子思与《中庸》，李存山解读第1章，王中江解读第2—9章，梁涛解读第10—16章（分两讲），我解读第17—20章，孔德立解读第21—26章，肖永明解读第27—30章，翟奎凤（山东大学儒学高等研究院）解读第31—33章。后面两讲的实际顺序是翟奎凤先讲、肖永明后讲。2019年4月，陈来、王志民主编的《中庸解读》由齐鲁书社出版。

2018年6月21日上午，我负责解读了《中庸》第17—20章，地点还是邹城市电视台演播大厅。11月7日，我将录音稿整理完毕，形成了文字作品。整理《孟子》讲稿的地点是康乐园里的老建筑——何尔达屋，那时我还供职于中山大学学报编辑部；整理《中庸》讲稿的地点则是康乐园里的现代建筑——锡昌堂，因为我不久前已经全职调入中山大学哲学系。以上是收入《中庸解读》的《大德受命——〈中庸〉第十七至二十章解读》[①]，也是《四书选讲》第五讲。《四书选讲》从内容到形式都与《中庸解读》的差别不大，但随文修改了以前的若干不妥之处。

《大学》解读于2019年4月26日由陈来开讲，6月21日由李存山收官。《大学》包括经一章、传十章，仅有一千多字，所以仍由孟子研究院特聘专家团队负责解读。陈来总论《大学》的地位与思想，王志民总论曾子与《大学》，王中江解读经一章至传四章，梁涛解读传五章至传六章，我解读传

① 参见陈来、王志民主编：《中庸解读》，齐鲁书社2019年版，第148—188页。

七章至传八章（分两讲），孔德立解读传九章，李存山解读传十章。2019 年 12 月，陈来、王志民主编的《大学解读》由齐鲁书社出版。

2019 年 5 月 31 日上午，我负责解读了《大学》传七章；下午，负责解读了《大学》传八章。我将录音稿形成为文字作品，先是 7 月 30 日整理完毕传八章，后是 8 月 10 日整理完毕传七章。现在想来，这一倒序或许与梁涛有点关系。《四书》解读项目有两个管家：如果说袁汝旭是行政事务方面的管家，梁涛就是技术业务方面的管家。每位专家讲哪些篇章，都是由梁涛事先拟定的。除非特殊情况，我们总是照着执行。我没想到梁涛竟然将仅有 72 个字的传七章、仅有 96 个字的传八章分给了我，而且其他专家只讲一场，却让我讲了两场。更何况，传七章原定由他讲的，而他临时有事，竟然顺手推给了我。以上是收入《大学解读》的《正心修身》与《修身齐家》[1]，也是《四书选讲》第六、七讲。《四书选讲》保留了《大学解读》未采用的所有注释。

《论语》解读于 2020 年 11 月 13 日由陈来开讲，2021 年 4 月 9 日由我收官。《论语》共有 20 篇，陈来总论《论语》的地位与思想，王中江解读《学而》《为政》，王志民解读《八佾》《里仁》，李存山解读《公冶长》《雍也》，孔德立解读《述而》《泰伯》，杨朝明（孔子研究院）解读《子罕》《乡党》，我解读《先进》《颜渊》，梁涛解读《子路》《宪问》，肖永明解读《卫灵公》《季氏》，颜炳罡（山东大学儒学高等研

① 参见陈来、王志民主编：《大学解读》，齐鲁书社 2019 年版，第 114—138、139—159 页。

究院）解读《阳货》《微子》，刘瑾辉解读《子张》《尧曰》。与前面的《孟子》《中庸》《大学》解读相比，《论语》解读颇有一些不同：第一，原定上半年开讲，但受突如其来的疫情影响，推迟到了下半年；又因疫情反复，颜炳罡与我的讲授时间多次延后，原定 2021 年春节前收官变成了 4 月收官。第二，原定由安乐哲（美国夏威夷大学）总论《论语》的海外传播，受疫情影响，一直未能如愿，据说以后将在线上补讲，而不是在邹城市电视台演播大厅面对面给听众们讲。第三，受多方面原因制约，不是按照《论语》各篇的先后顺序讲的，而是按照王中江、李存山、孔德立、王志民、杨朝明、梁涛、肖永明、刘瑾辉、颜炳罡、我的顺序讲的。《论语》解读成果目前正在整理之中，同样将由齐鲁书社出版[①]。

2021 年 4 月，我在邹城市电视台演播大厅负责解读《先进篇》《颜渊篇》，用了四个单位时间：8 日上午，解读《先进篇》第 1—18 章（11・1—11・18）；8 日下午，解读《先进篇》第 19—26 章（11・19—11・26）；9 日上午，解读《颜渊篇》第 1—14 章（12・1—12・14）；9 日下午，解读《颜渊篇》第 15—24 章（12・15—12・24）。《四书》的四次解读都由陈来开讲，有两次由李存山收官，有一次由肖永明收官，而最后一次由我收官，我觉得与有荣焉。2021 年 6 月 2 日起，我开始对录音稿进行整理，形成了两个文字作品。《先进篇》整理完毕的时间是 9 日，《颜渊篇》整理完毕的时间是 16 日，这半个月可谓专心致志、心无旁骛。以上是交付

① 中国孟子研究院组编，陈来、王志民主编：《论语解读》，齐鲁书社 2021 年版。该书第 33—51 页收录了安乐哲的《〈论语〉中孔子的主体性思想及其当代价值》一文。

《论语解读》以待出版的稿件[①]，也是《四书选讲》第八、九讲。这两篇总共50章，我都援用自创的“如字组词，章内自洽”的译法重新做了翻译，并将译文列在原文之下；50章就有50个小标题，占了目录页的半壁江山。从形式的角度看，它们是与前面七讲最不相同的地方。

最近几年来，有人见到我总说：“你们孟子研究院的《四书》解读，做得极好！”这是知名度与美誉度的双重体现。身为孟院人，我备感自豪！与此同时，我也深感我们的《四书》解读项目亟待纳入历史、思想史的宏大叙事之中，譬如至少需要一个极简史的说明[②]。以上所述，或许可以当作孟子研究院《四书》解读极简史的某种尝试。

三、讲读、整理与解读

在大力弘扬传统文化的时代背景下，《四书》作为经典中的经典，亟待创造性转化、创新性发展。具体如何做呢？陈来先生2017年8月7日为《〈孟子〉七篇解读》写的《序言》指出：“国内有代表性的儒学学者走出大学校园，走到基层跟广大干部群众一起学习传统文化的经典读本，应该说这是当代经典学习中的一件大事，也是儒学史上前所未有的一件大

---

① 笔者解读的《先进第十一》《颜渊第十二》，参见中国孟子研究院组编，陈来、王志民主编：《论语解读》，第419—471、472—522页。

② 有关孟子研究院近年来全面工作（包括《四书》解读）的新闻报道，参见记者裴存刚、李朕葳，通讯员刘奎：《中国儒学传承应用的“孟院样本”——写在孟子研究院成立5周年之际》，《济宁日报》2021年5月14日，第2版。

事……”[①] 从儒学下乡看，孟子研究院的《四书》解读极具示范意义。

儒学下乡，形式多样。孟子研究院的《四书》解读有何创新呢？在 2021 年 5 月 14 日的《四书》解读收官仪式上，陈来先生强调指出：

> 以往我们学习和解读儒家的经典文本有不同的方式。大家比较熟知的，是从汉代以来一直到清代、再到近代的注释。对经典的注释一直是中国文化的传统，比如对《论语》的注释可能有两三千种。以前我们学习、解读经典文本，一个很主要的方式就是注释。“五四”以后，在现代中国文化当中，有一种新的解读方式就是今译，把古典文本翻译为今天的语言，让大家更容易理解。这两种方式，应该说都结合了不同时代的需求，发挥了不同的作用。那么，我们这次解读在什么地方做了方式的创新呢？我想应该是这样的：古代的注释往往是选择性的注释，不是一分一毫都不差的。不同的注释家根据自己对文本的理解程度来确定注释的布局。今译当然不是选择性的今译，但今译的特点是关注文字的疏通，而不是特别注重思想和义理。如果跟这两种方式相比，我一贯把我们这个解读方式叫作讲读。讲读的特点，一是它的全面性，而不是选择性；二是它不像今译那样只在表面上做了一些文字的梳

① 陈来：《〈孟子〉七篇解读·梁惠王篇》，齐鲁书社 2018 年版，第 1—2 页。

理，而是着重于义理的提炼和思想的解说。我在讲《孟子》文本时，一开始就提出义理的提炼和思想的解说是我们讲解的重点。同时，我们的讲解结合了当今社会文化的现实和需求。这都是跟前两种解读儒家经典的方式不相同的地方。[①]

《四书》讲读显然是儒学下乡更落地的做法。讲读不同于注释、今译，因为它侧重义理的提炼与思想的解说。在陈来先生看来，这正是《四书》解读项目的创新之处。对于“讲读”这个关键词，陈来先生早在 2016 年 9 月 24 日开讲《孟子》七篇解读之际就说过：

总的来说，我们对《孟子》的讲解是要回归《孟子》文本的讲读和解析，是顺着文本逐章讲析，这是我们的特点。但逐章讲读和解析的重点不是在生僻字词，虽然古书里面有很多生僻字，今天的人不会念，不认识，也不了解它们的意思，讲读应该包含这一方面的内容。我们的重点在于思想的提炼和义理的贯通。文本本身有很多的方面，除了生僻字，还有与今人大不相同的写作风格。今天我们写文章都讲究语言逻辑严密，古人的文章不是，用我们今天的眼光来看，有时候好像有点前言不搭后语，逻辑上有点错位。关于这种现象，古人有很多种解释，使文本读起来能够更通畅，但这都

① 此据录音稿整理而成，与《大众日报》的摘录有较大差异。

不是我们的重点，我们的重点是透过文本掌握他的思想，掌握他的义理。①

我们解读《四书》，具体做法就是讲读；《四书》解读之所以获得方方面面的认可，既与讲读这种类似上课、做讲座的方式有关，又与整理后出版的文字作品和剪辑后播出的音像作品有关。这意味着我们要对以下问题做进一步的思考：第一，讲读有何特点？它与注释、今译有何异同？第二，我们在孟子故里做的这件大事，为何称作《四书》解读，而不是《四书》讲读？讲读与解读有何异同？

陈来先生已对第一个问题解释得很清楚，这里先从三者之异的角度略作补充：

一方面，经典是可以反复被阅读的，因为它集中体现了人类对自身、社会与自然的普遍价值与终极关怀。没有读者，就没有经典；没有诠释者，同样没有经典。正是因为经典具有可重读性，所以经典的诠释包括三种方式：有选择重点、疑点而注释者，有忠实原文、原意而今译者，有敞开语境、心境而讲读者。选择相关内容而注释，往往不能确保内容的全面性；符合原文含义而今译，通常难以激活形式的灵活性；联系思想现实而讲读，则可取长补短、兼而得之。以上是注释、今译、讲读三者各自不同的地方

另一方面，注释、今译以书面文字为载体，可以说是在书桌上写下来的。做这些事，可以有间断。顺利的时候，多写一点；不顺利的时候，就停下来。与之相比，讲读以口头

① 陈来：《〈孟子〉七篇解读·梁惠王篇》，第 9 页。

表达为载体，可以说是在讲台上讲出来的。这件事不能停顿，必须一口气讲下来。讲读是按照文本的顺序一句一句地讲，要将文本的整个思想贯通起来。在这个过程中，思想的东西是最重要的。注释、今译虽然也关注思想，但不是它们的重点。以上是注释、今译二者与讲读有所不同的地方。

有异必有同，有差异必有相同，差异有时甚至是相同得以成立的前提与财富。这里涉及事前的备课与现场的讲读二者之间的关系。譬如陈来先生提到的生僻字词，古注、今译都会做出相应的解释。备课的时候，我们必须认真学习、切实消化这些成果；讲读的时候，它们不是重点，但也是要点到的内容。从生僻字词到历史、地理诸方面的考据问题，都是主讲人事前需要深入了解并理解的；否则，心里就会缺乏底气，现场就会讲得磕磕碰碰，听众就会觉得在糊弄他们。备课环节最能体现讲读与注释、今译之间的相互关联。

以上是对第一个问题做的尝试性解答。解答第二个问题之前，先要辨析两组关系。

第一组关系涉及主讲人进行知识生产、实现成果的三个环节：一是备课环节，这是事前的行为与过程；二是讲读环节，这是现场的行为与过程；三是整理环节，这是事后的行为与过程。所谓整理，是指主讲人依据讲读录音稿整理而成文字作品。

第二组关系涉及社会力量进行知识再生产、转化成果的两种形式。备课环节只有主讲人在场，而听众是听不见、读者是看不到的，所以它与知识再生产、成果转化不具备直接关系。社会力量进行知识再生产、转化成果有两种形式，举例而言，一种是《四书》解读的部分内容已由山东教育电视台多次播放[1]，2019年出品《百集电视系列讲座〈孟子〉七篇解读》，这是音像作品；另一种是《孟子》七篇解读、《中庸》解读、《大学》解读的相关成果已由齐鲁书社出版发行，这是文字作品。

更具体地说，主讲人要进行三次知识生产：第一次是备课环节，第二次是讲读环节，第三次是整理环节。从知识再生产的角度看，作为第二次的讲读环节催生了音像作品，作为第三次的整理环节催生了文字作品。至于实际操作，尽管音像作品与讲读环节有关，但不需主讲人再做其他事情；而与整理环节密切相关的文字作品，却端赖主讲人事后的辛勤劳作。行文至此，整理环节的重要性已经不言而喻。

为了较好地解答第二个问题，有必要了解一下主讲人花在备课、讲读、整理三个环节上面的时间。备课环节要花多少时间？这是无法定量、不可估量的。即使主讲人前期已经具有足够的知识储备，但备课还是需要花上大量的时间。所谓“台上十分钟，台下十年功”，说的就是这个道理。《四书》解读项目的每次讲读，通常为两个小时左右。与备课相比，两个小时左右何其短暂！与整理相比，同样如此！一份

① 譬如，山东教育电视台《孔子大学堂》业已播出由我主讲者的简况为：2018年6月4—18日“大型国学经典教育系列”首播《〈孟子〉七篇解读·滕文公篇》第1—15集，共15集；2019年6月24—29日“名家读名篇系列”首播《中庸》解读第22—27集，共6集；2020年4月10—13日“名家读名篇系列”首播《大学解读·正心修身》第1—4集，共4集；2020年4月14—17日“名家读名篇系列”首播《大学解读·修身齐家》第1—4集，共4集。以上共29集。2021年6月8—29日，孟子研究院微信公众号再次对《〈孟子〉七篇解读·滕文公篇》的音像作品，每天（周末除外）一集予以推送。比我低一届的系友崔太水（武汉大学哲学系1986级本科，淄博日报社资深媒体人）是《孔子大学堂》的铁粉，常听我们的讲读。

两个小时左右的讲读录音稿，有 1.5 万字至 2 万字（电脑统计字数，下同）。整理要花多少时间？如果全力以赴，至少也得三四天。譬如我解读《论语》的四份录音稿总计 7.7 万字，而整理时间为 2021 年 6 月 2 日—16 日，长达 15 天，字数也增至 8.4 万字。

整理环节为什么要花这么长的时间？如果只是改一改错别字、标点符号，或者理一理句子、语序，这不能称作整理。整理环节有两个目的：

一是解决并修正讲读稿遗留的问题。讲读是将备课列出的知识点流畅地讲出来，不时会有思想的火花闪现。但是，啰哩啰嗦的重复、“嗯嗯啊啊”的口头禅与口误、有些地方讲得不顺甚至讲错等，这是时常出现的状况。整理环节必须亡羊补牢，尽力解决并修正这些遗留的问题，而做减法，删除若干文字，这需要大量的时间。

二是复活并夯实讲读稿内在的文气。讲读《四书》，重在义理与思想。每一次成功的讲读，就是文气充沛，将义理与思想即时淋漓尽致地迸发出来。但是，再成功的讲读一旦变成文字，原本活生生的文气也有可能滞塞。整理环节必须点石成金，尽力复活并夯实这些内在的文气，而做加法，增补若干文字，这需要大量的时间。

只要费了心力，整理后的出版稿就会受到社会与读者的好评。譬如，《〈孟子〉七篇解读》2018 年 10 月荣获第十二届山东省对外传播奖优秀出版作品奖，2019 年 6 月 19 日齐鲁书社与韩国国学资料院举行韩语版版权输出协议签约仪式，2019 年 9 月荣获全国古籍出版社年度百佳图书（2018 年）二等奖；《大学解读》《中庸解读》2020 年 10 月 24 日入选《全国政协委员读书书目》第 3 期[①]。2021 年 1 月 4 日，从事儒家书院管理的北京读者赵艳爽女士微信我说：

杨老师，您好！我与我孩子这两天在一起读朱子的《中庸章句》。读到第十七至二十章，参考了您在孟子研究院所讲的《中庸解读》。您讲得真是太好了！如果没有您的讲解，我和我孩子很难在假期两天中把这四章读下来。我和我孩子非常地感谢您——您思路清晰、观点透彻、思想精练、尊重文本、中正风趣、舍我其谁的讲解，给我孩子（男孩、24 岁）带进了读经书那令人高兴而振奋的状态。他说他很佩服您，说您这样的学者才是真正的学问大家，还说以后希望能有机会再向您请教和学习。我也深以为然。这里您只讲了四章，我和我孩子都没听够啊！！！

目前已出版的《〈孟子〉七篇解读》《中庸解读》《大学解读》深入浅出、雅俗共赏，可谓大家写的小书，堪称弘扬优秀传统文化的守正创新之作。这类将普及与提高融为一体的作品，是不是学术呢？回答是肯定的，因为学术既可以曲高和寡，也可以大雅大俗。我们肯定《四书》解读的学术品质，但也不必刻意夸大它。通俗读物有自身的写法，学术论文也有自身的写法。譬如，同样是研究《大学》传八章，《四

① 2021 年 11 月，《中庸解读》荣获第二十三届（2019 年度）华东地区古籍优秀图书奖古籍优秀通俗读物奖。

书选讲》第七讲就与《中国哲学史》的一文有极大的差异[①]，后者是我将前者改成的学术论文；同样是研究《孟子·滕文公上》第5章（5·5），我拿2016年的解读成果发表的文章就与《哲学研究》的一文完全不同[②]，后者是我重新解读之后写成的学术论文。从提高看，提升学术研究水平是我们的文化学术工作；从普及看，让思想站起来是我们的文化社会工作。做儒学研究，原本就该两条腿走路："围绕应用搞研究，搞好研究促应用。"[③]

现在试着解答第二个问题。每当孟子研究院发布《四书》解读的消息，人们总说："他们又要讲《四书》了。"我将自己在孟子故里讲《四书》的这些文字结集出版，书名是《四书选讲》。可见讲读是孟子研究院这次解读《四书》的特质与本色之所在。至于人们习惯称作《四书》解读，有可能是因为"解读"一词比起"讲读"更为约定俗成、家喻户晓。在我看来，既然讲读与整理二者之间存在差异，那么，"讲读"就不足以涵盖"整理"，唯有"解读"能够同时包含"讲读"与"整理"。正因如此，"《四书》解读"比起"《四书》讲读"或许更能标识孟子研究院这项儒学经典解读学术工程的全貌。

话说回来，一般人其实很少注意过"讲读"与"解读"两者之间的差异。我也是因为写这篇带有回顾与总结性质的

---

① 参见杨海文：《为齐家而修身：〈大学〉传八章的思想史阐释》，《中国哲学史》2020年第3期，第29—35页。

② 参见杨海文：《爱"无"差等与爱"有"差等的较量——〈孟子·滕文公上篇〉第五章解读》，《学术评论》2017年第2期，第64—69页；杨海文：《"本心之明"的遮蔽与唤醒——夷子在"亲亲"等问题上"逃墨归儒"的伦理学解读》，《哲学研究》2019年第9期，第37—44页。

③ 孟子研究院：《序》(2021年1月)，《孟院纪事（2016年—2021年）》，第2页。

文章，重温了陈来先生的卓见以后，进一步体会到讲读对于《四书》融入当代社会具有举足轻重的作用。谨借此文，我呼吁有更多的人在儒学下乡的宏伟事业中关注并实践这种方式，使得《四书》通过一章章、一句句的讲读，让普罗大众从中获得精神动力与智慧支持①。

四、我心归处是儒乡

一动笔写这篇文字，我就将它定性为回顾与总结。所以，尽管前面写了一万多字，但我还是想再说一说孟子研究院，说一说孟子研究院赐予我的福分与历练。

济宁（地级市）邹城（县级市）是孟子故里，孟子故里是孟子研究院的永久所在地。2013 年 4 月 28 日，正科级建制的孟子研究院办公室揭牌成立；2016 年 4 月 7 日，孟子研究院升格为济宁市政府直属正处级全额事业单位；2020 年 10 月 12 日，孟子研究院整建制划转至同年 4 月 20 日成立的尼山世界儒学中心（中国孔子基金会秘书处）。过去，邹城有孟庙、孟府、孟林，亦即“三孟”；济宁有“四孟”，这是因为孟母林位于曲阜。现在有了孟院（“孟子研究院”的简称），于

---

① 西南政法大学董卫国副教授 2021 年 7 月 4 日晚在朋友圈里说：“九年征途，今日到达。今晚读书活动研读《中庸》最后两章。至此，《中庸》的研读任务圆满完成。与此同时，也意味着历时九年之久的《四书》研读完成一个周期。西南政法大学辅仁读书自 2013 年 9 月至今，先后完成了对《论语》（历时约三年）、《大学》（历时约半年）、《孟子》（历时约三年）和《中庸》（历时约一年半）的集体研读。此时此刻，既感慨，又惭愧！”期盼《四书》研读这类活动越来越多、越来越普及！

是邹城有了“四孟”，济宁有了“五孟”。

从 2013 年算起，孟子研究院至今只有九年的历史；从 2016 年算起，仅有五六年的历史。然而，就是在这么短暂的时间之内，孟子研究院迅速成为邹城一道瑰丽的文化风景、一张靓丽的文化名片；说起它来，儒学研究者与爱好者无不交口称誉、赞赏有加。但是，赵永和书记总是谦虚地说：“如果没有陈来、王志民先生领衔的特聘专家团队，如果不是专家们尽心尽力做了《四书》解读等一系列高端文化活动，孟子研究院就没有今天！而我们，只是做好专家们的学员，做好专家们的服务员！”作为特聘专家，我发自肺腑的感受是：如果没有这样一个团结而又有执行力的领导班子[①]，没有这样一群奋进而又有凝聚力的工作人员，孟子研究院也就不会一日千里、长足进展。以后肯定有人拿孟子研究院做学术史研究，我相信他们会认可这样的说法：“坐落在青砖瓦房方寸之间，孟子研究院虽然没有大楼，却汇聚了全国顶尖的儒学大家，在院党委的带领下，全院营造出一种崇尚学术、尊重学者、团结和谐、蓬勃向上的良好风气，从而为创造性地开展工作奠定了坚实的基础。”[②] 换句话说，特聘专家与全院上下同心同德、群策群力，铸就了孟子研究院的辉煌！

现在回想起来，可以用“缘分”与“福分”两个词，勾勒我与孟子在冥冥当中那种神秘的关联。以孟子研究院成立

① 孟子研究院党政班子成员包括赵永和（党委书记，已退休）、袁汝旭（副院长，已调至孔子研究院）、王汉东（纪委书记，已退休）、赵龙（副院长）、孙明霞（党委委员，已结束挂职）。2022 年 6 月 30 日，孟子研究院为赵永和书记举行荣休仪式。7 月 8 日晚，袁汝旭给我发微信说：“那天的送行会上，好多人都眼里有泪花了。”我回复：“那是真情的流露啊！”

② 孟子研究院：《序》(2021 年 1 月)，《孟院纪事（2016 年—2021 年)》，第 1 页。

为节点，先是有二十多年，我寄身在与孟子的缘分之间；而最近五六年，我栖居在孟子赐予我的福分当中。

我寄身在与孟子的缘分之间，经历过这么几个阶段：第一，20 世纪 90 年代中期，我准备写硕士学位论文。写什么题目呢？业师李宗桂教授让我写孟子，我与孟子的缘分降临了！第二，博士学位论文继续研究孟子，我与孟子的缘分延续了！第三，毕业留校后的很多年间，遇到过不少波折，甚至想过不再研究孟子，但最终还是坚持了下来。我与孟子的缘分夯实了！第四，2008 年 5 月，南京大学李承贵教授督促我在江西教育出版社出版《浩然正气——孟子》[①]；2011 年 10 月 25 日，以梁涛教授为首席专家的国家社会科学基金重大招标项目“中国孟学史”（11&ZD083）立项，我担任子课题“汉唐孟学史”主持人[②]；2013 年 7 月 12 日，我主持的国家社会科学基金后期资助项目“文以载道——孟子文化精神研究”（13FZX003）立项[③]；2014 年 7 月，陈少明教授用学校的中国哲学国家重点（培育）学科建设专项基金资助我在齐鲁书社出版《化蛹成蝶——中国哲学史方法论断想》，8 月我开始在中国哲学专业招收硕士研究生。我与孟子的缘分升华了！

缘分似乎是不期而至的，但挥之即去的绝对不是缘分。

---

① 按：此书后来又在华南师范大学周炽成教授的资助下修订出版（参见杨海文：《我善养吾浩然之气——孟子的世界》，齐鲁书社 2017 年版），而他已于 2017 年 8 月 8 日英年早逝，谨此以表深切的怀念！

② 2018 年 6 月 25 日，我主持的国家社会科学基金重点项目“汉唐孟子思想解释史研究”（18AZX011）立项。

③ 2022 年 6 月，结项成果《文以载道：孟子文化精神研究》由中国社会科学出版社出版。

缘分要“随着他”，随缘就是道法自然、静待花开。随缘就会有福，福分尾随缘分而来。福分要“顺着他”，顺福就是为仁由己、春华秋实。

自从1995年5月14日第一次前往邹城拜谒孟庙、孟府，时隔20年，我在2015年4月27—29日再次来到邹城，参加孟子研究院作为主办单位之一的孟子文献学高端学术研讨会。不久后，我与孟子的缘分不知不觉变成了福分。福分源于2015年4月13日，山东省人才工作领导小组办公室、济宁市人才工作领导小组面向社会发布《关于引进儒学研究高端人才的公告》。经梁涛教授推荐，时任孟子研究院办公室主任的殷延禄委托工作人员刘奎打电话给我，希望我参评济宁市首批尼山学者的选聘。这是2015年5月4日之事，我与孟子研究院的交往可谓由此开始。

其后有三件事至关重要：一是2016年1月10日，我被济宁市人民政府授予“尼山学者”称号（选聘起止时间为2016年5月1日至2021年4月30日）；二是2016年4月15日，我被聘为孟子研究院学术委员会委员（任职起止时间为2016年4月15日至2019年4月15日）；三是2017年12月12日，我被山东省人民政府授予“泰山学者”特聘专家（选聘起止时间为2018年1月1日至2022年12月31日）。加盟陈来、王志民先生领衔的孟子研究院特聘专家团队，是我平生最大的福分！

一直以来，我将兼职做孟子研究院特聘专家定调为福分与历练。于我而言，这几年既是在履行本职工作，又是在提升自我境界；既是栖居于“畏天之威”的福分当中，又是忐忞于“修己敬人”的历练之际。所谓历练，一方面是指做学问受到哪些启发，另一方面是指做人受到哪些熏陶。

从全面而深入地研究孟子的角度看，《孟子》七篇解读的做法，尤其是陈来先生强调的讲读方式，是我在做学问方面受到的最大启发，对我产生了巨大的影响。始于 2018 年上学期，我在中山大学哲学系开设了《孟子解读》的本科生课程(解读《公孙丑篇》是面向研究生)，就是逐章逐句地解读《孟子》。目前讲过五个学期（2018 年上学期解读《梁惠王篇》、下学期解读《公孙丑篇》，2019 年上学期解读《滕文公篇》，2020 年下学期解读《离娄上篇》，2021 年下学期解读《离娄下篇》)，但按照每个学年讲一篇或者半篇的进度，至少还要五六年才能讲完，可谓任重而道远。

越是逐章逐句地解读《孟子》，我越是觉得对《孟子》既熟悉、又陌生。年高德劭的李锦全先生（生于 1926 年）时常说我：“你都研究孟子这么多年了，还要备课?”自从 2018 年 8 月 3 日从学报编辑部全职调入哲学系以来，我这个教学新兵就将绝大部分的时间与精力花在备课上面。做任何事情，投入越多，收获就越大。我就是在与《孟子》从熟悉到陌生、又从陌生到熟悉的不断反复当中，慢慢领悟到《孟子》单章研究的重要性与必要性。2021 年 4 月 23 日，我主持的贵州省哲学社会科学规划国学单列课题重大课题“《孟子》深度解读及其思想研究”（20GZGX03）立项，以及业已发表的两篇文章①，就是佐证。做《孟子》，一旦逐章讲读能够驾轻就熟、单章研究能够出神入化，教学与科研相得益彰，新的学术增长点何尝不会应运而生呢?!这也是我做中国孟学史研究最为企盼的。

最近几年来，我在与孟子研究院同仁交往的过程中，深深地被他们的好学精神所打动。每当他们在对口的齐鲁书社出版专著，我总是乐意写上一点文字。2019 年 10 月，赵永和书记出版《学孟母教子　做幸福家长》，封底印有我写的推荐语："教育的前提是教育者先受教育，教育的目标是被教育者得到教育。好好学习是父母神圣的职责，天天向上是孩子天赋的馈赠。打开这本小书，父母在成长；打开那本大书，孩子在成长。"2020 年 9 月，老友殷延禄出版《孟子的药方》，我写了《孟子与药的伦理政治关怀——殷延禄〈孟子的药方〉序》②；2020 年 12 月，才女徐爽出版《中华家风箴言录》，我也写了《序》。越是与孟子研究院同仁和邹城的朋友们交往，我在做人方面就越是得到了历练。

特聘专家有聘期结束的那一天，大学教授有到龄退休的那一刻，但研究孟子是我一生矢志不渝、永不放弃的志业。记得在香城镇的狼舞山上，我对"老大哥"袁汝旭说过："等我退休了，我就来孟子研究院。"记得在我做院长的济宁市里

---

① 参见杨海文：《双重朗豁事物存在与伦理实践的时间维度——〈孟子〉"山径之蹊"章的断句、训诂与义理》，《广西大学学报》哲学社会科学版 2021 年第 1 期，第 39—44 页；杨海文：《畏天之威而一怒安民：〈孟子〉"交邻"章考释》，《孔子研究》2021 年第 3 期，第 58—68 页。

② 参见杨海文：《孟子与药的伦理政治关怀》，《中华读书报》2020 年 9 月 9 日，第 15 版《国学》。

仁书院（邹城市田庄社区康福楼福贤街 6 号），我对执行院长刘成说过：“等我老了，常住邹城，我就住在这样的院子里。”已经为这本《四书选讲》的来龙去脉写了这么多的文字，但所有的温情与敬意，无非就在一言之中——我心归处是儒乡！

（2021 年 6 月 24 日下午写毕于广州中山大学康乐园锡昌堂 712 教师工作室，2022 年 7 月 8 日晚增补）